Cuba: actores del XIX

apuntes

Rosa Ileana Boudet

ISBN 978-0-9884486-6-7
Copyright © Rosa Ileana Boudet, 2017
Ediciones de la Flecha
Santa Mónica, California
http://www.edicionesdelaflecha.com

"A trip to Havana". Grabado de Napoleón Sarony

Agradecimientos

A Manuel Villabella, que los ha recordado antes y a Carlos Padrón que los estudia hoy. A la ayuda inestimable de Enrique Río Prado, Miguel Sánchez León, Esperanza Varona, Juan Cueto-Roig, Enrique Pineda Barnet, Yasnay Cuesta Álvarez, Rebeca Román Capdevila, Lisley Peña Benavides, Ernesto Fundora y Carlos Espinosa Domínguez, entre tantos, por apreciados datos, libros y manuscritos. Y al venezolano Oscar Acosta por compartir sin conocerme tantos documentos valiosos.

Dedicado a mi hija Broselianda, la actriz de la familia.

Antes de pensar en el arte secreto del actor, diseccionar su anatomía o estudiar su práctica cultural, el investigador debe tener a mano el despreciado cuaderno de bitácora, la repudiada *hechología*, la narrativa del acontecer. ¿Qué ocurrió y si es posible cómo? Las historias del teatro, construidas sobre la base de las grandes figuras, han romantizado a Roscio, Talma, Madmoiselle Mars, Isidoro Máiquez y Rita Luna, pero difícilmente han reparado en el actor como oficiante de un rito cotidiano capaz de convocar a dos o a miles en una misma ceremonia. Cuba, descubierta y colonizada por España, se inserta tardíamente en su tradición teatral a partir de sus ritos religiosos, mientras fiestas, comparsas, cabildos, *griots* y *anaquillés*, son el enriquecido aporte de los originarios de África, traídos como bestias para el trabajo esclavo. La historia se singulariza. El actor viene de la metrópoli, pero para vivir en las nuevas tierras, es también aventurero y explorador. Marginado por causas políticas como Andrés Prieto o desterrado de los territorios del teatro establecido. Algunos se deslumbran y se quedan. La mayoría busca nuevos horizontes o descubre mejores oportunidades.

Con *El príncipe jardinero y fingido Cloridano*, de Santiago Pita, hay un desbordamiento de los límites del actor-actriz al uso ya que como han dicho muchos, sus criados representan la libertad del cuerpo comunicante, implantada en el reinado de Francisco Covarrubias (autor dramático pero sobre todo, actor natural, gracioso y *negrito* nacido en la isla) que florecerá con el primer bufo y después de 1878 como signo de identificación. También hay un teatro institucional. Actores que siguen las pautas de una escuela enfática y grandilocuente o las reformas de Máiquez para lograr el efecto de la naturalidad. Algunos las violan con su talento, otros se acomodan y logran aplausos y *chiamatas*, ya que, contagiada con la ópera, la nomenclatura habla en italiano. Los autores que escriben en cubano no son representados o lo hacen con más dificultad. El negro, salvo contadas excepciones, es objeto de mofa, guirigay, caricatura y discriminación. El siglo XIX conoce al intérprete en todas sus variantes, del cómico sin techo al comediante amado, aplaudido y respetado aunque la crítica no le otorga su lugar. En este recuento faltan datos, pero sobre todo, los episodios contados hasta el cansancio sobre las visitas de figuras importantes, de los Raveles a Fanny o la divina Sarah.

¿Cómo dar por terminados estos apuntes sin revisar *El Embullo, El Argumento, El Cartel, El Bombo, El Artista, El Duende*? Las revistas teatrales se multiplican. ¿Cómo si no he encontrado el retrato de Isabel García Luna en la colección Castellano, las notas de Luisa Martínez Casado en la escuela de Madrid o los periódicos de Puerto Rico que deben decir algo de Adela Robreño? ¿Cómo si no he leído *La Bohemia* dedicada a Paulino Delgado? ¿Cómo, si en los Estados Unidos el investigador por cuenta propia, el independiente, no puede ni siquiera abrir y guardar el patrimonio cubano custodiado por Hathi Trust? ¿Dónde están los retratos de Eloísa Agüero de Ossorio en el estudio de Mestre? ¿Dónde los papeles de Sergio Acebal o los cuadernos de recortes que Conchita Valdivia atesoró para que su padre, Aniceto, fuese recordado?

Confío en que algunos de estos vacíos serán despejados y otros indaguen en el pasado del actor.

Preámbulo

Este libro narra, a manera de apunte, el quehacer de actores y actrices en Cuba desde mediados del siglo XVIII hasta principios del XX. La intención ha sido comentar de manera paralela a algunos textos y sus autores, el transcurrir de la representación y el desempeño de sus ejecutantes, esos dobles que interpretan los personajes y los viven frente al público. No es un inventario. No es una guía pormenorizada y exhaustiva. Entre el deseo y su realización encontré la dificultad de acceder a las fuentes y sobre todo, la pobreza de análisis o la casi ausencia de descripciones de la experiencia de los actores. El texto es a veces abrumadoramente historiográfico y en otras, especulativo. Pero intenta sumarse a un fenómeno reciente, cuando se incorporan biografías y recuentos a los estudios teatrales del país y aspectos antes desatendidos adquieren una segunda naturaleza. En algunos momentos el actor/actriz de este relato enfrenta las vicisitudes de su época –censura, marginalidad e incomprensión– y en otras con la obra dramática o la materialidad de la escena, el empresario, la maquinaria, el edificio o el decorado. Nos acercamos con un lente ancho para conocer siluetas vacías, desprovistas de contenido. ¿Qué se sabe acerca de su técnica y su práctica? Bastante poco. El reseñador de entonces carecía de los instrumentos para juzgarlas.

Los que salen de España y se afincan en las tierras de América, mueren en ellas o regresan cuando es difícil restablecer una trayectoria profesional, han sido borrados del recuento oficial. Los nacidos en la isla, en cambio, tienen un nombre y una leyenda, casi siempre seguida de un epíteto: el padre del teatro cubano, la mejor actriz del siglo XIX o la perla de las Antillas. Pero no se conoce mucho más. He dudado si debo abrumar al lector con fechas, pero de no hacerlo, el futuro investigador tendría que recomenzar. Me he servido de decenas de fuentes citadas en las notas y la bibliografía y de los varios estudios sobre el teatro cubano, en especial *La selva oscura*, de Rine Leal. Su historia abarca no solo los textos y los autores sino los recintos, las compañías y los intérpretes. Pero estos últimos no son el centro de su narración. Aquí intento restablecer el protagonismo del actor, documentar su presencia, los hechos vivos en los escenarios (tablados o edificios) y explicar no sólo sus trayectorias individuales o los recorridos de las compañías sino por qué desde fecha remota el teatro cubano no es un mero reproductor de tendencias y estilos importados de otra parte, sino un fabricante de sentido y de nuevos significados. ¿Quiénes se encargan no de copiar y duplicar una imagen, sino de crear a partir del contacto con una realidad distinta, un espectáculo otro? Entre sus muchos componentes, el actor/actriz es uno de los más activos: recrea y no solo reproduce, dialoga en lugar de monologar. Su cuerpo es ese "archivo viviente" que almacena una memoria cultural y una práctica histórica.

Según el costumbrista Jeremías de Docaransa, existe una figura pintoresca en el periodismo cubano: el localista, cazador intrépido de noticias, informador de "lo que sucede, sucedió y sucederá" que "afanoso" "ha de andar siempre de Zeca en Meca para presenciar hechos o para pillar noticias al vuelo. El sol lo tuesta, la lluvia lo moja, el polvo lo ciega, el lodo lo ensucia, y el huracán lo arroja contra postes y murallas, pero no de otro modo pudiera lograr su objeto, las noticias locales".[1] Informa de asesinatos, bautizos, vacunas, ornatos, suicidios, golpizas, bailes, onomásticos, nacimientos, defunciones y también de las representaciones teatrales.

Confiado en que con el tiempo "servirá de apoyo al verídico y concienzudo historiador" con "documentos justificativos contra la crítica y el escepticismo", sus columnas certifican que tal día del año tal la calle X estuvo a oscuras por falta de alumbrado, cantó una *prima donna*, se inauguró una glorieta o se ahogó un vecino en extramuros. La noticia del acontecer teatral nutre buena parte de sus escritos. El

[1] Cárdenas y Rodríguez, José María de. Docaransa, Jeremías (seud.) *Colección de artículos satíricos y de costumbres*. La Habana: Imprenta del Faro Industrial, 1847. pp. 193-202. *Revista Pintoresca del Faro Industrial de La Habana*. septiembre de 1848. pp. 92-94.

cronista asiste con puntualidad o desgano a los estrenos, reescribe las gacetillas y escoge y pondera, anula o desprecia hechos y acontecimientos.

De forma humorística, Docaransa previene que tiene la inveterada costumbre de "dar tres veces una misma noticia" con el fin de llenar un hueco en la columna o la revista teatral a él encomendadas. En la primera nota por ejemplo escribiría: "Tenemos entendido que mañana miércoles se pondrá en escena el drama de gran espectáculo *La campana y el esquilón*". En la segunda "Como anunciamos ayer..." Tercera nota. "En la noche de ayer...". Y muchas veces, ni siquiera tres gacetillas dedicadas a un mismo tema en el lapso de varios días, reflejan más allá de si la función estuvo concurrida o se cancela por mal tiempo. La mayor parte de las confusiones sobre las fechas de los estrenos proviene de que "hoy sábado" es la fecha de escritura de la nota, pero no de su publicación. Aunque esas crónicas son extremadamente limitadas y es un riesgo partir de ellas para documentar las representaciones, al mismo tiempo, son la más precisa fuente primaria sobre los espectáculos y su entorno, porque la revista privilegia en todo caso al autor dramático, pero apenas considera a los actores y las actrices, a veces nunca al resto de los otros aspectos del espectáculo y en ocasiones apenas la manifestación teatral.

Ocho años después de su artículo, el localista está en la mirilla porque algunos exageran los valores inmerecidos y "la ilustración del siglo y el respeto a la sociedad exigen que haya más verdad en las columnas de un periódico y que se destierren para siempre los miserables *puffs* inventados por los *humbug* en el país de la especulación y las exageraciones. El localista que se degrada hasta el extremo de elogiar a ciegas y ensalzar como buena una cosa que no lo es, se hace indigno de la confianza y el respeto". [2] Se señalan con virulencia los escándalos debidos a encumbrar o aplaudir por amiguismo y empieza a

---

[2] Bueze Goejo, Moisés. "El localista". *Revista de La Habana*. v. 4 (1855). pp. 209-211.

utilizarse el anglosajón *puff* por el personaje de Richard Brinsley Sheridan en *The Critic* (1779), sinónimo de lisonja desmedida, incluido el interés publicitario, pues los *puff* llenan los teatros.

En materia de artistas y espectáculos, es un escándalo lo que se ha visto hasta el día en la Habana, y será una vergüenza y un oprobio a la civilización que no se corte de raíz ese abuso de prodigar exageradas alabanzas a personas y cosas que están muy lejos de merecerlas; y este abuso ha llegado ya a ser tan común, que cuando no se elogia a un mal actor ó a una mala pieza, el autor y el actor se enfurecen contra el periodista. Si en una ocasión he dicho yo, como localista que un gracioso de comedia ha degenerado en payaso, —repitiendo lo que todo un público pensaba y decía,— el audaz comediante con ínfulas y pretensiones de "artista" tiene el atrevimiento de amenazarme con que me demandará ante un tribunal por libelo! Esto no pudiera suceder en ningún país donde se hubiese acostumbrado a los artistas de todas clases y esferas a oír y leer la verdad, en vez de estampar ridículos elogios que los ignorantes imaginan quizás sinceros y merecidos. Y lo peor de todo es que como no todas las compresiones son iguales en este mundo, y como no tienen caballerosos sentimientos todos los que saben aparentarlos, al farsante ó payaso se le cede la razón, porque con el mismo descaro que ha mendigado los elogios de un periódico, amenaza quizás al dueño ó editor con quitarle algunos suscriptores si no sigue elogiándole a tontas y a locas ¡Y hay editores que consienten en ello y reciben tos elogios escritos por manos del mismo farsante! [3]

El historiador debe atravesar los peligros contados por Docaransa para seleccionar entre tan escaso y al mismo tiempo precioso material, datos válidos para explicar o intuir como transcurre la relación entre la

---

[3] Ibid. Se ha actualizado la ortografía.

escena y el público y determinar cuáles son relevantes para explicar el pasado. Por siglos se ha privilegiado el estudio del texto dramático o más bien el texto-copia, la última versión ofrecida por el autor o la que a juicio de los editores se acerca más a sus intenciones. Muchas contienen la fecha y el elenco de la representación, pero ¿y las que no parten de un texto previo?, ¿improvisadas? o nunca impresas como las de Covarrubias, olvidadas en el misterioso cajón de sus papeles que debió contener *La chimenea encantada*. En la casi ausencia de artefactos, imágenes y otros vestigios materiales, las fugaces notas del localista (o los varios que asumen la redacción de las "locales") son un testimonio acerca de quiénes estaban a cargo de una representación (el nombre de los primeros actores y actrices) y una apreciación convencional de la que puede extraerse entre líneas un adjetivo o un propósito. También, la primera fuente de errores e inexactitudes. A veces aportan mucho más. La suya es la primera "selección" importante acerca de una temporada o un periodo, cuando muchos espectáculos han sido desestimados antes y borrados de las cronologías. El localista escoge a partir de su gusto e intereses, relaciona y enumera a los intérpretes, cuyos rostros emergen del anonimato. A veces el apellido es la única identificación y muy frecuentemente no se aclara quién es el actor, dónde ha nacido ni cuál es su experiencia. Y si es muy conocido, ni se detiene en presentarlo. El historiador se auxilia entonces del documento ajeno al teatro: actas, licencias de embarque, cartas, expedientes o anuncios.

A lo largo de buena parte del siglo XIX los actores son figuras huecas, menciones, nombres dentro de un reparto, andariegos llegados en un vapor un día, de regreso a la semana o a los muchos años, comediantes de ida y vuelta, provenientes de Cádiz, Barcelona o Veracruz, residentes privilegiados o aves de paso cuya impronta no es reconocida cuando regocijan a los espectadores. A no ser la compañía extranjera que es necesario divulgar o la figura mundial que tiene en vilo a la afición, son apreciados, pero desconocidos. Si la transmisión de los textos se realiza a través de sus cuerpos y expresiones, y son ellos quienes seleccionan las obras, guardadas en los baúles del consueta, a casi todas las historias del teatro les falta su otra mitad, el avatar de los actores, sus necesidades y preocupaciones, más allá de si lograron ovaciones o chiamatas.

Mientras sabemos bastante del autor dramático y algo del asentista, el actor parece estar escondido detrás de los telones, en espera de la llamada que lo trae a la escena. Debe ser redescubierto. Pero toda reconstrucción, así tengamos inventarios, repartos y noticias, es parcial y difuminada, casi imposible. Sin embargo, cada vez más relevante pues los "textos" viven en sus experiencias y cobran materialidad en sus ademanes. Intentar describir qué hicieron y cómo inspira este recorrido.

Un príncipe disfrazado en el jardín

La puesta en escena de *El príncipe jardinero o fingido Cloridano*, de Santiago Pita, celebrada en La Habana el 28 de abril de 1791, ilumina como pocas el lugar del actor como coautor del texto. Primera obra teatral –algunos añaden de importancia– escrita por un "ingenio de La Habana", estuvo sumida por más de medio siglo en el misterio de un seudónimo, ya que se suponía escrita por José Rodríguez Ucares, Capacho, un fraile que por su mismo carácter requería ocultar su identidad. El enigma cobra mayores proporciones y el autor se llama Ucrés, Ucrés, Ucares o Uscarrés, mientras algunos la atribuyen a Gregorio Uscarrel. Aurelio Mitjans sigue la rima. Trelles recuerda en 1907 la existencia de una familia Pita y un capitán Santiago Pita, mencionados por el historiador Arrate, hasta que José Juan Arrom la rescata del olvido y la sitúa en el canon. Pero las representaciones y/o sus intérpretes que junto al público lector mantienen su vigencia, no son el objeto principal de su estudio, sino el texto mismo y sobre todo, la fecha de la comedia. Revisada en 1963, concluye que a partir de sus reminiscencias de Lope, Calderón, Moreto, Cervantes y Sor Juana, es una visión distanciada del barroco, como si los personajes cobrasen "un cierto aire a pintura de Watteau".[4] Su hallazgo podía haber sustentado alguna puesta en escena, pero en el siglo XX no se representó. Si hay un antes y un después de *El príncipe jardinero...* gracias a Arrom, Octavio Smith aporta su carnalidad al reunir asombrosos datos biográficos sobre el capitán Santiago Pita Borroto, su familia y entorno.[5]

El valioso y apresurado Bachiller y Morales, adjetivos de Smith, salva la comedia del olvido y eriza el camino de vericuetos y

---

[4] Pita, Santiago. *El príncipe jardinero y fingido Cloridano*. Estudio preliminar, apéndice y notas de José Juan Arrom. La Habana: Letras Cubanas, 1989. Edición de Miriam Martínez.
[5] Smith, Octavio. *Para una vida de Santiago Pita*. La Habana: Letras Cubanas, 1978.

contradicciones sobre la identidad del autor, ya que no se publica – afirma Bachiller– con el verdadero nombre de Pita hasta el año 1822 y 1823. Sin embargo, en 1791 "era en la Habana una de las piezas que llevaba más gente al teatro", "... toda la Habana se sabía de memoria escenas del drama".[6] Credenciales más que autorizadas. También advierte que incurre en todos los vicios de su época y en "escenas repugnantes por su inmoralidad". Pero mientras casi no se conocen otras piezas de autores locales, como el sainete *El poeta* del "festivo" Sotomayor, *América y Apolo*, de Manuel de Zequeira y Arango; *Elegir con discreción y amante privilegiado*, de Miguel González, *El matrimonio casual*, de Francisco Filomeno, *Los avaros y los tramposos y astucia de corredores*, entre otras, escritas por notables de la ciudad, *El jardinero*.... atrae al público conocedor de sus ediciones.

El Viajero, su primer crítico, escribe el diálogo [imaginario] que sostiene con un amigo que fue a pasar el rato:

«¿No ha sido siempre celebrada [la comedia] tanto en España como en las Indias, y mayormente en la Havana, de donde fue natural su autor?
Es verdad le respondí, que en otro tiempo (cuando reynaba el mal gusto en España) se representó muchas veces; pero en el día no hay quien se acuerde de ella para nada."[sic] [7]

El Viajero –que ha visto teatro en muchas capitales de Europa, entre ellas Cádiz, Sevilla y Barcelona– asiste a la función del 28 de abril de 1791, anunciada en el *Papel Periódico* 34 y reseñada en los números 54 y 56 del 7 y el 14 de julio del mismo año. Si los datos son correctos, su

---

[6] Bachiller y Morales, Antonio. *Apuntes para la historia de las letras y de la instrucción publica de la isla de Cuba*. La Habana: Impr. de P. Massana, 1859. Tomo II. Cap. XXXIII. pp. 45-55.
[7] El Viajero. "Discurso crítico sobre las comedias" en *La literatura en el Papel Periódico de La Havana, 1790-1805*. Comp. Cintio Vitier, Fina García-Marruz y Roberto Friol. La Habana: Editorial Letras Cubanas, 1990. pp. 291-294.

reseña demora tres meses en aparecer. No le gusta la comedia ni los comediantes, aquella "por disparatada e insolente, y estos (porque a excepción de uno en quien se dejan ver ciertos golpes de cómico) carecen de todos o los más requisitos que constituyen un buen comediante, y me ha dolido a la verdad gastar tres reales por estar incómodo".[8]

En el texto, Fadrique, príncipe de Atenas, ha dado muerte en "batalla decorosa" al hermano de Aurora, princesa de Tracia, donde ocurre la acción. Enamorado de un retrato que ha visto de ella, llega allí con su criado y ambos se disfrazan de jardineros. El ahora llamado Cloridano quiere estar cerca de Aurora y obtener su amor. El disfraz, que sustituye temporalmente la identidad del príncipe, es un recurso tan manido en la escena aurisecular que el autor acota "salen de jardineros con azadas" sin más detalles. Lamparón, criado y gracioso, considera una locura que un príncipe esclarecido se finja villano y reniega del hambre que pasan y del peso del azadón. Mientras, el rey, padre de Aurora, fija un plazo de tres días para que su hija escoja esposo entre los dos príncipes que la enamoran. Pero ella se interesa por quien presume un humilde jardinero. No está sola. También sus criadas Narcisa y Flora están trastornadas por él.

La primera jornada comienza con música, a la salida del sol. Pocas veces se menciona esta característica, también del ante-texto estudiado por Arrom, *Il principe giardiniero*, de Giacinto Andrea Cicognini (1606-1660), calificada como *opera scenica*. *El jardinero*... de Pita tiene abundante música dentro y fuera de la escena: "dentro canta la música". Hay una canción «compuesta» por Cloridano, quien como Aurora, canta, en transición natural del recitativo al canto. No se podría abandonar este indicio al estudiar el antecedente, sea o no Cicognini y pensar en el espectáculo como una comedia con música.[9] Los actores, al menos los intérpretes de Aurora y Cloridano, deben cantar o poseer condiciones

---

[8] Ibid.
[9] Estudios recientes la atribuyen a Giovanni Andrea Moniglia (1624-1700).

para ello. Si reconocemos la preferencia del público habanero por la filarmonía, existe más de una clave para el apoyo que *El príncipe...* goza en el siglo XVIII, año del estreno de la zarzuela *El alcalde de Mairena*, con música de Joseph Fallotico y *Zemira y Azor*, letra de Marmontel, con la de Grétry.[10] Fallotico escribe o reproduce música propia o escrita antes y entre sus intérpretes figura ¿María Domínguez?, recién llegada, Lucas Sáez, muy conocido por sus arias bufas de imitaciones de animales, la Sra. Polonia y Juan Acosta. Termina con un coro de cinco voces. Acosta, Polonia y Sáez figuran en el elenco de *Zemira y Azor*. Todos nos hemos preguntado por la misteriosa, la tal Sra. Polonia, sin apellidos. ¿Puede ser acaso Polonia Rochel, retratada por Cruz Cano Olmedilla en su colección de trajes de 1777? Actriz sevillana, no muy agraciada, pero con una larga trayectoria como graciosa. ¿Busca fortuna en las nuevas tierras?[11] Si una Sra. Polonia, conocida o desconocida, actúa en las dos obras con música, puede ser la Flora del *Príncipe...*

Otro elemento interesante del texto (y de su representación) es la utilización de los bastidores escenográficos. Hasta 1975 se pensaba que no podía ser escrita en La Habana por el conocimiento y familiaridad del autor con la tradición áurea y porque su escenografía y concepción le suponen al autor "una experiencia teatral o un contacto con la escena", pero contrariamente a las apariencias, hasta el verso 770 hay un sólo cambio de bastidor (tela pintada).[12] El jardín se oculta a la llegada de los príncipes que se disputan el amor de Aurora y un interior diferente se establece para la segunda jornada, durante el torneo y el premio conseguido por Cloridano para su amada. La escena en la que Aurora comienza a sospechar (¿Quién será este Cloridano? [..] "No puede ser, no es posible, es engaño, es ilusión") sucede en el mismo

---

[10] González, Jorge Antonio. "Repertorio teatral cubano". *Revista de la Biblioteca Nacional* 4 (1951) pp. 70-184.
[11] Gómez Todó, Sandra. *De cómicas a damas de la escena: representaciones de la actriz en España (1770-1870)*. Universitat Pompeu Fabra, 2014.
[12] Leal, Rine. *La selva oscura*. La Habana: Editorial Arte y Literatura, 1975. p. 108.

lugar, con el jardín oculto. El bastidor se descorre cuando Aurora quiere hablar "entre estas flores". Si se lee con cautela, es simplemente una tela que se descorre o se oculta. Pero el eficaz y bien utilizado decorado verbal crea la ilusión de más cambios y trucos, posibilidades que tendría que demostrar con el auxilio de un diseñador. El más complejo de estos, en la última jornada, requiere de una torre, ¿dibujada en la misma tela?, quizás funcional en el momento apropiado. Hay interés por economizar bastidores, al señalar jardín o selva para indicar el marco en el que marcha el ejército liberador de Fadrique. Se acotan dos escenas simultáneas, una en la torre y otra fuera de ésta, pero en realidad, si la obra se lee con esta perspectiva, se utilizan solo tres bastidores, muy a tono con la pobreza material del teatro de la isla.

Cloridano canta y por separado, las tres mujeres, Aurora, su hermana Ismenia y Flora le confiesan su amor. De los tres soliloquios, el de la criada Flora es el más convincente. Caracterizada con tanta profundidad como la protagonista, su ama, Aurora, Flora es resuelta, retadora y acusada de rufiana, defiende más allá de su «honrilla», su gusto y su delicia. La sensualidad y el rejuego erótico se acrecientan al lanzar una pregunta a sus espectadoras, que presume rabian de envidia. Las tres solicitan al galán y este contesta con parlamentos cantados. Flora llega con la noticia: en pocos días se decide el pretendiente. Cloridano quiere que su criado lo deje morir. Interrogado por Lamparón sobre qué es lo que le va dejar como legado, contesta.

    Cloridano. ¿Qué he de dejarte? Mis penas.
    Lamparón. ¿Penas yo? Pues es muy linda
               mercancía, si se lleva
               en una flota a las Indias.
               déjame algún virreinato
               o una buena alcaidía
               donde mucho pueda hurtar
               y ser rico en cuatro días.

Escena de contrastes, el criado desdramatiza sus pesares y la acción logra un efecto de distancia que mueve a risa y no a empatía con Cloridano, quien le propone a Lamparón que consume su muerte con una daga. Aurora exige saber la verdad pues *pareces lo que no eres y eres lo que no pareces*. Flora interrumpe. El descubrimiento de la identidad del jardinero se pospone pero el público ya la conoce. Lamparón analiza su suerte y decide marcharse antes de morir ahorcado. Hasta aquí la escena ha ocurrido en el jardín. El Rey, pese a la tristeza de Aurora, persiste en casarla en veinticuatro horas. Aurora apremia a Lamparón a confesar y el criado, después de recibir un bolsillo de doblones, dice como un golpe de efecto: "Es el príncipe de Atenas, tu enemigo". Aurora despide a los príncipes, mientras el rey, en el palacio, conoce que el disfrazado asesinó a su hijo, hermano de Aurora y ordena el encarcelamiento de Cloridano y su criado. En la tercera jornada, la decoración del jardín señala una torre con puerta («aunque sea de papel»), la prisión donde Fadrique llora su agonía. Aurora, en el jardín, responde cantando y a veces repite las mismas estrofas en eco, emocionado trío lírico con el príncipe y Lamparón.

Aurora.
Deja ya tristes endechas,
que ya es necio frenesí,
pues para rendirme a mí
te sobran, mi bien, las flechas.

Aurora abre las puertas de la torre, libera a su amado y al asustado Lamparón. Fadrique tiene un soliloquio largo y menos logrado por sabido: invita a la princesa a marchar con él a Atenas. "Tuya he sido y tuya soy" contesta ella mientras se despide. Es de noche. Antes Ismenia intentó liberarlo sin éxito. En una selva o un jardín, de acuerdo a las ediciones, Teágenes avanza con sus soldados, no a la guerra sino a una audiencia convocada por el rey y los príncipes. Fadrique reparte coronas y se conciertan las bodas de Flora y Lamparón y de Ismenia y Polidoro. Fadrique destina su hermana a Melandro, un personaje referido. Narcisa en cambio está sola y sin marido, ya que a pesar de la simetría buscada, una criada no puede casarse con un noble. Esa otra enamorada del jardinero continúa en libertad su camino.

Según El Viajero, la obra fue famosa cuando en España "reinaba el mal gusto" pero se ha olvidado. No cumple con las tres unidades clásicas ni se atiene a las comedias *arregladas*, y lo que a su juicio es más grave, tiene nefasta repercusión moral: los jóvenes no podrían obtener de ella más que el "mal ejemplo" y "la corrupción de las costumbres". No le parece suficiente su argumentación y el 14 de julio de 1791 vuelve a ella en el *Papel Periódico* no. 56 a partir de la opinión de un tertuliano que califica su crítica anterior de disparate, ya que aunque cierto a "nadie gusta ver que su hija ni su hermana sea deshonesta, con todo le complace ver que otra lo sea particularmente en las tablas. Concluyendo: que éste era el más poderoso aliciente para acarrear gente al Coliseo." El Viajero ilustrado defiende la escena como espejo de buenas costumbres. Al Coliseo, escribe,

> van tres clases de gentes, unas discretas, otras indiferentes y otras ignorantes. Que las primeras van con el fin de celebrar lo bueno, y censurar todo aquello que no se conforma con las reglas del arte y nuestra sana moral. Las segundas, a pasar el rato, que es decir, que tanto cuidado se les da que esté buena como que esté mala la comedia. Y los terceros únicamente a empaparse en los objetos". [13]

El espectador, empapado con los objetos, disfruta al ver en las tablas yerros, deshonestidad y conductas censurables y tiene todavía tan escasa competencia teatral que no discierne entre las sanas y naturales y las reprobables, saturado y contagiado con la magia de la

---

[13] Sobre las comedias *El diablo predicador* y *El príncipe jardinero*. *La literatura en el Papel Periódico*. ob. cit. pp. 295-297.

escena. Según el Diccionario de Autoridades (1732) empaparse es embeberse, cebarse y poner todo el gusto y afecto en alguna cosa. Desde luego, la actitud es propia de "los que el vulgar aplauso pretendieron,/porque como las paga el vulgo, es justo/hablarle en necio para darle gusto". Pero críticos como el Viajero consideran a Lope de Vega el primer "corruptor" del teatro español. Sin embargo el alborozado público que la aplaude en La Habana no se disgusta con la comparación que Aurora hace de su amor por Cloridano con el de Pigmalión por una estatua o Pacifae por un toro, ni se escandaliza con la determinación de las criadas de luchar por su derecho a elegir, amar e incluso cortejar al jardinero. Aurora es una dama de arrojo y decisión notables, nutrida de "amores indecentes/que admiraron al mundo y a las gentes" y en muchos aspectos, parecida a sus criadas en la defensa de sus sentimientos. Hay una ruptura total entre naturalidad y artificio, galantería y rufianería, realidad y seducción. Los criados contrastan con rudeza y realismo el mundo jovial y galante de la corte, sobre todo en sus constantes rejuegos con el público (Arrom los llama "desplantes") suprimidos por el ¿impresor? ya que las ediciones posteriores a 1761 carecen del rejuego que desde los versos 885 hasta el 930, al final de la primera jornada, sostiene Lamparón con la audiencia –que ha venido a la comedia sin haberla convidado– y compara con el público de un sermón, con chocarrerías propias de un teatro sainetero, insultos e ironías dirigidas a los ancianos e incluso las damas presumidas que acuden con zapatos y ajuares prestados. [14]

La escena busca la interlocución y el intercambio y cabe suponer que los actores improvisan a partir de sus reacciones. Es de imaginar que nadie oyó impasible las invectivas de Lamparón, rompedoras del ritmo artificioso de la comedia, y en alguna medida este respondía a sus agravios e ironías. El gracioso crea el hilván para la segunda jornada.

---

[14] Edición de Valencia. J. de Orga, 1761. Comedia famosa. Universidad de Minnesota, disponible en Hathi Trust.

Con toda probabilidad se introducen tonadillas ya que el espectáculo es un *continuum*.

Jorge Mañach (junio 1, 1947) en su sección del *Diario de la Marina*, después de contar el argumento, escribe:

> Todo ello, sin embargo se nos parece ya "tornasolado" por las luces del siglo XVIII, vagamente "operatizado". El gracioso y su comadrería exhiben un descaro de pensamiento y frase que todavía escandalizaba hasta a Bachiller y Morales, pero que en el fondo procedía ya de la crisis racionalista que llenaría de oblicuidades sardónicas el siglo. Asoma la desmoralización íntima y dialéctica en la valoración de la honra. Aunque se pongan en boca de la criada Flora, tienen estos versos más acento de época que de airada rebeldía popular.

> No admito leyes de honor
> que son leyes desabridas.
> Mi honor es solo mi gusto,
> mi regalo y mi delicia.

El escritor establece el «dieciochismo» de la pieza, su ostensible españolismo, y argumenta que su superposición de influencias, es parte del "mimetismo colonial". No le otorga demasiado valor dramático "por lo débil y embrollado de la acción", pero escrita o no en Cuba, es "por la sensibilidad, como un pequeño caracol de nuestras playas, lleno de ecos que viajaron por sobre el mar y el tiempo." [15] Arrom por el contrario, registra la influencia de Sor Juana y la utilización de palabras o giros de la expresión coloquial de Cuba y Veracruz para demostrar que Pita no es un visitante, sino un habanero raigal. Alfredo Zayas, en

---

[15] Mañach, Jorge. "El príncipe jardinero". *Perfil de nuestras letras*. Carlos Espinosa Domínguez, ed. Barcelona: Linkgua, 2015. pp. 70-73.

El Curioso Americano, al rastrear el origen de la palabra *claco*, cita de memoria *El jardinero*... [16]

En el primer número de la revista *Prometeo* (1947), el director teatral Francisco Morín cuenta sus incidencias como si moviera sus personajes en un retablo de papel. Curiosamente refiere como desechada la tesis de Santiago Pita como autor, repite el estado de opinión sobre la identidad de este "ingenio de La Habana" y señala sus afinidades con *La moza de cántaro*, de Lope, el *Catilinón*, [*El burlador de Sevilla*] de Tirso y el *Don Juan*, de Byron. Arrom no está solo en Yale, encuentra interlocutores en la isla a pesar de que la pieza, según Morín, "permanece olvidada en uno de los estantes de nuestra entristecida Biblioteca Nacional." No todo está dicho sobre la comedia, pero sin dudas, se ha dicho bien.[17]

No sabemos casi nada de las representaciones antes de la fundación del *Papel Periódico de La Habana* (1790) pero no hay que suponer que "la precariedad de nuestra infraestructura escénica" impide producir una obra así. Es de de presumir que los vecinos de la villa cuyos "rostros y cuerpos [eran] de buena proporción, gentileza y arte" [...] y se manifiestan "con gracia y compostura en los bailes, y con decencia y honestidad en los conciertos y representaciones" tienen una vida cultural rica y propia. "No solamente gozan los nacidos en este país de los expresados dotes, sí también de ánimos generosos y de agudos ingenios, que los han hecho célebres así en los teatros de Belona como en las palestras de Minerva" escribe el historiador José Martín Félix de Arrate.[18] Es el contexto en el que crea Esteban Salas su portentosa obra musical, villancicos, pastorelas y autos sacramentales, sin contar que se le presume también autor teatral.

---

[16] *El Curioso Americano* 2. 15 de diciembre de 1892, no. 2. p. 21.
[17] Morín, Francisco. "La primera obra teatral escrita en Cuba". *Prometeo* Año I (1) octubre 1947: 6-7,11.
[18] *Los tres primeros historiadores de la isla de Cuba*. La Habana: Andrea Pego, 1876. pp. 169-170.

No se conoce con certeza quiénes son los intérpretes de *El príncipe jardinero*... ni cuántas otras representaciones se celebran. Desde abril de 1776 hasta febrero de 1780 no hay registro de ella, se representa una sola vez, la citada, entre 1790 y 1794. Después hay cuatro años, entre 1795 y 1799, sin anuncios de obras dramáticas. Vuelve al escenario el 9 de agosto de 1801 de acuerdo a las anotaciones de García Marruz.[19] Es la puesta reseñada por Buenaventura Pascual Ferrer, que defrauda a Lezama Lima, quien la refiere con otra fecha pero no la incluye en su selección porque no descifra el enigma de la comedia. Sin embargo, el Regañón nos da la clave: "Los cómicos tenían de su parte [...] la presencia de los espectadores a favor de la pieza". Con ese respaldo, llega a la actualidad. No figura en el repertorio de la compañía de Andrés Prieto entre 1810-13. Si el inventario es exacto, *El príncipe*... sube dos veces a un escenario de la isla y el año anterior a su puesta habanera, el 12 de julio de 1790, Juan de Lagenheim, primero o segundo galán del Coliseo de la Nueva España, la atesora en su caudal de comedias. Después ¿se olvida?

Sin embargo, por su atmósfera, su alternar entre la estilización neoclásica y el realismo crudo, su elaborada factura y el recitado que, de acuerdo con Arrom, podía oírse como arias de ópera, es una obra fundacional. Rine Leal va mucho más lejos que Arrom en cuanto a la sicología de los criados, símbolos "del choteo destructor" que corroe el mundo paradisíaco de Tracia. Disputa la "españolidad estilística" formulada por Mañach, reitera los americanismos de la pieza y su "extrañeza" y considera que su ambiente operático y mimético son sus pasaportes nacionales. "No es delirio, escribe Smith, que conoció el manuscrito de *La selva oscura* (ambos investigadores coinciden en las salas cubanas de la Biblioteca Nacional de los 70) "vislumbrar anticipos

---

[19] Hernández González, Manuel. *El primer teatro de La Habana. El Coliseo (1775-1793)*. Tenerife: Ediciones Idea, 2009. pp. 250-295. García Marruz, Fina. "Obras de teatro representadas en La Habana en la última década del siglo XVIII según el Papel Periódico". *Revista de la Biblioteca Nacional José Martí* 2 (1972) pp. 95-125.

del género bufo ni advertir un erotismo ingenuo, ligeramente obsesivo, que nos parece vernáculo." [20]

¿Qué es la extrañeza, mencionada por críticos de filiación tan diferente? Una Tracia operatizada y ornamental se confronta con las apetencias y necesidades de los criados, vitales, sensuales y directos y hasta con Aurora, que disiente y se enamora del jardinero. El contraste marcado entre los gestos de los nobles y los de Lamparón, Flora y Narcisa, se desarrolla a través del cuerpo, con diferencias agudas entre el comportamiento social de los amos y su corte y el de sus sirvientes. Los primeros, por su estilización estereotipada y los segundos, por la independencia de criterios, arrojo y voluntad de llamar a las cosas por sus nombres, que debió atravesar la puesta en escena de las sutilezas y rufianerías que tanto molestan al Viajero. Los criados introducen picaresca y desacato. Sus «apóstrofes» son un juego entre sexualidad y poder que aunque se cercena pronto sobre el escenario, permanece latente en muchas expresiones y emerge lozano y vital en el primer bufo (1868). Flora se parece a sus mulatas desafiantes cuando confiesa:

Si no se rinde, no es hombre
porque estoy, a fe, tan linda,
que ha de abrasarse de amores
si él a la cara, me mira.

La criada se sabe hermosa e irresistible, pero como corresponde a una comedia, recibe la mano de Lamparón y unida a él, termina su "doncellez tirana". El público debe haber agradecido los contrastes, las deliciosas interpelaciones por la que a un tiempo se teje una historia de amor caballeresco y honor y otra de graciosos en busca de felicidad y recompensa. En *La Moda o Recreo Semanal del Bello Sexo* se refiere otra puesta, vista hace años por el «camagüellano», representada por

[20] Smith, Octavio. Ob. cit. p. 117.

cómicos de la legua. [21] Manuel Villabella ha rastreado la de Santiago Candamo, cómico aventurero llegado a la isla en 1813, presentada el 24 de julio de 1824 en Puerto Rico. *El príncipe...*, con su desenfado, descaro y libertad, muestra a los intérpretes atados a las fórmulas del buen decir y la tradición del canto. ¿Cómo es la interpretación? Los actores hacen vivir los «afectos» y la escena transita de un teatro moralista a ultranza a otro emancipador.

Entre dos fechas, 1791, puesta de *El príncipe jardinero...* y 1810, llegada del catalán Andrés Prieto, ocurren muchos acontecimientos significativos. En 1788 casi se liquida la afición por el teatro ya que cuando el Coliseo cierra por goteras y mal estado, las autoridades interpretan que se trata de "falta de gusto del público para el teatro" y pretenden en su lugar construir una cárcel. El local erigido a beneficio de una casa de recogidas, una década después, está a punto de convertirse en prisión con su metafórica carga de significado. Licencias de embarque, pasaportes y legajos dan cuenta del trasiego de actores, la mayoría desconocidos. En 1802 dos emigrados de Santo Domingo solicitan permiso para establecer un teatro para comedias en Santiago de Cuba. Pedro de Soto y Pedro Bermúdez no tienen recursos pero sí cuatrocientos pesos de deudas invertidos en el alquiler de una casa. "Son pobres, sin otras facultades para su desempeño que las que iban a explicar en el teatro, y quieren representar ocho comedias, y cumplido el número, no van a representar ni una sola siquiera". "Juran no proceder de malicia." [22] Aventureros como Santiago Candamo recorren la isla y mueren en ella. Se conocen los expedientes de José y Pedro García, cómicos de ejercicio, Juan Ruiz y otros tantos que desean integrarse a compañías y grupos trashumantes.

---

[21]*La Moda...* t. I (1830) pp. 129-130. Citado por Octavio Smith. Ob. cit. p. 118.
[22]"Dos vecinos de Santiago de Cuba solicitan permiso para establecer un teatro para comedias en aquella ciudad y resolución recaída a su solicitud." *Boletín del Archivo Nacional.* v. 9 (1910). pp. 54-55.

La actriz Vallecillo y el poeta Zequeira

Se presume que el año 1806 es de pobreza total en la escena, los historiadores apenas han dejado anotaciones, pero la revisión de *El Aviso* desmiente ese aserto.[23] Entre las obras estrenadas destacan *Caprichos de amor y celos*, de Fermín del Rey, *El mayor monstruo los celos y Tetrarca de Jerusalén*, de Calderón de la Barca, el drama pastoral en tres actos *Pablo y Virginia* [basado en la novela de Jacobo Bernardino Enrique de Saint Pierre, 1788], la comedia *El ayo de su hijo* [de Guillén de Castro], *El licenciado Farfulla* [de Ramón de la Cruz], *Amar por fuerza de estrella* y *Un portugués en Hungría* [del alférez Jacinto Cordero], *Propio es de hombres sin honor pensar mal y hablar peor o el hablador* [de Carlo Goldoni] y *El barón* [de ¿Leandro Fernández de Moratín?] entre las anunciadas en el periódico, que en muchas ocasiones incluye el reparto y el precio de la entrada, por lo general de 3 reales, 4 para las obras de gran aparato, real y medio para la tropa y 2 para la cazuela. Todas con sus correspondientes tonadillas y su final de sainete. Casi siempre se refieren a ellas como comedias aunque no lo son.

Cabe señalar la presencia de Francisco Covarrubias en *El mayor monstruo los celos y Tetrarca de Jerusalén*, de Calderón, probablemente arreglada, sobre la pasión de Herodes hacia su esposa que lo lleva involuntariamente a su asesinato, tal vez una "relación" para hombre, desde entonces muy comentada porque el comediante viste su Otelo de un viejo uniforme de maestrante de Ronda a falta de un vestuario adecuado. Como salvo el comentario de Bachiller, no se conoce la fecha de estreno, podría ser la anunciada en *El Aviso* 148 del 11 de mayo de 1806. De igual manera, el caricato figura en el reparto de *Pablo y Virginia* [basada en la novela de Saint Pierre, 1788] sobre estos amantes criollos de la isla de Francia, actual Mauricio, "el acto de

---

[23] Colección de *El Aviso* 1805-1810 en la Hemeroteca digital de la Biblioteca Nacional de España.

beneficencia que practican con el esclavo fugitivo, la extrema gratitud con que este le recompensa, la tierna despedida de Pablo y la tempestad y el naufragio que se pintarán con la mayor propiedad, imitando el sonido del viento, la lluvia, el ruido del trueno y el rayo y la confusión de los naufragantes". María de la Luz Vallecillo es Pablo, "vestida perfectamente de hombre"; la beneficiada Antonia Rodríguez, Virginia; la señora María de Sierra, el de su madre; Manuel Badillo, el gobernador de la isla; Juan García el pastor; Pedro Poveda, el negro barba, mientras Covarrubias es el *negro gracioso* y el resto de la compañía en los papeles de menos interés. Termina con la tonadilla *Los locos de Sevilla*, con Rodríguez, la Sra. Polanco, Juan García, Antonio Silveyra, Agustina Pereyra, Joseph Estoracio, Juan Cabello, Esteban Villa y Francisco Covarrubias en el papel de loca. Una misma tarde alterna entre el negro gracioso, proveniente del *negrillo* de las tonadillas y una loca, en una puesta llena de travestidos. (*El Aviso 236*. martes 2 de diciembre de 1806), muy anterior a la que Leal ubica en 1838.

El caricato, de treinta y un años, está al mismo nivel que sus contrapartes españolas, usa vestuarios estrafalarios o arbitrarios, interpreta personajes femeninos y es el *negro gracioso,* que algunos presumen caracterizado y *pintado* de negro y otros, interpretado en la tradición del teatro del Siglo de Oro en el que se ha formado. Le sigue *Para vencer a amor querer vencerle*, de Calderón de la Barca, una tonadilla a tres, *El maestro de capilla y ganso* [¿intermedio cómico de Domenico Cimarosa?], monodrama para barítono bajo, que presenta menos complejidad y el sainete *Los criados y el enfermo*. Es el 4 de diciembre de 1806, según *El Aviso* 237.

Los anuncios enfatizan si la iluminación es completa con las "bombas de cristal" o la música se "aumenta", si el teatro se adorna con la "decencia y la propiedad posible" o si se requieren ruidos, tempestades y tramoyas. Los repartos incluyen, salvo uno o dos nombres, los conocidos de los Cómicos del País de 1800, que al año siguiente se llaman Cómicos Havaneros.[24] Las primeras damas son las gaditanas María de la Luz Vallecillo y Antonia Rodríguez, también cantantes y la última, bailarina, los restantes, actores. Antonio Silveyra es cantarín y Gabriel de Lima, sastre.

El 9 de diciembre se anuncia en *El Aviso 238 El matrimonio casual*, [de Francisco Filomeno]. "Esta célebre pieza ha sido celebrada en todos las ciudades de Europa y espera el autor de ella que tenga los mismos aplausos en su patria" [sic]. Se completa con la tonadilla *La dama astuta o el ranchero* y el sainete *El engaño desengaño* y al final hay un chistoso monólogo ejecutado por Covarrubias. Entrada a cuatro reales. Publicada en Madrid en 1802, su autor es abogado de los consejos reales y colabora en *El Aviso* con artículos sobre educación pública. Precedida de un largo prólogo, se localiza en Madrid y reproduce sin mucha originalidad el consabido esquema del melodrama amoroso con final inesperado. Interpretada por Rita Luna en su estreno peninsular, a cuatro años de su retiro, emular con ese recuerdo debió ser un reto para la intérprete de Inés. El *Diario de Madrid* inserta un comentario elogioso de sus gracias cómicas excepto el personaje traído de afuera.[25]

Las notas de *El Aviso* contradicen el habitual desinterés por el intérprete. La mayoría de las gacetillas recoge sus nombres y apellidos y a veces, como en el beneficio de la Rodríguez, sus palabras de cortesía a la audiencia. El 7 de diciembre de 1806 en *El Aviso* 238, Marquez Nueyas, una de las firmas del poeta Manuel de Zequeira y Arango, como han certificado Fermín Peraza Sarauza y Sergio Cuevas Zequeira, publica un soneto a Luz Vallecillo, "primera actriz de nuestro teatro", reconocimiento poético a sus méritos.

Con tu cómico labio divertido,
discreta Vallecillo, el pueblo estaba
tan lleno de ilusión que se admiraba

---

[24] Cf. Leal, Rine. *La selva oscura*. Ob. cit. p. 205.
[25] *Diario de Madrid*. 24 de junio de 1802.

creyendo realidad lo más fingido:
En *el sí de las Niñas* ha lucido
de manera tu voz con lo que hablaba,
que parece que un numen te inspiraba
de la viuda el acento y el gemido.
Aquel sublime artificial conato
cuando festiva tu expresión remedia
de la niña el desdén y el ceño ingrato;
esto acredita (y lo demás que media)
que el autor de tu genio hizo el retrato,
o que tú le has dictado la comedia.

Se refiere a alguna representación de *El sí de las niñas,* de Moratín, citada en algún *Aviso* del que carecemos. La interpretación de Vallecillo posibilita que el público conciba como real "lo más fingido", como en el poema de Pessoa "el poeta es un fingidor/ finge tan completamente/ que llega a fingir que es dolor/ el dolor que de veras siente". Un numen inspira su personaje, "sublime artificial conato" y obra, autor e intérprete se funden en un todo. El soneto no figura en las selecciones importantes del autor de la "Oda a la Piña" del mismo modo que la identidad del marqués de Nueya o Marquez Nueyas no es de amplio dominio. Zequeira vuelve al tema de su soneto *sáfico*, por la griega Safo, puesto que según narra, escucha en las tertulias el escarnio que se hacía de ellos e ironiza sobre sus versos sáficos y adónicos. [26] Una crítica suya "Sobre *El avaro* y *El sí de las niñas*", firmada por el marqués Nueya, lo revela informado, conocedor y atento al desempeño del intérprete, sobre todo, la que hizo la viuda, Vallecillos. Extraigo fragmentos.[27]

---

[26] Carta al "Señor Redactor" de Marquez Nueya en *El Aviso* 246 (25 de diciembre de 1806).
[27] "Carta segunda del marqués Nueya a su amigo sobre la comedia titulada *El sí de las niñas*". *El Aviso*. 6 de enero de 1807. Hallada y comentada por Sergio Cuevas Zequeira en *Las Antillas* año I no. 5 (agosto 1920). pp. 385-389.

Sobre *El sí de las niñas*, de Moratín, escribe:

¡Qué argumento tan escogido para atacar las preocupaciones de nuestro tiempo! ¡Qué agudeza tan delicada en la pintura del ridículo genio de la vida! Con cuánta gracia se aproxima, por medio de la ficción a la realidad y a la verosimilitud! ¡Qué unidad en los pensamientos y qué continuación en los caracteres! ¡Qué facilidad y sencillez en la textura del enredo y cuánta naturalidad en los diálogos que adornan la comedia! Yo te confieso, mi querido amigo, que me he llenado de un placer extraordinario al ver su representación, y que al concluir el tercer acto no pude menos de exclamar diciendo a los que estaban a mi lado: *He aquí la comedia de carácter, éste es el espejo de la vida humana, aquel espejo que puesto delante de los hombres los hace avergonzar de su propia imagen...* [...]

Es la vez primera que he visto sobre las tablas pintar con gestos y actitudes las diferentes pasiones de los hombres. Todos los actores de ella la desempeñaron con la posible propiedad; pero la que sobresalió con excelencia en el arte y la ficción fue la que hizo el papel de *viuda*: parece que la misma retórica le inspiraba el secreto de expresar los movimientos del espíritu, y que había tomado de la pintura las más vivas gesticulaciones para igualarse en esta parte con el mérito de Apeles. El tono de la voz cuando quería agradar a Don Diego no pudo ser más natural y cuando rogaba a la niña recomendándola al esposo, no podía ser más zalamero por sus tiernas inflexiones: si se enfurecía viendo la repugnancia de la niña por el matrimonio contratado, entonces aparecían en su semblante todos los indicios de un alma transportada de furor: ella pasaba de la cólera a la tranquilidad, del placer a la alegría y aún llegó casi a manifestar dos pasiones contrarias a un mismo tiempo: ella conservó en las demás variaciones de la escena la congruencia más íntima entre los afectos, el ademán y las palabras: ella se impresionaba de los motivos y de las pasiones del autor, se ponía en las mismas circunstancias, empleaba los socorros del arte y de la naturaleza y por decirlo todo, de aquel entusiasmo que encanta, que embelesa y suspende a los espectadores, y por último parece que según las convulsiones de su rostro y los demás ademanes de su cuerpo, no perdía de vista aquel precepto del divino Horacio que nos recomienda en su carta a los Pisones: *si vis me flere, dolendum est primun ipsi tibi*. Así es como logró apoderarse de la atención del auditorio y así es como se consigue llegar al grado de lo sublime en el desempeño de las bellas artes. De aquí resulta hacer conocer al público cuán diferente es este género de representaciones al de las tramoyas, farsas y aparatos, y cuán diferente es el mérito de estas comedias del de la mayor parte de las producciones de los antiguos.

Sobre *El avaro*, de Moliere, escribe que
fue regularmente desempeñada por todos los actores, pero en particular por el que hizo el papel del Avaro. Ya sabes que soy algo escrupuloso en este punto, pero soy imparcial, y tanto me repugnan las malas comedias, como me complacen las que tienen mérito y son bien ejecutadas. Los actores, sin duda, van corrigiendo sus defectos, y no pierdo las esperanzas de que llegará nuestro teatro, no sólo a contentar a al número de los críticos, sino a ser uno de los principales adornos que constituyen el mérito de nuestra Patria, siempre que como hasta aquí no le falte la protección y el celo del gobierno. [...]

El avaro continúa el 12 de diciembre, de acuerdo con *El Aviso* 240 del día anterior, con la casa iluminada. Vallecillo y Rodríguez cantan la divertida tonadilla de primorosa música *Los retratos irónicos* y Covarrubias es el *negrito* de *El desengaño feliz o el negrito*. Termina con el gracioso *sonecito* del reyno "La morenita" que se cantará y tocará con cuatro bandolones y lo bailarán Antonia, García y Silveyra. [sic] Un *Aviso* de 1805 se extiende en indagar en la *Aulularia* de Plauto y La Harpe al tiempo que critica los malos traductores como Dámaso de Isusquiza.

Zequeira y Arango cree que "lo más importante en la representación es que el actor jamás se olvide del personaje que finge, para obrar conforme al carácter que tiene que imitar; y así es que en faltando la debida acción, queda débil y fallida la poesía más excelente: tú te acordarás de que el sabio Demóstenes ponía su mayor esmero en el tono de la voz y en el gesto; dos puntos que son aún más esenciales en la declamación teatral, porque la voz es el órgano de la razón que nos instruye y nos convence pero el gesto es de un uso más dilatado, o por mejor decir, un lenguaje enérgico que se encamina en derechura hasta el corazón. De que se infiere que en las agniciones y en los encuentros repentinos es indispensable que el actor indique la sorpresa del espíritu por medio de agitaciones agradables para no caer en el defecto de la frialdad y la languidez."

Concluye que "ha mejorado la constitución de nuestro teatro [...] se van desterrando aquellos monstruosos comediones y que por consiguiente hay más delicadeza en la elección de las comedias de algunos días a esta parte, y aun no dudo que nuestro teatro adquiriría más importancia si viésemos los espectáculos más concurridos de las gentes principales. Pero yo no sé por qué especie de fatalidad hemos de ver tantos ciudadanos y tan pocos patricios y por qué los poderosos no han de contribuir al fomento de nuestro coliseo. Este ha sido y será el primer objeto de las naciones más cultas: entre los griegos era el espectáculo una de las principales atenciones del estado: en Atenas concurrían todas las clases de ciudadanos sin que faltara el mismo Sócrates: la República costeaba de sus fondos todos los gastos necesarios y siempre presidían los *arcontes*. En Roma se encargaba la dirección del teatro a los *ediles*: asistían todos los magistrados y concurrían hasta los Catones. ¿Y por qué será que entre nosotros se miran con tanta indiferencia los espectáculos? ¿Por qué nuestros palcos no han de estar ocupados por las primeras personas del país para sostener este apreciable monumento de la felicidad pública?

Cree que "es una obligación de la patria recompensar el mérito de los sujetos, y que los cómicos, lejos de ser despreciables por esta ocupación, se hacen dignos del aprecio público: de aquí es que Esopo tuvo tanta estimación como Sófocles y Roscio no fue menos considerado que Cicerón." [...] Castíguense enhorabuena aquéllos que lo merezcan por su conducta corrompida, pero no olvidemos los aplausos para los que por medio de la dulce ilusión nos saben inspirar el horror a los vicios y el amor a la virtud".

En 1808 se repite *El sí de las niñas* pero Vallecillo y Rodríguez han partido a México, la primera contratada por dos mil pesos anuales. En septiembre de 1807 cierta bachillera escribe al *Diario de México*, preocupada por la pronunciación de nuestra actriz y sus tropiezos al decir *al pazar por la plasa aller*. El redactor la identifica como "actriz de mérito capaz de hacerla lucir en los de Europa, que habiendo estado un año en la Havana, volvió a presentarse aquí luciendo su papel con mejor aire, y más expresiva en la acción y pronunciando bien la z, la c y la ll, no siendo de extrañar que se le escape una, u otra, porque un año no es bastante tiempo para destruir enteramente un hábito de muchos". [28] Zequeira y Arango lo dijo mejor. Es el "cómico labio divertido" de la gaditana Vallecillo.

---

[28] "Pronunciación". *Diario de México* 706. 5 de septiembre de 1807. pp.18-20 y *Diario de México* 707. 6 de septiembre de 1807. pp. 21-23.

La compañía de Prieto

Transcurren unos años y arriba Andrés Prieto, actor de ideas liberales cuyo retrato aparece en una de las terracotas del Teatre de Barcelona. Segundo de Isidoro Máiquez en España, en La Habana es primer actor y director de la compañía del Principal, muy aplaudido, pero al que sin embargo, el público reclama cuando abusa de su gentileza y hospitalidad. Su aporte y los contenidos de su temporada son la narrativa de *Cuba entre cómicos: Candamo, Covarrubias y Prieto* [29] porque su personalidad, repertorio y elenco no se agotan. Antonio Rosal y Antonio Hermosilla, miembros de su compañía, permanecen en la isla, el primero se asienta allí hasta su muerte. No es difícil especular si Prieto enseña a sus compañeros de reparto o practica los preceptos e ideas sobre la expresividad actoral expuestos en su *Teoría del arte dramático*, manuscrito de 1835, publicado póstumamente, como anticipa su polémica con José María Heredia en México en 1826. [30] Es de pensar que los actores comparten su lenguaje y su técnica. El 26 de enero de 1806, en el Teatro de la Cruz de Madrid, Prieto estrena *El sí de las niñas* de Leandro Fernández de Moratín, y el autor escribe que a pesar de ser nuevo en los teatros "adquirió el concepto de actor inteligente y que retiene todavía con general aceptación".

También en La Habana es admirado. Un espectador escribe al *Diario de La Habana* después de su *Orestes*.

> Yo, Sr. Redactor, había visto lleno de admiración el encanto, que en la noche del 9 produjo en todo espectador sensible la pasmosa, interesante y nunca bien ponderada ejecución que del Orestes hizo

---

[29] Villabella, Manuel y Boudet, Rosa Ileana. *Cuba entre cómicos: Candamo, Covarrubias y Prieto*. Ediciones de la Flecha, 2015.
[30] Prieto, Andrés. *Teoría del arte dramático*. Edición, introducción y notas de Javier Vellón Lahoz. Madrid: Fundamentos, 2001.

ese actor, singular en sus miradas, su ademán, sus actitudes, su majestuosa marcha, su bella persona, su elocuentísima gesticulación y digno del común aprecio, más que por todo, por la decencia y decoro con que aún en sus acciones más cariñosas trata a este ilustrado público. [31]

Como este colaborador, muchos entregan críticas, sugerencias y demandas al *Diario de La Habana* y luego a *El Aviso*. Algunos exigen, critican o ponderan a sus actores. Acabado de llegar a la isla, a los diez días, interpreta *Pelayo*, de Quintana, el 12 de septiembre de 1810, uno de los hitos del repertorio de Isidoro Máiquez, su maestro. Contratado por los asentistas Manuel Azian y don Juan José Sotillarena, hay gran expectación en la ciudad que ha visto desmembrarse la compañía y a muchas de sus figuras establecerse en México. Precedido de fama y mito, Prieto es hasta el momento el actor de mayor relieve que conoce el país. Los empresarios le ofrecen dirigir no una compañía cualquiera, sino la del Teatro Principal.

En 1812 acomete tragedia, comedia, ópera y baile y cuenta con un carpintero, cobradores, escribiente, sastre, peluquero, portero, guardatropía, contratista de luces, una orquesta y un maestro tramoyista. Es la primera de carácter profesional. De acuerdo con los anuncios, tiene un repertorio de calidad porque, aparte de comedias de magia, estrena versiones de Shakespeare y *El cid* de Corneille. Tampoco fue ajena a la prensa que publica los partes médicos de Prieto, necesitado de presentar pruebas de que, aquejado de una terciana doble, está en cama y no puede actuar. Acusado por Barbatexa en el *Diario de la Habana* de fingir su enfermedad, se conoce el comentario de un "podatario de los abonados" con su adhesión a Prieto y de paso, los detalles internos de la enrarecida de la compañía. El público se interesa tanto por la vida privada de los cómicos que sus interioridades podrían constituir el argumento de un folletín. En otro artículo, rescatado por *El Curioso*

---

[31] Ibid. p.100.

Americano, Antonio Peojan en 1813, critica a Covarrubias y a la empresa del Principal "por su escandalosa parcialidad, su atrevimiento de chocar abiertamente con la opinión pública, que clama por el insigne Prieto, y en fin, por su acreditada ineptitud o falta de conocimientos para saber calcular y apreciar el verdadero mérito de este admirable actor", uno de los comentarios más sinceros de su actuación en La Habana, cuando ya se ha marchado. [32] Pero lo más importante es su relación con Covarrubias, considerado el fundador del teatro cubano que ya era antes de la llegada de Prieto un actor cómico estimado. Si el director gana en 1812 quinientos pesos de sueldo y las partes principales, Antonio Palomera, director suplente, la mitad, Francisco Covarrubias, "gracioso" gana 200 y un beneficio. Por unos "Apuntes para la historia del teatro en La Habana" se conoce que Antonio Rosal y Mariana Galino no se ajustan, el esposo de la diva (el actor Alfaro) la apuñala por celos de Rosal pero Galino vive y cuando osa ganar un sueldo mayor que el de Prieto, se produce una nueva y pintoresca controversia. Su primer repertorio ratifica ocurre un cambio de perspectiva y se reformulan los objetivos de la compañía. Gracias a *El Aviso* lo reconstruyo parcialmente ya que se han publicado algunas reseñas del *Diario de La Habana* entre 1811 y 1813. [33] El precio de la entrada era de 3 reales pero cuando representaba Prieto, de cuatro.

14 de octubre de 1810. *El matrimonio por razón de estado* [de Luciano Francisco Comella]. Tonadilla *Los tahoneros,* sainete *El correo de los majos,* por la festividad el teatro se iluminará completamente. *Diario de la Habana.*

24 de octubre de 1810. A beneficio del primer consueta, la tragedia nueva española en tres actos *Sancho Ortiz de las Roelas,* [arreglada de Lope por Cándido Trigueros] ensayada y dirigida por Andrés Prieto,

---

[32] *El Curioso Americano* 5. (febrero de 1893) "Datos para la historia del teatro en Cuba". pp. 67-69.
[33] Publicadas en *Cuba entre cómicos...* son veinte crónicas rescatadas por Miguel Sánchez León de los archivos de Jorge Antonio González.

que hará el primer papel. Tonadilla *La venida del soldado* [de Blas Laserna]. Sainete *La cura de los deseos y varita de virtudes*. 4 reales.

18 de noviembre de 1810. *El sí de las niñas*, de Leandro Fernández de Moratín por el Sr. Andrés Prieto. Tonadilla *El terno o la lotería*. Sainete *Los viejos fingidos*. 3 reales.

2 de diciembre de 1810. *El dómine Lucas*, de Lope de Vega, en la que los Srs. Sabatini y Hermosilla harán los papeles de figurones. Tonadilla *Lo que vale la prudencia*. Sainete. *El astuto madrileño*.

3 de diciembre. Comedia a beneficio de Juan García, *La buena madre*, drama digno de su autor, el célebre Florian. Desempeñará el papel principal el Sr. Covarrubias, "como tan propio de su carácter y genio". Dúo *Las opiniones de España*. Tonadilla *La ventera*. Sainete *El farfulla de las mugeres*. Cuatro reales.

6 de diciembre. Comedia en cuatro actos *El opresor de su familia*, de Alexandre Duval, a beneficio del Sr. Andrés Prieto ensayada por el mismo. Quinteto sacado de la ópera *La dama Voltaria*, en el que cantaría el beneficiado el primer bufo. Sainete *Compadrito los zapatos*.

8 de diciembre. Comedia en cuatro actos *El villano del Danubio y buen juez no tiene patria dirigida* [de Juan Claudio de la Hoz y Mota], por el Sr. Prieto. Concierto obligado a flauta. Sainete *El careo de los majos*, que se repite el 11 de diciembre con la tonadilla *El majo celoso*.

15 de diciembre. Tragicomedia nueva en tres actos *La mujer de dos maridos* a beneficio de la Sra. María Sabatini. Danza pastoral y tonadilla *Las panaderas*. Sainete *El baile desgraciado o el maestro Pezuña* [de Ignacio González del Castillo].

25 de diciembre. *El prisionero de guerra*, de Carlo Goldoni, ensayada por el Sr. Andrés Prieto. Un buen intermedio de canto. Sainete *Los palos deseados*.

26 de diciembre. *Guerra abierta o el contrato singular* [de Casiano Pellicer]. Intermedio de canto. Sainete *El ladrón burlado*.

27 de diciembre. *El duque de Pentiebre* [de Rodríguez de Arellano]. Sainete. *Fuera*.

28 de diciembre. *El celoso y la tonta*. Intermedio de música. Sainete *El enfermo fugitivo o la jeringa*.

30 de diciembre. *La travesura*, en la que el Sr. Manuel García hará el papel principal. En el primer intermedio, una hermosa sinfonía, en el segundo, una obertura a toda orquesta. Sainete *El tonto Tirulito o los pichones*.

31 de diciembre *El anciano y los jóvenes* ensayada por el Sr. Andrés Prieto. Intermedio de canto. Sainete *El burlador de las mozas*.

Ese primer año Prieto es el protagonista absoluto como actor y director (rara vez se anuncian otros) pero ya en 1811, con el creciente gusto por la ópera, lo comparte con Mariana Galino, diva indiscutida de estos años. Dos años después se representa "por primera vez *El triunfo del Ave María*, con Rafael Palomera en el papel del moro Tarfe, que sale a caballo por el patio a desafiar a los cristianos. También Carlos Palomera, como Garcilaso, sale a caballo por la entrada de las lunetas después del desafío mostrando la cabeza del moro". El interés se desplaza a los efectos truculentos y el movimiento de la escena.

También hallé anuncios de los días 1, 3, 4, 21-31 de octubre de 1811 con los nombres de los actores y el título completo de las piezas, una carta del "podatario" de los abonados, un aviso un tanto onírico firmado por El Habanero y un acta de la reunión entre los empresarios y Andrés Prieto. Una referencia teatral notable para un mes en un diario de cuatro páginas. Su presencia en La Habana es tan dominante como para hacer públicas sus obligaciones con los empresarios y su relación con el *genio* Francisco Covarrubias. Un anuncio del 29 de octubre de 1811 los muestra juntos en una misma representación.

Comedia: *Un montañés sabe bien donde le aprieta el zapato* es que executarán los papeles principales, la Sra. Sabatini, los señores Prieto y Covarrubias. Intermedio de música y se dará fin con un gracioso sainete. [sic].

Si pensamos detenidamente en estas crónicas, no es fácil relacionarlas con la teoría vigente. ¿Se fundamentan estos intérpretes en un sistema retórico de códigos corporales? ¿Es su declamación enfática y ampulosa? Difícilmente hallamos este protagonismo del actor en el periodo que sigue. Llega en 1813 Santiago Candamo, cómico de la legua, fallecido en Trinidad después de fundar varios escenarios provisionales y llevar su teatro a cuestas. Treinta años después, *La España Artística* se atreve a "historiar" esta etapa. Si el Regañón (Buenaventura Pascual Ferrer) es el primer crítico o amonestador, los apuntes de la revista, apenas una bitácora de hechos con sus correspondientes lagunas y errores, recogen al menos el aporte de los intérpretes, bien porque cantan mal como Covarrubias o entran a caballo por el patio de lunetas como los Palomera.[34] La preponderancia del actor termina pronto, pero entre 1810 y 1828 sostiene el espectáculo.[35]

---

[34] P. de la H. y Francisco Maeztu."Apuntes para la historia del teatro en La Habana." *La España Artística* 47 y 48 del 13 y el 20 de septiembre de 1858. pp. 366-367 y 372-373.

[35] Compañía de Prieto. Actrices. María Sabatini, Isabel Gamborino, Ana Valdés, Manuela Carrillo, Brígida Montero, Manuela García Gamborino y María del Rosario Sabatini. Actores. Andrés Prieto, José Alfaro, Antonio Rosal, Rafael Palomera, Manuel Prieto, Rafael Valdés, Carlos Palomera, Antonio Hermosilla, Francisco Covarrubias, José Ángel Oceguera, Juan García y Francisco Enrique. Ópera: Mariana Galino, Isabel Gamborino, Manuela García Gamborino, María del Rosario Sabatini, Miguel Gómara, Manuel Prieto y Juan García. En el cuerpo de baile María Sabatini, Brígida Montero, Ana Valdés, Manuela Carrillo, Rafael Valdés, Manuel Prieto, Francisco Enrique y Carlos Palomera. Apuntadores. Diego del Castillo, Esteban Villa y Cristóbal Hernández.

Covarrubias, un aparte

Francisco Covarrubias, actor jocoso o caricato, es la figura tutelar de la escena de la isla, a pesar de que no se conocen las obras que escribió y ha dejado apenas rastros de su legado como actor. No sale de Cuba pero actúa como gracioso en todas las compañías. Nacido en La Habana el 5 de octubre de 1775, abandona sus estudios de Medicina y empieza su carrera como comediante en el circo del campo de Marte. Acompañado, se dice, de sus compañeros del hospital de San Ambrosio, debuta con una décima en una clase de anatomía. Se cree llega a ejercer como médico cirujano en un central, donde conoce de cerca el mundo de monteros, peones y carretas reflejado en sus obras. Condiscípulo del célebre cirujano Tomás Montes de Oca y médico como Carlo Goldoni y Joaquín Arjona, es muy reconocido en la escena.[36] Cuando aparece en 1800, en el circo-teatril, su carrera está decidida. Será figurón. No está solo. Decenas de figuras ocupan los primeros años de la vida teatral hasta la creación de los Cómicos del País, los Cómicos Habaneros y en 1810 la compañía de Andrés Prieto. Pero Covarrubias es un aparte. Cuando casi todos los actores provienen de la península, comparte cartelera con ellos en un plano de igualdad. El 2 de abril de 1804, en la representación de *Todo es enredo, amor y diablo son las mujeres*, ¿de Moreto?, alterna con la gaditana Antonia Rodríguez como primera graciosa. Joseph Titi canta un aria de ópera y Covarrubias y Antonia bailan el zorongo del sainete *El majo descalzo o los zapatos*, de Juan Ignacio González del Castillo.[37] Panchito —dice Rosaín

---

[36] Rosaín, Domingo. *Necrópolis de La Habana. Historia de los cementerios.* La Habana: Imprenta el Trabajo, 1875. "D. Francisco Cobarrubias" [sic]. pp. 313-315; Millán, José Agustín. *Biografía de don Francisco Covarrubias. Primer actor de carácter jocoso de los teatros de La Habana.* 1851. Reproducida en *Cuba en la UNESCO.* "Panorama del teatro cubano". (1965). v. 6. 5-22.
[37] F.O.[Fernando Ortiz] "Sección inquisitiva". *Revista Bimestre Cubana* no. 1 V. 6 (1911) pp. 50-51. Ortiz aclara que el zorongo es un baile conocido en Madrid en el siglo XVIII.

que lo chiquean– actúa además con Agustina Pereyra y más adelante con Rosa Peluffo y María Cañete. Hay constancia de un dúo suyo con Andrés Prieto. Una crítica del temido Buenaventura Pascual Ferrer en *El Regañón* sobre *Más sabe el loco en su casa que el cuerdo en la ajena* lo lanza a la fama.

Aficionado desde los diecisiete años, es muy popular en el Circo. En esa temporada presenta *El peón de tierra adentro*, escrita por él, por muchos años muy aplaudida. En la compañía de Andrés Prieto es el gracioso oficial. En 1811 Diego Castillo (¿consueta de la compañía de Prieto?) escribe la opereta *Los apuros de Covarrubias o Lo que fuere sonará*, representada en el Coliseo el 14 de diciembre. Y en 1814 se refieren a él como don en los anuncios, título no adjudicado a ningún cómico. *Las tertulias de La Habana* se representa a beneficio de don Francisco, que que hace reír sobremanera cuando canta "La Cirila" por su desentono. Como se observa en los esquemáticos apuntes de *La España Artística* debe haber aprovechado su desafinación como comicidad.

José Agustín Millán lo considera un gran actor como también lo aprecia Buenaventura Pascual Ferrer, pero un escritor mediano. Y como tiene la "prudencia digna de imitarse" y no publica sus obras, es un enigma cómo eran los sainetes que le dieron fama. Bachiller y Morales enumera varios: *El gracioso sofocado, El montero en el teatro, ¿Quién reirá el último? ó cual mas enredador, Los dos graciosos, No hay amor si no hay dinero* y señala que "no es tan notable como escritor como lo fue como actor", "un genio que se formó así mismo mientras no no se distinguió como autor". Otras obras suyas son *La valla de gallos, La feria de Carraguao* (1815); *Los velorios de la Habana* (1818) *El tío Bartolo y la tía Catana* (1820) que "han hecho reír por sus agudezas y su oportunidad". Al revisar un folletín del *Diario de la Habana* del 31 de mayo de 1841, Bachiller ha leído su biografía, publicada con su retrato litografiado pero desea "más especificación y minuciosidad". Recuerda sus interpretaciones en las comedias caseras como *Tetrarca de Jerusalén*, de Calderón de la Barca, vestido con uniforme de maestrante de Ronda, pero lamenta no se mencionen sus papeles más celebrados, el guajiro de *La valla de gallos en los baños de San Antonio* (1819) y Morales en *Los apuros de un gracioso*, entre otros. Creaciones "alusivas a las circunstancias de la época o a nuestras costumbres más notables". Para atraer a la concurrencia, escribe décimas que de acuerdo al estudioso, versan sobre los tiempos de la Feron, los pelones o *mecontent* y "La cachicamba". Lamentablemente nunca se reunieron.

Así lo describe Serafín Ramírez en *La Habana artística*:

> cirujano romancista que dejó de domeñar las dolencias del cuerpo humano, dice el Sr. ¿San? Millán, para pasar á constituirse dueño de las pasiones, señor de las voluntades y objeto de los aplausos. Covarrubias sí que hizo durante cincuenta años las delicias del público habanero, Covarrubias que, sin maestro que lo instruyera, sin modelos que seguir, sin libros que estudiar, sin estímulos que lo empujaran y perfeccionaran, guiado simplemente por algunos consejos de El Regañón y por los impulsos de su genio, llegó á tan alto grado en su carrera, hizo tan popular su nombre no sólo en Cuba, sino en la misma España, a tanta distancia entonces de nosotros, que el insigne Máiquez dijo más de una vez: «Dos buenos actores posee Cuba: «uno es Prieto, y el otro Covarrubias, porque me lo ha celebrado Prieto».[38]

Se dice que Andrés Prieto era taciturno y en lugar de descansar después de sus funciones, según Millán "se colocaba en el primer bastidor con el objeto de no perder ni un ápice de la gracia y la naturalidad con que caracterizaba su papel [...] para reír y gozar de los chistes del sainete a cargo de Covarrubias". Sin embargo, debió ser un

---

[38] Ramírez, Serafín. *La Habana artística. Apuntes históricos.* La Habana: Imprenta del Estado mayor de la Capitanía general, 1891. p. 26. Cf. Enrique Larrondo y Maza. *Francisco Covarrubias: fundador del teatro cubano.* La Habana: Cultural S.A., 1928.

comentario entre telones, transmitido boca a boca, porque en *Teoría del arte dramático* (1831-35), publicado póstumamente, Prieto no escribe sobre ninguno de los comediantes con los que se relacionó en América incluido Covarrubias. Bernardo Avecilla oyó elogios de Covarrubias y una vez le dijo, me han engañado respecto a usted, me habían dicho que usted solo hacía reír... y "por mi propio, he experimentado que sabe usted hacer llorar... de risa." De acuerdo con Millán, en cambio, el caricato sí apreció a los actores europeos. "Mucho he aprendido de tan sublimes actores, y me vanaglorio de ello" dijo.

Aquí una enumeración de sus actuaciones en piezas de su autoría. [39]

Desbarros de Covarrubias y La feria de Candelaria. Estrenada en el Teatro Principal el 2 de septiembre de 1804.
Las tertulias de La Habana, pieza jocosa. septiembre 20, 1814.
La feria de Carraguao, sainete. Coliseo. febrero 27, 1815.
Este sí es chasco, sainete. Coliseo. septiembre 2, 1816.
Los velorios de La Habana, sainete. Teatro Provisional Extramuros, noviembre 28, 1818.
El peón de tierra adentro, sainete. Teatro Provisional Extramuros, enero 18, 1819.
La valla de gallos en los Baños de San Antonio. Sainete. Teatro Principal, febrero 15, 1819.
Los apuros de un gracioso y comedia de repente. 1819.
El peón de Bayamo el *El atajo Prim*o. Sainete. Teatro Provisional Extramuros, noviembre 23, 1820.
Tío Bartolo y Tía Catana, comedia. Teatro Provisional Extramuros, agosto 4, 1820.
El milagro de un santo catalán. Teatro Principal, octubre 23, 1821.
Las virtudes del Zurriago, periódico de Madrid. sainete. Teatro Principal, noviembre 21, 1822.

---

[39] "Repertorio teatral 1800-1837". *Cuba en la UNESCO.* "Panorama del teatro cubano". (1965). v. 6. pp. 170-175. Probablemente compilado por José A. Escarpenter.

El gracioso nuevo de La Habana, sainete. Teatro Principal, junio 21 de 1825.
El forro de catre. Sainete. Teatro Principal, octubre 10, 1825.
Los paquetes y El moribundo, sainete. Teatro Principal, agosto 13 de 1827.
La carreta de las cañas (1831)
El mundo acaba en San Juan o el Aura blanca (1839)
Un montero en el teatro o el cómico de Ceiba Mocha, pieza jocosa. Teatro del Diorama, diciembre 7 de 1835.
El gracioso sofocado. [El gracioso o el guajiro sofocado, según Leal, es de 1830 cuando representa *La brevedad sin sustancia*]Teatro Tacón, enero 31 de 1840.
Los dos graciosos, juguete cómico, Teatro Tacón, 15 de enero de 1841.
¿Quién reirá el último o cuál más emprendedor y El chasco de la Sambumbiería de San Lázaro.

Su biografía (con el retrato litografiado de Baturone) informa que permanece hasta fines del 1841 en el Tacón, en la temporada siguiente está tres meses en Trinidad, se desplaza a Regla en 1843 para estrenar el 5 de diciembre *Covarrubias en el gimnasio* de Francisco Curbia. En 1844 algunos de sus compañeros "forman empresa" y lo contratan: Pierrot en *Las ventas de Cárdenas* con el gracioso Joaquín Ruiz y el 21 de octubre, usurero de la lonja en *Dos para tres* de Lucas Arcadio Ugarte, puesta en la que Marietta Gozzo baila una polka y acapara los comentarios. En 1845, separado sin motivos del Tacón, el Liceo Artístico y Literario promueve una suscripción a su favor y un beneficio muy respaldado por el público habanero. Escribe la décima "El hado cruel y severo".[40] Aunque las fechas de Millán hay que tomarlas con reserva, en 1846, "cerrado el teatro dramático", los actores se dispersan hacia otras poblaciones mientras el cómico no puede por su avanzada edad.

Millán es parco respecto a su vida privada porque "no puede levantar del todo el sagrado velo que cubre el hogar doméstico". Así todo apunta que casó en 1796 con Tomasa Pérez, aunque no habla de

[40] *Diario de la Marina*. 1ero de octubre de 1845. Reproducida En *Cuba entre cómicos...*

descendencia ni de otros datos familiares. Refiere sí su carácter afable y bondadoso y que "no formó parte de las intrigas de bastidores, tan comunes en los teatros", ni conoció el cálculo, sino actuó con espontaneidad y aunque fue el niño mimado de los escenarios, desde 1846 es un anciano pobre y desvalido que mendiga por caridad sus beneficios. A finales de los cuarenta del siglo XIX, es el decano, el sobresaliente, el gracioso incomparable. Bachiller lo considera el "primero y casi único actor de carácter jocoso desde el año de 1800 en los teatros de esta ciudad." El «gracioso absoluto», autor de una celebrada décima, escrita en su ocaso, cuando en otro circo concluye su carrera. Del circo-teatro del Campo de Marte, en las afueras de las murallas, con sus tablas podridas e indecentes, al Teatro del Circo inaugurado en 1847.

En un circo que de Marte
En el campo se formó,
Mi carrera principió
En el dramático arte:

Ya de ella en la última parte
A otro nuevo circo paso,
Y esto que parece acaso,
Será.—el Destino intente
Que en un circo sea mi oriente
Y en otro circo mi ocaso. [41]

---

[41] Bachiller y Morales, Antonio. *Apuntes para la historia...* ob.cit. pp. 53-55.

Heredia entre Hermosilla, Sabatini, Rosal y Garay

Mucho antes de que aparezca la traducción en verso del *Hernani* del dominicano Agustín Zárraga, José María Heredia introduce la sensibilidad romántica en sus traducciones y adaptaciones. La primera, escenificada en Matanzas el 16 de febrero de 1822, es *Atreo*, imitación francesa, por Antonio Hermosilla y su mujer María Sabatini, intérpretes llegados a La Habana alrededor de 1810. La obra refleja una guerra entre hermanos, Tiestes, rey de Micenas y Atreo, de Argos, desatada cuando Tiestes rapta a Erope, la esposa de Atreo. Después de más de un año de contienda, el arconte Polemon quiere lograr la paz y se interpone entre la soberbia de ambos. Pero un hijo ha cimentado la unión entre Tiestes y Erope. Si en las primeras escenas, Erope es la esclava involuntaria de Tiestes, a medida que la acción avanza, a pesar de que lo detesta, Erope se destina a él:

¿Por qué me sedujiste? ¿para luego
 abandonarme a la venganza y a la rabia
que el pecho abriga del feroz Atreo?

Polemon desea la paz y cumplir con el mandato: Micenas debe ser de Tiestes y Argos de Atreo, aunque se aborrecen. Pero cuando Atreo y Polemon se encuentran, el duro y receloso Atreo cree que Polemon protege a su hermano mientras el arconte le recuerda "Si hay en el Asia bárbaros tiranos/hay sólo reyes en la culta Grecia" y reprueba su conducta. Erope se refugia en el templo por temor a su venganza ("uno me deshonra, el otro me persigue: es mi tirano") y ratifica su amor por Tiestes. Atreo insiste en verla "sin artificios/sin la torpe mezcla de vanidad, religión y fraude" y cuando lo consigue, falsamente comprensivo, le infunde esperanzas, pero a escondidas, moviliza sus tropas, rapta y asesina a su hijo y en la ceremonia prevista para la reconciliación, ejecuta su venganza: hace beber a Tiestes la sangre de su hijo. Tiestes se inmola y Erope lo secunda, mientras «el feroz verdugo» contempla «su furor horrendo». No parece una traducción literal. El autor-imitador publica esta advertencia.

> «Jamás he creído que la tragedia debe escribirse con agua de rosa». Esto debe responder a los que han tachado esta tragedia de negra y feroz. Si el fin de las obras dramáticas de esta clase es escitar el terror y la compasión, ¿por qué ha de tacharse a los que conteniéndose en los límites del arte, procuran producir impresiones más fuertes y profundas? Creo que el público lo reconoció así, cuando aplaudió la tragedia. Pero el elemento más decisivo de su favor, fue el talento del joven actor que desempeñó y renovó en la escena el carácter de Atreo. [42]

Aunque no identifica la fuente, es una «imitación» de *Atreo y Tiestes*, de Prosper Jolyot de Crébillon (1674-1762). Pero la carencia de cotejos entre el texto original y el imitado, impide establecer si Heredia aporta algo propio y cuál es su criterio como imitador. [43] Está dedicada a Antonio Hermosilla, fundador con Andrés Prieto de la compañía profesional del Coliseo. Se inició en 1807 en Cádiz, en la comedia de gracioso *La fuerza del natural*, de Agustín Moreto y al año siguiente canta una cavatina en el sainete *Los viejos fingidos*. [44] Arriba a la isla con su mujer y su hijo Antonio en 1810 como consta en su licencia de embarque a las Indias. Conoce como nadie la vida teatral habanera y varios escenarios de las provincias. Visita Santiago de Cuba en 1822 con María y los actores Rojas, Palomera y Santiago Candamo quienes

---

[42] Heredia, José María. "Atreo". *Revista de Cuba* v. 9 (1881). pp. 255-269, 305-322, 414-420.

[43] Según Juan José Arrom *Saúl* y *El fanatismo* son "las mejores muestras de su método", es decir, traducir y modificar y considera que la segunda sigue con gran fidelidad a Voltaire. Arrom, José Juan. *Historia de la literatura dramática cubana*. New Haven: Yale University Press, 1944. pp. 39-40.

[44] *Diario Mercantil de Cádiz* no. 94 (abril 4 de 1807). p. 376 y 324 (noviembre de 1808). p. 1032.

entusiasman a los espectadores con las tonadillas del trípili. Al parecer hace dos años que no está ajustado pues no figura en los elencos de 1820-1821. [45] En Matanzas estrena *Atreo* con Sabatini como Erope y José Bueno, Pío Rodríguez, José Díaz y Joaquín González. Retorna en 1827 a Santiago donde permanece seis meses, de los que Fuentes Matons recuerda *El barbero de Sevilla*, "mitad recitada y mitad cantada" y arias de ópera cantadas en castellano por Sabatini, quien se destaca en *La muette de Portici*, libreto de Scribe y *El delincuente honrado*, de Jovellanos aunque puede ser una extrapolación, ya que la ópera se estrena en París en 1828 y es bastante improbable exista allí un libreto. [46]

En Matanzas no hay un edificio teatral, pero quizás suficiente efervescencia para que Hermosilla y Sabatini se interesen por estrenar *Atreo*. Tiene personajes de gran fuerza, en especial Erope. ¿Quién la tacha de negra y feroz? ¿Cómo es interpretada y recibida una de las escenas de horror más crueles? La ciudad tiene un fermento de vida escénica muy anterior a 1838 y el joven Heredia prefiere "hechos fuertes y profundos". En 1819 escribe *Eduardo IV o el usurpador Clemente*, representada el 14 y el 23 de febrero, en una casa particular de Matanzas, por aficionados que recolectan fondos para la construcción de un hospital, con Heredia en el personaje de Guillermo, acompañado de Rafael Amable, José Granados, Leonardo Tinoco, José Cabello y Bernardino Zulbarán. [47] En un solo acto y de forma precipitada, expone la traición del noble escocés Guillermo, a cargo del trono de Eduardo, quien desea liberar a Escocia mediante un pacto con el enemigo. Eduardo descubre la conspiración y va a juzgarlo, pero lo

---

[45] Galanes Carlos Palomera y Ángel Carvajal. Característicos Rafael Palomera, Francisco Rojas y Juan Muñoz; jocosos, Francisco Covarrubias, Manuel García y Joaquín González; damas, Isabel Gamborino, M. García, Francisca Valdés y Margarita Palomera.

[46] Fuentes Matons, Laureano. *Las artes en Santiago de Cuba*. La Habana: Editorial Letras Cubanas, 1981. p. 134.

[47] Heredia, José María. "Una nueva obra del teatro de José María Heredia". *Eduardo IV o el usurpador Clemente. Revista histórica, crítica y bibliográfica de la literatura cubana*. v. I. Matanzas (1916). pp. 360-369.

perdona gracias a la súplica de su esposa Matilde. Ejercicio casi escolar, se presume una traducción o versión de un original no localizado y de acuerdo al reparto, alguno de los jóvenes interpreta a Matilde (quizás no encontraron señoritas decididas a subir al escenario). A los dieciséis años Heredia experimenta como autor y actor, ejercita su oficio con el conocimiento de los trágicos y estudia las reglas de la construcción dramática.

Con igual premura pero con más originalidad, escribe *El campesino espantado*, perplejo ante una escena de horror entre los esclavos domésticos y la autoridad, cuyo diálogo consiste en interjecciones en bozal. En un acto, considerada erróneamente un sainete, presenta una ciudad extraña y hostil al recién llegado. Los esclavos no son figuras cómicas, sino a pesar de su esquematismo, sufridos seres humanos, víctimas de la opresión.[48] También se escenifican en Matanzas, entre otras, *Los templarios*, de Raynouard, *Gembal [Jewal] y Faustina*, de Zavala y Zamora y visita el cuerpo de baile de los Pautret, integrado por María Rubio y su esposo Andrés Pautret, llegados de Cádiz en 1820, quienes sostienen hasta 1824 el ballet del Principal de la capital. Heredia, fascinado con María, le dedica un poema al reencontrarla en México tal y como recuerda *El Águila Mexicana*: era la que "sabe, en el baile, ablandar los corazones".[49]

La obra teatral de Heredia sobrepasa al autor dramático para abarcar al dramaturgista a la manera de Lessing. Condensa textos en los que es fiel al original: adapta, traduce, imita o como en *Tiberio* según manifiesta, sigue "las huellas de Chénier". Si en su poesía las «adquisiciones» ocasionan malos entendidos, (suprime de la edición de Toluca las alusiones a las fuentes), su creación para el teatro atraviesa todavía más obstáculos para ser reconocida y enfrenta una complejidad mayor, no sólo porque el investigador necesita emular la erudición de

---

[48] Ibid."Una obra inédita del teatro de Heredia. El campesino espantado". pp. 49-58.
[49] *El Águila Mexicana* no. 191. 23 de octubre de 1825.

Heredia sino porque sus traducciones no se han comparado con las fuentes. Desde los diez años, cuando traduce a Horacio, ese interés se vuelve natural, casi una voluntad. Pero la mayoría se publica después de su muerte, así que prevalece la clasificación de sus editores quienes no esclarecen su manera de concebir la traducción ni el alcance de sus imitaciones. Una dificultad secundaria es su propia clasificación. Se publican póstumamente *Cayo Graco*, original de Chénier, *Saúl*, de Alfieri y *El fanatismo*, de Voltaire, ya que está inconclusa *Pirro*, a partir de Jolyot de Crebillon.[50]

En la introducción a "Saúl", cuyo primer acto traduce en Boston en 1823, aislado por su ignorancia del inglés y su condición de proscrito y terminada en Toluca doce años más tarde, aclara que suprime y varía algunas escenas. *Atreo* y *Afufar o la familia árabe* son en su concepto imitaciones; en *Tiberio*, "sigue las huellas del autor"; en *Cayo Graco*... quiere "trasladar a nuestra escena". Cada una comporta una problemática propia y habría que diferenciar los matices entre imitar, trasladar y traducir, a veces libremente. No es pertinente hablar de refundición: no se propone superar o reducir las piezas originales ni adaptarlas a un nuevo canon, sino partir de ellas para ofrecer su versión, como hace el moderno director teatral, al estilo de sus admirados Dionisio Solís y Juan Francisco Duci. Su obra dramática es un cuerpo impresionante por el tiempo y la energía que dedicó a estudiar obras ajenas en las condiciones azarosas y trágicas de su corta vida.

Sila, representada en México el 12 y el 13 de diciembre de 1825, en el Teatro Provisional de los Gallos, parte del original de Victor-Joseph Étienne de Jouy, estrenada en 1821 por Talma, quien basó su interpretación en Napoleón. Heredia la dedica a Diego María Garay, "no conoce otro actor capaz de expresar en nuestro idioma las

---

[50] *Cayo Graco* en *Revista de Cuba* VI (1879) pp. 339-348, 517-538. *Saúl*, de Alfieri en *Revista de Cuba* VII (1880), pp. 58-68, 151-161, 480-490, 569-586. *El fanatismo*, de Voltaire en la *Revista de Cuba* IX (1881). pp. 140-152, 229-242, 447-460, 559-574.

concepciones profundas y enérgicas de Sila" en "testimonio de gratitud por los momentos que me dio tu talento inimitable", escrita en Nueva York, en diciembre de 1824. Quizás no lo ha visto actuar y puede repetir comentarios escuchados o leídos en La Habana. Nacido en Málaga, Garay llega a la isla alrededor de 1821-1822 y no es fácil determinar si José María lo ve en escena. En la obra, Cornelio Sila, en el poder en Roma, se presenta rodeado de un séquito de aduladores y enemigos, entre ellos Claudio, Catilina y Metelo. Por la relación de Sila y el actor Roscio en el texto, Jouy y Heredia siguen a Plutarco para su aproximación. Sin dudas, no lo muestra cruel y déspota sino calculador y frío, al eliminar a sus oponentes, cuando bajo el artificio de la legalidad, instaura una férrea dictadura. Al final Sila abdica a petición del pueblo.

Acabó el dictador: hora al Senado
De la administración torno las riendas.
Oíd. ¡Que llene mi voz este recinto!
Goberné sin temor: con faz serena
la soberana autoridad abdico.[51]

Andrés Prieto, enemistado con Diego María, no figura en el reparto. Pero su repercusión en la isla no es la esperada como tampoco en México, anunciada como una "tragedia nueva" con intermedio de baile. A Garay se le critica el reparto de los papeles [al parecer Manuela García Gamborino, "Manolita" interpreta uno de los personajes masculinos] y no se resalta su actuación. Muchos años después se escribe que el problema de la pieza es presentar "la tiranía restableciendo la libertad".[52]

---

[51] Heredia, José María. *Obras poéticas de José María Heredia*. v. 2. Teatro. Nueva York: Imprenta de N. Ponce de León, 1875. "Sila". pp. 53-110.
[52] Guiteras, Pedro J. "José María Heredia". *Revista de Cuba*. v. IX (1881). pp. 5-46.

Domingo del Monte, su mentor y amigo, escribe a Heredia el 12 de agosto de 1826. "¿A qué incitas, oh amigo imprudente de la libertad, a imitar en Tenoxtitlán el ejemplo del dictador romano? Iturbide también pudo decirlo y todos los usurpadores lo mismo. No son esos los cuadros que deben presentarse a un recién nacido pueblo" y le recomienda que siga el ejemplo del "divino" Alfieri, "todas sus trajedias, en fin, respiran el amor puro de patria, las virtudes varoniles, el odio a la tiranía [...] Pero ¿á qué mendigar ajenas obras? Cálzate el coturno, que yo te fío que Melpomene no te negará su conmovedor acento; pero escribe trajedias, como para una República" [sic].[53] En octubre le reitera su deseo de que se calce "el coturno de Sófocles", que no sea «más intérprete de franceses e italianos» ya que "la gloria de traductor es miserable gloria, si agrada la obra, el autor es divino, y si no, el traductor es infernal". Y lo estimula a encontrar en los archivos antiguos de Tenoxtitlán y en Perú "la tragedia americana", dejar el fatalismo griego, la malhadada descendencia de Layo y Pelops, los héroes de Roma y lo llama a presentar "los asuntos americanos, pero de modo que no se diga que fue tu modelo este o el otro autor".[54]

Del Monte formula sus aspiraciones para las nuevas obras, pero no considera sus traducciones como una creación. En noviembre Heredia le da la razón sobre el «funesto» ejemplo de *Sila* pero no defiende su originalidad como traductor. Sin embargo, por su manera de referirse a *Sila*, puede interpretarse que la considera una obra propia como *Tiberio*. Quiere "reparar" el escándalo de *Sila* y para ello, ha «personificado la tiranía en el mas perfido de los emperadores, el vil y profundo Tiberio, tragedia en cinco actos que representará Prieto dentro de algunos dias". Y le confirma que "tal vez tienes razon en que escriba yo tragedias

---

[53] Del Monte, Domingo. "Cartas de Domingo del Monte." *Revista Cubana*. v. VIII. pp. 171-176.
[54] Ibid. pp. 176-178.

originales. Voy por fin á calzarme el coturno americano, y á procurar pintar con el buril del Alfieri la catástrofe del noble Cualpopoca." [55]

En *El Iris*, donde es redactor, Heredia defiende con entusiasmo a Garay y a Manolita, pero escribe con poca delicadeza de Andrés Prieto, quien ofendido riposta sus comentarios sobre una traducción suya y se defiende de su falta de "fuego" nada menos que en *Pelayo*, del repertorio de Isidoro Máiquez, maestro y orgullo del actor. Con la ácida polémica, Heredia abandona la publicación. El 8 de enero de 1827, reconciliados, Prieto estrena *Tiberio* bajo el lema "Intimida y corrompe, así se reina" dedicada a Fernando VII, última dedicatoria de Heredia a un monarca. Compara al temido Tiberio con el tirano de España, su enemigo. La considera un acto de "retractación política", escrita para atender a las "reconvenciones generosas" llegadas de su patria porque en Sila "hizo admirar a un tirano". Aunque *Tiberio* no tiene ninguna escena tan poderosa como el final de *Sila*, cuando en el foro, arroja la palma de oro y el manto púrpura en un *gestus,* con ella empieza el teatro político de naturaleza oblicua y la preferencia por los temas greco-latinos para denunciar la opresión retomado por Lorenzo Luaces en *Aristodemo,* Sánchez Galarraga en *Los hijos de Herakles* y Virgilio Piñera en *Electra Garrigó*. Quiere execrar la «deformidad» de la tiranía, cumplir con los deseos de Del Monte y ser aceptado.

Sin embargo la claridad de su dedicatoria no se corresponde con su plasmación. Tiberio es de una sola pieza en sus tramas macabras y sus maquinaciones contra el senador Pisón, hasta ahora su cómplice. Hasta que Cneyo, hijo de Pisón, se sacrifica, la obra descansa en una permanente alocución de ritmo altisonante y diálogo monocorde y no se sabe si el desaliño de los versos obedece a seguir el original al pie de la letra, a la "volubilidad" de su existencia (eufemismo suyo) o a la premura con la que escribe/traduce. Sigue a un "genio sublime",

---

[55] Las cartas de José María Heredia en el volumen I del *Centón epistolario*. La Habana: Imagen Contemporánea, 2002. Ensayo introductorio, compilación y notas de Sophie Andioc. pp. 74- 78.

Marie-Joseph Chénier, fervoroso ideólogo de la Revolución Francesa que guillotina a su hermano, el escritor André Chénier. De Marie Joseph traduce *Cayo Graco*. [56] Los comentarios inmediatos recogidos en el *Centón*... son tan ligeros ("no deja una impresión fuerte" y le falta absolutamente "vis cómica") que producen escalofríos si se comparan con la situación de Heredia. [57] El 21 de enero de 1830 es posible que Prieto la estrene en el Principal, una de sus últimas actuaciones en Cuba y tal vez la única representación de *Tiberio*.

Su traducción de *Afufar o una familia árabe*, a partir de Juan Francisco Duci, estrenada en México el 25 de diciembre de 1825, en cambio, conoce varias representaciones en la isla desde que sube al Diorama en 1829 (Garay puede haber traído una copia facilitada por el autor), en beneficio de Josefa Dubreville, con "una decoración completa del campo de la tribu de Samael a que pertenece el asunto y se han hecho los ropajes" realizada por Vermay.[58] Puesta por primera vez en la capital el 23 de noviembre de 1829, además de Dubreville como Salema, integran el reparto Garay, Ignacia Cabrera, Luisa Martínez, Miguel Valleto y Juan de Mata (Abufar). Al año siguiente hay una contradanza de igual título [59] y se repite el 12 de agosto de 1833 con nuevos decorados. Tula se enorgullece de participar de su puesta en Puerto Príncipe, quizás la referida a del Monte por el Lugareño, representada el 12 de febrero de 1835 por "las principalitas" del pueblo, que quedó perfectamente. La Avellaneda fue Salema y con ella

---

[56] *Obras poéticas de José María Heredia*. v. 2. Nueva York: Imprenta de N. Ponce de León, 1875. "Tiberio". pp. 111-160.
[57] Carta de Félix Tanco Bosmeniel del 10 de abril de 1829. *Centón epistolario*. v. IV. ob. cit. p. 51-54.
[58] Armando de María y Campos en *Crónicas de teatro de Hoy* aclara que casi ningún historiador registra las puestas en escenas mexicanas de Heredia incluida *Abufa*r... México, Botas, 1914. pp.178-183.
[59] Sánchez Martínez, Guillermo. "Comienzos del arte escenográfico en Cuba". *Revista de la Biblioteca Nacional José Martí* 2 (1975). pp.-117.

ganó fama de artista trágica. [60] "Desde entonces —escribe Tula en sus notas biográficas— su amor al teatro se hizo una pasión absoluta. En 1838 hay otra de los Robreño. Según Bachiller y Morales, circulan copias manuscritas. [61]

Heredia no es un traductor literal sino que se apropia con libertad de obras ajenas. *Abufar...*, en comparación, tiene un recorrido mayor que la tragedia que escribe por indicaciones expresas de su mentor. Triunfa donde fracasa *Tiberio*. La acción se traslada al lejano desierto de Arabia en cuyas tiendas vive la tribu de Samael. Los personajes son el anciano Abufar, sus dos hijas, Salema y Odeida y su hermana Tenaim, porque su hijo varón, Fahran, se ha apartado del seno familiar. Fahran y Salema luchan en secreto por un amor que no puede expresarse porque se creen hermanos y Abufar por recobrar al hijo que ha partido. Colateral a la acción principal, Farasmín, prisionero persa desde hace cinco años, recibe la libertad pero cuando intenta marcharse, un mensajero trae la noticia de la muerte de Fahran.

> Salema. En medio á un mar de arena devorado
> por el sol furibundo del desierto
> un árabe perdido, un padre, hermana,
> buscaba ansiosamente y á lo lejos
> su tienda solitaria, mas en vano:
> ningún ser le presenta el universo.
> De temor abrumado y de fatiga
> solo ve en torno soledad, silencio.

Abufar, dolido por el alejamiento de su hijo, recobra otro en Farasmín y quiere prometerlo a Salema. Pero Fahran no muere, regresa arrepentido. Despejado el incesto (Salema es su hermana adoptiva)

---

[60] *Centón epistolario*. ob. cit. Carta del Lugareño del 16 de febrero de 1835. v. I p. 418-419.
[61] Bachiller y Morales, Antonio. Prólogo. *Obras poéticas de José María Heredia*. v. 1 y 2. Nueva York: Imprenta de N. Ponce de León, 1875. pp. 1-38.

puede amarla como Odeida a Farasmín. ⁶² Tal vez por el final feliz, el reflejo de las costumbres de la tribu, el apasionamiento, la exótica locación o la lejana referencia a Lear en Abufar (Duci es uno de los tempranos traductores de Shakespeare) consigue mucha más aceptación. Quizás los versos de Fahran "Soy libre/y al sepulcro /libre descenderé" recuerdan al poeta desterrado, aunque la línea presumiblemente se mutila pues su representación se permite "con atajos y correcciones" al menos hasta 1852.

El gusto por *Abufar...* no se extingue. La valoración vigente es la misma de la *Revista Repertorio Bimestre* que aboga porque, agotada la primera edición de la poesía de Heredia, "no insertase el autor la traducción y refundición [...] del teatro francés, que tanto por no ser las mejores de su género, excepto el *Abufar* de Ducis, cuando por carecer del mérito de la originalidad, no harían buena liga con los otros versos de nuestro Cantor."⁶³ Favorecida por encima de sus otras traducciones, se representa más, porque además de cinco ediciones, posee un personaje femenino de fuerza y garra que quieren interpretar desde Josefa Dubreville hasta Matilde Domínguez, a pesar de los juicios demoledores de Guiteras y Piñeyro, el primero sobre "el efecto desagradable de ver a un insensato alimentando una pasión repugnante a los ojos de una sociedad cristiana". ⁶⁴

Margarita Palomera la escoge para su beneficio en Matanzas el 3 de diciembre de 1838 y el 19 de enero de 1846 sube al Tacón escogida por el aplicado y modesto Pelayo Azcona. Su anuncio menciona a Heredia como "uno de los más esclarecidos hijos que más honran a este afortunado suelo" pero la compañía tiene muy poco éxito porque el público "no está para tragedias" según el redactor el 25 de enero. La

---

⁶² *Obras poéticas de José María Heredia.* v. 2. Nueva York: Imprenta de N. Ponce de León, 1875. "Abufar o la familia árabe". pp. 3-52.
⁶³ *Revista Repertorio Bimestre de la isla de Cuba* (1831). v. 2 no.5 (enero-febrero). p. 275.
⁶⁴ Citado por Trelles, Carlos M. *Bibliografía cubana del siglo XIX.* v. 2. Matanzas: Impr. de Quirós y Estrada, 1915. p.4.

cienfueguera Matilde Domínguez la representa en el mismo escenario el 24 de enero de 1849. Heredia estudia y sigue a los trágicos, acata las tres unidades neoclásicas, pero sobre todo, titubea entre servir a una concepción de la historia como fresco proveedor de modelos y ejemplos de conducta o comprometerse pasional y emotivamente con el pasado, vivido, sentido y apropiado como en *Atreo* y *Abufar...* [65]

Existe una obra cuya autoría y propósitos no han sido del todo esclarecidos: *Los últimos romanos*, publicada en *La Miscelánea* (1829). A escenificarse el 16 de septiembre de 1829, los actores estaban preparados pero Heredia la retira porque alguien previene a las autoridades de sus "alusiones malignas". Los estudiosos se han preguntado cuál es la pieza original (si es que existe) aunque el autor comenta que "se hubiesen reído, a saber el tiempo en que se escribió." Arruinada la república romana, Bruto quiere vengar a las víctimas y devolverles la libertad. Desde el pasado, al estilo de los cronistas, narra el "final" de Roma. Una clave es el historiador Cremucio-Cordo, cuyos libros fueron quemados pues elogió a Bruto y Casio y llamó a este, el "último" romano. Heredia reúne ambos personajes y utiliza un título similar. Su dedicatoria es más triste aún que la escrita recién llegado a Boston, cuando con la «punzada» del frío traduce a Alfieri. "Forzado a elegir entre el destierro, la espada de Catón, o el patíbulo, estaba lejos de pensar que la calumnia debía lanzar sobre mí su hálito ponzoñoso". Bajo el signo de ese pesar, no sólo dialoga con la situación política de México sino consigo mismo y con Cuba al preguntarse sobre la flexibilidad o la virtud, el destino de los que "han vendido su gloria", el peligro de castigar y la flaqueza de perdonar en tiempos borrascosos. Como si hablara solo en medio de la discordia, indaga en plural si ha servido *todo lo que hicimos*, si los padecimientos y la condena han sido útiles al ideal de la emancipación: "¿fue por la libertad o fue por el oro?" Y hasta se permite un verso/matización sobre *Sila*: "no era un tirano sin virtud ni gloria". Sufre por los que fueron sus amigos (los

---

[65] Ob.cit. *Afufar o la familia árabe*. pp. 3- 52.

que lo convencen de su error en *Sila*) y lo abandonan, eligen el camino de la buena vida o el regreso a la isla.

> Escribe
> El oro compra al Pueblo y al Senado,
> nombra tribunos, cónsules y cuestores.
> Mirad a la fatal hipocresía
> con la patria en los labios, no en el pecho:
> ved a la libertad entre facciones
> agonizando triste, y del imperio
> de mano en mano errar la espada impía...

Una obra sobre la amistad arañada por las divisiones, propone reservar el odio para los triunviros. [66] Se escenifica el 30 de noviembre de 1889 en el Hardman Hall de Nueva York, a iniciativa de Enrique Trujillo y José Martí, con el fin de conseguir fondos para comprar la casa natal de Heredia en Santiago de Cuba, bautizar una calle con su nombre y colocar una lápida. [67] Martí sugiere que "podríamos poner en escena Los últimos romanos" Escribe "En su patria piensa cuando dedica su tragedia "Tiberio" a Fernando VII, con frases que escaldan: y "escenas ejemplares".[...] ¡No era, no, en los romanos en quienes pensaba el poeta, vuelto ya de sus más caras esperanzas! ...[68]

En 1829 cuando el Diorama abre como teatro, Andrés Prieto llega a La Habana por segunda vez. Evade en México la primera deportación de los españoles, hasta que expulsado, se asienta en la isla a tres años de polemizar con Heredia y a catorce de su primera estancia, cuando funda la compañía del Principal. Es una figura anticuada y no lo

---

[66] "Los últimos romanos". *Obras poéticas de José María Heredia*. v. 2. Nueva York: Imprenta de N. Ponce de León, 1875. pp. 161-184.
[67] Cf. "Una obra de justicia. Homenaje a Heredia en Nueva York". *Anuario del Centro de Estudios Martianos* 19 (1996): pp. 7-12.
[68] Martí, José: "Heredia." *Obras completas* t. 5. pp. 131-139 y 163-176. La Habana: Editorial Nacional de Cuba, 1963.

aprecian de la misma manera. Con él llegan entre otros, Rita González de Santa Marta, Teresa Canal y Andrés Castillo. Pero pronto surgen los conflictos. "Los partidos se aumentaban y las ganancias iban siempre a menos, y los cómicos, desesperados, renegaban del teatro", escribe Buenaventura Pascual Ferrer, el incisivo Regañón. [69] Al finalizar la cuaresma del año 1831, concluyen sus contratos, "echando pestes los unos de los otros". Hastiado de las rencillas y perseguido por los mismos fantasmas, incluido su rivalidad con Diego María Garay, Prieto parte hacia la península alrededor de 1831 o 1832 en un viaje La Habana-Nueva York relatado en su libro sobre el arte dramático. En La Habana se presume interpreta Tiberio el 21 de enero de 1829, después de obtener el correspondiente permiso, ya que como Heredia es un desterrado político. [70] Prieto revisita sus grandes éxitos y rinde tributo Heredia, a quien ha conocido con más profundidad.

El Diorama es un predio de Diego María Garay. Situado en Industria y Consulado, en la ciudad extramuros, fue concebido por el pintor Juan Bautista Vermay, director de la Academia de San Alejandro y pintor de los frescos del Templete, para mostrar la innovación de Daguerre. Garay, recién llegado de México después de una tormentosa estancia, al encontrar a Prieto como director del Principal, sin cabida allí, le propone a Vermay convertir el Diorama en sala de espectáculos. Nacido en Málaga, llega a la isla ¿en 1822?, con veintitantos años o quizás antes, cuando la escena atraviesa una situación desastrosa por el desorden, los actores son multados por las indisciplinas y se viven muchos otros incidentes que los dispersan por las provincias o en otras ocupaciones. De inmediato propone el «plan Garay» para rescatar la compañía. Pero en 1824, insatisfecho, se asienta en México. Allí un comunicado revela su personalidad y arrojo, ya que acabado de llegar,

---

[69] Pascual Ferrer, Buenaventura. *El Regañón y el Nuevo Regañón*. Comisión Nacional Cubana de la UNESCO: La Habana, 1965. Prólogo de José Lezama Lima. p. 494.
[70] Aguirre, Yolanda. "La etapa del Diorama". *Apuntes sobre el teatro colonial*. La Habana: Universidad de La Habana, 1968. pp. 53-60.

sin su equipaje y sin sus comedias, antes de hacer *Los caballeros templarios* [sic], reforma el alumbrado del proscenio, encarga un nuevo telón de boca y lucidos trajes para las comparsas. Partidario de un teatro culto, "barómetro por donde se mide la cultura de las naciones", elogia al ayuntamiento que "trabaja con un celo infatigable, a la verdad digno de emulación para desterrar los abusos que ocupan la escena, mejorándola acaso hasta el grado de perfección de que es susceptible pues así lo reclama la ilustración mexicana y así lo exige la regeneración política". Esa noche ejecuta la comedia *La terrible noche de un proscripto o Eduardo en Escocia* y una pieza de canto mientras en la próxima temporada, escoge como blanco de su repertorio el fanatismo y la intolerancia. [71] En 1825, Heredia le dedica *Sila*, por las noticias de sus representaciones en La Habana o México y cuando al año siguiente el Principal no lo ha ajustado, apoya su demanda, por estimar era el mejor galán y "Manolita" Gamborino excelente bailarina. Activo y contestatario, a pesar de su fama de intrigante, Garay tiene muchos partidarios.

A su regreso a La Habana, proporciona al Diorama una etapa notable. Se recuerda *El convidado de piedra* –adaptada por Antonio Zamora– y representada por Garay "con todo el aparato que exige el argumento", con un "magnífico sepulcro de donde saldrán esqueletos de muertos y furias en medio de una lluvia de fuego", gracias al maquinista José María González y la música de Manuel Coccó. Además de esta función de «bisutería», según Aguirre –una de las primeras con el Tenorio como personaje– que quizás inicia la tradición de representarlo el día de los difuntos, se estrena *El desdén con el desdén*, de Moreto, *Tartufo,* de Moliere y *El perro del hortelano*, de Lope. Mientras, el Principal, se concentra en la ópera. [72]

Hay un breve periodo en el que intenta unirse en México a la compañía de Bernardo Avecilla, tercer actor en importancia en el Teatro del Príncipe en 1819, después de Máiquez y Prieto. Josefa

---

[71] *El Sol*, 28 de julio de 1824.
[72] Aguirre, Yolanda. ob.cit. p. 58.

Dubreville, Miguel Valleto y Tiburcio López figuran en ella y se espera a Manuela Molina y Joaquín González. Pero Garay llega sin invitación, obligado, porque el 3 de marzo de 1830 se le llama a declarar en la causa por la conspiración separatista del Águila Negra y temeroso de una represalia, huye del país. [73] Finalmente Avecilla y Garay comparten la dirección debido a su talento de actor y sus muchos seguidores.

Pero en 1833 todos están de nuevo en La Habana. El 25 de mayo se conocen sus integrantes, dirigidos por Diego María Garay, con Juan de Mata, su alumno. [74] Mata, nacido en Cantabria en 1810, emigra a la isla muy joven, estudia jurisprudencia, pero cuando recibe clases de declamación para la oratoria de Garay, abandona las leyes e ingresa en la compañía de Miguel Valleto. Lo más significativo es que en España, estos actores se consideran irónicamente más aventajados pues tienen el título de don, es decir, "ennoblecen cruzando el charco", cuestión molesta ya que no hay un don para los peninsulares y sí para los ultramarinos. También allá se comentan las mejoras de la compañía según un artículo del *Diario de La Habana*. Ha desterrado "los desacompasados gritos", la costumbre de los cómicos de no saber sus papeles y ha tomado medidas para sacar a los perros de la escena. Data del 14 de septiembre de 1834, una comisión "protectora" del teatro, creada por el capitán general, con el fin de evitar la festinación en la creación de las compañías durante la cuaresma, oír las propuestas y elegir las que ofrezcan más ventajas al público.

En junio de 1835 debuta en el Diorama la compañía «española» dirigida por Antonio Hermosilla y Diego María Garay con *Maleck Alek*,

---

[73] "Copia fiel de la primera pieza por la causa principal seguida por la conspiración titulada Gran Legión del Águila Negra..." *Boletín del Archivo Nacional* no. 13 (1914) pp. 272-314.

[74] Evaristo González, Higinio Castañeda, Tiburcio López, José Dalmur, Rafael García, José Meléndez, Miguel Ojeda y A. Castañeda entre los actores, las actrices, Manuela Molina, Manuela Rubio, Rafaela Platea, Aurora Pautret y Joaquina Pautret, los apuntadores Esteban Villa y A. Poveda; el contador, Manuel Areuza, el pintor y maquinista Francisco Galán y el guardarropa A. García. *La Revista Española* 78. 19 de julio de 1833. p. 724.

del duque de Rivas, interpretada por Juan de Mata y Josefa Dubreville, de la compañía de Avecilla en México en 1831 mientras que Molina tiene una larga trayectoria desde 1818 en el Príncipe de Madrid hasta que en 1828 funda el teatro en la villa cubana de Trinidad.

En enero el Diorama ha puesto *El Rodrigo*, arreglo de Simón Juárez de la Cruz, del original de Gil de Zárate, debida al pintor, discípulo de Vermay. [75] Como desde 1828 el periodista español Ángel Iznardi solicita a Domingo del Monte interceder con Avecilla para representarla, Juárez puede atribuirse la adaptación, publicada en Matanzas pero en el *Índice de censura*. El 13 de febrero de 1835 se estrena *Oscar*, de Vicente Arnault, arreglada por Nicasio Gallego, con Josefa Alverdi (Malvina), Diego María Garay (Oscar), y Juan de Mata (Dermidio). Mientras, Francisco Marty y Torrens se ensaya como empresario e inicia el negocio de pescadería que financiará el Tacón. En 1836 se presenta *Xayra* de Voltaire, arreglo de Vicente de la Huerta y *Los hijos de Eduardo* de Delavigne. Como siempre, hay dos bandos, los partidarios de Josefa Alverdi y los de Manuela Molina. Las funciones comienzan alrededor de las 7 y media y cuestan cuatro reales y medio y terminan con un sainete o baile. Francisco Covarrubias representa algunos, como *La cuarentena*, adaptada del francés, *El gastrónomo sin dinero*, de Ventura de la Vega o *La familia del boticario*, de Bretón de los Herreros.

Relevante es la contribución de Hermosilla como co-director del Diorama entre 1835 y 1839, cuando un elenco muy profesional alterna con la ópera italiana. En repertorio entre otras, *Otelo* de Shakespeare, *Los desafíos en la corte* o el *Cid* de Corneille y *Quiero ser cómico* de Ventura de la Vega. Integran la compañía actores de prestigio. [76]

---

[75] Aparece como Suárez, Juárez y por último como Sueria de la Cruz. Cf. Ortiz, Fernando. *Entre cubanos. (Psicología tropical)* París. Paul Ollendorf, 1913.

[76] Diorama. Compañía dramática. Elenco. Actrices: Manuela Molina (primera dama), Josefa Alberdi, Matilde López, Manuela Franco, María Requemo (bolera), Enriqueta Torres. Actores: Antonio Hermosilla (director y primer actor), Juan de Mata (barba), Francisco Covarrubias (gracioso), Tiburcio

José María Heredia, en su única visita a la isla después de su destierro, amparado por un salvoconducto de Tacón para visitar a su madre enferma, acude a un ensayo de *Macías* de Larra, repuesta el 26 de ese mes en el Diorama a iniciativa de Hermosilla. [77] Su visita dura diez semanas, del 6 de noviembre de 1836 al 16 de enero de 1837, antes de regresar a Toluca enfermo para experimentar nuevos sinsabores y amarguras. El 1ero de abril de 1836 escribe a Tacón para consternación de sus amigos, quienes traicionados por su retractación y su "apostasía" no reparan en la desilusión y el desgaste físico vividos por el poeta en trece años de cautiverio. Heredia quiere acogerse desde hace tiempo a los decretos de amnistía de la Reina Cristina, después derogados, y como un amigo le manifiesta que Tacón prohibiría su desembarco, escribe al mandatario:

> Pensé volver a esa isla si no para establecerme otra vez en el seno de mi familia, al menos para tener la satisfacción de abrazarla, y pasar algunos día con ella [...] Se me asegura que V. E. expresó saber que mi viaje tendría un objeto revolucionario, por lo que no dudo que sus informantes me han calumniado cruelmente. Es verdad que ha doce años la independencia de Cuba era el más ferviente de mis votos, y que por conseguirla habría sacrificado gustoso toda mi sangre. Pero las calamidades y miserias que estoy presenciando hace ocho años, han modificado mucho mis opiniones, y hoy vería como un crimen cualquier tentativa para trasplantar a la feliz y opulenta Cuba los males que afligen al continente americano.

López (director de bayle [sic] y partes de verso), Antonio Méndez, José Ángel Fidalgo, Ignacio Echezábal, Rafael García, José Uguet, Juan Bautista Reina, Esteban Villa, Pedro Poveda, Miguel Ojeda, Diego García, Antonio Villa. (2 de abril de 1836).

[77] Fernández de Castro, José Antonio. "Larra y algunos románticos de América". *Revista de la Biblioteca Nacional José Martí* (mayo, 1950) pp. 189-203. Cita el incidente con el nombre equivocado, Andrés Hermosilla.

Ofrece su palabra de honor de no mezclarse en asuntos políticos y se despide con una fórmula de cortesía. Según Domingo del Monte pierde gran prestigio político literario y recibe el rechazo de la juventud. Pocas veces se cita, sin embargo, el párrafo siguiente de su carta: "¿me juzga tan insensato que osara provocar con tramas impotentes la severidad de un gobierno tan enérgico y activo como el de V. E, y mucho más sabiendo que ya está prevenido contra mí?"[78]

Cuando muchos lo abandonan, Hermosilla en cambio "le dedica una función", quizás alguna entre el 2 y el 15 de enero –donde actúa también Diego María Garay– antes de regresar México. [79] Si es así, pues no hay confirmación, los cómicos no desprecian a Heredia por su «apostasía» o "sumisión" en reciprocidad a su admiración desmedida por ellos en poemas y escritos. En el salón de ensayos Hermosilla y Heredia reivindican su pasado con *Atreo*.

A partir del 21 de marzo de 1837 Pedro Viñolas y Gregorio Duclós ejercen como directores artísticos del Diorama junto a la gaditana María Cañete, la graciosa "Mariquita", actores de experiencia en Valencia, Barcelona y Cádiz. Viñolas ha integrado allí la compañía española e interpreta a Serrallonga en 1818. [80] En La Habana debuta en *El Tasso*, de Goethe y actúa en *Pelayo*, de Quintana, con Duclós, *La vida es sueño*, de Calderón, obras de Shakespeare y Corneille, arregladas y refundidas y *El beato Lucas* "enmendado y corregido después de algunos años de proscripción".

Duclós se estrena con *Macías* de Larra. Ramón de Palma repara en la Dubreville y le comenta a Del Monte: "La elección del asunto es malo, el fin siniestro, las máximas perniciosas". [...] El soliloquio de

---

[78] Pirala, Antonio. *Anales de la guerra de Cuba*. González Rojas Editor, 1895. pp. 835-836.
[79] Zerolo, Elías. Prólogo a *Poesías líricas* de José María Heredia. París: Garnier, 1893. p. 36.
[80] Julio, M. Teresa. "El catalán Serrallonga y bandos de Barcelona en la cartelera teatral barcelonesa". *Teatro de Palabras. revista sobre teatro áureo* 2 (2008) pp. 57-69.

Macias en la prision era algo mezquino en las ideas, pero los actores salvaron estas faltas en la representacion, empeñandose precisamente mas, donde mas los abandonaba el autor." [81] Se refiere a su estreno de 1835 mientras los que comentan la visita de Heredia recuerdan un ensayo, bien para refrescar la obra o introducir a un nuevo actor.

El 5 de febrero de 1837 Garay muere a los cuarenta y dos años. ¡Garay no existe!" escribe José Victoriano Betancourt. Su hijo ocupa su lugar en la compañía. La capital olvida sus intrigas y le rinde tributo. Viñolas y Duclós quedan al frente del Diorama. [82]

El 18 de enero de 1837 se repone *El trovador* de Antonio García Gutiérrez, estrenada allí el año anterior, con Manuela Molina, Vicenta Lapuerta, Antonio Hermosilla y Juan de Mata. Y Mariana Galino, la aclamada diva de las temporadas de 1810 y 1813, después de fugaces apariciones junto a Avecilla y otros, se une al teatro de la calle Cienfuegos, dirigido por Antonio Rosal con el empresario Antonio Mascaró, refugio de la vieja guardia desplazada. Ahí se reúnen muchos de los que comenzaron veinte años atrás, entre ellos Francisco Poveda y Armenteros, el llamado trovador cubano, autor de *El peón de Bayamo* (1830). En Matanzas, en mayo, Manuela Martínez interpreta *Raquel*, de García de la Huerta. El poeta mulato Gabriel de la Concepción Valdés, Plácido, le escribe un soneto por ese personaje y por otro en *Un año después de la boda*, publicados en *La Aurora*, entre tantos dedicados a las

---

[81] Carta de Ramón de Palma a Domingo del Monte del 13 de noviembre de 1835. *Centón epistolario*. v. I. p. 472-474.

[82] Principal. Compañía dramática española de D. Gregorio Duclós y D. Pedro Viñolas (directores de escena). Elenco: Manuela Molina, Vicenta de la Puerta, María Cañete (de Barcelona), Josefa Alberdi, María Carvajal (de Barcelona), Matilde López, Bernardo de la Avecilla, Juan de Mata Ibarzábal, Francisco Covarrubias, Tiburcio López, A. Méndez, J. A. Fidalgo, I Echazábal, Francisco Garay (hijo de D. Diego Mª), Juan Bautista Reyna, Francisco Pavón (de Barcelona), Miguel Ojeda, Diego García, Gregorio Duclós (de Puerto Rico), Pedro Viñolas (de Valencia). Apuntadores: Estevan [sic] Villa, Rosendo Sánchez Laimón (de Barcelona), José Sevilla (de Puerto Rico). 21 de marzo de 1837.

actrices Luisa Martínez (la Gitana de *El trovador*); Vicenta Lapuerta, (Leonor en *El Conde Alarcos*); Carlota Armenta, (*Catalina de Howard*) y operáticos y autores teatrales.[83] No dicen demasiado sobre sus personalidades o su arte de interpretar, salvo que Plácido es un ferviente espectador.

El 26 de noviembre de 1837 se representa en Matanzas *El trovador*, de García Gutiérrez, tal y como se vio en La Habana, según la mayoría de los críticos, una influencia de *El conde Alarcos*. No se conoce la opinión de su autor, aunque hay constancia de la satisfacción de Milanés con *El pilluelo de París*, [de Bayard y Vanderbush, en traducción de Lombía] representada por una compañía dramática de la que no dice el nombre. Escribe que el romanticismo no reside en «el puñal y el veneno» o las "asquerosidades del adulterio", frase que repetirá Andueza ("no consiste en horrores, en puñales, en venenos como creen muchos") y a pesar de que es un tema muy francés, "mueve y encanta como si fuera sacada de muestra historia". Disfruta con la actriz que hace el pilluelo y el Sr. Martínez, «un general de molde napoleónico», cuya "gota" encuentra poética. Ni siquiera comentaristas de su talla identifican a los actores. ¿Quién es el pilluelo y cuál es la compañía?[84]

En 1842 Hermosilla vuelve a Santiago de Cuba y al año siguiente, a Puerto Príncipe. Allí dirige, entre otras, una ¿adaptación? de *El montero en el teatro* de Covarrubias y *Un paseo a Nuevitas o el camino de hierro*, del valenciano Francisco Javier Franck [Franch]. La primera narra cómo un actor, en busca de ser admitido en la compañía, canta, acompañado de la guitarra "Las amonestaciones" o "¿Quién me va a querer a mí?" y la segunda, dirigida por él en 1843, es una muestra del teatro costumbrista del autor de *Hermenegildo* y *Hugo de Oris*, asentado en

---

[83] Cf. Arias, Salvador. "Plácido y el romanticismo en Matanzas". *Revista de la Biblioteca Nacional* 1 y 2 (2004). pp. 131-144.

[84] Milanés, José Jacinto. "Críticas de José Jacinto Milanés.""El pilluelo de París". Se publica en *La Aurora*. 15 de diciembre de 1837. *Revista histórica, crítica y bibliográfica de la literatura cubana*. v. I. Matanzas (1916). pp. 402-403.

la ciudad y estrenado por Hermosilla. Se considera su aporte, escribe Manuel Villabella, confiar que los autores del patio podían interesar a los espectadores. [85] No hay otro comediante con el expediente de Hermosilla y su pasión por las obras cubanas. El 4 de noviembre de 1844 muere en México. Dos años después se conoce que vivió una guerra para imponerse y que víctima de intrigas, su reputación estuvo en entredicho, tachado de mal comediante. María Cañete lo despide emocionada y solicita al público apoyo para su familia, algo más personal que un obituario, reproducido por Juan Miguel Losada en *El Colibrí*. La madrileña *Revista de Teatros* informó antes que falleció en Santiago de Cuba a causa del vómito. [86]

Antonio Rosal es otro de los veteranos de la Compañía de Andrés Prieto, también conocido como Antonio Rodríguez del Solar. En 1846 todavía está activo. Arriba a La Habana en 1810 con treinta y dos años y se se une al director y primer actor. Amante de la cantatriz Mariana Galino en 1810 es el causante de un escándalo, pues el esposo de Galino, el actor José Alfaro, devorado por celos de Rosal, la apuñala y creyéndola muerta, se suicida. Galino sale ilesa y Rosal sigue en la isla, aunque no se ajusta al año siguiente con Prieto. En 1813 viaja a Cádiz para «evacuar» los negocios de su mujer, María Teresa Canal (actriz de la misma compañía) con la que se ha casado. Su ocupación es el comercio –reza su expediente– y pretende volver a La Habana. [87] En 1829 está al frente del teatro de la calle Cienfuegos en el barrio de Jesús María junto a otros actores, descontentos con Prieto en su breve última etapa como director del Principal. A él se deben dos puestas de *El conde Alarcos*, de José Jacinto Milanés, cuyos derechos compra a Domingo del Monte. Su estreno en 1838 –para su beneficio en el Tacón– y su puesta

---

[85] Villabella, Manuel. *Costal al hombro*. La Habana: Unión, 1996. "Hermosilla y lo cubano". pp. 115-119.
[86] Losada, Juan Miguel. "Doña María Cañete". *El Colibrí* (1847). pp. 17-22.
[87] ES.41091.AGI/36.538//ULTRAMAR, 328, N.50. 17 de agosto de 1813. Archivo Pares. No aparece como del Solar ni Rodríguez, sino como Antonio Rosal.

matancera al año siguiente, el 27 de noviembre, a beneficio de Margarita Palomera. En 1841, Gregorio Duclós interpreta *Lázaro o el pastor de Florencia*, de Bouchardy, dirigida por Isidoro Gil, para un beneficio suyo (Covarrubias hace el Bautislo) por lo que se deduce ambos lo estiman, y en 1844, con Antonio García Gutiérrez, está al frente de la compañía del Tacón. En 1845 como "autor" de la misma escoge para su beneficio *Cansarse de ser feliz o la herencia de un abogado*. A finales de los cuarenta se refugia en Regla y termina sus días en la villa de Guanabacoa. De acuerdo con Rosaín, muere en junio de 1856. [88]

El consueta Esteban Villa, a quien el Diorama ofrece un beneficio en 1835, está activo desde los Cómicos Habaneros y es primer apuntador de la compañía de Prieto. Francisco Oceguera también. Mariana Galino canta arias de ópera, el dúo de *Tancredo* con Clorinda Corrodi en los beneficios de Manuela Molina, en el Diorama, a treinta años de su arribo a la isla, pero según se presume, parte a la península. De 1831 data una carta de Pancho Paula sobre la presencia de la Galindo [*sic*] en Matanzas y su contribución a la atmósfera filarmónica de la ciudad. Otros han muerto, se desconoce su paradero o se han establecido en otra parte. Es imposible determinar –por su extrema movilidad– qué actores se encuentran en la isla y por qué el localista estima con tanto énfasis en 1846 que no hay que buscarlos en Europa sino en el interior del país, Puerto Rico o México. Mientras algunos desaparecen de las columnas de los periódicos sin despedidas, otros llegan, sin anuncios.

---

[88] Rosaín, Domingo. *Necrópolis de La Habana. Historia de los cementerios de esta ciudad.* ob.cit p.40.

La aventura de los Robreño

Un trágico accidente trae a los Robreño a las costas de Cuba. ¿Quién es esta familia casi siempre conocida en plural? Llega a la isla obligada por el trágico naufragio de la goleta La Afortunada, que zarpa de Cartagena de Indias con dirección a Kingston el 9 de agosto de 1838. A partir del 13, cuando erróneamente creen estar muy cerca de Jamaica, queda varada y sus pasajeros atrapados en Bajo Nuevo. El capitán envía unos marineros en busca de ayuda y todos quedan a merced del agua y el viento. Mueren en el mar José Robreño i Tort (1789-1838), actor, grabador y poeta, su esposa Emilia Armenta y más de veinte viajeros, entre ellos Salvador Duclós, hermano de Gregorio, y Antonio González. Controvertido por sus ideas radicales, José es autor de comedias (entre ellas *Don Quijote* y *Sancho Panza en el castillo del Duque* (Barcelona, 1835), más conocido como "cantor callejero de todos los acontecimientos" y comentarista sagaz de la vida barcelonesa, cuyo arte como repentista e improvisador produjo incontables romances ilustrados con sus grabados como en la edición póstuma de su poesía.[89] Aunque se le reconoce como un pilar del teatro catalán, con decenas de obras dramáticas y sainetes, otros lo recuerdan como un actor populachero, musa ramplona de vuelo bajo.[90]

Alrededor de 1833 Robreño i Tort decide vivir la aventura de América. Visita Puerto Rico, Venezuela, Curazao, llega a Santiago de Cuba cuyo teatro estaba cerrado y sigue viaje. En la mayoría de las ciudades que visita, representa sainetes bilingües para públicos de catalanes y españoles. En Caracas, a partir del 11 de julio de 1837, se

---

[89] Curet, Francisco. *El arte dramático en el resurgir de Cataluña*. Barcelona: Editorial Minerva, ¿1917? En catalán, consultar Llorens i Jordana, Rodolf. *Josep Robreño. El nou concepte de la Renaixença*. Barcelona, Ariel, 1981, 1ª edición. *Obras poéticas de José Robreño*. Barcelona: J. A. Oliveres, 1855.
[90] Collell, Jaime. "Breves observaciones acerca del movimiento literario de Cataluña". *La Ilustración de Madrid* 12 (1870). pp. 2-3.

registran muchas puestas suyas, entre ellas, *Ángelo tirano de Padua* de Víctor Hugo, estrenada ese día, *Napoleón lo manda*, *No más muchachos*, *El chitón*... y *El testamento*, el 18 de julio; *La comedia nueva o el café* y *La mojigata* de Fernández de Moratín que repiten el 3 de agosto, *El tercero en discordia*, de Bretón, *La misantropía*, así como *Edipo* "exornada de su correspondiente aparato, hermosos coros y lucidas comparsas", de acuerdo a la prensa analizada por José María Salvador. [91] No se les critica escoger a Moratín o el repertorio de la tradición, pero sí *Ángelo...*, "inmoral y absurda", "drama espantoso" (Churión) ya que a pesar de la celebrada actuación de la Srta. Carlota [Armenta], se rechaza el melodrama impúdico que provoca "atroz fastidio" y en el que casi nada funcionó, ni siquiera las luces. [92] El teatro está calculado para ochocientas personas y se sobrepasa la cifra como en doscientas. A pesar de las lamentaciones sobre el fatal debut de Carlota, el crítico destaca su porte, modales, ternura y sensibilidad. También disputa la distribución de los papeles. Rodolfo debió ser Francisco Gallardo "por poseer buena planta, una voz sonora y acento varonil" y no [Salvador] Duclós, quien fallecerá en el naufragio. Con ellos está el valenciano Pedro Iglesias, asistente de la compañía de Andrés Juliá. La temporada termina el 18 de octubre de 1837 con *¡Quince años ha!* y *El disfraz venturoso*. De acuerdo al historiador Churión comenzarían en 1836 en La Guaira, donde los empresarios vendían el doble de las entradas para ansiedad del público. No parece haberse presentado con el nombre de Robreño ni anunciarse en la prensa pues Carlota Armenta es la "señorita Carlota", Juana Díez, la Díez, y Gallardo, simplemente así como es típico en la época. Se dice que la Díez ahuecaba la voz, padecía de histeria y le dio un soponcio en escena y Gallardo era

---

[91] *El Liberal*. 12 de septiembre de 1837. Citado por Salvador González, José María. "Artes escénicas y musicales en la Venezuela de 1800-1840. (2008). Un reflejo de la mentalidad y costumbres de la sociedad criolla", Universidad Complutense e-prints. Consultado el 13 de febrero de 2013. s/p.
[92] Ibid.

maneto y corcovado. Si me extiendo en detalles es porque algunos trabajarán en la isla donde la prensa es mucho más grave y reservada.

De la presencia de Robreño allí ha trascendido un intercambio entre el mandatario venezolano Carlos Soublette y José con motivo de su pieza *Excelentísimo señor*. Su hijo Francisco, bailarín y ¿galán?, se responsabiliza con la obra. De acuerdo a Churión, este inaugura una academia de baile en la calle Zea esquina a Colón a la que asiste cuanto elegante, currutaco, petimetre y pisaverde existe en Caracas empezando por el general Páez. [93] Soublette le hace leer la pieza en voz alta, con "burlas y cuchufletas" contra el mandatario y comenta: "Efectivamente, veo que usted se burla un poco de mí, pero no está mal; yo esperaba algo peor. Venezuela no se ha perdido, ni se perderá nunca porque un ciudadano se burle del presidente. Venezuela se perderá cuando el presidente se burle de los ciudadanos..." La anécdota ha sido contada en múltiples versiones y en todas prosiguen sus representaciones, pero *Excelentísimo señor* sale del repertorio. [94]

El 20 de mayo de 1838, en Cartagena de Indias, los integrantes de la Compañía de Iglesias con la que se funden, representan *Eudoro Cleón*, drama sentimental de José Manuel Royo, y emprenden el viaje fatal. Entre ellos Salvador Duclós, Francisco Robreño, Juana Díez, Amalia Armenta, José Robreño, Antonio González, Joaquín Armenta, Ángel Monti, Carlota Armenta y Joaquín Rodríguez.[95] La noticia del "Naufragio" (Trinidad, 10 de noviembre de 1838) lo corrobora ya que refiere el elenco de la Iglesias-Robreño. [96] De algunos de ellos no se supo nunca más, sepultados en el mar.

---

[93] Churión, Juan José. *El teatro en Caracas*. Caracas: Centro Venezolano del ITI, 1991. pp. 79-81. Lectura sugerida como la de Royo y Gutiérrez de Alba por el profesor venezolano Oscar Acosta.

[94] Churión. Ob cit. p. 84. Cf. Greymont Sundberg, Sally. *Visión panorámica del teatro en Venezuela* (1978). Manuscrito en Open Repository de la Universidad de Arizona. Consultado el 13 de mayo de 2014.

[95] Royo, José Manuel. *Obras dramáticas*. Tomo I. Cartagena: Imprenta de Eduardo Hernández, 1838.

[96] *Gazeta de Puerto Rico*. "Naufragio". Enero 8 de 1839. p. 15.

Tres décadas después, en Puerto Rico, José Robreño hijo cuenta el episodio a José María Gutiérrez de Alba. Veterano de otros accidentes en el mar, el de la Afortunada es el más terrible, porque José y sus dos hermanos pierden a sus padres. Treinta y seis fallecidos, incluida la tripulación, el capitán inglés Robinson, un sobrecargo, un contramaestre, ocho marineros, cuatro a cargo del pasaje, parientes y actores, entre ellos siete mujeres y tres niños. Transcurren veinticuatro días y todos vivían, pero al mermar el agua y los alimentos, empiezan a enfermarse y morir. "Cuarenta y un día pasamos en bajo Nuevo: catorce con agua y comida, diez a ración con una taza bien pequeña por la mañana y otra por la tarde, y diecisiete sin nada." El 24 de septiembre, un buque los rescata al llamado de auxilio de uno de los marineros que alcanzó tierra firme. No menciona nombres, pero sí que se salvan seis de las siete señoras, entre ellas una de sesenta y siete años.[97]

A pesar del tiempo transcurrido, sus informaciones son muy similares a las que a lo largo del tiempo se han contado sobre los Robreño, acogidos en el puerto de Casilda y asentados a partir del 21 de octubre de 1838 en la villa cubana de Trinidad. Empiezan allí a compartirse entre Santiago de Cuba y Puerto Príncipe donde debutan el 13 de diciembre. No han transcurrido dos meses de su trágica experiencia y están en los tablados. El 2 de febrero de 1839 representan *El conde Alarcos* de José Jacinto Milanés, a cinco meses de su estreno habanero y antes que en Matanzas y *Abufar o una familia árabe*, traducida de Duci por Heredia. Arraigados de manera especial en Puerto Príncipe —con Pedro Iglesias, Joaquín González, Juan Bardanca y Pedro Viñolas— se dan a conocer como "compañía dramática de esta ciudad" para beneplácito de Gaspar Betancourt Cisneros, El Lugareño, aficionado al teatro y animador de la cultura.[98]

[97] Gutiérrez de Alba, José María. *Impresiones de un viaje a América*. Tomo I. Banco de la República. Biblioteca Luis Ángel Arango. pp. 85-92.
[98] Cf. Villabella, Manuel. "Los Robreño". Ob.cit. pp. 80-88.

El núcleo inicial de la familia son tres hermanos: José, actor, director y guía; Daniel actor y empresario y Francisco, reputado escenógrafo, maquinista y bailarín. Joaquín Armenta (emparentado con la fallecida Emilia) se casa con Juana Díez y todos, incluidos sus hijos Carlota, Amalia y Miguel se integran a la compañía. Díez es una "laboriosa" característica y Carlota, primera dama "muy interesante", frases del Lugareño. Antes o recién llegados a la isla, Carlota, según Calcagno de dieciséis años, es pareja de Francisco. Carmen Planas y Manuela Tapia integran el elenco. Entre 1839 y 1840 ofrece más de ochenta funciones en Puerto Príncipe y en 1841 vuelve allí como Sociedad de Artistas Dramáticos, similar repertorio y otra puesta de *El conde Alarcos*, refundida y arreglada por su autor, a quien ¿conocen? durante una breve estadía en Matanzas. Con sensibilidad para escoger obras atractivas para los espectadores, ávidos de temas propios, estrenan *Un amigo* (1840), de Francisco Javier Franck, impulsor junto con el Lugareño de la afición local. Drama en verso sobre el asesinato ocurrido en un baile de máscaras durante la inauguración del Tacón y al año siguiente *Un paseo a Nuevitas o el camino de hierro*, también de Franck. [99]

El 20 de junio de 1844 visitan Santiago de Cuba con *La rueda de la fortuna*, de Rodríguez Rubí, con Carolina García y la cienfueguera Matilde Domínguez como cantantes, una pareja de bailes y el trágico Viñolas que interpreta *Los hijos de Edipo*. Aún con las difíciles condiciones de los caminos y la precariedad de los teatros en el interior del país, los Robreño se adueñan del extremo oriental de la isla e incursionan en Matanzas, La Habana y Puerto Rico.

---

[99] Cf. Villabella. ob.cit. "Franck entre el Tínima y el Hatibonico". pp. 104-114.

El drama romántico

La corriente de moda con su ímpetu libertario lucha por imponerse en medio de las adversas circunstancias del gobierno opresor de Miguel Tacón. El *Centón epistolario* recorre no sólo el proceso de escritura de *El conde Alarcos*, de José Jacinto Milanés, seguido paso a paso por Domingo del Monte y su «pandilla», (así la llama de broma el poeta), sino las representaciones de *Otelo* y *La vuelta del cruzado* en el Diorama y otras en busca de la aprobación de la influyente tertulia, como *Pedro el cruel*, de Miguel Teurbe Tolón o *La cena de Enrique el doliente*, de Federico Milanés. El cenáculo aspira a la rectoría literaria y sus miembros se afanan por descubrir nuevas figuras en un ámbito en el que están menos preparados para juzgar. No hay más que contrastar las opiniones vertidas por Zacarías González del Valle con las de José Jacinto sobre *La cena...* para comprender que el respaldo ofrecido por los delmontinos a la creación es al mismo tiempo una camisa de fuerza: Del Valle sostiene criterios rígidos sobre los resortes dramáticos capaces de interesar al "concurrente" y destroza la obra por poco dramática (enfrenta a un rey sin cenar con "los poderosos banquetándose")[*sic*].[100] Los comentarios son tan desfavorables, que Federico, hermano de José Jacinto, decide no publicarla ni intentar su estreno.

¿Cuántas otras mueren al nacer y pasan no por la censura de José Antonio de Olañeta o Ramón Medina sino por el canon de los delmontinos? José Jacinto, aunque apoyado, expresa en "Del drama moderno", diálogo entre un clásico, un romántico, el poeta y el público, su concepción del teatro y a propósito de *La cena...* , defiende con calor la opinión contraria. De lo exigentes que fueron sus miembros con los

---

[100] "Correspondencia de José Jacinto Milanés. Cartas de José Zacarías González del Valle". *Revista histórica, crítica y bibliográfica de la literatura cubana.* v. I. Matanzas. (1916). pp. 65-77, 187-198, 273-276, 423-427.

textos sometidos a ellos, habla el escrupuloso escrutinio del *El conde Alarcos*. El proceso revela a un Milanés discutidor y activo y no sumiso. [101] La tertulia es cátedra para el teatro.

El conde... se estrena el 11 de septiembre de 1838 en el impresionante Tacón, inaugurado el 15 de abril con *Don Juan de Austria o la vocación*, de Casimir Delavigne. *Guillermo*, del español José María de Andueza, el 26 de julio y *Don Pedro de Castilla*, del dominicano Francisco Javier Foxá, el 9 de agosto. Primer drama romántico americano, ocasiona un disturbio y la muerte de un espectador al que entraron a palos por decir que era detestable. Andueza, en un artículo vetado en la isla por la censura, analiza la intolerancia de los amigos del autor (Palma y Suzarte) a la que el gobierno quiere dar *color* político, se adentra en los pormenores del reinado de Pedro el cruel y lo descalifica como drama histórico. [102] Domingo del Monte argumenta que la causa del altercado es el "espíritu americano y el español que andan separados y aprovechan cualquier pretexto para manifestar su antipatía." [103] Pero Ezpeleta, sucesor de Tacón, al comunicar a las autoridades peninsulares el «estado político» de la isla, relata que los aplausos de esa función eran tantos que no podía oírse, «encargados», pues en la segunda noche se producen en el mismo momento de la anterior, sin méritos para ello, con el propósito de "ajar y menospreciar al rey de Castilla" y hacer una "amarga crítica" a "la grandeza de España." El autor sube al escenario a recibir los honores, pero se cancela después de la segunda noche, entre bofetones, palos, un policía apático y el castigo a los culpables. El mandatario se queja de los impresos con mensajes abolicionistas «suministrados por España» como el *Semanario Pintoresco de Madrid*

---

[101] Cf. López Carmenate, Urbano. *Milanés, las cuerdas de oro*. Matanzas: Ediciones Matanzas, 2013.

[102] Andueza, José María de. *Isla de Cuba: pintoresca, histórica, política, literaria, mercantil é industrial. Recuerdos, apuntes, impresiones de dos épocas*. Madrid: Boix, 1841. "El Gobernador general expone al gobierno de la metrópoli el estado político de Cuba, relatando algunos hechos que lo comprueban". 31 de agosto de 1838. *Boletín del Archivo Nacional* 10 (1911) pp. 81-85.

[103] Del Monte, Domingo. *Centón epistolario*. v. II. ob. cit. p. 207.

donde se publica el "Cántico del esclavo" de Fernando Corradi. En su informe no sólo se detallan los graves ataques a la censura sino "la condena a muerte por garrote vil, del músico del regimiento de Galicia, Cesáreo Maya, acusado de sedición". El incidente del teatro trasciende un desorden o alboroto pasajero, es una manifestación del sentimiento nacional en torno al poder representado en la escena. Es de esperar una atmósfera tensa alrededor de *Alarcos*... [104]

Mientras el humanista y crítico Domingo del Monte recomienda a Heredia abandonar las traducciones, dejar el "fatalismo griego" y pensar en la "tragedia americana", encuentra al poeta matancero dispuesto a encarnar sus ideas. Martínez Carmenate es explícito: "Quieren un Víctor Hugo tropical que apele a lo inefable del sentimiento, pero que no relegue las razones de la causa patriótica criolla". [105] Heredia ha dejado de ser útil después de su apostasía. El 26 de septiembre, Del Monte anima al matancero a dejar las fruslerías, los fuegos de artificios, convencido de que podría ser mejor que Heredia. Ya en noviembre el cantor del Niágara es un "ángel caído".

José Jacinto asiste de tarde en tarde a las tertulias del palacete de Aldama en Habana y Muralla como antes integra el entorno de amigos del erudito y mecenas quien desde 1834 reside en Matanzas, casado con Rosa Aldama, hija de un rico propietario esclavista. Milanés se ha establecido como poeta y el prólogo y el primer acto de su traducción de *Cristina*, [de Suecia] de Alejandro Dumas, los convence de su talento como autor dramático. [106] Nunca ha salido de la provincia y tiene veinticuatro años. Del Monte lo presenta así a José Luis Alfonso: "Yo lo brujuleé cuando viví en Matanzas, le di a leer mis libros y le inspiré

---

[104] "El Gobernador general expone... ob.cit. *Boletín del Archivo Nacional* 10 (1911) pp. 81-85.
[105] Martínez Carmenate, Urbano. Ob.cit. p. 100.
[106] *Álbum Milanés. Colección de producciones literarias.* Ed. Sebastián Alfredo de Morales. Matanzas: La Nacional, 1881. "Cristina". pp. 52-64 y "Paula" pp. 65-86.

mis ideas literarias y políticas." ¹⁰⁷ *El conde...* se escribe entre febrero y julio de 1838. Cuando lo termina, Milanés escribe a Del Monte que algunos le han hecho sus reparillos y le pregunta

> querria que V. me dijese si algo me podria valer en metálico el tal condesito? V. bien sabe que yo no escribo al hambre ni tiendo á envilecer el arte noble de la poesia, pero como pertenezco al número de los pobres, no dice mal que trate de adelantar mi carrera con lo que me den mis vigilias literarias.[sic] ¹⁰⁸

Dulce y candoroso, afiliado a los marginados, no parece consciente de la tormenta que se avecina. El escenario es un campo minado. Comienza el romanticismo.

El conde Alarcos se estrena en medio de un clima de desconfianza. Milanés se enclaustra en su aposento matancero (se excusa por una «fluxión muy fuerte») y no asiste, pero en La Habana enloquece a los espectadores que dialogan con su subtexto y encuentran en sus versos una metáfora de la opresión. José Quintín Suzarte lo pondera en *La Siempreviva* con reparos: anacronismos históricos, incongruencias, descuidos, dispuesto a señalar "defectos" y no bellezas. Eugenio de Hartzenbusch elogia sus versos, "entre los mejores que se escriben" y San Millán lo enjuicia en *La Cartera Cubana*, verosímil, natural y patético, aunque su ejecución no lo ha dejado gozar de todos sus encantos. Un año después *El Entreacto* de Madrid compara *Guillermo* con *Alarcos...*, el primero con más vida y desenvoltura, y el segundo con más originalidad y talento. Dos producciones notables, ya que en la isla son muy débiles o están tan sujetas a "la esclavitud de la imitación" y

---

[107] Colección de manuscritos. "Epistolario del Sr. José Luis Alfonso, marqués de Montelo. Cartas de Domingo del Monte". *Revista de la Biblioteca Nacional* V. III (1910) pp.78-95, 152-166. La carta es del 7 de agosto de 1837. p. 86.
[108] Carta de Milanés del 26 de julio de 1838. *Centón epistolario*. V. II. ob. cit. pp. 189-90.

no vale la pena detenerse en ellas. A juicio de la publicación, su lenguaje correcto es algo raro, pues predomina el idioma vulgar y los viciosos modismos. A *Alarcos*... se le atribuye extremada languidez en las acciones y un lenguaje afectado y a *Guillermo*, «accesos» de plagio.[109] El artículo no alude a *El trovador*, de García Gutiérrez, como González del Valle afirma en su carta a Milanés del 26 de agosto de 1839. Al parecer no ha leído *El Entreacto*.

Ausente Heredia de la isla y condenado por el abandono de sus ideales, Milanés sin proponérselo, ocupa su lugar y *El conde Alarcos* se sitúa en el canon como la más significativa desde *El príncipe jardinero y fingido Cloridano*. Escrita a partir de un antiguo romance español, la acción ocurre en el siglo XIII, de acuerdo con Manuel de la Cruz, tentado por los triunfos de García Gutiérrez con *El trovador*.[110] Alarcos, caballero al servicio del rey de Francia (Felipe IV según Suzarte), recluido en las afueras de París con su esposa Leonor y dos hijos, vuelve a la corte a cumplir su promesa de honor al monarca. La despedida de la bella andaluza, pobre e inocente, suprema idealización, y la placidez de la relación amorosa entre el Conde y Leonor, en una quinta y arrullados por el trovador, presagia que un drama "de sentimiento y pasión" reserva al Conde cualidades morales aborrecibles. Y en efecto, el rey lo espera para defenderse de la amenaza de otros reinos y Blanca, su hija, para que repare mediante el matrimonio su deshonra. Alarcos, atado a la ley del honor y esclavo del rey, sin embargo, no se identifica con la humillada, cuyo recuerdo es un "rayo" y un "tósigo para el alma". Blanca lo idolatra y quiere vengarse. Si el antecedente es vertiginoso, Milanés dilata el reconocimiento y el castigo

---

[109] *El Entreacto* no. 15. 19 de mayo de 1839. pp. 1-2.
[110] Suzarte, José Quintín. "El Conde Alarcos. Drama original de José Jacinto Milanés."*La Siempreviva*. 1838. Tomo 1. p. 249-262. Hartzenbusch, Eugenio de. "El Conde Alarcos." *Revista de Cuba*. v. VIII (1880) p. 337-339. Originalmente en *El Entreacto* no. 15. 19 de mayo de 1839. [San Millán, Blas María del] "Crítica. El Conde Alarcos". *La Cartera Cubana*. v. 1 (dic. 1838): 353-362.

para revelar con más profundidad el carácter de ambos. Muchos estudiosos intuyen en el titubeo del Conde no sólo la ideología del cenáculo sino de la sacarocracia. El personaje, en su mansedumbre y su honorabilidad, duda, no quiere parecer cobarde ni emplear el soborno y en su inacción posibilita el traslado de la culpa a la inocente Leonor. El rey toma una decisión monstruosa y desproporcionada, pero Alarcos la propicia. Plebeya, pobre y ajena a los avatares de su marido cinco años atrás, Leonor es víctima del poder de un trono y una corte "todo fingimiento" que manipula al Conde a su antojo y Alarcos, un personaje de extrema vulnerabilidad cuyo altísimo concepto de la honra no se corresponde con sus actos. Sus esfuerzos por salvar a su esposa son tardíos e inútiles. Acude a Pelayo cuando no es posible que un siervo libere de su destino a la mujer de un caballero. Embozado y verdugo crean un rejuego de muerte y patetismo, aunque para algunos, el enternecido verdugo es una concesión a la moda de los llamados dramas "patibularios".

El conflicto isla vs. corona se hace carne en el drama porque más que de intriga, Milanés escribe una obra de pasión y sentimientos desbordados, aunque plagada de ripios y graves incorrecciones (Manuel de la Cruz) cuyo argumento es al menos hasta 1891 "demasiado horrible" (Piñeyro). Milanés no condena al Conde, preso de las ambivalencias y limitaciones compartidas con sus espectadores y lo preserva, ya que como apunta Lizárraga, su clase social, treinta años después, salvará a Leonor. [111]

La simbiosis Leonor-isla es el centro del prólogo de Federico Milanés a la segunda edición de obras de su hermano. El dramaturgo necesita descargar la culpa trágica en el rey para salvar al Conde. Ardid requerido por la trama caballeresca, le sirve para burlar la censura al

---

[111] Cf. Cruz, Manuel de la. "Reseña histórica del movimiento literario de la isla de Cuba 1790-1890". *Revista Cubana*. v. 14 (1891) pp. 289-310, 412-440, 485-510. Piñeyro, Enrique. "Milanés" *Estudios y conferencias de historia y literatura*. Nueva York: Thompson, 1880. pp. 207-213. Lizárraga, Félix. "Las claves ¿ocultas? de El conde Alarcos". *Tablas* (marzo, 1984) pp. 2-11.

mismo tiempo que es una estrategia de composición inspirada en el pensamiento de una tertulia humanista pero impotente y débil para asumir el destino de Cuba. La actitud del Conde, "un lunar dentro de la trama" y un escollo para muchos críticos, hace de la pieza no un alegato patriótico ni un manifiesto, sino una reflexión poética y un enjuiciamiento moral. El público proyecta sus frustraciones en Alarcos y lo hace encarnar su verdad. No es posible desligar texto-representación de esta férrea limitante ni aislar a Alarcos del drama de la conciencia insular. Leonor es su Cuba hermosa, mancillada por un mandarín malvado... ya que "siempre detesté la tiranía/como amo el sol/como bendigo el cielo" escribe el poeta, ligado a su isla-mujer y a su "destino potente, incontrastable".

Alarcos no pertenece a Blanca, sino al amor.
Yo tuyo! — No, ya destruyo
las cadenas que me oprimen:
si a ti me enlazaba el crimen
ya soy de amor, no soy tuyo.

La versificación, uno de sus logros, está al servicio de la sicología de los personajes. "Clava tu puñal en mí /y vuélvemelo a clavar/porque mi angustioso amor/ arde constante por él/ y si antes le quise fiel/hoy le idolatro traidor". Es un texto de Blanca, fogosa y ardiente. El otro es la creación de una atmósfera que en sutiles claroscuros recrea la batalla interior. En la noche tormentosa cruzada por relámpagos, un capitán ejecuta la orden sancionada por el rey (el verdugo ha sido incapaz de consumarla) y la luz se apaga como se cierren tiempos de oscuridad sobre la isla. En la tras-escena se oye un quejido y Alarcos cae sobre Pelayo.[112]

---

[112] Milanés, José Jacinto. "El conde Alarcos". *Obras de don José Jacinto Milanés publicadas por su hermano*. Segunda edición. Nueva York: Juan F. Trow y Co, 1865. pp. 115-152.

Antonio Rosal la anuncia en el *Diario de la Habana* desde el 9 de septiembre: Según el actor, en ella se unen Racine y Dumas: "Tenemos un genio dramático que puede competir con los más eminentes de Europa". [113] Los primeros actores acostumbran a firmar los anuncios. Pero la prensa se ensaña con la compañía: a Gregorio Duclós como el Conde se le achacan fallos de memorización del texto y excesiva frialdad. Se dice que ensayaron dos o tres veces y no estudiaron sus papeles. El retrato de Andueza es vívido. Estaba allí, conoce a los intérpretes, algunos actuaron en sus obras. Vicenta Lapuerta (Blanca); Rosa Peluffo (Leonor); Juan de Mata (el rey de Francia), Francisco J. Armenta, (el Trovador). Duclós "es el más sobresaliente [...] por su hermosa presencia, voz llena y sonora, arranques felices, hijos del sentimiento de las situaciones, y gracia natural"; Rosa Peluffo es alta, y su voz "se acomoda sin violencia a todos los afectos que desea expresar" mientras que la de Vicenta Lapuerta "si bien dulce y melodiosa, apenas llega a entenderse desde las lunetas", aparte de un defecto físico en un pie; Juan de Mata es "el terrible barba trágico, el festivo barba cómico, el apuesto galán, el gracioso en fin, pues todos estos caracteres desempeña [...] todos con admirable propiedad". Pero Duclós representa "como si estuviera en casa" y deja perplejos a los críticos por atravesar de la extrema efusividad a la inmovilidad con un tono tan pausado que parecía no "representar" el papel. [114] Antonio Hermosilla hubiese sido su rival, pero está agotado, escribe Andueza, porque gustó en la época de Avecilla y Prieto y porque "sale siempre encorvado a las tablas" y su voz emite un resoplido cada vez que toma aliento. [115]

De Duclós hay pocos antecedentes, salvo que no había actuado en Madrid, máxima aspiración de un actor español. Duclós, Peluffo y Juan

---

[113] Martínez Carmenate, Urbano. Ob.cit. p. 134.
[114] Andueza. Ob. cit. p.16. Leal, Rine. *La selva oscura*. La Habana: Editorial Arte y Literatura, 1975. Críticas de Ramón de Palma del 19 de septiembre y del *Noticioso y Lucero*. p. 305.
[115] Andueza. Ob. cit. pp. 17-18.

de Mata vienen del Diorama y son conocidos de la afición. De Lapuerta casi no hay datos, pero sigue interesada en Milanés y quiere comprarle para su beneficio *Un poeta en la corte*. Varias misivas del *Centón...* refieren la preocupación del poeta por el dinero que debía solicitarle. Milanés teme a la censura que [...]

> ha de egercer en ella sus acostumbradas mutilaciones, como porque los cómicos nuestros, que casi nunca se enteran de las miras del autor ni saben dar á cada verso la intencion que él les prestó, harian de ella una mala representacion y me ofrecerían á una luz desfavorable. Por este motivo, pues, le suplico que no deje salir el drama de su casa: porque si unos amigos lo leen y otros no, los segundos formarían queja de mi; y lo mejor es que todos lo vean impreso"[sic]. [116]

Seis años demora el poeta en ver publicada *Un poeta en la corte*, solicitada por Pedro Iglesias en noviembre de 1840 para su beneficio. Lapuerta regresa a México (representa *Cora* de Ramón Francisco Valdés el 26 de julio de 1841 y se somete a una operación quirúrgica en un pie) y se dilatan los intentos de Milanés de ofrecerla a la compañía de Matanzas a petición de Coronado, su primer apuntador.

A diferencia de Heredia, amigo o admirador de los actores, autor de inflamadas dedicatorias y poemas a cómicos y bailarinas, Milanés, apocado, en la provincia, espectador de escasas representaciones que ni siquiera asiste a sus estrenos, no les tiene suficiente confianza. La puesta yumurina de *El conde...* tiene muchos contratiempos desde que el 18 de agosto, desean representarla en Matanzas y Milanés, para lograrlo, osa incluir una clausulilla en el contrato. Disipado su disgusto con Del Monte que corrió con el negocio, el poeta los refiere:

---

[116] *Centón epistolario*. v. II. Carta de julio 11 de 1840. p. 495.

> Uno de los empresarios de este teatro me dijo noches pasadas que iba a salir a las tablas el conde Alarcos en esta temporada de cuaresma: que iban a trabajar en él Duclós y la Peluffo en unión con Viñola, a quien dan el papel del rey: que la parte de Blanca no hallaban a quien encargarla, por ser la dama que desempeña esos papeles tan glacial y poco a propósito que era negocio. Y añadió el quidan de la empresa que al fin y al cabo tendríamos que tragarla en Matanzas y darnos por bien servidos, porque en solo conseguir la representación del drama habían soltado diez pálidas...[117]

Al fin se estrena el 27 de noviembre de 1839, representada por actores locales y de La Habana (¿la compañía de José María Criado?) dirigidos por Antonio Rosal. Al realizarse a beneficio de Margarita Palomera, debe haber interpretado a Blanca como sustituta de la "glacial" Lapuerta. El Rey es Pedro Viñolas y no Juan de Mata. Debió existir al menos una tensión entre los actores matanceros y Rosal, en poder de los derechos. De todos modos, Milanés escribe por lo que le cuentan, no la ha visto representada en La Habana ni en Matanzas ya que una "enfermedad inoportuna" le impide mover las extremidades inferiores y no asiste al estreno en su ciudad y en un teatro situado a unas cuadras de su casa de Gelabert. Según su biógrafo es largamente aplaudida pero no se conocen comentarios de *La Aurora* ni hay más alusiones a su representación. Más sorprendente resulta que tampoco acude a la reposición matancera del 16 de diciembre de 1840, a cargo de Pedro Viñolas, por temor a que una emoción tan fuerte desestabilizara sus nervios.

Un poeta en la corte, terminada en 1840, no se estrena ni se tienen noticias de gestiones para hacerlo. Milanés, enfrentado a sus dolencias y fantasmas, logra una comedia de lances y peripecias en torno a Pereyra, un labrador «que por desgracia es poeta», localizada en la corte de

---

[117] *Centón epistolario.* v. II. Carta del 16 de febrero de 1839. p. 328.

Miranda, en el Madrid del siglo XVII. Su enredo comienza cuando el duque organiza una «academia» para conocer el parecer de Inés sobre un soneto suyo. Gongorino y enrevesado, Inés, muy sabia, no lo aprueba y en cambio pondera el que ha recibido de un desconocido taimado en un guante. Huérfana y recogida en la corte, virtuosa e inteligente, aprecia la poesía y rechaza los pedantes y rebuscados versos *cultos, ocultos*. Pereyra se descubre ante ella como su autor y de inmediato se entera de los entretelones de la corte con sus intrigas e insidias y sobre todo, de los planes siniestros del duque libertino para rendirla por la fuerza. Pereyra aplaza su sueño de volver a las márgenes del Sil de Galicia como manifiesta en su poesía. "Oh, qué infame es el poder/ que sólo sabe vivir/ a fuerza de corromper!" escribe.

El Duque le propone conquistar a Inés para él, que la desea como amiga y no como esposa, pero el poeta no cede ni se rebaja, hasta que aún expulsado de la corte, mediante trucos, argucias y lances de capas y espadas, la salva sin hacer concesiones a la maldad, ni disminuir su entereza moral. [118] Milanés demora bastante tiempo en escribirla, vive el éxito del *Conde...* y disfruta sus veinticinco años. Los delmontinos lo promueven internacionalmente como "el primer talento de la patria", pero *Un poeta...* avanza a tropezones, sin fluidez. Sobre todo se resiente su final torpe, incapaz de articular sus diversas peripecias. Una obra muy poco atendida y entendida, es clave para comprender su postura moral y su compromiso personal. Para Montes Huidobro es definitoria de su ética patriótica. [119] También para avizorar su otro teatro, libre de los consejos de un cenáculo, los entendidos y los mecenas, donde la preocupación moral se encauza en formas menores, como el cuadro o el proverbio, más accesibles, y los géneros tradicionales se entremezclan sin atender a preconcepciones establecidas.

---

[118] Milanés, José Jacinto. "Un poeta en la corte". *Obras de don José Jacinto Milanés publicadas por su hermano.* Ob. cit. pp. 153-191.
[119] Montes Huidobro, Matías. *Del areíto a la independencia. Claves literarias de las letras cubanas.* Editorial Persona, 2015. "Milanés: la ética de la escritura. Un poeta en la corte" pp. 399- 424.

Desgraciadamente ni Iglesias ni Lapuerta pueden enfrentar la censura ni imponerse, aunque en rigor *Un poeta...* no aparece en el *Índice de obras censuradas*, porque no se presentó nunca o no culminaron felizmente los trámites. Crítica al poder, a los lacayos serviles que se venden y a los que en lugar de "amparar los talentos" tiranizan las almas, por si fuera poco, alude a la morosidad y desidia de los censores que queman los libros y enaltece al poeta pobre y plebeyo. Del Monte admiró la figura del Conde, pero titubeó con "la energía y el desparpajo revolucionario" de Pereyra y no hizo nada por llevarla a escena, a pesar del interés de Lapuerta, a quien le devuelven el gesto con regateos y consultas, no sólo porque Milanés es cándido sino porque desconoce el teatro por dentro e imagina equivocadamente que los actores ganan muchas onzas de oro. La pobreza de Pereyra contrasta con su riqueza moral: no se envilece ni halaga a los poderosos. La pieza sale de la zona de seguridad de la tertulia para adentrarse en personajes humildes como los de *El mirón cubano*. El silencio sobre *Un poeta...* se cierne también sobre las posibles representaciones de sus mirones, ese otro teatro de Milanés.

De acuerdo al criterio de Mitjans, las representaciones dependen de la buena voluntad de las compañías llegadas de España y el repertorio escogido y ensayado por ellas elimina la obra cubana, a excepción de los sainetes. Y aunque es muy difícil desmentirlo, la relación autor-actor no es maniquea y hasta intelectuales muy reputados necesitan interesar a los primeros actores para la puesta en escena de un texto. La tertulia recurrió a Rosal o pensó en Avecilla, querían solicitarle a Garay el *Rodrigo*. El historiador cree que la mayoría de los textos "divirtieron solo a sus contemporáneos y no dejaron huella", "hoy es inútil buscarlas, lo mismo en los carteles que en las librerías" [120] cuando muchas llegan a escena escogidas por los primeros actores, necesitados de temas de interés y novedad y responsables junto

---

[120] Mitjans, Aurelio. *Estudio sobre el movimiento científico y literario de Cuba*: La Habana: Imp. de A. Álvarez y Compañía, 1890.

al empresario de la elección del repertorio. Un comentarista señala que después de 1830 se escriben más de ochenta piezas en diez años, pero a excepción de *El conde Alarcos, Don Pedro de Castilla, Cora y Ginebra*, la mayor parte ha quedado del todo "oscurecida" y/o enjuiciada a través del ridículo o el sarcasmo. La crítica abusa de su noble ejercicio y en medio de polémicas acaloradas, valoriza defectos por encima de virtudes. [121] Andueza es diáfano, hay piñas, cenáculos y la costumbre de "escribir impugnando". La misma publicación ha dicho antes que "hay dramas que no merecen representarse... porque no lo merecen", y los actores debían rechazarlos. La indiferencia hacia la creación propia juega un papel decisivo en el abandono de los textos, la asombrosa falta de curiosidad que despiertan y la particular agresividad con la que se les juzga.

La prueba o la vuelta del cruzado, de Ramón de Palma, se representa en Guanabacoa y sube al Diorama el 13 de noviembre de 1837, celebrada como la primera muestra de un teatro "serio", más que aceptable por su atmósfera, lirismo y personajes desarrollados con más profundidad y *patho*s por José Jacinto Milanés. [122] Del mismo autor es la leyenda dramática *La peña de los enamorados*, en tres cuadros. *No quiero ser conde*, de Ramón Piña Blanco se estrena el 18 de enero de 1838 en el Tacón, interpretada por Francisco Garay, Pedro Viñolas, Manuela Molina, Ernesto A. Méndez, Juan de Mata y Vicenta Lapuerta. Escrita a los veinte años, primera comedia publicada en el país, es algo más que un antecedente de Millán y Otero. Un matrimonio concertado, tramado por Jacinta para su hijo, es el eje dramático. Convincente y bien desarrollada, sus personajes están delineados con estimable certeza, en primer lugar Esteban, antepasado de los mocitos y los Teófilos, aspirante a heredar una fortuna y vivir sin trabajar. El tío tendero de

---

[121] M. de C. y G. [¿Manuel Costales y Govantes?] "Literatura cubana". *Revista de Teatros*. V. I [1841-42] (12) pp. 181-184. Paginación de la colección en Hathi Trust de la Universidad Complutense.
[122] Palma, Ramón de. *La prueba o la vuelta del cruzado*. La Habana: Imprenta de J. M. Palmer, 1838.

Muralla, sin embargo, tiende una trampa al arruinado Conde de Espineta y deshace la amañada boda, devuelve la entenada a los brazos de su real amor y resuelve el conflicto. Al joven solo le resta repetir con amarga comicidad la frase del título.

> No ha de decir mi portero
> Que ¡ha titulado! ¿por dónde?
> Su padre fue zapatero,
> Y él, porque tiene dinero...
> Nada, no quiero ser conde. [123]

También estrena *Las equivocaciones* (27 de mayo de 1848) en el Liceo, actuada por las Srtas. Gómez y Cárdenas y los Srs. Ugarte y Zequeira. Se escribe que "abunda en mérito, tiene situaciones muy cómicas y una versificación buena" pero como siempre, se aplaza el estudio de sus defectos. Otra comedia suya *Dios los junta y ellos estorban* se estrena ese mismo año.

En *Carolina o la dicha inesperada*, de Juana de Horta y Fernández, estrenada el 21 de enero de 1839, participan además de Lapuerta, Covarrubias y Cañete, Francisco Javier Armenta (esposo de Rosa Peluffo) y una actriz muy mencionada, Carlota López, de diecisiete años, que desaparece con el mismo ímpetu con el que debuta. Dedicada al "bello sexo", su trama, desarrollo y ambiente parisino son convencionales (Carolina, deshonrada, perdona y acepta la exculpación de su violador como en los folletines), pero así todo, es un aprendizaje-copia de los modelos franceses e incipiente voz de mujer dentro de un coro masculino. [124]

La visión de la creación dramática entre 1830 y 1846 es panorámica y reductora: no ha cotejado las piezas con su inmediata

---

[123] Piña, Ramón. *No quiero ser conde*. La Habana: Imprenta de Palmer, 1838.
[124] Horta y Fernández, Juana. *Carolina o la dicha inesperada*. La Habana: Imprenta de Boloña, 1839.

repercusión. Si la crítica hubiese jugado su papel, la comedia nacional no empezaría con Millán y Otero sino con Ramón Piña y Blanco y Lucas Arcadio Ugarte y el romanticismo con *Atreo* aunque es una «imitación». No se sostendría el criterio de Mitjans de que los actores españoles las representaban para "probarnos su agradecimiento". Entre el excesivo «rigor» de los críticos, el carácter trashumante de la profesión teatral y la implacable censura, se leyeron menos de la mitad de los textos producidos en el periodo. Algunos, "abortos dramáticos" como *El arcediano o la fatalidad*, de Martín Elizalde, en el índice de censura, uno de esos flamantes dramas de las oes, según el costumbrista de *La Cartera Cubana* José Victoriano Betancourt, de los cuales los cómicos y los cartelistas eran muy apasionados, con robos, reclusas violadas y fugas del calabozo. [125] También *El doncel* y *La romanticomanía* de Andrés López Consuegra, *Un clásico convertido en romántico*, de Ramón Francisco Valdés, ¡*Hasta el apuntador!*, de Francisco M. Curbia o *Una volante* y *Una romántica* de Juan A. Cobo pero casi nadie las ha vuelto a leer.

¿Por qué no pensar que *El peón de Bayamo*, de Francisco Poveda aporta a la creación propia tanto como el sainete *El correntón burlado* (1831) de Ignacio Valdés Machuca (Desval)? Una versa sobre la vida del trabajador del campo y otra ocurre en el barrio habanero de San Nicolás y en ella se canta "guanábana dulce y azucarada". ¿Por qué no pertenece al canon *La muerte de Adonis* (1819), el boceto lírico de Desval? Ambas contradicen las fórmulas de su tiempo y se escriben desde los márgenes de la escena establecida, por dos poetas, uno de los cuales también cómico.

En cambio se consideran de más alto calibre los dramas estrenados en 1839, *Enrique, conde de San Gerardo o Clotilde de Bolti*, de Domingo Montalvo y *El castellano de Cuéllar*, de Miguel de Cárdenas,

---

[125] Elizalde, Martín. *El arcediano o la fatalidad*. La Habana: Francisco Salas, 1839. "El arcediano o la fatalidad". *La Cartera Cubana*. v. 3. (oct. 1839) pp. 229-230.

pero sobre todo, *Gonzalo de Córdoba*, de Francisco Gabito, de acuerdo al criterio "interesado" de Andueza que compite por la aceptación como dramaturgo (*Guillermo, María de Padilla y Blanca de Navarra*), influidas por la escuela francesa. *Gonzalo de Córdoba* debía criticarse con más severidad según el crítico de *La Cartera* por su poder de fascinar, ya que excita el amor a la patria con recuerdos gloriosos, capaces de entusiasmar a los más indiferentes. Contradice a Andueza y defiende la sátira en la crítica. "¿No puede criticarse un escrito sino con una seriedad catoniana?" [126]

El artículo y los autos de Lucas Arcadio Ugarte, estrenada el 30 de junio de 1839, critica el periodismo, la vida teatral y los cronistas, el clima imperante de «dicterios, palabrotas e improperios».

Diga usted al insultante,
que él es el bestia, animal
fementido, desleal,
burro, protector, pedante...

También satiriza al cronista teatral.

El actor tal lo hizo bien
pero el galán se enfrió
Y las comparsas también
La dama no se vistió
Como pide su papel,
El drama representado
como si fuera un entremés,
las decoraciones malas
no fueron del siglo aquel.[127]

---

[126] C. L. "Gonzalo de Córdoba". *La Cartera Cubana* v. 2 (1839). 218-228.
[127] Ugarte, Lucas Arcadio de. *El artículo y los autos*. Habana: Imprenta del Gobierno y Capitanía General, 1839. Reparto de *El artículo*... María Cañete,

También se estrenan *Sustos y apuros* de Ramón Francisco Valdés y *El recomendado* de Miguel Porto. Hasta Milanés está pendiente de *Guillermo* y el *Conde San Gerardo* que dieron a sus autores "lindos pesos". El 13 de enero de 1839 sube al Tacón *Catalina Howard* de Alejandro Dumas, que termina con la tonadilla del trípili trápala de *Los maestros de la Raboso*, interpretada por actores conocidos a quienes se incorpora Ramón Barrera Sánchez, matancero de origen catalán, también cantante lírico y grabador. Para *Otelo o el moro de Venecia* ingresa Ignacio Echezábal y ensayada y dirigida por María Cañete, se estrena *El médico por fuerza*, de Moratín-Molière. Dos años después, de acuerdo con la *Revista de Teatros*, el público habanero recuerda como un bien perdido a Prieto, Avecilla y Garay y sólo hay una actriz comparable con esa escuela: Cañete. Pero ese año Marty no contrata a ninguna compañía dramática y casi todo el elenco de *El conde Alarcos*, a pesar de su fama, parte a México. A. Ferrer habla de inacción y desaliento y solicita al gobernador protección para el teatro habanero.

En 1842 Milanés no ha estrenado *Un poeta en la corte* pero tiene todavía ánimo y lucidez para elogiar la representación de *Las memorias del diablo*, de Frédéric Soulié, asombrado con su "multiplicidad de sorpresas" y lo picante de sus caracteres, marca de fábrica francesa. Critica que no se menciona al poeta y sí el nombre del traductor (Ventura de la Vega).[128] "Con el corazón sacudido por vivas emociones y deslumbrada la mente con una larga serie de escenas bellas y fascinadoras", empieza su crítica de la representación del 15 de octubre, por una compañía de visita en Matanzas. Una nota festiva en la que Milanés no ejerce de Aristarco o de Zoilo. Parece haber disfrutado tanto que no es posible comprender por qué rechaza asistir a las representaciones de sus obras. Aunque no menciona a ningún actor del

---

Josefa Dubreville, Diego M. López, Juan de Mata, Antonio Hermosilla, Francisco Javier Armenta y Guillermo Douval.
[128] Escoto Cruz, J. Francisco. (1916-1917). "Las memorias del diablo". *Revista histórica, crítica y bibliográfica de la literatura Cubana*. Matanzas [Cuba]: Impr. de Tomás González Manzaneda. pp. 406-407.

reparto, el editor Escoto anota la presencia allí de Pedro Viñolas, poeta y autor teatral, su amigo, cuyos versos sobre Matanzas aparecen en la primera edición de sus obras. El 16 de noviembre de ese año estrena *Una intriga paternal*, sobre las costumbres de la localidad, cuyo manuscrito, según Federico Milanés, ¿extravía? el apuntador del teatro y se presume una pieza costumbrista. El 24 de noviembre se repite *Alarcos* con Viñolas en el personaje del rey, el único que según Tanco ha comprendido el personaje. Pero Milanés tampoco asiste. Para entender su negativa, habría que hurgar en lo más recóndito de su personalidad y su trastorno siquiátrico, que le depara momentos de entusiasmo y de profunda melancolía. No ver sus obras representadas lo priva de conocer de primera mano la emoción dramática: nunca oye cómo suenan sus parlamentos en boca de los actores ni ellos reciben de su parte una palabra de aliento o rechazo. Del Monte escribe que admira en Milanés la fuerza del ingenio para combinar un plan dramático y realizarlo con apreciables pormenores, sin práctica y experiencia escénica "pues el pobre no ha visto más teatro que el mezquino de Matanzas". [129] Años después, en los Estados Unidos, asiste a una función de danza (la compañía de Hipollyte Montplaisir y Adele Bartholomin) y al *Macbeth* de Edwin Forrest, pero ya no influyen en su escritura. Milanés ha enmudecido.

En 1842 el poeta romántico mexicano Ignacio Rodríguez Galván, durante su estancia en Cuba, emocionado con la lectura de *Alarcos*, le sugiere a Milanés en su epístola, soluciones convincentes para el personaje del Conde. Sus argumentos sobre su complejidad podrían sostenerse hoy: "Huye con tu Leonor, desventurado,/ó al menos por piedad, sella la boca;/rompe, destroza la terrible toca,/que aliento falta ya para sufrir." Sería consecuente con la acción dramática que Alarcos huyese con Leonor o la ahogase con la toca como ella le solicita, pero

---

[129] Colección de manuscritos. "Epistolario del Sr. José Luis Alfonso, marqués de Montelo. Cartas de Domingo del Monte". *Revista de la Biblioteca Nacional* (julio-dic.) 1911. pp. 56-96. p. 58. Carta del 27 de junio de 1839.

Milanés ha pintado "el bello corazón de la cubana". Cuatro años después de su estreno, el destino del Conde no importa sino el rumbo del país: el poeta escribe al mexicano una carta que, fulminado por la fiebre amarilla, nunca llega a leer. Milanés no huye, atado a Cuba, "mientras la llore esclava". Siempre con ella, ¡oh Cuba hermosa!, apoyado al timón, espera el día.

Otra cara del romanticismo

El drama romántico tiene su envés sarcástico en *El látigo del anfibio* de Bartolomé Crespo y Borbón, gallego nacido en el Ferrol en 1811, atento al quehacer de la escena a la que se incorpora pronto. En las décimas firmadas con uno de los tantos seudónimos que utilizó, el Anfibio satiriza los dramas de puñales, venenos y ataúdes.

¿Hasta cuándo esos horrores,
esos infernales dramas,
que en no vomitando llamas
 duermen los espectadores?

¿Hasta cuándo mas puñales,
verdugos, horcas, venenos,
que solo amagan los senos
 de los menos criminales?

Solo al mísero inocente
 se vé en las mas perecer,
 y casi siempre vencer
al crimen impunemente.

No mas horrores queremos
en medio menos virtudes;
por Dios no mas atahudes
pues que en Borgia cinco vemos.

¿Queréis mas envenenados
 románticos, no es bastante?
¿qué mas habrá en adelante
si ya no son condenados?

Aun quereis mas maldiciones,
mas impiedad y mas crimen?
mas infelices que gimen,
mas trovas, mas oraciones? [sic][130]

Una pieza suya, *El chasco o vale por mil gallegos el que llega a despuntar* (1838), despierta la curiosidad de José María de Andueza y gana su favor como "humorada", cuyas pretensiones "se reducen a hacer pasar un rato de alegre entretenimiento a las personas que lo lean".[131] Crespo le devuelve el favor y a la partida del crítico español de la isla, publica en *El Entreacto* su poema "A mi amigo J. M. de A." Pero el gallego Crespo no piensa seguir la tradición española –que conoce muy bien de acuerdo a *El chasco...*– y escribir juguetes cómicos con personajes y ambientes peninsulares, porque el 8 de noviembre de 1839, en el Tacón, junto con *María de Padilla*, escrita por Andueza para Rosa Peluffo, el otro yo de su creación, el negro bozal Creto Gangá, firma *La Mecontent o los pelados arrepentido*s. Si no fuera porque la dedica a Andueza, éste la hubiese comentado, pero se atiene a sus normas éticas. La actriz Carlota López la anuncia para un beneficio suyo con Gregorio Duclós, el pelón más "estravagante"[sic], María Cañete con una canción "pelona" y los bailes Tembladores y tembladoras del Norte. ¿Aparece el negrito bozal? A juzgar por los intérpretes y el anuncio, está escrita desde la óptica del personaje creado por Crespo y Borbón, su singular y provocativo Creto Gangá, quien debió sacar filo de los extravagantes. Y debe ser la misma publicada con el título de *Los pelones* (1839).

Si no hay manera de asegurar que irrumpe el actor blanco pintado de negro o el "negrito", sí hubo música escrita especialmente para la obra pues en *El látigo del Anfibio*, de acuerdo con Mary Cruz, intercala

---

[130] El Anfibio. [seud.] [Bartolomé Crespo y Borbón] *El látigo del Anfibio, ó, Sea colección de sus poesías satíricas : dedicadas a los estravagantes*. Habana: Imprenta del Comercio, 1839.

[131] Andueza, José María de. *Isla de Cuba: pintoresca...* ob. cit. pp. 86-90.

la partitura de "El pelado a la derniere", canto con acompañamiento de guitarra, cuya letra "Los románticos pelones", escrita por el Anfibio, tiene "todas las características de la guaracha de entonces". [132] Lamentablemente sólo he revisado el primero de los ocho cuadernillos de *El látigo del Anfibio* pero por la argumentación, la guaracha integra el espectáculo mucho antes del bufo. Al año siguiente escribe para Francisco Covarrubias *¿A qué me paso por ojo? o apuros de Covarrubias*, estrenada el 13 de enero en el Tacón, sobre los contratiempos del caricato para encontrar una pieza cuando otro actor se adelanta y escoge la misma. La de Creto no parece una obra de "negritos", sino quizás, un juguete como *El chasco...* basado en las dificultades del anciano actor para hallar el repertorio que debía llegar de la península. Su familiaridad con el ambiente del teatro, el cotilleo y sobre todo, los intérpretes, es notoria en el poema "¡Allá va eso!", incluido en *El látigo...* del que extraigo un fragmento.

> ... si habrá silva, [sic]
> mucha entrada, mucho aplauso,
> si la Peluffo es bonita,
> si la Cañete es graciosa
> si hay buena característica,
> si Mata es muy desgraciado
> ¡ay Jesús! Ave María!
> cuánto hablar y qué seguido.

Pronto escribe crónicas periodísticas por encargo de Pascual Riesgo para *La Prensa* sobre la «jópera» y la vida social habanera y opina si la *tri* Cañete es *má mijó que la tri Luna*, sobre Mamacallito (Macalister), la gente *piñucao* en el *Sico*, y su "borotamiento" y escribe para Ramón Gasque la letra de "La patilito de masa riá" y una pieza, *La muerte de Duclós*, se supone en broma, no localizada hasta hoy. Enterado de los

---

[132] Cruz, Mary. *Creto Gangá*. La Habana: Ediciones Unión, 1974. pp. 38-39.

avatares del teatro por dentro, recomienda sus propios estrenos y previene a los espectadores con una "ricumendacion" en su "guirigay" africano.

El 30 de agosto de 1846 se anuncia una creación suya, *Creto y Frasica,* por una compañía especial, para el beneficio de Ramón Gasque, pero este se indispone, no canta en *La sonámbula* y hasta el 9 de septiembre no se verifica en el Tacón la "chistosísima escena sacada de *Laborintos y trifucas de Canavá,* en la que cantarán dos de nuestros más distinguidos *diletanti* una graciosísima canción criolla compuesta por uno de ellos, con el traje, acento y maneras de los personajes que representan. Empezará a las 7 y media". Por descuido el localista no aclara de qué función se trata, pero debe ser la suspendida por enfermedad de Gasque, con el mismo programa. Crespo y Borbón arregla una escena de la *Veraero hitoria en veso de lo que pasó a yo Creto y nengrita mío Frasica en la macara cuenta po yo memo,* folleto de 47 páginas publicado por la Imprenta de Oliva. El beneficiado del 30 de agosto de 1846 es Salvador Palomino y se ejecutan varios números: una obertura, una comedia de García Gutiérrez, un aria, un dúo, una polka, la escena de Crespo y una graciosita canción criolla, compuesta por Gasque y cantada por este y Francisco Riera. [133] "Como es lógico no solo se pintaron el rostro, sino que uno de ellos se vería precisado a disfrazarse de mujer para transformarse en la Frasica" recuerda Manuel Villabella. Sin embargo, hay que imaginar casi todo sobre la representación. Creto incorpora al negro bozal y el travestismo, ya que algún actor/actriz es Frasica, personaje de su poesía satírica (también de "La serenata del negro Pascual a Francisca"). Representada por un actor blanco ¿caracterizado como negrita? o alguna actriz blanca o mestiza.

La burla al drama romántico va mucho más lejos que las representaciones. Un suelto del 23 de noviembre de 1846 anuncia Patatús.

---

[133] Cruz, Mary. Ob. cit. pp. 48-53.

Patatús. Enfermedad, agonías y muerte del romanticismo. Estravagancia alegórica en verso y precedida de un prólogo lleno de chunga y sandunga, escrita por un hombre. Hállase de venta un bello cuaderno que hará morir de patatús a los románticos por un solo real fuerte en la tienda del Telescopio, calle del Obispo entre las de Cuba y San Ignacio, en la confitería de la Marina, calle de los Oficios esquina a Teniente Rey, en la botica de Puentes, calle de Santa Teresa, entre las de Aguiar y Cuba, y en la botica calle del Inquisidor esquina a la del Sol. [sic]

>   Tamaña boca abierta
>   tiene el romántico,
>   los pelos como flechas,
>   en lo herizados,
>   y las narices
>   como dos fuellen inflan...
>   ¡Dolor terrible!
>   Y otras cosas más. [sic].

Ciclón en el Principal

En 1846 la temporada conoce ópera en el Principal y teatro de verso en el Tacón, a pesar de que la compañía amenaza con desaparecer, según el cronista, ya que "si hay teatro no tenemos actores, si los tenemos no hay teatro: y si tenemos los unos y los otros, no concurre el público." En enero se representa *El Belisario* de Donizetti en el Principal y en el Tacón, *La gracia de Dios*, de Gustave Lemoine, traducida por García Gutiérrez, *Abufar o la familia árabe*, de José María Heredia, para el beneficio de Pelayo Azcona, *El hijo del proscripto*, de Burgois y Boubé, traducida por Zequeira y Caro y la alucinante fantasía de Eugenio Sánchez de Fuentes *Colón y el judío errante*, con María Arroyo, Antonia Suárez, Manuel Guía y Joaquín Ruiz. *El Diario...* publica fragmentos del texto, estrenado el 30, escrito en Sevilla, cuando el autor tiene diecisiete años y en el que se vincula el Almirante con el personaje del judío y así todo no sobrepasa "los límites de la verosimilitud". [134] *Abufar...* tiene poco éxito porque la compañía "no está para tragedias", el público no tiene humor para ir al teatro, *El hijo...* gusta pero no ofrece «provecho» y ni siquiera interesa demasiado una auto-parodia de *El trovador*, titulada *Los hijos del tío tronera*, de Antonio García Gutiérrez, residente en Yucatán, donde acaba de concluir *El secreto del ajusticiado*.

Dirigida por tres primeros actores, Pedro Iglesias, Ventura Aguado y Rafael García, la compañía atraviesa muchas dificultades. García se encarga de *El protestante*, con Rosario Rojas; Iglesias escoge *El alcalde de Ronquillo o el diablo en Valladolid*, de José Zorrilla, con el anterior, Antonia Suárez, Andrés Montañés, Carmen Corcuera y Joaquín Ruiz; y Ventura Aguado, *El campanero de San Pablo*, de Bouchardy, con Pedro Iglesias y Francisco Gallardo y *El delincuente honrado*, de Jovellanos, con una cienfueguera muy apreciada, Matilde Domínguez como Laura, que "interesa cada día más" ya que reúne a una dulce expresión y buen

---

[134] "Colón y el judío errante". *Diario de la Marina*. 18 de enero de 1846.

decir, un físico elegante que siempre la hace lucir en la escena y posee condiciones para la actuación y el canto. La acompañan Francisco Valdés (Torcuato), su esposo José Feliciano Valdés (Anselmo) y José Uguet (Don Justo). Pero la prensa no repara en los actores dramáticos, algunos de los cuales integraron la compañía española de los Robreño y en cambio destaca la excelencia de Úrsula Deville y Francisca Samá, protagonistas de *Norma*.[135] Gallardo –primer galán en *El diablo nocturno* (1844) después de una estancia en el Teatro de Mérida– dirige *Treinta años en la vida de un jugador*, de Víctor Ducange, éxito de Avecilla, mientras las características Cándida Latorre y Antonia Suárez, muy activas en Matanzas, representan *El compositor y la extranjera*, de Bayard, traducida por Juan del Peral, donde un aficionado, el Sr. Calvo "se adueña de los corazones del público". ¡Qué extraño les parecerá, escribe el localista, en vista de lo que se ve con los actores de profesión! La «maestría» del desconocido y del actor Escalada se comparan con la de Juan de Mata.[136]

El arte de hacer fortuna, de Rodríguez Rubí, se representa a beneficio de Antonia Suárez: María Arroyo y Llorente bailan el zapateado de Cádiz, se estrena una habanera nueva, se repite la parodia de *El trovador*, se rifan seis onzas de oro entre los asistentes y se eleva un hermoso globo desde la platea. Pero nada parece suficiente para atraer al público. Los actores no tienen un interés superior a sus "rencillas", opina el localista, la compañía no marcha bien. Podría ofrecer en Matanzas algunas funciones, pero los intérpretes tendrían que abandonar el amor propio mal entendido, reformar la contratación o colocar al frente a un director con "una inteligencia probada, un carácter enérgico y justiciero, que haga cumplir a cada uno su deber sin dejar de ser equitativo." Sugiere buscar los intérpretes en la isla, donde hay suficientes "si se concilia el interés y el buen nombre de todos". A

---

[135] Antonio Arroyo, Engracia Flores, Juan Guibernao, Antonio y Enrique Aguado, José Uguet y Pedro Palau.
[136] *Diario de la Marina*. 4 de febrero de de 1846.

pesar del éxito de esa función, la compañía se desintegra. [137] La desunión prevalece.

Pedro Iglesias marcha a Santiago de Cuba con los Robreño y gira con ellos a Puerto Rico con *La mujer de un artista*, de Ventura de la Vega y *A un cobarde otro mayor*, adaptada del francés por Segovia. Allí el público hace tiempo que no veía teatro y el recibimiento no es entusiasta. Al parecer la puesta contradice los anuncios y aunque se considera bien ejecutada, el vestuario es impropio, no llegan sus equipajes y "disimulan algunos accesorios". Amalia Armenta brilla "por su picaresca inteligencia" y su hermana Carlota trabaja con "dignidad", frases muy similares a las del Lugareño en Puerto Príncipe. Apenas se menciona a Iglesias ni a Robreño. La temporada se extiende de abril a octubre porque ese mes Francisco (director) cobra doscientos dieciocho pesos dos reales líquidos por la función del 17 del mes anterior. [138]

Carmen Corcuera se despide camino de México –no sin antes expresar su deuda de gratitud en la prensa– y con ella se van Gallardo, Rafael García, María Arroyo, Manuel Guía, Pelayo Azcona, José Luis Llorente y Andrés Montañés. Desde 1844 con *La escuela de las coquetas*, los periódicos madrileños se ocupan de Corcuera y Manuel Argente, atentos a uno de los conjuntos más completos que conoce el Tacón. Nacido en Badajoz en 1827, Argente, hijo de actores, está activo desde 1838 en Santa Cruz de Tenerife, debuta en el Príncipe de Madrid en 1843 y al año siguiente es primer actor. Corcuera recibe ese año su beneficio en el Príncipe con *La posada de la madona*, interpretada por Matilde Díez. Una crítica de *La escuela...* destaca a Corcuera, González y Fabre, en la península de segundo orden comparados con la Díez, Valero o Lamadrid. [139]

---

[137] *Diario de la Marina*. 15 de febrero de 1846.
[138] *Gazeta de Puerto Rico*. 25 de abril de 1846. p. 2 y 10 de octubre de 1846. p. 2.
[139] Autor y representante de la empresa, don Antonio Rosal, compositor dramático Antonio García Gutiérrez, primer actor y director de escena, Manuel Argente. Carmen Corcuera, primera dama, Rafaela Espinosa, Josefa

Por las mismas fechas, el capitán general Francisco de P. Serrano crea una Junta Protectora de la ópera italiana con el encargo de contratar plazas en Europa, no sólo el espectáculo más gustado de los habaneros, sino el prohijado por las autoridades. En junio, con los teatros cerrados en la capital, cruza hacia México Isabel García Luna, actriz madrileña del Liceo, de la que no he podido documentar su parentesco. El localista sugiere que Matanzas podría acogerla, pero el 12 de ese mes se publica [mutilado] un poema de Bretón de los Herreros que le ocasiona los primeros contratiempos en México, al presentarla ávida por las "minas del Potosí" y apresurada por arribar a un país que ha perdido sus "tejas" y en el que prima la "discordia impía". Algunos poemas satíricos como el de *El Simplicio* contestan a Bretón. "Teatros de Méjico", publicado en el *Diario de la Marina* en dos partes, relata las vicisitudes de los actores recién llegados como Corcuera, a quien el público mexicano no ha visto por la guerra contra las nuevas figuras, similar a la librada contra Antonio Hermosilla. [140] A Corcuera la recesan sin motivos, quieren herirla y en *La gracia de Dios*, mientras el público la aplaude, el telón se levanta un cuarto de hora después. Sólo Juan de Mata la acompaña al proscenio. Además de los nuevos, residen en México, entre otros, Rosa Peluffo, Antonia Suárez,

---

García, Manuela Tapia, Cándida Latorre, Josefa Gallardo, Antonia Arroyo, Vicenta Clarina, María de la Paz Dorado, María García, Emilia Arroyo, María Arroyo y Felipa Pérez. Actores, Manuel Argente, primer galán y director, Manuel Fabre y Pedro Iglesias, primeros galanes a disposición de la empresa, Manuel Guía, primer barba, Francisco Covarrubias y Vicente González, primeros graciosos, Víctor Valencia, para cantar y en papeles de carácter, Joaquín Capilla, Donato Estrella, José Contreras, Félix Fernández, Joaquín Ruiz, Andrés Montañés, Pelayo Azcona. Cuerpo de baile: Marieta Gozze, primera bailarina, María Arroyo, segunda ídem, Antonia Arroyo, Francisco Piátoli, primer bailarín y director, José María Llorente, José Arroyo, Juan Rel, Manuel Casanovas. Apuntadores. José Azcona y Pedro Poveda. Maquinistas Antonio Meucci y Joaquín Ruiz. *Revista de Teatros. Diario Pintoresco de Literatura*. no. 546. 24 de julio de 1844.
[140] "Teatros de Méjico". *Diario de la Marina*. 16 y 17 de junio de 1846. Glosan a *El Monitor* del 16 de mayo y *El Republicano*.

María Cañete, Vicenta Lapuerta, Manuel Fabre, Ramón Barrera y Vicente González. Manuel Argente ha partido el 28 de marzo con Martínez, Mur y Ruiz. Son esperados en Yucatán, pero al menos Argente regresa pronto.

Mientras, en La Habana, en el Liceo, casi mil espectadores lloran el 22 de agosto de 1846 con *El delincuente honrado* de Jovellanos, una de las más favorecidas por el público desde 1791. Aunque no recibe aplausos estrepitosos o lisonjas, es lo más acabado realizado por esta institución según un «admirador de lo bueno». [141] Representada por Nicolás Rodríguez y de Cárdenas, su nieto, el crítico José de Armas y Cárdenas, adopta en recuerdo suyo Justo de Lara como seudónimo. El 9 de septiembre, Creto Gangá, restablecido Gasque de su enfermedad, repone la tercera parte de *Laburinto y trifuca de Canavá, Creto y Frasica*, después de *La gracia de Dios*, de Lemoine.

Pero el 10 y el 11 de octubre, un poderoso huracán azota la isla y daña de muerte el Principal (en 1844 otro ciclón fue un desastre). Hay quien escribe que los perjuicios son más graves pues sus guardianes no cerraron bien las ventanas de cara a la bahía y lo abatieron las ráfagas. Dos años antes modifica su aspecto exterior y cuando ya no parece un *buque con la quilla al cielo* sino una armoniosa caja neoclásica, como en el grabado de la *Revista Pintoresca del Faro Industrial de La Habana*, no se precisa bien qué sobrevive a la fuerza de los vientos del diseño del ingeniero militar Mariano Carrillo de Albornoz. [142] Charles Augustus Murray escribió que era muy espacioso y extremadamente alto, pero

---

[141] *Diario de la Marina*. 24 de agosto de 1846.
[142] Estudios recientes disputan que el diseño sea enteramente de Albornoz así como documentan que hasta 1847 se valoran proyectos de otros ingenieros militares. Cf. Amigo Requejo, Ana. "El teatro Principal: ingenieros militares y especulación en La Habana del siglo XIX". *Quiroga* no 5 (enero-junio) 2014. pp. 12-27 y Mazorra Acosta, Henry. "Los ingenieros militares y la arquitectura del edificio-teatro en la Cuba colonial". *Atrio* 15-15. (2009-2010). pp. 37-46.

horrible y desagradable en su exterior como no puede imaginarse, a pesar de que oyó cantar allí a Pantinelli y Rossi en *Romeo y Julieta*.[143]

Según la *Revista...*, cuantiosos recursos se destinaron a mejorar su ornato exterior, ahora entre escombros. Su imagen se publica como homenaje.[144] Reedificado a un costo de treinta y seis mil pesos, la fachada realizada por el cuerpo de Ingenieros se desploma y es un amasijo de lunetas, barandales, sillas, telones y piedras. "El teatro no existe". Algunos dicen que el costado derecho, fortalecido durante la remodelación, se mantiene en pie. Así lo informa la Sociedad Económica de Amigos del País.

Esta es una de las ruinas más completas producidas por el huracán. Derribado su frente, vino abajo todo el techo, destruyó parte del interior del edificio y causó muchas averías a las casas vecinas. En suma, las paredes que quedan de esta ruina, de muy poca elevación por cierto, no ofrecen medio alguno para volver a reedificar sobre ellas y a no ser por la parte últimamente construida con tanta solidez como buen gusto e inteligencia, aquel recinto no presentaría más que escombros y ruinas.[145]

El huracán tiene consecuencias fatales para el teatro dramático, obsesionado con el estado del tiempo, ya que la lluvia es el mayor enemigo de las funciones, que consignan "si el tiempo lo permite". Sin embargo, el localista quiere infundir esperanzas a sus lectores o alberga ilusiones de que renazca como edificio espacioso y elegante. Las tejas y persianas del Liceo también caen como plumas y se arruinan sus decoraciones y vestuarios. La techumbre del Tacón sufre daños considerables pero así todo el primero de noviembre reabre con *El*

---

[143] Murray, Charles Augustus. "Visita a Cuba en 1836". *Orígenes* 21 (1949) pp. 41-52.
[144] *Revista pintoresca del Faro Industrial de La Habana*. 30 de septiembre de 1847. p 7.
[145] *Memorias... Sociedad Económica de Amigos del País* . Tomo II (1846) p. 311.

zapatero y el rey, de Zorrilla, dirigido por Manuel Argente, con Matilde Domínguez, Ventura Mur, Luis Ortega, Joaquín González, José Uguet, Francisco Valdés, Feliciano Valdés, Luis Morón, Juan Guibernao y Remigio Somodevilla. Se escribe que Argente es un excelente actor, inteligente, pero necesita mucho tiempo para estudiar sus papeles. Esta vez, aunque la obra es muy conocida, le gana una entrada de *raveles* y lo colma de aplausos.

Por esos días se vende la litografía de Mialhe sobre la tempestad. Y la *Revista pintoresca...* insiste en lo peligroso que es salir del Tacón en noches de lluvia donde no hay más remedio que empaparse. Desde el 2 de noviembre se informa sobre un circo olímpico, ubicado en el placer entre las calles de Las Mercedes y las Canteras en el barrio de La Punta, que comienza a levantar Nin y Pons.

Hernani o el honor castellano de Giuseppe Verdi, inicia el 18 de noviembre la temporada lírica. Como si quisiera levantarse frente a la adversidad, el Tacón estrena su alumbrado de gas en los cinco pisos, los candelabros y la embocadura, excepto la araña —los accesorios no han llegado del Norte— y trae de Italia muebles y nuevas decoraciones. Se aplaude a Fortunata Tedesco (Elvira) y a Natalle Perelli (en el bandido) junto a otras figuras mientras las conversaciones sobre ópera, cantantes y presupuestos ocupan amplios espacios en la prensa. El estreno, anunciado para el 15, se pospone por enfermedad de Tedesco o porque no funciona el nuevo alumbrado, pero hay reseñas al menos de la primera hasta la séptima representación de *Hernani* entre las más de quince celebradas. [146] En lo dramático, sube a escena *El trovador*, de García Gutiérrez, *Macías*, de Mariano José de Larra y *Sancho García*, de José Zorrilla, con Manuela Martínez, llegada de Yucatán, y circulan rumores de que Isabel García Luna regresa de México, obligada por las circunstancias. El público cuenta con los espectáculos de la Santa Cecilia, la Sociedad Habanera y el Liceo, cuyas puertas abren en 1844 y

---

[146] Música de Verdi y poesía de Francisco María Piave. Decorados de Joaquín Albe. Orquesta dirigida por Luigi Arditi.

el 14 de enero estrena *El brazalete*, de Emilio Auber, una comedia de costumbres. De México han llegado Francisco García, director de baile del teatro Nacional, los bailarines Luis, Mercedes y Francisca Pavía y la actriz Pilar Pavía.

En Obispo 86 entre Villegas Bernaza se muestra el panorama "Vistas del horrible huracán de La Habana en 1846", la Sociedad Santa Cecilia estrena *Bandera negra*, de Rubí y se recomienda una *parodia del Edipo*, de Cipriano Arias, quien según Trelles escribe *Tragedia del tío Pigundi,* uno de esos momentos en los que el historiador se pregunta ¿cómo, tan temprano, una parodia del teatro clásico?

El 12 de noviembre de 1846 Francisco Covarrubias tiene su primera salida de la temporada con *A un cobarde otro mayor* de Antonio Maria Segovia después de intervenir en *Macías*. El 18 hace reír muchísimo en *Muérete y verás*, de Bretón de los Herreros, como don Elías, con un vestuario aparatoso. ¿Quién puede ver su raro traje sin desternillarse de la risa? pregunta el localista. El 30 es el usurero de *Un concurso de acreedores*, de José A. Millán; el 8 de diciembre, Bernabé Machete en otra obra de este autor, *La guajira o una noche en un ingenio*; el 9 protagoniza *Los dos preceptores o Asinus asinum fricat*, de Scribe, traducida por Bretón de los Herreros y el 17 actúa en *La familia del boticario.*

José Agustín Millán conoce una estela de estrenos de obras breves y sainetes desde 1841 con *Apuros de carnaval* (Diorama, 27 de julio), *Mi tío el ciego o un baile en el Cerro* (Tacón, noviembre 17), *Un chubasco a tiempo* (Tacón, diciembre 6) y *El hombre de la culebra*, que de inmediato le ganan el favor del público. *Una aventura o el camino más corto* (1842), según Rine Leal, inicia la comedia cubana, año que representa *El novio de mi mujer*. El 13 de noviembre de 1844 repone *Apuros...* con Joaquín Ruiz y Covarrubias y estrena *Amor y travesura o una tarde en Bejucal, Sota y caballo y el andaluz y la habanera*, así como su traducción del francés de *La hechicera de París*.

Hoy se valora a Millán de forma más benévola que sus contemporáneos, quienes lo apreciaron como autor de obras menores, chistosas y ocurrentes, pero le reprocharon no aspirar a más profundidad. Prolífico, dejó veinte sainetes, arreglos del drama francés y una comedia, la mayoría, piezas cómicas en un acto en las que a la manera de un notario, apunta al vuelo, con gracia forzada, un esquema repetido y previsible. En *Los sustos del huracán* el azote del ciclón trae consigo no solo a un prometido viejo y rico con el que quieren casar a Luisa, sino a la policía que descubre que el pretendiente escribidor de versos es en realidad un delincuente. Cuando cae la tempestad, el adinerado Plácido no piensa en las pérdidas humanas, sino en proteger sus propiedades, dos casitas, dos negros y un chino.

"El dinero es el que labra únicamente la felicidad", dice Eduardo en *El hombre de la culebra*. Su búsqueda es el resorte inevitable de sus piezas. Las hijas o sobrinas casaderas se destinan al mejor postor, a disposición del dueño de un cafetal y el de dos potreros, quienes entre rumores exagerados e hipérbole fantasiosa, convierten una corbata en un majá mientras la ciudad agranda y pregona su tamaño. Su crecimiento es el eje hiperbólico de la trama.

En *Una mina de oro* Cándido se muda a La Chorrera en busca de un potosí, mientras su hija Matilde se enamora de un pobre. Cándido lo confunde con un inversionista, cuando enterado de su real condición, se niega a concederle la mano de su hija. Los enamorados planean huir a La Habana, los mineros se insubordinan, el casero se molesta y entre pedradas y chinas pelonas lanzadas por doquier, el ingeniero Mr. Bull (primer norteamericano de la escena cubana), encargado de certificar la mina, asegura que *"The mine is of stone"*. Cándido y León se arruinan. La mina no es de oro, sino de piedras. El otrora pobrete recobra el dinero de un pleito pendiente y compra a su prometida. Casi todas sus obras terminan con una apelación directa al público.

> Ya que tanto hemos sufrido
> con el soñado tesoro,
> al ver que la mina de oro
> en piedras se ha convertido:
> No quede, oh pueblo querido,
> nuestra esperanza frustrada,
> tu bondad acrisolada
> manifiesta con denuedo,
> aplaude... si no... ay! qué miedo
> nos das la mayor pedrada.[147]

Pagarés, pleitos, acreedores, la vida es una eterna compra-venta festiva. Millán cambia de escenarios, de Bejucal al Cerro o La Chorrera y en sus mejores momentos provoca una comicidad de fondo cínica. Su periodismo costumbrista emula con su teatro de entretenimiento. Los programas necesitan sainetes y comedias para completar el drama mayor, aunque casi no se reseñan. Seguidor de Covarrubias, de acuerdo a escasas crónicas sobre sus espectáculos, no merece el cariño o el respeto del caricato, quien en cambio, las populariza como actor. En su tercer acto, Francisco es una presencia tan conocida que los cronistas no insisten en comentarla. En su lugar, el periódico está atento a las clases de Blas San Millán, director de la sección de Literatura del Liceo y a los espectáculos de ópera.[148] Dos comedias se premian en los Juegos Florales de ese año, *Tomás*, de José Agustín Quiñones y *Lo que alcanza a quien intriga* de José Vicente Guerrero.

El 15 de noviembre el localista explica a Argente la fórmula para lograr éxito en Tacón ya que muchos no asisten "si no resucitan los Máiquez y los Prieto", están muy ocupados o no pueden pagar tres o

---

[147] Millán, José Agustín. "Una mina de oro". *Miscelánea dramática y crítica o sea colección completa de las obras dramáticas y artículos de costumbres cubanas*. La Habana: Imprenta de M. Soler, 1848. pp. 387-414.
[148] El 1ero de diciembre de 1846 se publica en el *Diario de la Marina* la primera de sus clases, sobre la sátira.

cuatro funciones por semana. Debe estudiar el gusto del público y ofrecerle piezas "del agrado de los que concurren" y así lo intenta: el 18 de diciembre, con *Mateo o la hija del Espagnoletto*, arreglada por Ventura de la Vega, lo reciben muy bien: muestra su faceta cómica junto a Isabel Suárez, Ventura Mur y Matilde Domínguez, que "no es afectada en la voz ni en la expresión y sería una excelente dama joven de cualquier compañía". Joaquín Ruiz también tiene lucimiento. Las discípulas de Manuel Anieva bailan el paso Sajón, el de las dos caras y el zapateado de Cádiz. El año, con un antes y un después del ciclón, termina con la compañía de Finart y Lehmann, primer bailarín de la ópera de París y su pareja Ana Trabattoni, con bailes, mímica y gimnástica. [149]

Para suplir el vacío del Principal, Miguel Nin y Pons, a cargo de la carpintería del Tacón, notable constructor e inversor que festeja (un baile a todo tren en su residencia de Guanabacoa) la adjudicación del camino de hierro de esa localidad a Regla, construye el Circo Habanero. Todos los historiadores desde Antonio López Prieto datan su construcción en 1846 pero abre sus puertas para el drama en febrero de 1847. [150] Antes presenta variedades, espectáculos de circo, bailes de máscaras y el nigromántico Herr Alexandr. Sito en Zulueta entre Colón y Refugios, en el barrio de La Punta, sencillo, circular y de madera, tiene cuatro arcos y cuatro puertas que abren hacia un billar, una cantina, un despacho de confituras y otro de refrescos. Puede albergar mil trescientos espectadores. Una cúpula de rayas pintada de azul, blanco y rojo lo distingue. Se conoce como Circo Habanero o teatro

---

[149] *Diario de la Marina*. 19 de diciembre de 1846. Aparece el elenco de esta compañía de baile.
[150] López Prieto, Antonio. *Parnaso Cubano* I. La Habana: Miguel de Villa, 1881. pp. X-XI.

del Circo hasta 1853, cuando se nombra Circo Villanueva por el apoyo recibido del Conde Claudio Martínez de Pinillos.[151]

El 23 de mayo de 1847 funciona allí una compañía dramática dirigida por Manuel Argente, que no subestima viajar al interior y ha presentado en Matanzas, en febrero, *Los hijos de Eduardo*, de Delavigne, adaptada por Bretón, con Adela Martínez y Cándida de la Torre en los personajes masculinos. Aunque se le llama "estimable", nadie discute su prestigio. La temporada abre con *Un novio a pedir de boca* de Bretón de los Herreros, le siguen *Una noche toledana*, del mismo autor, *Mateo el veterano*, de Antonio de Hurtado y otras atracciones: la bailarina María de Paz Dorado y las boleras de Juan Gerada. Promete obras «nuevas». Matilde Domínguez es su primera figura además de José Uguet, Juan Guibernau, Josefa García y Somodevilla. Es triste que mientras el propio día 23 se publica una lista de los actores del Liceo de Barcelona, los nombres de los integrantes del Circo hay que rastrearlos programa tras programa y a veces sólo por sus apellidos. El prestigioso Simón Juárez de la Cruz pinta sus decoraciones. Pero la lluvia, persistente en esos días, resta esplendor a su apertura. Con entradas moderadas, la atención se dirige a la compañía de ópera que antes de partir a los Estados Unidos realiza cincuenta y ocho representaciones de siete títulos, para terminar el 20 de marzo con *Moisés en Egipto*, ópera trágico sacra de Rossini, cuyo programa, en italiano y español, publicado por la Imprenta de Barcina, está a la venta. El localista la analiza con lujo de detalles al tiempo que escribe «revistas» sobre el acontecer de Madrid, París y Londres. [152] Mientras el *Diario de la Marina* publica libretos vendidos a una peseta sencilla, aparecen notas muy breves sobre la lluvia que vuelve intransitable entrar al Circo. Se inicia una "Crónica habanera", mejor que mucha prosa costumbrista, pero no recogida en ninguna parte.

[151] "Expediente promovido por Miguel Nin y Pons para que el teatro del Circo se intitule Villanueva". *Boletín del Archivo Nacional*. tomo 16. (1917). pp. 118-120.
[152] "Nuestra compañía de ópera". *Diario de la Marina*. 19 de mayo de 1847.

No sucede con las diversiones lo que con las novedades porque no faltan, a Dios gracias, solo que bien visto puede aplicárseles el gracioso dicho de una amiga nuestra, con quien fue tan pródigo en sal el cielo como mezquino en fortuna. *Los mismos con los mismos* llama con festiva resignación esta señora al arroz blanco y a los frijoles negros que han constituido por mucho tiempo el casi exclusivo alimento de su familia. *Los mismos con los mismos* decimos nosotros de las diversiones que se presentan. Baile y más baile, danza y más danza: el Cerro y las Puentes, Jesús del Monte y Guanabacoa. Giramos en un círculo vicioso, entregados en cuerpo y alma a la monotonía que es la madre del fastidio, de quien seremos víctimas si Dios no lo remedia y el Sr. García Rozo no hace pronto su ascensión a los cielos para distraernos antes que llegue el invierno. [153]

Es un siglo operático, no hace falta demostrarlo, pero mientras a las funciones líricas asiste una élite de abonados, la gran mayoría acude a los bailes. En los salones de los teatros las demasiadas parejas no pueden moverse ni respirar. Son famosas las glorietas de las Puentes y del Cerro, los bailes de toda la noche, los saraos en las casas particulares, las retretas, los de máscaras y una modalidad nueva, el baile de «asalto» por un cumpleaños o alguna otra ocasión. Arboleya los clasifica en de teatro, de ponina, de «escuelita», los celebrados en las casas pobres y de «cuna», los de gente «soez e inmoral», entre ellos, blancos, negros y mulatas. [154] *La Semana Literaria o Compañero de las Damas* destaca los lucidísimos del Cerro con danzas "irresistibles" como "Ma-Nica la vieja no tiene fustán" y lo bien que se baila en el piso de mármol de El Progreso Habanero. En las casas de la calle Prado se bailan contradanzas, polkas y *redowa*s. Estrada y Zenea

---

[153] *Diario de la Marina*. 18 de julio de 1847.
[154] Arboleya, José García de. *Manual de la isla de Cuba. Compendio de su historia, geografía, estadística y administración*. Habana: Imprenta del Tiempo, 1859.

caricaturiza a la "concurrenta" y al "concurrente" del Escauriza, el café de moda, y al aprendiz en las escuelitas de baile. [155] En 1848 bailar es un ejercicio provechoso si se hace con moderación y no fatiga. "Un par de danzas y valses son suficientes en un salón ventilado y en horas de prima noche", pero hacerlo hasta la madrugada en salas estrechas y llenas de gente bajo el sofocante calor es "exponerse a muchos accidentes". El menos recomendable ¡El vals de Strauss! "por la violencia de los movimientos, propios solos de los países fríos".[156]

La fiesta y la danza son temas recurrentes. De *Fanny Elssler o los Raveles en el teatro Tacón* (1841) de Lucas Arcadio Ugarte a *Un minué* de Alfredo Torroella (1868) y *El paso de la malanga* de Ramón Morales (1882), hay incontables piezas así como tempranas traducciones, entre ellas *La hora del baile* (1845) de Próspero Chaumont. [157] El gusto por bailar se comparte con las ascensiones en globo. Manuel García Rozo se eleva a los cielos el 25 de julio en el Campo de Marte a bordo del teatralísimo "La gracia de Dios".

Juan Miguel Losada estrena en el Circo el 17 de junio de 1847 su drama histórico *Los amantes de Granada* con un amplio reparto encabezado por Argente, a quien le dedica la edición (retratado en traje de teatro). Integran el reparto José Uguet, Carolina García, Juan Guibernau, José Feliciano Valdés, Francisco Mercer y Matilde Domínguez. Su temática es la monarquía española y se destaca por su "versificación enérgica", los "lances imprevistos que llevarán al espectador de ilusión en ilusión" y la música de Rafael de Cárdenas compuesta para el trovador. El *Faro Industrial...* publica la danza de Vicente Montero dedicada a la obra pero el libro carece del retrato del

---

[155] Estrada y Zenea, Ildefonso. "La concurrenta a Escauriza". *El Almendares* 5. 15 de febrero de 1852 pp. 69-75 y "El concurrente a Escauriza" *El Almendares* 6. 22 de febrero. pp. 88-92.
[156] *Diario de la Marina*. 31 de agosto de 1848.
[157] Lacretelle, E. *Semana Literaria*. Tomo I (1845) pp. 20-26, 69-79.

actor o el tiempo lo ha despegado. [158] Dos días después se comenta que tiene una pobre concurrencia debido a la escasa afición del público por el "drama nacional" aunque transcurre en Granada en el siglo XVI. Después de cuatro funciones del primer abono, entre ellas *Pelayo*, interpretado por el recién llegado Leoncio Vidal Vallador y *Don Frutos en Belchite*, de Bretón de los Herreros, con Ramón Barrera, Argente termina su etapa allí. Barrera ha regresado de México. [159] Mientras el Circo casi no tiene público, se llenan las obras costumbristas de los "aficionados" programadas por el Liceo. *El médico chino*, de Losada, se estrena el 28 de julio. Una pieza efímera, reveladora de la "novelería de la Habana", comparable con otra escrita en 1837 en la que bajan lunáticos con alas de murciélago y exuberantes trajes. ¿Cuál? Miguel, temeroso de perder a su prometida si se cura de sus malestares en los baños de San Diego a donde quiere llevarla su familia, se alía con Evaristo, y disfrazados uno de médico chino y el otro de su traductor, hablan en esa lengua mientras recetan a Leonor pócimas exóticas y recomiendan alejarla de los baños. Al descubrirse a los impostores, se restablece la calma después de que el público riese "como loco". Manuel Azoy interpreta al chino, Ignacia Valdés a Leonor y el caricato Joaquín Ruiz, a Evaristo. El real médico chino asiste a la representación y ocupa su asiento con "gravedad asiática". [160] Mucho mejor desarrollada que *El catalán generoso*, estrenada el 4 de julio, en la que el honrado Tomás quiere casar a su hija con un paisano feo e ignorante, pero logra que la muchacha se una a quien ama, o *La recompensa del arrepentimiento*, del joven literato "incógnito" José Sebastián Valdés. Las

---

[158] Losada, Juan Miguel de. *Los amantes de Granada*. La Habana: Imprenta de J. M. de Eleizegui, 1847.
[159] Grabador e iluminador de Mialhe y en Barcelona, autor de carteles de teatro llamados de mamarrachos. Dramaturgo, escribe entre otras *Los heridos del Serrallo* (1860) y el poema *Glorias de María, nuestra señora* (1861).
[160] *Diario de la Marina*. 30 de julio de 1847. Losada, Juan Miguel. *El médico chino*. La Habana: Imprenta del Faro Industrial, 1847.

piezas cortas o sainetes logran lo que no consigue Argente, público para el Circo.

En agosto de 1847 el Tacón se pinta de oro y blanco mientras se pulen sus molduras y otros «caprichos» para iniciar en octubre la ópera italiana. El 25 de agosto Covarrubias se une a Joaquín Ruiz para representar *Un cuarto con dos camas*. Nostálgico de su tierra, el andaluz ha representado el 21 de febrero el sainete *¡Caramba, es la chachí!* de Sánchez del Arco e interviene en ocasionales funciones en el Circo. Francisco Gallardo, a quien el *Faro* daba por muerto, reaparece.

Pinar del Río, 13 de agosto de 1847
Srs. Editores del *Diario de la Marina*

Hace cuatro días que felizmente llegué a este pueblo y los mismos que estoy enfermo y asustado, porque tengo muy presente la necrología que ustedes hicieron de mi fallecimiento; nada he encontrado de nuevo; la situación topográfica de este punto es la misma que dejé a principios de junio cuando emprendí mi marcha para esta capital, y solo ha cambiado el quietismo en que yacía. Se debe esto a la compañía dramática que dirige el Sr. Palomera dando escogidas funciones y a juzgar nosotros por el drama *Llueven bofetones* y *La mansión del crimen* que hemos visto la noche del miércoles 11, creemos que los aplausos que se ha tributado han sido justos y merecidos especialmente al Sr. Valdés y a la Sra. Domínguez que conocimos en La Habana recogiendo algunos laureles en el gran teatro de Tacón. Mañana debe ponerse *Bandera negra*, del Sr. Rubí y el domingo *Sancho García* del Sr. Zorrilla, desempeñando en esta última el protagonista el indicado Sr. Palomera, del que también nos son conocidos hace tiempo, los talentos.

La crítica injusta del Sr. Numa publicada en el *Faro Industrial* de esa ciudad, tiene descontenta, como es natural, a toda la compañía, pero nosotros, guiados por nuestro escaso conocimiento, la hemos aconsejado de palabra y repetimos por este medio continúe como hasta ahora esforzándose en complacer al público, seguros de que recibirá siempre las mismas demostraciones de aprobación que se le han consignado, convencidos de que el articulista en cuestión se contradice, desbarra y da a conocer que no no ha comprendido el carácter que plugo dar al Sr. Zorrilla en la primera parte de su drama *El zapatero y el rey*, a este último sino su total ignorancia en el arte de Melpómene y Talía, como lo demostró en la ejecución de *La mujer de un artista* y *Mi secretario y yo*. Sensible nos es hacer al señor Numa estas indicaciones por la sincera amistad que nos liga, pero esa misma amistad nos mueve a aconsejarle, como siempre lo hemos hecho, que tenga presente aquellos versos de Moratín.

> Pobre Geroncio, a mi ver,
> tu locura es singular;
> ¡Quién te mete a criticar
> lo que no sabes leer!

He encontrado abierto un pequeño Escauriza en la casa del Sr. Viada, que si no es tan elegante como aquel suntuoso café, brinda distracción por la concurrencia que lo visita, haciéndose muy en breve la más agradable por los helados que se dice han de expenderse. El veguero vende sus frutos a buen precio y las empresas marítimas ganan, porque ambas procuran complacer al público de quienes dependen.

Antes de mi pronto regreso a esa capital, podré dar a ustedes otras noticias, concluyendo con repetirme de Vds. atento de S. S. Q. B. S. M.

Gallardo [161]

Trashumante como casi todos los actores, Gallardo está en Pinar del Río con Palomera (¿Carlos o Rafael?, miembros de la compañía de Andrés Prieto), se burla de su «muerte» y recuerda el quehacer de sus compañeros, entre estos, la Domínguez, de mucha aceptación. "Manía del día", firmada por Pompilio, escrita desde esa localidad, critica a los articulistas que encomian sin juicio o censuran lo que no conocen, pero sobre todo, celebra a Matilde, quien "reúne a sus finos modales, donoso talle y bello rostro, la habilidad de una artista. No ha fracasado en el *Macías*, tampoco en *El zapatero y el rey*, sino al contrario, como se esperaba, tiene bastante lucimiento en la comedia de costumbres". Paz

---

[161] Publicada el 20 de agosto de 1847.

Dorado y Gerada tienen "gracias o salero andaluz" y no "la habilidad de Terpsícore". No diremos como el otro —se refiere al periódico rival, *El Faro*— "que somos sensibles a las exhibiciones de carne vestidas de seda".[162] Casi todo el elenco del Circo está en Pinar del Río y no sólo los actores de la vieja guardia, refugiados en los teatros de las poblaciones cercanas cuando no son ajustados en la capital. El trasiego de cómicos por el interior de la isla, México y otros países de América, vuelve si no imposible, muy difícil, ubicarlos.

Marty proyecta una compañía dramática para el Tacón con los actores disponibles (García Luna, Domínguez, Argente, Barrera y Ruiz). Pero debe ser buena, pues el público deja desiertos los espectáculos. Isabel García Luna (nueva en La Habana), Rosario Rojas (nueva), María Abadía, Manuel Argente, Enrique Crecy, José Uguet, D. N. Vallador, Francisco Cabrera, Francisco Covarrubias, Joaquín Ruiz y Pedro Arias. Al día siguiente representa *Macías*, de Mariano José Larra. Sin embargo, el comentario no es favorable, la obra es muy conocida y el teatro no está lleno. En cambio, se juzga mejor *Llueven bofetones*, de Scribe, con Ramón Barrera, porque la compañía es apropiada para las comedias. El "golpe de vista" es magnífico y deslumbrante, el teatro ha sido reformado con exquisito gusto y el efecto de la luz de gas resalta sus molduras y arabescos, el oro, el blanco y el pardo de las decoraciones.

Un actor jocoso estudia *El muerto lo manda*, de Rafael Otero, conocido por *Un novio para la isleña*, reseñada con mucha amplitud en el boletín literario, sobre las peripecias para encontrarle novio a una canaria al servicio de la marquesa del Manto, hasta que un pillo se hace de la muchacha y la dote. Otero tiene quince años y aptitudes para el teatro, pero reitera el mundo de Millán con parecidos recursos.[163] El tema del médico chino vuelve en septiembre con *Cartas de Creto Gangá a*

---

[162] Según el *Diccionario cubano de seudónimos*, Pompilio (Numa) es Ambrosio Aparicio.
[163] "Boletín Literario". *Diario de la Marina*. 14 de agosto de 1847. Hay algunas escenas del texto.

su muger Frasica Lucumí (Q. E. P. D.) sobre el médico chino: diálogo del poeta con Frasica en su "dialecto o algarabía" original. En julio el Circo y el Liceo se alían para la puesta de *I puritani*, para recaudar fondos para esa institución cuya sección de Declamación estrena otro *delincuente honrado*, interpretado por Luis García de Horta. "Filántropo, filósofo humanitario" llama el cronista al Circo y al estilo del Conde Kostia años después, escribe "¡Salve, oh Circo, piadoso!" pues realiza funciones gratis para sus socios. [164]

Isabel García Luna se asienta en Matanzas con Ramón Barrera. ¿Sobrina? de la gran Rita Luna, la crisis política y el incumplimiento de los empresarios mexicanos la trae a una isla que no estaba en sus planes. Barrera la dirige en *La castellana de Laval* y *La cruz del diablo*, para tal éxito, que el 29 de mayo, finalizado *El castillo de San Alberto* de Pedro Baranda de Carrión, la despiden con coronas y versos y lo que las crónicas llaman "tempestad de aplausos" en un programa en el que interviene Covarrubias en *Las gracias de Gedeón*. Los poetas leen versos dedicados a la actriz. *La Aurora* divulga sus éxitos: el 6 de mayo en una obra de Zorrilla porque "no teme ajar su belleza con las arrugas de la edad o los surcos del dolor" o su maestría en *La rueda de la fortuna*, "una fortuna para el empresario que logre escriturarla". Debe viajar a la capital pero lo pospone y abre un abono de autores locales con *Un novel por protección*, de Ignacio María de Acosta (Iñigo,) *Al Yumurí*, de Miguel Teurbe Tolón y *Las apariencias engañan*, de José Victoriano Betancourt.[165]

Según Rine Leal, Covarrubias, en la ciudad por esos días, interpreta Liborio, el viejo celoso de la obra, aunque el autor la dedica a Luis Ortega, acostumbrado a hacer los ancianos, quizás su intérprete. El 18 de marzo celebra su anunciado beneficio en Cárdenas y se presume representa con Barrera *Una noticia*, de Miguel Teurbe Tolón,

[164] "Crónica Habanera". *Diario de la Marina* 18 de julio de 1847, citada antes.
[165] *Diario de la Marina*. 2 de junio de 1847. "Beneficio de la Sra. García Luna." La obra de Iñigo fue reseñada en *La Aurora* el 22 de junio y *Las apariencias...* en el Faro del 10 de julio de 1847 que no he podido localizar.

en cuyo estreno participan [Isabel] Suárez (Macaria), Barrera (Tadeo), Andrés (Ortega), Inés (Mur) y García (Escribano) de acuerdo a las anotaciones del ejemplar de la colección Escoto. [166] La pieza, agradable y bien solucionada, describe el ardid de Andrés para impedir que Tadeo se case por interés con su hermana Macaria, dueña de un cafetal y bastante mayor para el matrimonio. El juguete se apropia de un lenguaje crudo y de brocha gorda. Tadeo dice a Macaria :

¿Qué ha de ser amor, sanguanga,
si su amor es tu dinero.
Él mozo, tu cotorrona,
el fresco, no mal plantado
tú más fea que una mona.

García Luna arriba a la capital en julio pero se va a las Puentes por las epidemias y no es hasta el 24 de octubre, que aparece su nombre en un anuncio de letras orladas. Pasó a Matanzas como un meteoro así que no la conocen en la capital. El localista la encuentra perfecta en *Los celos*, de Isidoro Gil, ya que a su juventud añade una interesante figura, un órgano de voz dulce, agradable y conmovedor, así como elegancia en el vestir y moverse. Luego representa *A muerte o vida o la escuela de las coquetas* de Ventura de la Vega. Pronto circulan rumores de que cancelaría su contrato, pero el 12 de noviembre Marty lo desmiente ya que ensaya otras obras, entre ellas *Guzmán el bueno*, de Gil y Zárate. La prensa la congratula porque piensa en el público y no en las rencillas entre bastidores.

El 30 de septiembre, junto con *Mateo el veterano*, de Antonio Hurtado, se representa *La guajira*, sainete de José A. Millán con Covarrubias como el mayoral del ingenio Bernabé Machete y Rosario Rojas como Dionisia. "No obstante su falta de intriga e interés, agrada porque no carece de chiste y presenta escenas locales bien que

[166] Teurbe Tolón, Miguel. *¡Una noticia!* Matanzas: 1847.

incompletas y descoloridas". Sobre el cómico, *d'aprés nature* es todo lo que merece su elogio aunque no se acuerda que hace un guajiro.[167] Y el 7 de octubre es Jorge en *Una mina de oro*, de Millán, su "chistoso protagonista" junto al millonario del día, orgulloso y díscolo de *Un novio a pedir de boca,* de Bretón de los Herreros, que se bate por la menor simpleza, vestido con pantalón descarnado listado de negro, levita de dril y corbatica punzó. El 21 repite *Muérete y verás*, también con un vestuario estrafalario ya que según registran las crónicas, desde que aparece como maestrante de Ronda, el caricato emplea de manera arbitraria su vestimenta.

A partir de mediados de noviembre la Luna interpreta *El castillo de San Alberto,* de Baranda de Carrión, *La gracia de Dios*, de García Gutiérrez, *Amor de madre,* de Ventura de la Vega y *La hermana del carretero,* de Mariano Godoy, para grandes ovaciones. Se escriben frases rimbombantes: "camina hacia la gloria", "está muy inspirada", pero le señalan, debe contener su extrema sensibilidad. Luna está llamada a ocupar el primer lugar en la escena cuando el Tacón necesita una figura que alterne con la ópera italiana y atraiga al público. La secundan, entre otros, Ramón Barrera, José Uguet y pronto, Manuel Fabre, que nacido en Sevilla en 1823, ocupa en México el lugar de Hermosilla. Juan de Mata, célebre desde el Diorama, recordado por *El conde Alarcos* y decenas de otras interpretaciones, se encuentra en camino hacia la isla junto a María «Mariquita» Cañete.

Termina el año con García Luna en cartel: una temporada con entradas *monstruo*. Pero también circulan noticias frívolas. El médico chino Sanci viaja a Nueva York con una fortuna de veinte mil pesos, un "chino" anterior a Cham Bom Bia, el citado por Fernando Ortiz. Se atesoran cien mil duros para edificar un teatro donde estaba el «difunto», en la antigua Alameda, conocida como salón O'Donnell. Corcuera y Fabre llegan de México y García Gutiérrez ha comprado o se anuncia va a comprar *El Colibrí*. El amigo de todo artista publica en

---

[167] *Diario de la Marina.* 2 de octubre de 1847.

La Aurora sus reparos a una crítica matancera de *Macías,* aparecida en *El Semanero,* que socava la reputación de Argente con "repugnantes generalidades". Si se revisa *Semana Literaria, El Colibrí* y otras publicaciones de esos años, se menciona a algún actor o *El médico chino,* pero sin profundizar, mientras importan la ópera, los conciertos del pianista Pablo Desverenine, que *arrebata y fascina,* las suntuosas *toilette*s de las damas y los programas del Liceo. Sin embargo, *La Correspondencia* de España sigue con mucha paciencia los pasos de Argente en la isla. El comediógrafo matancero Rafael Otero escribe *El muerto lo manda,* todavía sin el éxito de las obritas de Millán y con gran entusiasmo de crítica se exhibe en la Sociedad Filarmónica de Ignacio y Teniente Rey, en la Plaza Vieja, el cuadro *Cristo dando salud a los enfermos* (*Christ Healing the Sick*) de Benjamin West por iniciativa de su propietario Mr. Morris. El año termina con *La hija del carretero,* de Bouchardy, en el Tacón.

García Luna, Cañete, Argente y Mata

Desde comienzos de enero de 1848 el Tacón quiere homenajear a su maquinista Antonio Meucci no sólo por su "recomposición" del escenario para *El barbero de Sevilla* sino por sus inventos y decoraciones, dibujos para teatros y edificios, modelos para rejas, su obra de artesanía en madera y sus innovaciones, como un remedio para eliminar la «guagua» de los naranjales. [168] El italiano se comunica con su esposa Esther en el interior del Tacón con un aparato desconocido, el teléfono, que lo hará célebre, pero La Habana lo pondera por sus muchas otras ocupaciones. El beneficio se celebra finalmente el 19 de enero con las figuras italianas de la ópera, entre ellos Badiali, Botessini y Tedesco, que canta canciones andaluzas y "Mutilá", de grata recordación. El maquinista –que vive en habitaciones adyacentes al Tacón y vende filtros para purificar el agua– es el artífice de uno de los elementos del espectáculo que ha hecho famoso el recinto.

Después de costosas reparaciones y ornatos, se organiza otra compañía en el Circo, dirigida por Antonio Rosal, veterano de Prieto y el Diorama. [169] Nin contrata actores no «ajustados», convencido de que el local atrae a la población de los barrios de San Lázaro y el nordeste de intramuros. Debutan el 21 de septiembre con *Don Francisco de Quevedo*, de Florentino Sanz. Isabel García Luna es lo más notable, actúa a principios de año allí en *Doña Mencia* de Hartzenbush y *Las ventas de Cárdenas* de Rubí, excelentes elecciones en las que brilla con su acostumbrado talento y atrae el interés de los cronistas con afirma-

---

[168] *Diario de la Marina*. "Modo de curar los naranjos y limones". 11 de febrero de 1848.
[169] La integran Adela y Manuela Martínez, Matilde Domínguez, Isabel García de Espinosa, Antonio Espinosa, Josefa García, (debe venir de Guatemala), Francisco Covarrubias, José María Lleras, Luis Morón, Francisco Cabrera, Francisco Guelvenzu, Antonio Méndez, Antonio García, Feliciano Valdés y Fernando Martínez. En los bailes, Marietta Gozze y Francisco Piátoli y en la maquinaria, Juan Alersi, recordado por su desempeño en la *Norma* de 1841.

ciones como "jamás había conseguido en La Habana una artista muestra de simpatías semejantes". La entrada sobrepasa los tres mil duros y decenas de coronas y palomas se arrojan en su honor en los entreactos. *Doña Mencia* se reseña a media página, en comparación con las cuatro o cinco líneas acostumbradas dentro de las locales. También han llegado los bailarines Montplaisir y el pequeñito Tomás Pulgar, el maravilloso *pigmeo*, que visita al Conde de Santovenia y en la redacción del *Diario de la Marina*, encaramado encima de un bufete, representa *Napoleón en sus meditaciones* en la que sobresale su enorme sortija de diamantes. El 22 de enero con *Borrascas del corazón* Isabel y Argente logran una calurosa recepción.

El caricato que ha hecho reír a La Habana empieza a declinar. Francisco Covarrubias estrena el 14 de febrero de 1848 *Manjar blanco y majarete*, de Millán, con su "argumento local y picarescamente alusivo". Su autor describe en un artículo las delicias culinarias de cada rincón de la isla, del dulce de guayaba de Puerto Príncipe, el casabe de Guanabacoa al bizcocho de Jesús del Monte: la «erótica culinaria» de Montes Huidobro abusada por el bufo. [170] Pero sin embargo, la pieza, tan reconocida después, no interesa por inverosímil.

> Es un sainete ligero, chistoso, pero sin objeto ni consecuencias, sucede con este juguete lo que al hambriento a quien ponen delante un plato tapado y encuentra, al descubrirlo, que está vacío, se ríe del chiste y se queda con apetito. Millán malgasta su vena forjando sainetes de poca entidad cuando tiene cualidades que podría emplear útilmente para su renombre y el de la literatura cubana. ¿Por qué no hace una comedia formal?" [171]

---

[170] Montes Huidobro, Matías. "La fiebre del bufo. La importancia del tasajo". *Del areíto a la independencia*. Ob. cit. pp. 167-182.
[171] Se publica en el *Diario de la Marina* que de acuerdo al gastrónomo citado, el manjar blanco es sabroso, sobre todo, si la pechuga del ave con que se confecciona, es muy blanca, tierna y gordita, de fino gusto al paladar, aunque algo empalagoso si se come a menudo y algo indigesto, muy costoso si se

En cambio, se alaba su traducción de *Gabrina o un corazón de mujer*, en tres actos, del original francés, sobre los amores del duque de Parma con una aldeana con la que se desposa en secreto, el clásico melodrama lacrimógeno que hace furor. Isabel García Luna (Gabrina) arrebata y saca las lágrimas a los espectadores y Manuel Argente (Conrado) no sabe bien el papel pero se le disculpa por que hace una comedia nueva todas las semanas. Mientras se desestima *Manjar blanco...* se elogia la obra francesa. Millán perfila la comedia nacional que inaugura el olvidado Ramón Piña. *Miscelánea dramática...*, publicada ese año, contiene quince obras suyas, entre las que su prologuista Nicolás Rodríguez escoge *El camino más corto* y *El novio de mi mujer* como las más acabadas. [172] Tres graciosos, Joaquín Ruiz, Vicente González y José María Lleras, en el Tacón, representan con Covarrubias *El maestro de escuela* de Juan del Peral.

Creto Gangá (Bartolomé Crespo y Borbón) introduce el negro como personaje, interpretado por actores blancos que imitan el habla bozal de los esclavos y se pintan el rostro con grasa de cerdo y corcho quemado, pero el negrito está en el ambiente. Uno que habla y canta admirablemente en bozal, atrae a los bailadores del Circo, enajena al público con sus chistes y se establece allí como "notabilidad". [173] El 14 de marzo de 1848, Creto, nombrado "sabichoso y ladino" o el "gangá más leído que ha llegado a nuestras playas" en "Cunvite a la niña la Bana para que lo vea jasé cumeria mia *Un ajiaco o la boda de Pancha Jutía*

---

quiere que sea bueno, porque las pechugas han de ser tiernas, y el que come gallina vieja se aventura a un empacho o una indigestión. El majarete que se hace con maíz tierno, leche y azúcar, reúne la delicadeza del manjar blanco con un sabor más iniciativo al paladar. Es plato que se come mucho en La Habana, cualquiera que lo come y llega a saborearlo, no le da más ganas de comer manjar blanco. J. A. M. *Diario de la Marina* del 12 de febrero de 1848. No son platos de repostería. En el *Nuevo manual del cocinero cubano y español* de J. P. Legran son postres. ¿Entre 1848 y 1864 las recetas se transforman? Crítica al espectáculo. 16 de febrero de 1848.

[172] Millán, José Agustín. *Miscelánea dramática y crítica...* ob. cit.
[173] *Diario de la Marina*, 12 de enero de 1848.

con Canuto Raspadura", invita a asistir a la función de una compañía especial del Circo. *La boda de Pancha Jutía y Canuto Raspadura...*, se representa dos días después, pero no se aclara en qué consiste su especialidad. La antecede un espectáculo de gimnastas y una obertura de la orquesta. La crítica se sorprende con "la verdad con la que han representado el guajiro y los negros bozales ya que se necesita don natural y espíritu de observación para una imitación tan perfecta de los hijos de África, porque aparte de la jerigonza del idioma, voz, la entonación, los ademanes, el vestido" a juicio del localista requiere de un estudio aparte, por lo mismo que "se separan tanto de los hombres civilizados" en tanto se comenta que empieza y termina con una carcajada. Y el 22 de marzo, por toda reseña del espectáculo, la poesía "Creto trabaja", de Crespo, regocijado por la representación. "Uno ricumendasion", publicada el 2 de abril, en la jocosa jerga de sus personajes, es publicidad para el Circo. Los lectores saben que *Sico* es Circo y *cumeria*, comedia. Cuando el localista analiza el espectáculo, escribe sobre la niña Rosaura Sotomayor y la concurrencia, pero no profundiza en quiénes la representan. La hiperbolización del bozal hablado por actores negros, debió ser fonéticamente natural, mientras que por blancos tiznados, una impostura y un motivo de burla, dentro de la caricatura *per se* del lenguaje abozalado de los personajes, bárbaros e "incivilizados". Así todo recibe "ruidosas demostraciones aprobatorias".[174]

El ingeniero Alejandro Jaegerschmid presenta los dibujos del nuevo teatro, tres fachadas dóricas –con un peristilo corintio– para evaluación de los accionistas. No sólo se piensa reconstruir el Principal sino el Liceo quiere tener su edificio. Mr. Charles, francés de seis pies de estatura, boxea en el Circo y se supone que con *La gracia de Dios*, de Lemoine, traducida por García Gutiérrez, Isabel actuaría en el Tacón por última vez.

---

[174] *Diario de la Marina*. 2 de abril de 1848. "Uno ricumendasion". 4 de abril de 1848.

Tom Thumb (Tomás Pulgar), el hombre más chiquito del mundo, y Ritilla Leonarda Valiente, la microscópica de Macurijes, nacida el 11 de abril de 1833, hija de Agustín Valiente y Catalina Benavides, con 31 pulgadas de talla y seis libras de peso, compiten por las atracciones. Mientras el general Tom Pounce llega precedido de fama europea, la pequeñita pobre, de trece años, criada en el campo, entusiasma aunque carece de recomendación alguna. Miguel Teurbe Tolón y los redactores de *La Aurora* y *El Colibrí* se desviven en elogios. Aparece vestida de hombre con un tabaco en la boca porque añora viajar y así se cubre de "las asechanzas de los libertinos" en un espectáculo ocurrente y gracioso. Sin embargo ya en junio hay quejas sobre la indiferencia del público hacia Ritilla, portento "digno de admirarse", pero abandonada, mientras el generalito saca una buena tajada de su estancia.

Ella continúa, nada la detiene, actúa en casas particulares, visita Guanabacoa y en agosto culmina su periplo en el teatro Ilusiones de Regla. "La naturaleza ha sido escasa en su desarrollo físico pero la ha enriquecido con un talento susceptible en grandes resultados" escribe *El Colibrí* que la llama «enana de los trópicos, admirable cubana». Asombra la profusión de datos publicados sobre Ritilla, cuando apenas hay de otros intérpretes.

El 15 de marzo *El Avisador* (redactado por Millán), adelanta que habrá compañía dramática, pero destaca el estado de abatimiento de la escena y las dificultades de los primeros actores que deben no solo encontrar novedades sino costearse sus trajes. Se comenta que García Luna es "la más simpática que ha pisado nuestra escena", la afición le agradece cruzar los mares cuando nadie quiere hacerlo (*El Avisador* y el *Diario...* se enfrascan en esa polémica). Daniel Dall' Aglio se esmera en diseñar adornos de *regio atrio* para *Lázaro o el pastor de Florencia*, de Bouchardy, arreglado por Isidoro Gil, puesta el 6 de abril, pero las miradas se concentran en la que sería la última función de la Luna. Llena por completo, tiene una feliz escena de la locura en *La gracia de Dios* y cuando el 11 de abril finaliza la temporada de cuaresma, el público le muestra su estimación. Pero hay rumores de que abandona la escena ya que varios gacetilleros han escrito sobre una *inimitable* y *excelsa* actriz próxima a venir de México e Isabel sostiene que no se ajustará.

Como tratan de ridiculizarla ya que no rechaza para sí los adjetivos de *inimitable y nunca vista*, la empresa la separa por «intrigas y egoísmos» y se queda con tres actores (no se dice cuáles en la prensa *porque el lector sabe quiénes son*). Luna libra una lucha enconada con Marty para mantenerse en el elenco y poder elegir sus papeles, atribución de las primeras actrices, pero como este no accede, decide no firmar. Los comentarios sobre el tema llenan páginas de imprenta. Algunos piensan que la empresa pierde, otros, que se lo merece por sus «defectos». Se propone pagar una «suscripción» para no perderla. Pero más que la avaricia demostrada de Marty, está en juego la rivalidad entre Isabel García Luna y María Cañete, que arriba en abril desde México con su esposo Rosendo Laimón, Juan de Mata como galán y el maquinista Juan Alersi. Debuta en *La reina por fuerza*, de Ramón de Navarrete. Se escribe que "mucho conserva todavía de sus buenas dotes y aún ha ganado en intención" aparte de que *El Colibrí* advierte a sus lectoras que haría (otra vez) las delicias de La Habana y comenta su maravillosa indumentaria y sus bellas joyas. Cuando actúa Mata, como Rosal uno de los más antiguos conocidos de la afición, en *Los dos validos*, de Rubí, el público lo encuentra desmejorado de voz pero "es lo mismo que antes, un buen barba".

Isabel se retira temporalmente y el localista estima que la compañía perdería no ajustándola ya que en América no hay sustituta de su cuerda. La segunda batalla por el ajuste de una gran figura desde Mariana Galino. La saga comienza cuando Isabel declara al periódico *La Prensa*, que Barrera y Ruiz no se han ajustado por *intriguillas de bastidores*, pero no es bien interpretada ya que los redactores, dice, tienen derecho a juzgar sus méritos artísticos pero no su conducta «intachable». Su esposo Santa María comenta que lo haría si podía elegir sus papeles, pero Marty no cede y no quiere depender de sus caprichos. En marzo Barrera no se ha ajustado (pactaría por 160 pesos), pero el 15 de abril hay una sorpresa: se vende a una peseta sencilla el folleto *Cuestión García Luna*, con sus cartas a *La Prensa*, lo más interesante de la polémica, prologado por la *prima donna* Fortunata Tedesco, quizás una de sus misivas al *Diario...* , la escrita el 2 de marzo de 1848, en respuesta a unas alusiones del localista de que no se contrataría por quinientos ya que como a Luna, le ofrecían una suscripción. Tedesco, ofendida, escribe que jamás aceptaría. "Ama decididamente a La Habana y a sus ilustrados habitantes" pero aunque no ha recibido proposiciones formales ni fijado cantidad por su trabajo, lo que sí fijó hace tiempo es la delicadeza que deben guiar sus acciones". El 15 de octubre de 1848 contesta a Emilio Bravo ("A la célebre Steffenoni"), sobre cómo perjudica a las cantantes atenerse a una "etiqueta" y negarse a interpretar personajes fallidos por otras. No sobrevive el folleto *Cuestión García Luna*, también consignado por Trelles y anunciado en la prensa. Es difícil imaginar que dos años después la influyente Fortunata no ocupa ya un lugar cimero en la apreciación de los espectadores.

Jacinto Salas y Quiroga ha divulgado que Marty paga al tramoyista, al farolero y al barrendero, pero ni a los artistas y menos a los autores: "su escaso entendimiento e instrucción no le permiten dar valor a las obras del ingenio". [175] Por desavenencias con la empresa, el 16 de abril muchos actores se van con Luna a Matanzas: L. Espinosa, Isabel Suárez, Manuel Fabre, Méndez, Lleras, Enrique Crecy, [¿] Cabrera y Luis Morón. El 30 de abril en *El héroe por fuerza*, de Ventura de la Vega, en el Tacón, figuran Francisco Mercer, Leoncio Vallador, Vicente González, Cándida Latorre y Josefa Uguer. Cañete, Argente, Mata y Mur representan *La escuela de las casadas*, de Bretón y *El zapatero y el rey*, de Zorrilla ya que Argente, en secreto, acuerda con el empresario 200 pesos de sueldo.

[175] Salas y Quiroga, Jacinto. *Viages*. Tomo I. Madrid: Boix, 1840. pp. 184-185.

Decididos los pormenores de la denominada "cuestión", siguen los comentarios punzantes de los espectadores agraviados no sólo por perder a su primera dama sino molestos con el *Avisador,* cuya sección teatral redacta José A. Millán, a quien le critican que se crea infalible para juzgar quién debe ajustarse. Se cuestiona su autoridad y en burla lo llaman "iniciador de una revolución en el teatro nacional". "¿Está ajustado Covarrubias?" preguntan. García Luna le ofrece un lugar en su compañía, y si sus achaques no le permitían actuar, se comprometía a asegurarle una pensión. [176] Marty, insatisfecho con el *Diario...* se niega a recibir consejos de sus redactores.

Como si se quisiera traer a la luz los errores de Marty, se publica una declaración suya del 19 de marzo de 1838 en la que admite que sus utilidades compensan su industria y su capital ya que el capitán general le regaló los "seborucos de los baños de Romaguera", piedras de la cantera del gobierno por valor de doscientos mil pesos para la construcción del Tacón. ¿Son del dominio público esos entretelones? También "Carta de un viajero francés sobre el teatro de La Habana" de autor no identificado pero "injusto" e "ingrato". "Una de las características —escribe— de todos los teatros del nuevo mundo es tener lugares reservados a las diferentes clases sociales" y agrega "digo mal, a los diversos matices de la piel, esto mismo sucede en La Habana". Como menciona el Lameda [*sic*], el teatro situado en la Alameda, debe ser una glosa de *L'ile de Cuba,* de Jean Baptiste Rosemond de Beauvallon, publicado en 1844. [177] El viajero de Guadalupe escribe sobre los acaudalados habaneros, las calles con más carruajes que transeúntes y las mujeres coquetas, gastadoras y amigas del lujo.

---

[176] No puede asegurarse que la actriz pague una pensión ya que nunca está al frente de la compañía.

[177] [ ] "Carta de un viajero francés sobre el teatro de La Habana". *Diario de la Marina.* 1ero de junio de 1848. Debe ser tomado de Rosemond de Beauvallon, J. B. *l'ile de Cuba.* Paris: Dauvin y Garnier, 1844 pero se requiere cotejar la traducción para establecer si el viajero de Guadalupe indica que la división de clases que el Tacón refleja se debe al color de la piel o es un añadido o interpretación de Emilio Bravo que presumo traduce el fragmento.

Mientras en muchas otras locaciones de las Antillas apenas puede escribir su folletín teatral, aquí encuentra tres recintos, dos de ellos con funciones líricas.

Después de *La gracia de Dios*, interpretada por Ventura Mur, se habla de una función desgraciada, con una entrada mezquina, pues el público va al teatro no por ver a tal o cual comedia sino para gozar con una buena ejecución.[178] El 27, a propósito de *La novia de palo* de Gil Bravo, el localista demuestra sus conocimientos de la escena y su preocupación sobre el actor ya que discute que a Barrera, ya ajustado, le han quitado el personaje para ofrecerlo a Luis Ortega, "regular en lo cómico" pero sin dignidad y naturalidad en los dramáticos, y a Ventura Mur los de Cañete, con graciosa figura pero poca sensibilidad. A Argente le señala que debe cuidar la modulación de la voz.

Piátoli y Marietta Gozze deciden ir a Matanzas, no han sido ajustados. Allí en cambio hay noticias halagadoras. Después de *Borrascas del corazón*, *La Aurora* pronostica que el mérito de Isabel irá en ascenso hasta colocarla en primera línea "adonde la llaman su sensibilidad, su elegante y adecuada figura, su aplicación y su genio". Gracias a ella la ciudad recibe actores de gran valor. En mayo Ritilla se hace nombrar con el pomposo título de Archiduquesa de Macurijes.[179]

El Colibrí se rinde ante Mariquita y publica su retrato. La característica, la eminente y aplaudida Cañete, vuelve de México "más interesante" dice el redactor, aunque lamenta la ausencia de Isabel García Luna. El "gas conspiró contra los pobres actores" y hubo un «sublimado» calor. "¿Quién calzará el coturno dramático? preguntan en La Habana. ¡La señora Cañete!" Y se incita a las lectoras a asistir al teatro no sólo por la representación sino por sus brillantes y piedras preciosas. En el elenco figuran Ventura Mur, Máximo Jiménez, Juan de Mata y Ramón Barrera. Otras obras de su repertorio son *Elisa o el precipicio*, de Bessac y *Llueven bofetones*, de Ventura de la Vega, con las que

---

[178] *Diario de la Marina* del 19, 23, 25 y 26 de abril de 1848.
[179] "Crónica Habanera". *Diario de la Marina*. 4 de junio de 1848.

"todos lloraron", lanzaron pañuelos al proscenio o la cubrieron de flores. En su semblanza biográfica, publicada con su retrato en *El Colibrí*, se resaltan sus premios y éxitos mexicanos como *Cecilia o la cieguecita*.

El 6 de junio se escenifica *La berlina del emigrado,* arreglada del francés por G. F. Coll, pero lo más significativo es el apuntador "gritando como un desaforado y haciendo gestos y contorsiones con los brazos a guisa de teléfono o de molino de viento" y las dotes de Mariquita a pesar de sus «puntas de acento azteca». El 11 de junio tiene su gran éxito con *Una ausencia*, arreglada por Ventura de la Vega, con un extenso reparto. En su personaje de Clara se recuerda la forma de decir ¡Enrique que nos están mirando! También se representan *Marcelino el tapicero y Juana y Juanita*. Ramón Barrera falla al escoger *El éxtasis o el incendio de los Alpes*, calificada del género «narcótico». Mur y Cañete cantan la tonadilla del trípili, una vestida de majo y la otra de manola, como en los viejos tiempos. "¿Cuando se desterrarán tantas pésimas producciones con que nos inunda el extranjero con mengua de nuestra literatura antigua y moderna?" pregunta el localista. Fernando Martínez, conocido en América del sur, arriba desde Lima. En julio, Isabel y Fabre regresan de Matanzas. Juan de Mata dirige *El telégrafo de amor* y Ventura Mur interpreta *El guante y el abanico* de Scribe. Al mes siguiente, el Localista escribe:

> El corazón de los artistas debe ser ajeno a la envidia, que lo mancha y esteriliza. Digo esto porque tengo razones para creer que ya han desaparecido aquellas lamentables diferencias que según las crónicas de este país existían entre las señoras Luna y Cañete. El público, que comprende su verdadero deber, pocas veces favorece estas odiosas rivalidades que obran en notorio perjuicio suyo y que han dado muchos días de luto a las artes.[180]

[180] Bravo, Emilio. "Crónica habanera" *Diario de la Marina*. 27 de agosto de 1848.

El 18 de agosto, Millán estrena *Un velorio en Jesús María*, "tan graciosa, tan ligera, tan local, que triunfó del fastidio del público después de *Luisa o las dos rivales*, de [Salvador] Palomino", escribe Felicia. No se habla de la obra, sino de las canciones. Juan de Mata en "La plaza" imita a los pregoneros de frutas, carne y pescado, Ramón Barrera canta "El contrabandista catalán" y Ventura Mur con "El café de la esperanza" conquista al público con su salero. Antes de que el bufo integre la música al espectáculo, hay obras con canciones "incrustadas" y acompañadas por los coros. Palomino duerme, se cuenta, arrullado "por el ruido de las monedas". Mariquita demuestra con *Elisa o el precipicio* de Bessac, representada en julio, que sus condiciones de trágica están al mismo nivel que sus dotes cómicas. Y un artículo de *El Avisador* reclama que vuelva a cantar con Mata las tonadillas del trípili. Según estos recuerdos, Mata canta:

La Mariquita Cañete
según la miran ustedes
Es una casa chiquita con todos sus menesteres.

Y ella responde:
Si algún día la desgracia
me alejare de La Habana
llevaré a los habaneros
grabados dentro del alma.

Isabel no se ha ajustado pero Mariquita se destaca en *República conyugal*, de Rodríguez Rubí donde se muestra "más inteligente, más graciosa, más elegante y más actriz, comprendía a fondo su papel y supo darle la intención y el bello colorido que exigía". En *Catalina Howard* de Dumas, el gran reparo del localista es que ¡echa los pies para atrás para no enredarse con el traje!

Luna regresa al Tacón con *La gracia de Dios,* de Gustavo Lemoine, para un "aplauso universal, sonoro, magnífico" y acapara con Manuel Argente todos los bravos. Logra momentos de inspiración, domina, le arranca lágrimas al público y hasta se dice que una espectadora sufre un ataque de nervios de la emoción. La noche siguiente actúa en *El campanero de San Pablo.* Dos rivales juntas por las mismas fechas, Isabel con Argente y María con Mata. En octubre Mariquita enloquece a los espectadores en *Cecilia la cieguecita,* de Gil de Zárate y admirada, Fortunata Tedesco le arroja desde un palco un pañuelo de batista con una sortija engarzada. García Luna hace la Azucena de *El trovador,* de García Gutiérrez con Argente –que lucha contra el recuerdo de Duclós–, gusta en *Rosamunda,* del mismo autor, calificada de inmoral, pero en la que tiene un buen decir y preciosos trajes. Mientras, se critica a Máximo Jiménez, quien de puro saber sus papeles, los «reza». Así todo el 8 de septiembre interpreta *El bobo del día,* de Rafael Otero.

El 25 de noviembre García Luna hace una tragedia: *Raquel,* de Huerta. Se vaticina que el público acudirá en masa si la ha disfrutado en los dramas modernos. Mariquita interpreta *El cardenal Jiménez de Cisneros,* de Juan Miguel Losada, donde canta La Colasa, popularizada por Tedesco. Pero los espectadores sorprenden en diciembre con un lleno total en el Circo, con renovado interés por la comedia de magia, para ver *Marta la Romarantina,* de Cañizares. Siete decoraciones, transmutaciones, vuelos, desgajes, fuego de bengalas, "todos van por ver si hay inventiva, ligereza, limpieza en las mutaciones y las transformaciones, nadie se cuida de la pieza que por lo común es un «disparatón» de folio, ni de los actores, las palmas son para [Juan] Alersi y los pintores Montegri y Vázquez". *Edipo* de Martínez de la Rosa, sube a escena, interpretado por Fernando Martínez, con los decorados de la plaza, el panteón y el templo de Tebas también ejecutados por el maquinista.

Sin embargo en *La jura de Santa Gadea,* a Luna, «la actriz más aplaudida de La Habana», se le critica no variar las inflexiones de su excelente voz de un «afecto» a otro así como no dominar "su delicada sensibilidad". La indicación dialoga con el artículo "De la naturaleza de la emoción dramática" sobre las pasiones, el lenguaje, el gesto, los peligros de la exageración, la esterilidad y la monotonía en el teatro, en el que se menciona a una ¿misteriosa heroína? entregada a un "frenesí convulsivo" en el quinto acto de un drama. Las emociones de violencia y arrebato se juzgan inconvenientes y se critica el teatro dirigido solo a los sentidos y el cuerpo y no a la inteligencia. De manera irremediable se refiere a una intérprete concreta pero no se menciona nombre alguno. Pero al menos hay una enorme distancia entre el localista horrorizado por la colocación de los pies de la actriz y el que exige a la actriz moderar desafueros y convulsiones. Se publica *Memorias históricas y críticas de F. T. Talma sobre el arte de declamar,* de Jean Joseph Regnault Warin (1827) traducido por Manuel González.[181]

En junio el sombrero de yarey, más fresco y blanco, pierde terreno ante el importado jipijapa y en agosto se rifa el teatro de Trinidad. Cirilo Villaverde publica *El librito de los cuentos.* ¡La Santa Cecilia ha muerto! escribe Felicia. Emilio Bravo se queja de la costumbre de prodigar beneficios porque "dentro de poco hasta el director del gas, porque sabe o no sabe hacer a tiempo los claros y oscuros de la escena, tendrá uno", contrario a honrar al maquinista Meucci, que no ha hecho nada en tres meses. Su "Mesa revuelta" del 20 de diciembre se dedica a la crítica teatral que "manejada por pasiones mezquinas o por resentimientos personales, puede ser de fatales resultados no solo para los actores, y la empresa, sino para la literatura dramática. Los cómicos quieren ser inimitables pero hasta la más bella perla (la llamada perla del teatro español) puede oscurecerse". En diciembre llegan las Niñas de Viena. Mariquita y Mata se aplauden en el Tacón en personajes cómicos, pero a pesar de las publicaciones interesadas en los temas actorales, como la emoción y los afectos, los localistas se empeñan en

---

[181]"De la naturaleza de la emoción dramática". La *Semana Literaria o Compañero de las damas.* tomo I (1847) pp. 289-293. Warin, Regnault. *Memorias históricas y críticas de F. T. Talma* traducida por D. M. G. [Don Manuel González] La Habana: Imprenta de Torres, 1848.

escribir sobre el apuntador y contra la concha, suprimida en algunos teatros de Madrid.

En enero de 1849 la compañía de ópera despliega su excelencia mientras Emilio Bravo escribe sobre la dramática que sigue bien, "la mitad de cuartel, y la otra, sobre las armas, o mejor dicho, sobre las tablas". El gracioso Vicente González, Argente, Ortega y Uguet se presentan con Ventura Mur en el Ilusiones de Regla y Matilde Domínguez escoge para el 24 de enero *Abufar...* en el Circo, anunciada como del malogrado joven americano José María Heredia. Bravo se opone, "no es una tragedia", tiene todos sus «inconvenientes» porque la índole de su argumento y sus personajes están en abierta contradicción con el gusto del público. Es una lástima –escribe– que una actriz tan laboriosa y simpática la escoja, Heredia no debió ocupar su tiempo en ella. Pero Matilde le manifiesta a su "ilustrado público" que "no [la] animan otras miras que demostrar su adhesión y su gratitud". En esa función canta el Jaque, baila la jota aragonesa, pero sobre todo, se atreve y apoya al público... y a Heredia. Última representación de la pieza desde 1825. También interpreta *El encanto por los celos y fuente de la Judía* en beneficio a Antonio Rosal. Canta canciones andaluzas mientras se despliega un peñasco y cae agua de una fuente, artilugios del maquinista.

García Luna aparece en febrero en *Una de tantas y Los hijos del tío tronera o parodia de El trovador,* «suicidio literario» de García Gutiérrez, que se parodia a sí mismo. El poeta gaditano Emilio Bravo, desterrado en la isla por sus ideas políticas, quiere estimular el teatro nacional, "más claro, inteligible y popular", no solamente a más altura que la ópera sino por encima de otra diversión pública como fuente universal de conocimientos e historia. Argumenta que en él se goza más de los sentidos de la inteligencia, que el corazón y el oído se deleitan con un verso sonoro y la vista con los trajes y decorados. "Los periódicos –escribe– han empezado a ocuparse del casi muerto teatro dramático", «popular» y «civilizador» y critica a la empresa, indiferente, aunque posee recursos suficientes para "sacarlo del profundo abatimiento en que se encuentra". A los escritores públicos les corresponde agitar y defender la cultura y la dignidad y "combatir que en La Habana no hay gusto por el teatro es combatir una ilusión o un castillo de viento [...] ¿Quién duda que en La Habana hay gusto por el teatro nacional? ¿Quién duda que [la empresa] puede sostenerlo cuando sabe enriquecer cómodamente a una compañía lírica de más crecido costo?" La dramática puede ser tan conveniente a la empresa como la de ópera.[182]

Sin embargo, las reseñas sobre ópera tienen mayor despliegue. Entre ellas, las cartas de un tal Martín a D. F. J. encontradas por Pablo Pi, sobre las condiciones y los gastos para sufragarla, ya que sus egresos se calculan más de 70, 000, de los cuales, siete mil se destinan a los sueldos de los cantantes para una ganancia de 45, 155.[183] "Curiosidades musicales" reseña las temporadas de 1847 y 1848 y hay una muy detallada del *Stabat Mater*, de Rossini, dirigido por Trespuentes.[184]

En abril de 1849 se observa un decaimiento. Ramón Barrera regresa a Barcelona, Isabel García Luna se despide definitivamente –piensa viajar a Nueva York, París y Londres– y Bravo retorna a Cádiz después de escribir por más de un año una muy documentada sección de locales, en la que debate ideas, fomenta la controversia y promueve sus *Ensayos poéticos*. Lo suplanta G. J. de A. L., quien deposita sus esperanzas en Fernando Martínez, en el Paraíso de Regla y en Güines, con Ventura Mur, Matilde Domínguez y los esposos Piátoli. En mayo representan *Ana Bolena*, escrita por el "ingenio mexicano" Fernando Calderón. Desde octubre de 1848 han llegado los italianos tan favorecidos por el público –Balbina (Bena) Steffenone, Ignacio Marini, Lucrezia Bossio, Mario Salvi, César Badiali– y en los recuentos se habla

---

[182] Bravo, Emilio. "El teatro nacional". *Diario de la Marina*. 21 y 29 de marzo de 1849.
[183] *Diario de la Marina* 22 y 23 de marzo y 21 de septiembre de 1849 "Ópera italiana. Nueva empresa".
[184] *Diario de la Marina*. "Curiosidades musicales". 4 de marzo de 1849 y *Stabat Mater*, 30 de marzo de 1849.

como de pasada de Mariquita Cañete, Ramón Barrera, Juan de Mata y la compañía de Martínez. Los Raveles son asiduos desde 1839, hay funámbulos ecuestres, Niñas de Viena, pero los actores dramáticos están en un segundo plano, reseñados pobremente frente al esplendor de la ópera dirigida por Luigi Arditi, que por cinco años consecutivos a partir de 1847 se oye en La Habana y Nueva York, a pesar de que Vetusto Claro en su crónica desde Charleston dice que no asisten cien personas a la función. [185]

El más persistente y estimado de los actores es Manuel Argente, aunque se menciona al gracioso Vicente González, la actriz-cantante Ventura Mur, la llegada de Pepita García desde Honduras con Andrés Montañés, el actor jocoso José María Lleras y Martínez en el teatro de Regla. Nada comparable a las decenas de reseñas de las compañías italianas, la polémica entre Vetusto Claro y Severo Blanco (el 21 de octubre se publica la segunda carta de Vetusto y el 23 de diciembre la decimotercera) y las opiniones controvertidas sobre el precio de los abonos. [186] Vetusto es una de las firmas de Ramón Pintó, fundador del Liceo y del *Diario de la Marina* y profundo conocedor. Macalister y su esposa huyen del vómito negro y Steffenone enferma del mismo mal.

A partir de la visita de Nin y Pons a Nueva York en agosto, se piensa en un circuito La Habana-Veracruz-Nueva York-Filadelfia-Boston al que se añade Puerto Príncipe-Nueva Orleáns-Charleston, que abarataría los costos del Circo, el Tacón y el nuevo coliseo, el Principal, inaugurado el 2 de febrero de 1850 en Puerto Príncipe con la actuación del pianista José Miró y su esposa, la cantante Úrsula Deville. Las secciones de crítica musical son extensas y el localista se precia de defender no a la empresa como el *Avisador*, sino la opinión propia. Un artículo discute las fabulosas ganancias del Tacón y acusa al *Avisador del*

---

[185] *Diario de la Marina*. "De Vetusto en Charleston". 7 de abril de 1850.
[186] *Diario de la Marina*. "¿Qué es la ópera?" "Carta segunda de Vetusto Claro". 21 de octubre de 1849, el 30 "Al sapientísimo Alidoro, localista lírico de la Gaceta" y el 23 de diciembre de 1849 la carta XIII a Severo Franco. Debieran reunirse a la memoria de Pintó.

Comercio de responder al empresario y no a los espectadores al defender los altos precios. "¿Por qué ha de querer ir a la ópera los que no son ricos cuando 170 pesos vale un palco por doce funciones y 26 pesos la luneta? ¿Qué se dirá de nosotros, qué se pensará de un público que se resiste a oír a Salvi y a César Badiali porque oírlos cuesta dos pesetas más que a Viatti y a Beneventano?" [187] El nuevo localista se interesa no sólo por el precio de los espectáculos, sino por los organillos, molesto con sus seguidores, que atraviesan las calles con timbales y palitos, critica a los que escriben «nieve» en lugar de hielo (se anuncian «depósitos de nieve») o acostumbran a arrojar flores a los pies de los actores para celebrar su mérito. "El editor Fachenda", comedia inédita ¿de un ingenio matancero?, abre más interrogantes que respuestas sobre el lugar del periodismo y la falta de rigor del localista.[188]

No hay datos sobre la llegada de las Theodore Sisters, la futura Adah Menken, que enloquece al poeta Zenea, a no ser que figure entre los acróbatas norteamericanos dirigidos por Franklin o en la compañía de baile de madame Augusta que no gusta por sus deficientes comparsas. ¿O es que la prensa no advierte a una bella jovencita perdida en el coro? La compañía de Fernando Martínez, después de más de veinte funciones en el Circo, marcha a Trinidad y en noviembre Manuel Argente ha llegado de Nuevitas. El artista ecuestre Escopeletti se presenta allí mientras el Circo proyecta grandes mejoras para el nuevo año.

---

[187] *Diario de la Marina*. "Ópera italiana". 21 de septiembre de 1849, citada antes.
[188] *Diario de la Marina*. 11 de agosto de 1849.

Aficionados, Liceo y sociedades de recreo [189]

Hasta muy avanzado el siglo XIX, los actores, salvo los muy relevantes o permanentes, se catalogan de aficionados y el localista no se atreve a formular alusiones íntimas ni arriesgar un criterio fuera de la cortesía. Tampoco sobre las figuras establecidas, excepto los involucrados en polémicas o en la vida pública. Quizás eso explique la notoria ausencia de datos biográficos sobre actores y actrices en los periódicos y la apabullante diferencia entre el espacio dedicado en la prensa a las figuras españolas o europeas en comparación con los nacidos en la isla. En las secciones de declamación de las Sociedades de recreo y los Liceos surgen actores muy estimados, pero reseñados pobremente a pesar de que sostienen buena parte del panorama teatral. En 1847 se discute si el número de sociedades excede a la población y si la ciudad puede mantener las tres existentes: la Santa Cecilia (1834), sita en Habana 51, La Habanera (1841) y el Liceo de la Habana (1844), ya que aunque fomentan el espíritu de asociación y la cultura en los barrios, se dirigen a un mismo público, que debe apoyarlas económicamente y con su presencia. [190] Más adelante surgen la Sociedad El Pilar (1848), el Liceo de Guanabacoa (1861), El Ateneo Cubano (1865), el Casino Español (1869), la Sociedad Nuestra Señora de las Mercedes (1874), La Caridad del Cerro (1875), el Recreo Social (1876), el Liceo Artístico y literario de Regla (1879), responsables de un entramado dinámico de actividades, conciertos, bailes y representaciones dramáticas, que abarca la periferia de la ciudad: del Horcón a Jesús del Monte. Predomina el frenesí por el baile. Es un siglo filarmónico y danzante.

La Habanera, de declamación, filarmonía y baile, creada en 1841, desaparece endeudada al año siguiente y la Santa Cecilia termina en

---

[189] *Directorio de artes, comercios e industrias de La Habana*. La Habana: Librería de A. Graupera, 1859.
[190] Cf. "Sociedades de recreo". *Diario de la Marina*. 14, 19, 26 y 28 de noviembre, 4, 12 diciembre de 1847 y 2 de enero de 1848.

junio de 1848, aunque desde antes funden sus fondos con los del Liceo. Sin embargo, la inauguración de este último, "para el fomento de las letras y las bellas artes" ocupa una gacetilla el 20 de octubre de 1844: "Parece que anoche se inauguró el Liceo", dirigido por Ramón Pintó Llinás, su fundador y máxima figura, aunque presidido por el Conde de Fernandina. Con estudios en el Seminario de San Lorenzo de El Escorial e ideas ideas liberales, Pintó llega a la isla con la caída de la constitución en España y amparado por el barón Kessel, se desempeña como profesor y en otros cargos burocráticos. La inauguración del Liceo se anuncia para el día 5, pero se suspende por un temporal. El 13 de octubre abre sus puertas. Blas San Millán pronuncia un discurso, se lee poesía y se interpretan obras musicales.[191] El 15 de septiembre realiza su primera reunión, pero sus actividades comienzan en octubre. Y aunque publica todos los años un recuento, su contabilidad y la relación de sus socios y directivos, pocos le conceden un papel significativo en el ámbito dramático como Serafín Ramírez en *La Habana artística*. Situado en Mercaderes 97, posee cinco secciones, entre las que destaca la de Música y Declamación con funciones dramáticas, líricas y clases de diversas disciplinas. Financiado por el capitán general O'Donnell y las contribuciones de sus miembros, 798 en su primer año, entre el primero de octubre de 1844 y el 1ero de noviembre de 1845, celebra 28, entre éstas *Un novio a pedir de boca,* de Bretón de los Herreros, *El compositor y la extranjera,* de Gorostiza, *Una boda improvisada,* de Ventura de la Vega, *Miguel y Cristina,* de Scribe y *El diablo cojuelo,* de Le Sage arreglado por Vélez de Guevara, 18 de obras nuevas y entre 1847 y 1848 48 representaciones, 21 de ellas novedades y entre 1850 y 1851, 20. Antonio María Muñoz, Lucas Arcadio de Ugarte, Ramón de Palma y Pedro Becerra presiden su mesa facultativa.

---

[191] *Informe de las tareas artísticas y literarias del Liceo de la Habana en los trece meses corridos desde su instalación hasta el 1o de noviembre de 1845.* Habana: Imprenta del gobierno, 1845.

Ugarte es periodista, autor teatral (*El artículo y los autos* (1839) y *Dos para tres* (1844) y el gracioso de muchas obras. Los socios no cobran por su trabajo aunque hay gratificaciones para el actor-cantante Ramón Gasque y el joven pintor José Baturone, por telones y cortinas para *Un marido como hay muchos* de Ramón de Navarrete. En comparación, la ópera incurre en gastos mayores: 150 por la partitura, 300 por el vestuario, 150 por los decorados y 200 por ensayos y funciones. Muy temprano se comenta que "el Liceo con sus óperas, sus representaciones dramáticas, y con sus ejercicios artísticos, ha rayado donde hace algunos años se hubiera juzgado imposible y no está dispuesto a cejar en la vía de progreso con un valor que hubiera podido creerse audacia."[192]

Una de las primeras representaciones de una pieza de sus socios ocurre el 28 de marzo de 1846. Virginia Auber –Felicia en sus columnas para el *Diario de la Marina* (1854-1873)– estrena *Una deuda de gratitud*, también impresa, en cuya portadilla aparece como socia facultativa del Liceo.[193] No es la dueña del teatro, sino se representa en el teatro del Liceo, con un elenco integrado por Fernando Rodríguez, Leonor Urbano, Mercedes Zarza, Francisco Riera, Eduardo A. de Castro y Lucas Arcadio de Ugarte. En la comedia, localizada en Valencia, la resuelta Amalia huye de su casa con el supuesto Conde del Llano, acompañada de su criada, pero al hacer un alto en una posada para seguir viaje, Germán, enviado de su padre, el comerciante Mendoza, llega para protegerla de un conde que no la ama y quiere su fortuna. Amalia no lo cree y lo expone a la vergüenza de los demás al contar incidentes pasados. Mendoza intenta salvar a su hija antes de que se una a su captor, pero la criada Juliana, conocedora del carácter de su ama y opuesta al Conde, evita que se convierta en víctima y a solas con ella, le muestra una carta probatoria de sus intenciones. Para

---

[192] *Diario de la Marina*. 31 de mayo de 1846.
[193] Auber, Virginia. *Una deuda de gratitud*. La Habana: Imprenta del Gobierno. 1846.

divertir a Juliana, el posadero Juan simula un incendio. Al grito de fuego, el Conde se acobarda mientras Germán, heroico, rescata a Amalia y obtiene su mano. La desobediencia de Amalia se cancela. Triunfa la voluntad paterna, se ridiculiza al Conde y la criada y el posadero, entusiasmados, establecen una relación ajena a las convenciones. "Rara, pero feliz casualidad que la obra de una señorita inicie las actividades del Liceo", escribe el localista tres días después, pero por falta de tiempo, se abstiene de comentarla.

Al año siguiente, se representa *El médico chino*, de Losada. La colaboración entre el Liceo y el Circo estimula las nuevas obras. Cuando *El arte de hacer fortuna* tiene una entrada miserable, el localista se molesta porque por una cuota módica los socios disfrutan de cuatro funciones mensuales, lectura gratis de periódicos y revistas, tertulias, juegos y bailes, educan sin costo a sus hijos y sin embargo, dejan el teatro vacío. También la Sociedad Habanera contribuye con representaciones. El 21 de octubre de 1847 Felipe López de Briñas estrena *Un español de buen cuño*; José Agustín Quiñones, *Tomás o un amigo verdadero* y el 17 de diciembre y el 20, del mismo autor, *No hay burlas con la vejez*. Sin comentarios, la prensa no reseña obras «menores» escritas por los aficionados.

Influencia decisiva para la creación dramática, cuenta con "aficionados de gran mérito y público inteligente exento de pasiones mezquinas" que representan entre otras *Las equivocaciones*, de Ramón Piña Blanco (13 y 27 de mayo de 1848) con "situaciones muy cómicas y una versificación buena". [194] Adelanta títulos nuevos como *Un hijo* (Manuel Azoy), *Consecuencias de la imprevisión* (D. P. Arias), *Los chismes de la vecina* (Ramón L. Morales), *Un usurero de la lonja* (incógnito), [*Apuros de un usurero en la lonja*, de Luis Humanes], *Un velorio en Carraguao* (Vidal Machado) así como *Las travesuras de Ritilla o la enana de Macurijes*, de Creto Gangá. Todas no llegan a escenificarse. De algunas no se vuelve a hablar.

---

[194] *Diario de la Marina*. 30 de mayo de de 1848.

Un tío sordo, cuadro costumbrista, tres actos en verso, de José María de Cárdenas y Rodríguez, (Jeremías Docaransa en sus artículos satíricos, entre ellos "El Localista" y autor premiado por "Sátira contra el furor de imprimir tomos de malos versos") recibe gran aceptación. Su puesta del 13 de mayo de 1848 desarrolla el encuentro del rico y solterón Juan Smith con su familia, cuando el tío, oriundo de Inglaterra, para enterarse de lo que realmente piensan, se finge sordo de cañón. [195] Los equívocos entre los que lo creen sordo y su firmeza en asegurar lo contrario, crean las situaciones cómicas. Como se anticipa que Juan viene "de estranjis" y posee en caja, muy contadito, un millón, sus parientes le acomodan el mejor hospedaje para ganar su favor por la herencia. De Cárdenas escarba en la verdad bajo las apariencias y al final, el tío recompensa a la más bondadosa y desinteresada de sus sobrinas. Representada por la Sra. Cárdenas, Gómez, Ugarte y Zequeira, María «Mariquita» Cañete la compra para el beneficio a su esposo Rosendo Laimón, sin éxito, porque el público llena el de los actores, pero no el de los consuetas y la puesta se recibe con lamentable indiferencia. [196]

Tan temprano como el 4 de julio de 1846, el Progreso de Guanabacoa presenta en su teatro una sinfonía dirigida por Ulpiano Estrada, gimnastas boxeadores, el baile de la barcarola y la pantomima *Arlequín o el muerto fingido*. La Sociedad El Pilar (1848), sita en la calle de la Horqueta 58, barrio del Horcón, apela a un público popular como el Progreso donde se celebran bailes «sabrosotes». Presidida por Jacinto Sigarroa, facilita a sus socios "asistencia médica, gastos de botica y entierro" y compite por un lugar con su cuadro de aficionados, y en La Caridad se representa *La dulce alianza* de Mariano Pina y el 7 de noviembre de 1848 Vicenta Marcet, Dolores Corral, Petrona Hernández, José Moya y Antonio Alpízar actúan en *Una vieja*, de

---

[195] Cárdenas y Rodríguez, José María. *Un tío sordo*. La Habana: Imprenta de Barcina, 1848.
[196] *Diario de la Marina*. 16 de mayo y 21 de julio de 1848.

Bretón. El 24 de enero de 1848, en beneficio a Rosario Rojas, actriz de la compañía dramática, se representa *Amor de hija o la dama de Saint Tropez* junto con una piececita de José Agustín Millán, *Amor y guagua*.

Con fines muy similares se crean el Liceo Artístico y Literario de Matanzas en 1844 y en 1851 la Sociedad Filarmónica de Manzanillo para cuya sección de declamación Carlos Manuel de Céspedes, transcribe y dirige el 14 de septiembre de 1856, *El arte de hacer fortuna* de Tomás Rodríguez Rubí, después de dieciséis ensayos. El abogado bayamés, que inicia la lucha por la independencia de Cuba, redacta su reglamento y aunque no continúa como director, es un amante del teatro, escribe dos dramas y se abona a un palco. [197]

Desde 1839 en Puerto Príncipe, los aficionados al teatro se agrupan alrededor de Gaspar Betancourt Cisneros, El Lugareño, y hasta 1845 Francisco Javier Franck –autor de *Hermenegildo*– aboga por impulsar las representaciones teatrales. En 1853 nace la Sociedad Santa Cecilia en una casa particular, pero funciona muy corto tiempo para renacer en 1864. Aficionados locales se encargan de las inauguraciones del Principal y el Esteban. Pero la mayoría son anónimos, apenas un nombre dentro de un reparto. A partir de 1850 se habla de Mercedes Zarza, Félix Valdés Ayala y Eusebio Cacho Negrete (autor de *Tiró el diablo de la manta...* (1876). Sofía Tittle de Cacho y su hermana Juana son permanentes en los elencos. Cerveto de Cisneros se destaca en el Liceo en *El mendigo de Bruselas*. Pero Ramón Pintó, acusado de delito de infidencia y complicado en una conspiración separatista, es apresado y condenado a muerte en el patíbulo el 22 de marzo de 1855. [198] El Liceo vive una trama oculta, silenciada por la prensa y por el *Diario de la*

---

[197] Cf. Orozco González, Delio G. *Del fiel de Manzanillo*. "Carlos Manuel de Céspedes, la Sociedad Filarmónica y el Teatro de Manzanillo". Manzanillo: Ediciones Orto, 2013. Tradujo del francés *El cervecero rey*, de D'Arlincourt, y *Las dos dianas*, de Alejandro Dumas.

[198] Conde San Juan de Jaruco. "El fundador del Liceo Artístico y Literario". *Diario de la Marina*. 4 de enero de 1948. p. 35.

Marina, del que es asiduo colaborador. [199] Por su importancia en la vida cultural, promotor y mecenas de muchas disciplinas, el Liceo y las sociedades de recreo debieran estudiarse con más detenimiento.

[199] González, Diego. "Pintó y la independencia de Cuba". *Anales de la Academia de la historia de Cuba.* (enero-dic. 1934) pp. 108-161.

Acto final de Covarrubias (1848-1850)

Los últimos años de Covarrubias son los más desdibujados de su larga y apasionante carrera. Aunque en 1845 no tiene contrato (no se ajusta ninguna compañía dramática) reaparece con Ruiz en el Circo de manera esporádica debido a sus años y a su declinante salud. El 14 de febrero estrena *Manjar blanco y majarete* de Millán, en un programa con *Gabrina o el corazón de mujer*, traducción del mismo autor y el 19 de agosto, *Un velorio* en *Jesús María*. El 4 y el 8 de octubre de 1848 reaparece en *Los penitentes blancos*, traducida por Patricio de la Escosura, y en una pieza abundante de *sales* cómicas, *El padrino,* primera salida del año del "anciano querido y achacoso" que el público recibe exaltado a pesar de sus "alusiones no decorosamente admisibles"[sic]. ¿*El padrino a mojicones*, de Martínez Villergas?[200]

Escribe el localista:

El buen éxito de los beneficios de Covarrubias es proverbial en La Habana donde ningún artista ha conseguido tantas simpatías como él ni las ha conservado por más tiempo: cuarenta y cinco años hace que el público habanero, renovado en dos generaciones, saluda a este actor cada vez que aparece en escena, disimulándole, como amigo cariñoso, las faltas que la vejez y los achaques producen necesariamente. Es de creer que este año no será el público menos generoso... pues nunca ha necesitado más Covarrubias de su favor, agobiado por los años y los males, trabaja por necesidad, para no perecer o ser gravoso y sin embargo, siente una necesidad urgente de reposo.[201]

---

[200] *Diario de la Marina*. 7 de octubre de 1848.
[201] *Diario de la Marina*. 2 de noviembre de 1848.

El 24 de octubre actúa en *La familia del boticario* y el 22 de noviembre de 1848 invita a sus admiradores a "su último beneficio". [202] Vestido con uno de sus acostumbrados trajes fantásticos y recibido en el Circo con una tempestad de palmadas de más de un cuarto de hora, la "despedida eterna" está en el ánimo colectivo. "El aplauso espontáneo, hijo del afecto, hace brotar las lágrimas de los espectadores". Se representa *El novio de Buitrago*, de Hartzenbusch, con Manuela y Fernando Martínez, quien después de Hermosilla "no tiene rival en la comedia de costumbres" y *Los sustos del huracán*, de Millán, celebrada a medias por sus equívocos y alusiones picarescas pero con chistes no muy aceptables y los reproches de siempre, no son obras serias. [203] Una semana antes, el localista recomendó al público respaldar al comediante y lo consigue: el teatro está completamente lleno de familias distinguidas. Es el único de los nacidos en la isla que desde 1801 ha hecho "las delicias de sus habitantes" pero ni por eso Marty cancela la función de *Caín pirata* en el Tacón para facilitar la asistencia del público.

Covarrubias no sólo ha hecho famosas canciones, tonadillas y décimas, sino establece una comunicación tan viva que el público admite y aplaude todo lo que hace. A sus setenta y tres años ya no tiene memoria o sabedor de su aceptación, interpreta a su manera, sin reglas ni patrones, pues los habaneros asisten para disfrutar de sus ocurrencias. Necesitado de representar, el espectador lo apoya en su acto final. No tiene sustituto en el aprecio y la popularidad aunque le sigue en constancia el gaditano Joaquín Ruiz. El 28 escribe un agradecido comunicado a los habaneros. [204]

A principios de 1849 está en Matanzas. El 18 de marzo ve actuar a Adela Robreño y recuerda en una décima que también fundó el teatro de esa ciudad.

---

[202] *Diario de La Marina*. 22 de noviembre de 1848.
[203] *Diario de la Marina*. 24 de noviembre de 1848.
[204] *Diario de la Marina*. 28 de noviembre de 1848.

Si del teatro nacional
soy fundador en La Habana
en Matanzas, es cosa llana
que merezco nombre igual,
pues si la fecha y local
del primer drama o sainete
alguno a decir promete
publicará sin remedio
que fue en la calle del medio
año de ochocientos siete.

El 29 de julio de 1849, "casi sin recursos para su subsistencia", la Sociedad del Pilar le organiza un beneficio mientras sus compañeros están en el interior. "Benemérito fundador del teatro nacional, decano de los actores dramáticos", interviene en un personaje chistoso en cada una de las obras. El programa es el siguiente: una obertura por Antonio Raffelin, *El novio de mi mujer*, de Millán y *La homeopatía* y *Mi viaje a las Californias*, de Querubín de la Ronda (seudónimo de Ambrosio Aparicio), la danza del señor Sierra "Los recuerdos de un clavel" y la no menos simpática del señor Benetti, titulada "Las Californias." Covarrubias escribe, como siempre, una décima muy emotiva para invitar al público a su "California". En el imaginario, un lugar promisorio y de oportunidades que terminan para el anciano actor. La obra se suma a otros acontecimientos sobre la fiebre del oro en el oeste de los Estados Unidos: *Tipos californianos* en 1847, uno de los mejores libros de arte, coloreado por José Baturone y A. Ferrán, impreso por la litografía de Marquier, los helados *la flor de California* y la costumbre de decir que se ha *metido uno en una California* o ha estado en ella para indicar prosperidad. Creto Gangá ha escrito "Yo me va pa Califoñia" y "Vuelta de Creto de la Califoñía" sobre el mismo tema. Covarrubias dedica su décima al público de La Habana.

Cuando en desgraciada hora,
no habiendo aquí compañía
esperanzas no tenía
de servirte por ahora,
una mano protectora
mi retiro lo fue a honrar
y con bondad singular
me ofreció que en mi reunión
me daría una función
la Sociedad del Pilar.

De tanta filantropía
a su impulso protector
debo solo el alto honor
de servirte en este día:
y al ver en su simpatía
tan espontánea bondad,
mi gratitud, con verdad,
exclama en acento tierno:
"¡Gloria inmortal!, loor eterno
a tan noble sociedad!"

A honrar mi bella función
venga todo el instituto
para gozarse en el trato
de su magnánima acción:
En firme y compacta unión
la sociedad venga entera,
y sea esto de manera
que evadiendo sus negocios
concurran todos los socios
sin faltar uno siquiera.

De el Decano a la función
venga, en bulla apresurada
todo el Cerro, la calzada,
Carraguao y el Horcón
y en fin toda la población,
aunque algo distante sea,
que honrarme también desea.

A mostrármelo se apronte
a todo Jesús del Monte
en mi beneficio vea.
A las Californias hoy,
a mi viage te convido:
no faltes, pueblo querido,
y acude donde yo estoy;
que aunque a tal tierra no voy,
ni jamás lo pretendía,
si a honrarme
vienes aquí
en una intensa reunión
tú harás que sea esta función
Californias para mí.
Entrada de asiento, 8 rs. sencs. [205]

Para estas fechas, se ha trasladado a vivir a un pueblo del interior. "Increíble se hace [...] como pudo aguardar desprevenido el ocaso de su sol sin haber echado antes ni una mirada siquiera al porvenir", escribe Millán, que no se pronuncia sobre la crueldad de la empresa, la escasa solidaridad recibida (excepto de dos o tres amigos, José Robreño, Millán y Luna), ni se pregunta sobre la condición marginal de los

[205] *Diario de La Marina.* "Covarrubias al público de La Habana". 29 de julio de 1849.

actores. El 1ero de febrero de 1850, invitado por Manuel Argente, actúa en Cárdenas. Pero cuando se rumora va a unirse a Rosal y Matilde Domínguez, muere de pulmonía el 22 de junio de 1850. No por esperada su desaparición física es menos sentida aunque al día siguiente solo un reducido grupo de amigos "verdaderos" lo acompaña al cementerio. Se anuncia su biografía (publicada por El Tiempo, a la venta por una peseta en Aguiar 45) cuya recaudación costeará el nicho, la lápida y el socorro de su viuda. El 26 se publica su obituario, reproducido el 10 de agosto en *El Heraldo* de Madrid, y empiezan las discusiones en torno a los actos de recordación. Finalmente sus restos reposan en las bóvedas de los Escribanos. El 11 de julio de 1850, el único teatro disponible para su homenaje es el teatro provisional de la calle Reina y Escobar porque el Circo ha cerrado para reparaciones mayores. El localista se pregunta.

> ¿parece bien que [...] la escena más humilde de La Habana, sea el único que abra sus puertas en un caso tan señalado? No somos nosotros de los que veían en Covarrubias un gran genio o un consumado actor; pero lo hemos considerado siempre como un hombre de no escaso talento a quien debemos muchos esfuerzos por fomentar el gusto hacia el teatro nacional en esta tierra; lo hemos mirado como el fundador del mismo teatro y como el primero y más superior actor cubano; y además conocemos las simpatías que este público le profesaba [...] Sería satisfactorio que se honrase debidamente su memoria.

Se solicita una aclaración sobre quién es el editor de su biografía. En diciembre Millán termina la suya, publicada por El Iris. [206] El 26 de julio se anuncia un posible programa con *El disfraz venturoso, El hombre de la culebra* y *La vieja y las dos calaveras*, pero no hay más noticias. En los años siguientes se le recuerda como el "anciano actor de carácter

---

[206] *Diario de la Marina*. 11 de julio de 1850.

jocoso que el público mira como el fundador del teatro nacional". No se le olvida, se le cita y un siglo después, se rescata una de sus olvidadas décimas de ocasión.

> En tumulto muy deshecho
> tal concurso entra al Tacón
> en inmenso pelotón
> llega la gente hasta el techo
> Mas porque sea de provecho
> esta entrada que se fragua
> encargo una sola cosa
> y es, que a función tan hermosa
> nadie aquí venga de *guagua*.[207]

El 22 de junio del año siguiente muere Buenaventura Pascual Ferrer, crítico nacido en 1772 que escribe el nombre de Covarrubias en letra de imprenta. Aunque ocupó muchísimos cargos en la administración colonial, su *Regañón* es fundamental para la escena porque entre otros hallazgos, descubre al caricato.[208] También son muy hermosas las palabras de Calcagno, que no lo vio actuar: "su genio se hizo brillar al lado de los primeros actores que han visitado nuestra escena [...] educados en mejor escuela, [pero que] no por eso lo deslucieron ni le arrebataron un átomo del favor del público: su biografía es la historia de nuestros teatros".[209]

---

[207] Iraizoz y del Villar, Antonio. "La décima cubana". *Lecturas cubanas*. La Habana: Hermes, 1939. pp. 7-29.
[208] A. G. "Necrología de Pascual Ferrer". *Diario de la Marina*. 15 de agosto de 1851 firmada por A. G. Fuente esencial de todas las posteriores incluido el prólogo de Lezama Lima.
[209] Calcagno, Francisco. *Diccionario biográfico cubano (Comprende hasta 1878)* Nueva York: Librería de N. Ponce de León, 1878. pp. 213-215.

Adela Robreño en el Paraíso de Regla

El 20 de agosto de 1848 debuta Adela Robreño (1840-1920), de ocho años, en el Paraíso de Regla. Es la primera actriz con nombre propio y largo recorrido, una Robreño con algo más que notoriedad. Hija de Francisco Robreño y Carlota Armenta, nace en Trinidad cuando la compañía alterna sus temporadas entre esa ciudad y Puerto Príncipe con piezas taquilleras como *La pata de cabra o todo lo vence el amor*.[210] Obras de «aparato», profusas tramoyas, fuegos artificiales y despliegue escenográfico, las famosas "transformaciones" traídas de Santiago de Cuba, pintadas por Francisco Becantini con maquinaria copiada o inspirada en Juan Alersi. Interpreta personajes apropiados para su edad, como los de *Sofía o el sacrificio de Francia* o *La pata de cabra*. También asombra al bailar La cracoviana y La Cachucha, popularizadas por Fanny Elssler. Sin embargo una polémica está a punto de empañar sus inicios cuando Manuel Arteaga Betancourt (El Antillano), escritor y tío de la Avellaneda, en Puerto Príncipe, disgustado con esos dramas, arremete en un periódico local contra Robreño por "elegir obras desatinadas y extravagantes" y contra "la niña que todavía a nadie interesa y cuyas gracias sólo son buenas para sus padres". José Robreño contesta que Adela tiene el gran mérito de agradar al público y disgustar al Antillano.[211] Y Adelita, como se la conoce, sigue gustando.

Su temporada habanera comienza el día 2 de agosto con *La trenza de sus cabellos*, de Rodríguez Rubí, interpretada por Pedro y Julia Iglesias, Daniel y José Robreño, Carlota Armenta, Francisco Peláez y José Mures. La séptima del abono es *El delincuente honrado* de Gaspar de Jovellanos, que el día 26, en un corto viaje a Matanzas, representa allí Nicolás de Cárdenas y Rodríguez, como Justo de Lara, después de un

---

[210] Rine Leal sitúa su debut habanero el 18 de junio de 1842 y Calcagno en 1841 como compañía dramática española.
[211] Villabella, Manuel. Ob. cit. "La perla del teatro de las Antillas". pp. 89-95.

"profundo y detenido estudio de conciencia del personaje" y tiene tanto éxito que dona setecientos pesos de su recaudación para el colegio de niñas pobres. [212] El 20 de agosto Adela representa *No más muchachos*, de Bretón de los Herreros, en "los difíciles caracteres de un niño travieso y alborotador, otro llorón y gastrónomo, otro pudiente y lechuguino y otra niña modesta y juiciosa", de acuerdo a un suelto. Cinco días después se habla de una puesta del mismo título por la niña Petrona Valdés Gómez a beneficio del actor Ignacio Echezábal, en el Tacón, motivo por el cual algunos ubican allí su debut, realizado en Regla donde mantiene un abono. Se representan entre otras *Un novio a pedir de boca*, de Bretón y *El baile de las naranjas o los negritos*, ¿sainete, tonadilla? Los Robreño-Iglesias compiten en el modesto coliseo con la compañía española. Otras puestas son las de *El trovador de* García Gutiérrez, *La rueda de la fortuna*, de Rubí, donde Adelita baila la Smolenska y *La gracia de Dios*, de Lemoine en beneficio al maquinista y pintor Domingo Guibernao. El 5 de octubre todavía están en Regla. Adela interpreta *Elisa, la buena hija*, conocida en español como *¡La nueva gracia de Dios!*

En marzo de 1848 los Robreño salen de Matanzas hacia Puerto Príncipe después de ajustar a Manuel Argente, Joaquín y Vicente González. Máximo Jiménez y Joaquín Ruiz se integran a la compañía de Cárdenas mientras Isabel Suárez, en La Habana, está pendiente de ajustarse como característica. Ha llegado Roberto Macallister, el prestidigitador escocés y su esposa, que actúan en un misterioso laboratorio lleno de emblemas y signos y popularizan los números del arlequín inglés, el sombrero del tatarabuelo o el llamado "descanso aéreo". Los Raveles reciben muy malas críticas, burlas y sarcasmos por telones que se despegan y otros fallos del maquinista, a pesar de que —se escribe— en Regla hay una fábrica de clavos.

En enero de 1849 Adela Robreño está en Cárdenas con su familia, donde representa el personaje del rey de *Gerónimo el idiota o los judíos en*

---

[212] *Diario de la Marina*. 28 de abril de 1848.

los tiempos de San Fernando. Actúa en la función memorable del 18 de marzo de 1849, donde Covarrubias la ve actuar y el caricato legendario, cuya trayectoria o «buque» está a punto de encallar, le traspasa su legado. Comienza su trayecto la que según Calcagno es "la más notable que Cuba ha producido". Ese año se vende su retrato en *La gracia de Dios,* quizás la traducción de García Gutiérrez del original francés publicada en La Habana en 1846, y el Liceo la hace su socia facultativa, arropa a la nueva actriz de "disposiciones arrogantes."

El retrato de cuerpo entero de esa joven e interesante actriz se halla a la venta a 1$ en la litografía del comercio, calle del Obispo no. 48 y en el almacén de papel La Cruz Verde, calle de los Mercaderes. (3 de mayo de 1849).

Y aunque la fecha del beneficio es imprecisa (Calcagno lo fecha el 21 de marzo), Covarrubias tiene el suyo el 24, la *Revista del Liceo* publica las décimas del caricato, según se cuenta, improvisadas con Adela sentada en sus piernas.

Tú has de ser, niña, algún día,
sin que la envidia lo obstruya,
honor de la patria tuya,
que es la amada patria mía.

Y el pueblo que en su alegría
ve ese genio tan temprano,
dice con orgullo ufano
Al escuchar tus loores,
esta es una de las flores
que brota del suelo cubano

Pero si a la perfección

quieres llegar de tu arte
procura siempre apartarte
de toda exageración.
Y viendo que en conclusión
la dramática belleza
es imitar con destreza
a la misma realidad
Ten por guía la verdad:
por maestro la naturaleza.
Siendo la verdad tu guía
sigue su senda inmortal,
y del teatro nacional
Tú serás idolatría.

Tanto que la fama un día
dirá con su trompa ufana,
esa artista soberana
que sobre todos hoy brilla,
hija es de la grande Antilla,
es una artista cubana.
Si Cuba hasta aquí con gloria
cuenta hijos esclarecidos
con méritos distinguidos
Que eternizan su memoria.
Cuando más tarde la historia
haga un recuerdo halagüeño
del número no pequeño
de hijos de insignes renombres,
Entre tan ilustres nombres
Se leerá
Adela Robreño.[213]

[213] *El Liceo de La Habana* no. 10. 14 de marzo de 1858. p. 79-80.

Adela, de nueve años, le pide al anciano actor que la escriba y la guarda con celo. A diferencia de tantas otras décimas nunca reunidas, esta llega a ser muy conocida. Pronto será un personaje "flor" y se apartará de la exageración dentro y fuera del teatro. Y aunque idolatría es una palabra mayor, se impone frente a las actrices de la península y es la primera cubana que alcanza un reconocimiento en las Antillas.

En enero de 1850 actúan los acróbatas Hermanos Franklin y cuando Argente estrena *El disfraz venturoso*, sainetón de escenas deslumbrantes y efectos, escrito por Ramón Martín, "muy conocido en su casa", se recomienda a los Robreño no hacer obras de ese calibre si quieren conservar la reputación y le solicitan a Adelita –de diez años– más sencillez y naturalidad. Sin embargo, cuenta el localista o lo inventa, varios niños en la calle declaman en su estilo ya que es muy popular. Iguales malos comentarios recibe *El trapero de Madrid*, adaptado del francés por Lombía y otras piezas representadas en el Circo, entre ellas *Un tigre de Inglaterra*. A mediados de marzo se anuncia una posible gira de Matilde Díez, la perla del teatro español, dispuesta a venir, según una carta, aunque no hay empresarios sacrificados o capaces de asumir el riesgo. Todos incluido Robreño dependen de las decisiones de Marty, el zar del Tacón.

En la capital, el año es muy inestable para las compañías dramáticas. Mur, la bailarina Paz Dorado, Manuel Argente y Juan Alersi parten hacia México. Meucci y su esposa Esther, sastresa del Tacón, dejan la empresa después de ahorrar veintiséis mil pesos fuertes con los que se establecen en Nueva York y el insistente Rosal lucha a brazo partido en San Antonio de los Baños, Regla y Guanabacoa por abrir un teatro que llega a anunciar *Llueven bofetones...* a ser interpretado por Matilde Domínguez y Covarrubias.

Argente debuta en México con *Sancho García* pero el 26 de julio ya está de regreso con su familia y Ruiz en la goleta la Sultana, después del robo de sus equipajes en el trayecto hacia Veracruz. ¿No es el momento de crear una buena compañía dramática? pregunta el localista. En México *El Siglo Diez y Nueve* divulgó su aparatosa despedida en la isla, "convencido de la inutilidad de sus esfuerzos para reunir una compañía digna del gran teatro" pero no cumplen sus promesas. La Mur en cambio permanece allí un tiempo más. Una "corona poética" comenta de manera velada su episodio habanero, ya que aunque no es una actriz de primer orden, necesita la "indulgencia del público" para crecer. [214] Al mes siguiente Argente interpreta *Mateo el veterano,* de Antonio Hurtado, con Manuela Catalán. Mientras Isabel García Luna se eclipsa y su estela se disipa, la de Mur continúa y vuelve a Cuba.

José Robreño y los suyos, en el otro extremo de la isla, inauguran el 30 de junio de 1850 el Teatro de la Reina en Santiago de Cuba con *Cada cual con su razón*, de José Zorilla, dirigida por José con los primeros actores Joaquín y Vicente González, Florencio Pedroso, Remigio Somodevilla, Pablo de Miranda, José Hernandorena, Joaquín Armenta, Francisco y Daniel Robreño y las actrices Juana Diez, Carlota Armenta, Carmen Planas, Manuela Tapia y Adelita Robreño. Según Fuentes Matons, ensayan *Isabel la Católica*, de Rubí, pero por desavenencias con la junta directiva, la suplantan por *Trabajar por cuenta ajena*, de Cazurro. Emilio Bacardí la data en julio con una obra de Zorrilla. [215] El primero de octubre, todavía en esa ciudad, en un beneficio a la niña prodigio, después del primer acto de *Pablo y Virginia*, de Bermúdez Salas y *La tempestad* de Fuentes Matons, la orquesta ejecuta el cocuyé atribuido al catalán José Casamitjana, quien lo transcribe del original santiaguero. [216] Los Robreño son los primeros en bailarlo en intermedios y "fin de fiesta" de sus representaciones. Dos años después el cocuyé y el cinquillo invaden La Habana mientras los actores siguen con los pies el

---

[214] *Corona poética. A la actriz dramática, señorita doña Ventura Mur*. Imprenta de I. David. A cargo de A. Contreras, 1851.
[215] Estrada Abelardo. "Estudio de un libro, su autor y la órbita de ambos". pp. 173, 320. En Fuentes Matons, Laureano. *Las artes en Santiago de Cuba*. La Habana: Editorial Letras Cubanas, 1981.
[216] Ídem. p. 336.

ritmo marcado por el güiro. [217] Fuentes Matons es impreciso, el 13 de agosto, una carta anónima desde Santiago [en ese momento Cuba], informa que el público ha disminuido a punto de dejar el teatro desierto porque la compañía es pésima y "los actores menos malos" son Carlota Armenta, José Robreño y Vicente González. [218] Sin embargo los matanceros están ansiosos por recibirlos.

El recorrido contradictorio de las informaciones es abrumador y el investigador debe abrirse paso entre conjeturas. Una vez que los Robreño están en Santiago deben permanecer allí el mayor tiempo posible con público o sin él, si en Trinidad tienen asegurada una plaza como efectivamente ocurre, ya que el 20 de noviembre debutan en el teatro Brunet con *Catalina Patric o la hermana del carretero*, de Bouchardy. Francisco Fernández [¿Vilarós?] se suma al elenco y allí también alternan dramas truculentos y comedias. El recinto, según se rumora, es una promesa del conde Brunet a Amalia Armenta durante su visita de 1839. [219] El 22 de agosto de 1850 llega un informe de Puerto Príncipe: su teatro de madera adelanta extraordinariamente, se ha colocado el techo y la armazón exterior, sin embargo la compañía de Iglesias termina el primer abono en medio de una gran apatía, con los palcos vacíos.[220]

Mientras Daniel Robreño gestiona en Madrid la visita de la Díez, los restantes miembros de su compañía giran a Trinidad, Cienfuegos y Matanzas. De vuelta a la capital en abril, las reseñas de "Ultramar" de *Correo de los teatros* permiten apreciarlos en su esplendor, cuando los recién llegados Fernando Martínez, Pablo Miranda y Rafaela Espinosa

---

[217] Cf. Prat Ferrer, Juan José. *Clásicos tropicales. Música cubana de salón del siglo XIX*. Universidad de Segovia, 2015.
[218] *Diario de la Marina*. 13 de agosto de 1850.
[219] Marín Villafuerte, Francisco. *Historia de Trinidad*. La Habana: Jesús Montero, 1945.
[220] Cf. Villabella, Manuel. ob.cit. pp. 140-45. Es un recinto "de madera" para los que no pueden pagar el precio del Principal y según el historiador abrió en junio y se llamaría El Fénix. Al parecer las funciones de Iglesias se realizan con el teatro en obras.

se unen al elenco. Debutan el 26 de abril de 1851 con *Isabel la católica* de Rodríguez Rubí. Carlota Armenta "viste el personaje [de la Reina] de un lujo desconocido" junto a Planas (Beatriz) y Argente (Gonzalo de Córdoba). El 27 en *Borrascas del corazón*, del mismo autor, Rafaela Espinosa es un *fiasco* y sólo Argente conjura la *borrasca*; el 29, otra pieza suya, *República conyugal*, tiene muy escasa concurrencia; el 3 de mayo en *Trabajar por cuenta ajena*, de Zacarías Cazurro, la Domínguez agrada pero no obtiene todo el partido de su personaje; el 12 de mayo, *El trapero de Madrid* de Juan Lombía, atrae al público y José Robreño obtiene muchos aplausos, llamado dos veces al proscenio; el 15 Fernando Martínez, con muy escaso volumen de voz, debuta en *Jorge el armador* de V. de Lalama, el 17 se ejecuta muy bien *La trenza de sus cabellos* de Rubí y el 19, en *Guzmán el bueno* de Gil y Zárate, Argente atruena "con sus descompasados gritos"; el 22 se representa *Las travesuras de Juana*, de García Doncel; el 24 se repite *Isabel la Católica*; el 25, *La segunda gracia de Dios* con Adelita; el 29, en *La huérfana de Bruselas*, traducción de la obra francesa, Martínez se destaca como Walter; el 1ero de junio se representa *Don Francisco de Quevedo*; el 15, *Alfonso Munio*, de la Avellaneda, con Armenta y Diez, la señora Domínguez canta La Colasa el 8 de junio en *Gabrina o la loca de Parma* [sic] y el 9 se presenta *Lázaro o el pastor de Florencia*, de Bouchardy. Una obra cada día lapidada por el corresponsal con dos palabras. Insiste en la elección de personajes fuera de la "cuerda" de los actores, el pobre desempeño de Espinosa y la frialdad de Domínguez, más efusiva como cantante. [221] Se le critica abusar de las traducciones y los "dramas arreglados" y a partir del 25 de julio, según *Correo de los Teatros*:

> a fin de llamar la atención del público para sus beneficios, los actores eligen dramas de aparato, sin mérito literario [...] para ganar provecho ya que no honra. Sensible es que esto suceda y que así se prostituya el arte; pero los actores necesitan vivir, y si el público se

[221] *Correo de los Teatros* 35. 27 de julio de 1851. p. 3.

paga de mamarrachos y no de producciones de verdadero mérito, ¿se les querrá hacer culpables de esto?..." [222]

Pero no todas son traducciones. El 26 de julio de 1851 estrenan en el Tacón *Un californiano,* de José Agustín Millán, junto a *Qué barahúnda,* adaptada de Gustavo Lemoine para el beneficio del jocoso Vicente González, con Carlota Armenta, José Robreño y Fernando Martínez. Ignorada por el corresponsal, no se refiere a la obra de Millán, sino a la comicidad de la francesa. En *Un californiano* un grupo de norteamericanos irrumpe de manera salvaje en la apacible vida de Tranquilino Valor, empeñado en que su hija Carmencita aprenda lenguas con su profesor. Negada a recibir clases de música, pero amante de los idiomas, se prometió a Buenaventura, primo buscador de oro en "las Californias". Aunque para algunos Millán fue un dramaturgo mediocre, la obra se sostiene por su gracia.

El viudo Tranquilino, retirado en Puentes Grandes, disfruta de su "tranquilidad" económica, cuando recibe el aviso de la llegada de "treinta vapores, cincuenta mil hombres, treinta globos aerostáticos y setenta mil californianos que meten miedo". Entre ellos, el sobrino Buenaventura. La descripción del vestuario de los recién llegados es magnífica: trajes de paño viejos, botas con tacones, sombreros de cachucha y otras indumentarias estrafalarias e inapropiadas. La gente los recibe con piedras y chinas pelonas, gritos y silbidos, pero así todo, al llegar a la casa, conversan con los criados. (*Mr. William. Will you take some brandy?*) Entretanto Enrique, el maestro, se niega a hablar inglés pues la lengua como el coñac le parecen «guturales», los visitantes del Norte se muestran desfachatados y faltos de educación. "¡Quien diría, dice Buenaventura –pobre, sin camisa y con barbas al «abencerraje»– que estos marchantes son los que intentan conquistarnos y darnos lecciones de civilización!". El primo no regresa de las Californias con una mina de oro, sino con una mujer, Virginia Trumbler, quien

[222] *Correo de los Teatros* 41. 7 de septiembre de 1851. p. 3.

enamoradísima del criollo, chapurrea: "Yo estar cansada... pero yo querer comer primero, aunque sea un *beef-steak.*" El profesor se promete a Carmencita ya que el "pobre californiano", en vez de un tesoro, trajo una mujer por caudal. Al día siguiente se escribe que Millán estrenó una "piececita." [223]

A esa temporada se refiere Daniel Robreño en una extensa carta, reproducida en *Correo de los Teatros*, pues la compañía se refuerza con actores de valía para recibir a la Díez. [224] Se estrenan además *La hermana del carretero*, de Bouchardy, *La toma de Londres o el tigre de Inglaterra*, imitación del drama de Shakespeare *Rey Juan*, sobre el crimen de Juan Sin Tierra y la adaptación de *Elena Marsan*. Domínguez canta el Jabeque de Cádiz con Joaquín Ruiz.

Los Robreño, aunque atentos a la creación propia desde su llegada a la isla, se concentran en las «traducciones» y decoraciones de Francisco Zuccarelli. En *Juana de Arco* de Desneyers, traducida por José Robreño, se aplaude la "rareza de los sucesos" y llaman dos veces al decorador y a la protagonista. El público no está todavía muy entrenado en la etiqueta del teatro y se demora en entrar después de las campanadas y según el corresponsal, cuando la actriz sale al proscenio, un "prójimo", asombrado al verla a pie, exclama a toda voz ¿Por qué no se presenta a caballo?"[225] El 7 de agosto de 1851 Adelita actúa el género «atroz» con *La niña salvaje o el Caín del siglo XIX*, adaptada de una novela de Berthet, muy fuerte para una jovencita. *La segunda gracia de Dios* se reseña ampliamente así como una función patriótica a beneficio de las familias de los soldados que persiguen a los piratas invasores en Playitas, celebrada el 7 de septiembre, previo permiso del capitán general, que autoriza alterar los precios de entrada (palcos a 17 pesos, lunetas a 4 pesos dos reales y entrada general a un peso), así como a colocar una bandeja para las donaciones. Con los candelabros

---

[223] Millán, José Agustín. *Un californiano*. "Panorama del teatro cubano". *Cuba en la UNESCO*, v. 6. no 7, 1965. pp. 36-58.
[224] *Correo de los Teatros*. 28. 8 de junio de 1851. p. 3.
[225] *Diario de la Marina*. 17 de junio de 1851.

encendidos, un rico dosel y retratos de la reina, se presenta *Isabel la católica*, de Rubí. Hay vítores y canciones patrióticas para una recaudación de diez mil pesos.[226] Argente interpreta a Gonzalo a pesar de no pertenecer a la compañía. Es la única vez que un periódico de la península reseña los estrenos habaneros de Robreño. La prensa local insiste en las debilidades de los actores, desde la inmadurez de Martínez a la falta de estudio de Matilde.

Casi de manera paralela resurge el debate sobre el "teatro nacional" en seis artículos publicados entre el 23 de marzo y el 30 de abril, ya que a una ciudad rica y populosa –que ha visto actuar a Salvi, Marino, Badiali y Steffenone– le corresponde un teatro dramático a esa altura. Mientras los operáticos mencionados pertenecen a un pasado reciente, en el drama se vuelve a la memoria de Prieto y Avecilla. Es un clamor, hay que crear una compañía, los actores "vagan de aquí para allá pidiendo pan", pero debe estar guiada por las reglas establecidas por Rosal y al servicio de Matilde Díez (se insiste en su próxima visita, Marty le ha remitido cuatro mil pesos) pero no debe "trabajar por su cuenta y riesgo". No debe venir a morirse de hambre. La empresa debe reunir ópera y drama para representar buen teatro español "exornado como las óperas" y dirigido con talento e inteligencia. Se sugieren «combinaciones» con México, Nueva Orleáns y Nueva York. Los actores tienen que vencer muchas dificultades para poder rivalizar con los extranjeros, ya que el pobre cómico, sobrecargado con el costo de sus trajes, se ha arruinado y la multitud de traducciones lo obliga a tal *morcillaje* que arruina el idioma. "No hay buen actor con el drama malo. [...] ¿Quién puede venir al Tacón? Mucho calor, mala compañía, peores trajes, decoraciones malas y una selección de dramas *en gringo* capaz de hacer estremecer al más decidido aficionado a la comedia."

Publicados en medio de la temporada de Robreño, el cronista manifiesta que es mejor esta compañía que ninguna, pero no es la que necesita la capital, sino una que vuelva a entusiasmar como Prieto y

---

[226] *Correo de los Teatros*. 46. 12 de octubre de 1851. p. 3

Avecilla. [227] Las crónicas carecen de firma, y no parecen escritas por un literato sino por un cómico o empresario familiarizado con el teatro de Barcelona en 1807. La posible gira de Díez desata otra polémica sobre la falta de un galán digno de ella. Argente se hiere ya que en 1843 trabajó con la perla en varios elencos, pero ahora tiene compañía propia con la Sra. García y Ruiz y ocupa el Ilusiones de Regla y el Tacón. Se proyecta un nuevo teatro del Liceo en el Campo de Marte.

El primero de enero de 1852, en el recuento del año anterior, se escribe que el teatro es un «cadáver» que en vano se esfuerzan por resucitar las *comparsas* de Florencio Flores, los Robreño, Manuel Argente y Joaquín Ruiz. Y la visita de Matilde Díez –de la que se habla con frecuencia– una ilusión disipada. El 16 de enero se sueña con la Patti, Parodi, la Cerito, la Grissi y tantos artistas que no desdeñan visitar desde Nueva Orleáns, motivados por la gloria y por "algo más material". Pero Adelaide y Clementina Rousset y su esposo son los primeros en llegar seguidos de la familia Ravel con las pantomimas *El hombre salado*, *La fortuna de la reina del mundo* entre otras. Creada por el funámbulo Gabriel, nacido en Tolouse en 1810, se elogia a Antonio, Francisco, su primer bailarín Paul Brillant y el músico Eugenio Fenelon y se insiste en la variedad de sus números y la excelencia, sobre todo, de *Las píldoras mágicas* que abarrota el Tacón. Desde 1839 se llama entrada *de raveles* al teatro enteramente vendido.

Argente se lleva un buen susto en Güines al desprenderse la solera de uno de los palcos del segundo piso del edificio y un crujido terrible interrumpe *No ganamos para sustos*, según *Correo de los Teatros*. [228] José A. Millán estrena *Un paseo al Bejucal* el 19 de junio, con "gracias, chistes y donaires" para el beneficio de Florencio Flores, junto a *Antonio Leyva*, de Ariza, calificada de brillante. En su intermedio se escucha el elogiado Zapateo, de Felipe Passarell, por sus combinaciones sabias y el

---

[227] *Diario de la Marina.* "El teatro nacional". marzo 23, 26, 2 , 12, 16 y 30 de abril de 1851.
[228] *Correo de los Teatros* no. 15. 2 de febrero de 1852.

concienzudo trabajo de armonía. María Arroyo colabora con Evaristo Díaz en su danza "Las travesuras de Juana" así como «derrama» chistes y ocurrencias. La noche de *Un paseo...* Millán, muy modesto, no se presenta a recibir los aplausos.

Ese domingo lluvioso en el que los habaneros rehúsan por lo general ir al teatro, comienza Robreño su temporada de 1852, para la que llega Soledad Gómez. Le sigue el 23, F*lor de un día*, de Camprodón, éxito del drama romántico español. Flores dedica el 8 de julio un homenaje a Antonio Rosal, "anciano y desvalido actor retirado" en el Circo con *Bandera contra bandera*, de Víctor Balaguer y *El quid pro quo*, traducida por Zequeira y Caro. La escena oscila entre el delirio por los funámbulos y las puestas de aparato y magia que siempre atraen a las multitudes, los Pavía con sus danzas, jaleos y zapateados, el debut de José Carbia y el gusto por gigantes, enanos, teatros mecánicos y atracciones de circo.

En espera de Matilde Díez, Robreño estrena *La toma de Joló* en el Tacón con las localidades vendidas; *Catalina Howard*, de Alejandro Dumas, una parodia de *Los amantes de Teruel* titulada *Los amantes del Chinchón* con Joaquín Ruiz, así como *El amante universal* de Patricio de la Escosura. En el Circo Matilde Domínguez canta "La macarena", Paz Dorado baila la Sandunga y se hacen famosas las elevaciones aerostáticas del señor Cordero, que acompaña los bailes de Regla. Ruiz interpreta el negrito Domingo de *Pablo y Virginia* y baila el cocuyé con una comparsa. Pero en abril de 1852, una nueva danza está llamada a figurar junto al popular ritmo. "María de la O Soquendo", de Julián Reinó, a partir de un popurrí de la banda de Isabel II, inspirada en una canción de Santiago de Cuba, se ejecuta en el Escauriza con marimbas, güiros y los instrumentos "que la gente de color emplea en sus bailes". Claudio Brindis de Salas, el "acreditado" director de la orquesta La Concha de Oro, para que no muera la danza de María la O (un compositor escribe "La muerte de María la O"), compone "El hijo de María la O" y declara que quiere seguir la saga y escribir danzas sobre el nieto y los tataranietos del personaje que en el siglo XX es el título de una zarzuela. [229]

En enero de 1853 el éxito inesperado de las zarzuelas *El duende y La castañera*, obliga a los Robreño a dividir la compañía, una de verso y otra de canto. En abril hay *Tío Caniyitas* en Remedios y se escribe sobre la zarzuela *Trapalillos*, escrita por Rafael Otero con Freixas, Reinó y Alfonso y *El pago de una deuda*, de próximo estreno. En 1854 Antonio Medina estrena *El guajiro generoso*, con música de Antonio Figueroa. Adela Robreño interpreta *Un coburgo*, de Rafael Otero para el beneficio de Máximo Jiménez y el 9 de marzo, Arturo en *Amor de madre*, de Ventura de la Vega, para el de las Pavía, donde hay cocoyé y números de *negritos*.

El 8 de marzo de 1853 Adela es Flora en *La hija de las flores o todos están locos* de Gertrudis Gómez de Avellaneda, su personaje más importante. Con trece años, asume con naturalidad tanto lo inverosímil del texto como su realismo, quizás demasiado inmadura para aprehender todos sus matices. Tiene tres años menos que el personaje, pero aborda sus exigencias. A partir de ahora muchos recuerdan a la niña nacida entre flores. La crítica celebra el "candor angelical que la lleva de manera poética al himeneo" y manifiesta que actúa "con la mayor naturalidad e inteligencia". [230]

La primera versión de *La hija...* es de 1852, una de las obras más logradas de la Avellaneda, valorada más por sus "dramas trágicos". Catalogada ese año como drama, la autora le restituye su propiedad de comedia para la edición revisada de sus obras. Estrenada en el Teatro del Príncipe el 21 de octubre de 1852, permanece dos meses en cartel en Madrid y vuelve a los escenarios cinco años después, en ambos casos, con actores de relieve. Respecto a la puesta habanera de Robreño, el localista comenta que basta una obra así para crear la reputación literaria de su autora, y sobre todo, señala su capacidad de

---

[229] *Diario de la Marina*. 1ero de abril y 27 de abril de 1852.
[230] *Diario de la Marina*. 10 de marzo de 1853.

crear hasta el final el misterio sobre el origen de Flora, la versificación rica y florida, las imágenes poéticas y la naturalidad con la que los personajes son percibidos como "locos". Tolera la fantasía de la protagonista, creída "hija de las flores" porque habita entre ellas. Aunque la nota es muy breve porque muchas firmas escribieron (pero no se han buscado), son tan escasos los registros de puestas de la Avellaneda que vale la pena detenerse en la reseñada por uno de los diarios más enterados de la escena peninsular. No afloran en el análisis los tópicos señalados después como debilidades. Nadie se asusta por lo «inverosímil» de la locura ni por su excesivo lirismo. De manera escueta se menciona el reparto: José Robreño (el Conde), Carlota Armenta (Inés), Luis Martínez Casado (Barón), Juan Miranda (Luis), Adela Robreño (Flora) y los Pavía en el baile "Las caleseras". Es muy posible que Daniel Robreño –actor y empresario a cargo de la gira de Matilde Díez– obtuviera la aprobación de la autora para su representación.

En *La hija...* hay concepto de comedia universal, ajustado a una interpretación personal de los postulados del romanticismo. La Habana conoce buena parte del repertorio francés *larmoyante,* vigente en esos años, ambiente familiar a la pieza que para Portuondo es rococó y para Montes Huidobro, versallesca. Gertrudis se apropia de muchas fuentes: los rústicos criados vienen de la comedia lopesca ya que los jardineros al cuidado de la casa de Barón, no son rústicos pero tienen pocas luces.[231] Esperan a Luis y al Conde para la ceremonia nupcial ya que Inés, hija del conde, se ha prometido al sobrino del conde de Mondragón. Tomasa y Juan Cantueso, entre flores y arbustos, brindan la información requerida sobre el amo ya que desde hace doce años están a su servicio. La apropiación del jardín como paisaje recuerda *El príncipe jardinero y fingido Cloridano,* primer texto dramático cubano. Cuando Adela la repone, a los veinte años, el poeta venezolano Domingo Ramón Hernández escribe: "Niña entre flores nacida/y entre las flores

---

[231] Gómez de Avellaneda, Gertrudis. "La hija de las flores". V. 1. *Comedias cubanas siglo XIX.* La Habana: Editorial Letras Cubanas, 1979. pp. 131-309.

criada/De sus colores vestida/y de su aroma empapada..." en una hábil identificación actriz-personaje como ninguna otra en el siglo XIX. [232]

No es la primera puesta de la Avellaneda en la isla. Mientras *Leoncia*, estrenada en Sevilla en 1840, fue rechazada por la censura, el 30 de agosto, el 1, y el 3 de septiembre de 1844, *Alfonso Munio* se estrena en el Tacón, según la prensa, como una "ofrenda de gratitud". Se le llama "inmortal poetisa" (Tula tiene treinta años y es su segundo estreno). Pero la tercera noche de *Alfonso...*, el *Diario de la Marina* se duele de que una ciudad que ha prodigado oro y obsequios a «saltibancos» y «bailarines extranjeros» haya mostrado "tanta mezquindad" para recompensar el mérito de un ingenio nacional cuando se dedica a los habaneros. Su recaudación no llega a quinientos y tantos, de los cuales cuatrocientos eran para la empresa mientras que en su beneficio –cuyos frutos correspondían a la poetisa– los obsequios personales remitidos a su representante fueron de 25 pesos, entre ellos una onza de oro. Manuel Argente recibe una corona de flores porque se "identifica" con el personaje y resalta las bellezas del drama, particularmente en la escena en la que –cual Lady Macbeth– mira sus manos ensangrentadas.[233] El localista cree que está muy inspirado y duda de que Carlos Latorre en Madrid la haya «sacado» mejor. Aparte de los aplausos y las flores, el público exige su repetición. La madrileña *Revista de Teatros* publica la crítica. Intervienen Carmen Corcuera, Rafaela Espinosa y Guía. Se escribe que no ha habido una actriz que sepa decir *"¡Tu madre, ingrato"!* Al finalizar, María de los Ángeles García cantó "La Avellanera" de Iradier. Se comenta la primera dedicatoria de la obra que la autora cambia en la edición definitiva, al titularla *Munio Alfonso* y dedicarla a su hermano Manuel.

---

[232] Hernández, Domingo Ramón. *Flores y lágrimas*. París: Garnier, 1889. "A la señorita Adela Robreño en la representación de *La hija de las flores*. pp. 199-202.
[233] *Diario de la Marina*. "Gran teatro Tacón. Beneficio de la Srta. Avellaneda". 5 de septiembre de 1844.

DEDICATORIA.—A los habitantes de la Habana.— Cuando en 1840 escribí para el teatro de Sevilla un drama titulado *Leoncia*, al que la galantería andaluza concedió generosamente elogios, que tuve el placer de ver repetidos en varios periódicos de la Habana, se me hicieron de dicha ciudad muchas peticiones de la obra, a las que no accedí, por la íntima convicción del ningún mérito de aquel ensayo dramático.

No olvidé, empero, tan lisonjero testimonio de interés, y desde entonces consideré como un deber el dedicar a los habaneros mi primera producción, de igual género, que saliese medianamente escrita.

Dado me es hoy cumplir aquella intención, y al lanzar a los mares a mi *Alfonso Munio*, experimenté una sensación que creo comparable a la de una madre ausente largo tiempo del país de su cuna, que viendo partir para él a un hijo querido, le dijese, con un sentimiento de placer mezclado al dolor de la despedida:

—¡Vas a la patria !

Sí, generosos habaneros, entre vosotros quiere tener su día de vida el hijo de mi imaginación, y a vosotros le fío.

Condenada, acaso, a no pisar otra vez el suelo virgen de mi hermosa Patria, a no recibir las ardientes inspiraciones de su sol de fuego, consuélome con enviaros los débiles trabajos con que endulzo las amarguras de mi expatriación, y me complazco al prometerles, entre vosotros, una acogida simpática.[...] [234]

El texto reafirma sus sentimientos. Desgraciadamente contrasta con la indiferencia del público. Mientras *Alfonso...* estrenado en el Teatro de la Cruz, en Madrid, le gana la aprobación general –brillante entrada en los escenarios españoles– por sus "interesantes escenas, pensamientos elevados y versificación robusta", según *El Clamor Público* del 15 de junio, La Habana se muestra distante. Un comunicado de *El Faro Industrial* habla de sus ingresos pero no de su repercusión.

[234] Figarola-Caneda, Domingo. *Gertrudis Gómez de Avellaneda: Biografía, bibliografía e iconografía*. Madrid: Sociedad General Española de Librería, 1929. Notas ordenadas y publicadas por Emilia Boxhorn, viuda de Figarola-Caneda. pp. 43-45.

Demoledor resulta comparar el emotivo mensaje de Tula con la fría recepción. El 30 de noviembre del año siguiente se anuncia a Antonia Suárez ("matrona y característica") en *El príncipe de Viana*, escogido para su beneficio tras múltiples dificultades, pero no se estrena hasta el 19 de diciembre. "Drama trágico y en verso, original de la célebre poetisa Srta. doña Gertrudis Gómez de Avellaneda, nunca representada en este teatro. La justa nombradía de que goza en la república literaria esta sublime producción de la distinguida autora de *Alfonso Munio* es la mejor garantía de su mérito. La isla de Cuba puede envanecerse de haber producido a la autora de esta obra, así como yo me envanezco de ser la primera que tiene el honor de presentarla a sus compatriotas" dice el anuncio. Pero fue prohibida y "enteramente refundida por un literato amigo suyo.

A pesar de las buenas intenciones, la audacia de Suárez y la buena concurrencia, *El Diario...* cree que "no puede ser objeto de un razonado juicio sopena de que sobre la poetisa recayeran culpas que no son suyas", y responsabiliza a los actores del poco estudio de los papeles y a un viento del norte muy fuerte, de mantener a los espectadores en vilo y de mal humor.

Aunque la vida teatral de las provincias rara vez es noticia, en San Juan de los Remedios, una villa con un teatro "de guano", el 18 de junio de 1848 Florencio Flores estrena *Alfonso Munio*. El cronista asiste para "saborear los dulcísimos versos de la Safo cubana" por las virtudes de la pieza, su originalidad, buen plan y finura: "no es posible presentar un cuadro más sorprendente de las pasiones encontradas". Entre los lunares, alguna escena lánguida, pero "¡cuántas bellezas de indisputable mérito resaltan en todo el drama!" Además de citar fragmentos de la obra, comenta la feliz actuación de Flores aunque la representación no cubre los grandes costos. El público le tributa "gran cosecha de aplausos" igual que a Antonia Arroyo (Fronilde), Manuel Bermúdez y el Sr. Núñez. [235]

---

[235] *Diario de la Marina* 29 de junio de 1848.

El 12 de marzo de 1853 Adela prosigue con su repertorio habitual y escoge para su beneficio *El tío Caniyitas o el mundo nuevo de Cádiz*, de José Sanz Pérez, *Churra ven acá* y *Las travesuras de Conchita* donde nuevamente se oye el cocuyé mientras se ejecuta el solo de Julián Reinó con un instrumento nuevo, el saxofón.

Las dos Matildes o el entusiasmo de La Habana

Desde junio de 1851 Daniel Robreño se encuentra en Madrid y asegura que la «anhelada» Matilde Díez llegará en octubre con una compañía provisional para satisfacer "los deseos de un público acostumbrado a juzgar los eminentes artistas y notabilidades que sucesivamente se han presentado en este teatro." [236] La afición está pendiente. En octubre de 1852 debe embarcar desde Cádiz. Algunos son incrédulos (¿nos será permitido dudar en un solo momento de su visita? pregunta el localista) pero así todo Landaluze termina su litografía, Felicia proyecta su sección "Ramillete" en el *Diario de la Marina*, los dramaturgos ultiman sus obras y José Robreño, con Máximo Jiménez y Carlota Armenta, comienza una temporada en su espera. En noviembre, con la llegada del vapor de Cádiz, se despeja la incógnita. Matilde no viene. Indispuesta, se ha quedado en Sevilla. Pero los habaneros disfrutaron a Ruiz en el Circo (*Diego Corriente*s, el ladrón romántico de Andalucía, tiene mucho éxito), la bailarina Paz Dorado, mientras la cienfueguera Matilde Domínguez consigue con los Robreño lo que se llamó su "estrepitoso aquel" cantando la Gitana o el Churrú en los intermedios de *Qué barahúnda*, *Las fiestas reales*, *Elena de Marsan* o *La alquería de Bretaña*. Las danzas son esperadas y en septiembre, Vicente Ferrer y Espinosa da a conocer "Rosa la cabezona" con la orquesta de El Fénix. El público se pregunta cuándo llega la Díez y con qué obra debutará, se habla de "postración" (el principal coliseo cerrado) y se especula si viene o la contrataron en otra parte.

El 14 de enero de 1853, ante la incertidumbre, se publica una variación de la letrilla de Góngora, atribuida en burla a la actriz:

---

[236] *Correo de los Teatros* no. 28. 8 de junio de 1851 y no. 33 del 11 de julio de 1852.

> Aprended, flores de mí
> lo que va de ayer a hoy
> que esperada en Cuba fui
> con locura y frenesí
> y al presente nada soy
> pues ni se acuerdan de mí
> ni saben dónde estoy.

No es hasta septiembre de 1853 que Matilde Díez abre el desfile de las grandes figuras españolas en el Tacón. Pero transcurren años de espera y afectada de la voz, antes de actuar, se va a descansar a Jesús del Monte. Viene acompañada no de su esposo Julián Romea –a quien abandonó– sino de un cómico rival, el primer actor Manuel Catalina, junto a los intérpretes de Robreño, Carlota Armenta, Manuela Tapia, Pablo de Miranda, Daniel Robreño, Vicente González y Juan Catalina, hermano de Manuel. El 20 de octubre de 1853 la Díez debuta con *Borrascas del corazón*, de Tomás Rodríguez Rubí, en un Tacón que sube el precio de los asientos y cuyo público se agolpa cual "impetuoso torrente" junto a una multitud que no se arriesga a entrar de balde y espera afuera como un "trueno". Se vende su retrato a una peseta sencilla. Nacida en 1818, la Díez es eminente y muy solicitada. "El público no dejaba una localidad vacía las noches en que *la Matilde* –que de esta manera se la nombraba vulgarmente– hacía una de las obras creadas para ella y por ella, produciendo no ya el entusiasmo en la imaginación, y el placer o el dolor en el alma; no un sentimiento más ó menos intenso, más ó menos vivo, sino el frenesí, el vértigo, la locura. Durante muchos años [...] ocupó á Madrid y á España entera con su genio artístico" escribe Eduardo Lustonó. [237] Le sigue *La pena de Talión*, de Scribe, y un baile nacional. Aunque nunca hace otra obra después de *Borrascas...* quiere demostrarle a los habaneros que esperaron durante

---

[237] Lustonó, Eduardo. "Los que fueron. Matilde Díez". *La Ilustración Española y Americana*. v. 43. 8 de febrero de 1889. pp. 74-75.

tres años que «nada la arredra». Se exhibe un nuevo «salón» pintado por Francisco Zuccarelli.

El 22 de octubre el cronista del *Diario de la Marina* la juzga (en ella la "ilusión es completa"), el 25 se dice que es la salvadora del teatro de verso y el 27, Creto Gangá, Bartolomé Crespo y Borbón, con su característica firma, publica un inusitado poema "Pa la niña mi su ama Matide Dia, primero cumeriante de la trieto pañole" [sic] y se atreve a dar consejos en bozal a la recién llegada: el espejo otro, caricaturizado, de la recepción cortesana. [238] El poema ocupa más de un cuarto de página y al día siguiente se comenta que los lectores reirán mucho con los «consejos» del buen Creto. Comienza con una interrogación. "¿Ya tú pacá lo ha vinío? [sic]" y le recuerda el estira y encoge de su viaje. ¿Qué habrá pensado Matilde?

José de Jesús Quintiliano le dedica varias crónicas en las que a pesar de significar sus "maneras felices y naturales", la mejor actriz que ha visitado la isla, relata que hay frialdad, bien porque el público se ha agotado en la espera o el ansiado debut se produce con una Matilde casi sin voz y rodeada de un conjunto con altibajos sensibles. Algunas obras son recibidas con desgano como *La niña boba* [sic] de Lope de Vega, otras como *Una ausencia*, arreglo de Ventura de la Vega, le arranca al cronista adjetivos de incomparable y magnífica. El principal obstáculo es que eran conocidas del público por versiones de otras compañías y se establecen comparaciones: Manuel Catalina no es Julián Romea (según Quintiliano debe moderar el continuo movimiento de sus brazos) o fallan al incluir sainetes malos, como *Majos y los estudiantes*, "bueno para divertir a un pueblucho donde la plaza fuese el tablado de una compañía de la legua". El "desengaño" causó "cierto entusiasmo ficticio" y alusiones al estado de su voz y su robustez. [239]

---

[238] *Diario de la Marina*. Folletín. 27 de octubre de 1853.
[239] Quintiliano García, José de Jesús. *Revista de La Habana*. Tomo II.(1853-54) pp. 117-118, 137-139, 161-164, 183- 184, 202-204, 224.

En enero, de manera inesperada, los Robreño tiene un éxito colosal con la zarzuela *El duende,* música de Rafael Hernando y libreto de Luis Olona, estrenada en Madrid cuatro años antes. Juana Díez y Máximo Jiménez se destacan en el verso y en la música, José Freixes, contratado de Madrid. "La zarzuela invade el terreno de las conversaciones", comenta un periodista. La letra interesa por su tinte sainetero pero la novedad es el debut de actores-cantantes (Robreño, Martínez, Jiménez, Díez). La compañía se refuerza con nuevas voces. Le sigue *La castañera* con igual calurosa recepción. Ambas con entradas «de raveles». En mayo del año siguiente casi todas las provincias tienen sus agrupaciones del género, con figuras como Parladorio y el joven Andrés Pastorino. La compañía se divide en dos, una de verso con José Robreño, Carlota Armenta, Juana Díaz, Máximo Jiménez, Vicente González, Luis Martínez y otra, de zarzuela y sainete, con Ventura Mur, Ruiz García, Ramón Gasque, Florencio Flores y Matilde Domínguez, aclamada por su bella voz y el "aquel" de su canto, cuya carrera se trunca trágicamente, apuñalada por su esposo. La zarzuela comienza su vida independiente con obras muy comentadas como *El dominó azul*, texto de Camprodón y música de Emilio Arrieta, estrenada en diciembre de 1853. El folletinista Salantis escribe:

> La Habana parece haber reñido hace algún tiempo con esos espectáculos y esas fiestas que sin conmover demasiado el corazón, agitan algunas de sus fibras como el viento las cuerdas de un arpa eolia. En sus teatros no resuenan las melodías de los cisnes italianos y el drama y la comedia, arrastrando hace largo tiempo una existencia precaria, se retiraron avergonzados ante la zarzuela como el sabio se retira ante un charlatán cuyas palabras coge la multitud con admiración al paso que se mofa de las de aquel. [240]

---

[240] Salantis. Folletín. *Diario de la Marina*. 9 de octubre de 1853.

En la capital Matilde no defrauda, pero a juzgar por las crónicas, se acoge con moderación. Estrena *Cecilia o la cieguita,* de Gil y Zárate, *La rueda de la fortuna,* de Mira de Amezcua, *La niña boba* (sic) de Lope, *La escuela de las coquetas,* arreglada por Ventura de la Vega, *La hermana del carretero,* de Bouchardy, *Marcela,* de Bretón de los Herreros, *Un ramillete, una carta y varias equivocaciones,* traducida del francés por Nicolás Lombía, entre otras. Según una biografía suya impresa en México –viaja allí en 1855– el entusiasmo de La Habana es inaudito [241] y se enumeran regalos, serenatas y objetos suntuarios ofrecidos a la artista. El folleto no profundiza, sin embargo, en la naturaleza de su interpretación que se da por sabida por los juicios de la crítica madrileña. Concebido como promoción, incluye su retrato, poemas –entre ellos el de su amiga Gertrudis Gómez de Avellaneda ("Parte! mi corazón que te acompaña") escrito cuando la "joya más preciosa" sale del país. La Díez estrenó *Alfonso Munio* y como Julián Romea tuvo una relación amistosa con Tula. Más allá de datos precisos, refleja el acontecimiento y el boato de la recepción mientras "una lluvia de oro y plata caía sobre las bandejas" a la entrada del teatro. Vuelve esa costumbre, suprimida por una resolución del gobierno. Un paje mulatico, vestido de librea, peinado y perfumado, le entrega un pliego con veintidós firmas entre lo más selecto de la sociedad.

El periódico *La Palma* publica "Adiós de Matilde Díez", de Pascual Riesgo, leído en la última función del primer abono, antes de viajar a las provincias. Los comerciantes no consideran a La Habana como una ciudad de «sentimientos artísticos» sino eminentemente mercantil, ajetreada, "que se fatiga pronto" y de ahí su reconocimiento hacia la actriz que demuestra lo contrario, su afición por el teatro. Le regalan un terno de oro y esmaltes con cuarenta y dos brillantes y otros cuatro de *sevigné* entre joyas y agasajos a los que ella responde con un banquete

---

[241] *La perla del teatro español. Biografía de Doña Matilde Díez.* México. Imprenta F. Escalante y Comp. Cederos, 1855.

donde sirve *champagne* y otras muchas delicadezas. [242] Julián Reinó le regala la contradanza "La Matilde" y Landaluze pinta su retrato a color para el periódico *La Danza*.

Mientras, el 8 de abril de 1854, Manuel Martínez, actor y autor, se separa del Villanueva con Manuela Catalán y comienza a dar funciones en Santiago de las Vegas y Máximo Jiménez, por seis años con los Robreño, parte a México para intentar instaurar allí la zarzuela. El 24 de abril se desvela un busto de Ventura Mur realizado por el Taller de José Cardona. Junto a Ramón Gasque se ha ganado a la afición. Rosario Rojas trabaja en Cárdenas y el característico Antonio Birelli estrena *Malas tentaciones* en el Villanueva. Francisca Muñoz de Blen estrena *El señor feudal o una venganza doble*, de la autoría de su esposo Saturnino, quien trabaja con Antonio y Jacobo Birelli. Pedro Carreño presenta la zarzuela *Industrial de nuevo cuño* que según el recuento de Leal es un ajiaco interracial y étnico cuya acción transcurre en la calle Salud, en extramuros.

En Puerto Príncipe, según reseña *El Fanal*, José Robreño dedica el 8 de junio de 1854 una función a los emigrados por causas políticas con un himno con letra suya y música de Conde. Un recuerdo a su padre y a los tripulantes de la Afortunada. Fuentes Matons no refiere las ovaciones recibidas por la Díez en Santiago pues "sería interminable describirlas" (18 de julio de 1854) y músico al fin, está pendiente de las zarzuelas ejecutadas por los Robreño: *Don Simón, El duende, El estreno de un artista* y *El valle de Andorra*. [243] En Matanzas (17 de abril de 1855) Domingo del Monte y Portillo lee el "Canto indio" dedicado a la «perla», en los preparativos para girar hacia otras ciudades del país.

Si yo tuviera, dama española
Acento dulce como la ola
Conversadora de nuestro mar,

---

[242] Riesgo, Pascual. *La Palma*. 2 de abril de 1854. pp. 1-2.
[243] Fuentes Matons. ob. cit. p. 189.

Si me enseñara pardo sinsonte
Su bello canto, risa del monte,
Yo te cantara tierno cantar.[244]

Antes de viajar a México, se zambulle en las aguas sulfurosas de San Diego y cuando llega a la meseta se escribe sobre una "eminencia entre un coro de medianías vecinas de lo malo" para aludir al pobre nivel del resto de los actores, incluido Catalina, que no es sobresaliente.[245] Su primera temporada, entre mayo y noviembre de 1855, en el Teatro de Santa Ana, encuentra una crítica incisiva y muchas intrigas. En primer lugar, comparte el teatro, ocupado por la zarzuela de Freixes y Saturnino Blen con un modesto cuadro lírico, integrado entre otras por Francisca Muñoz y Raimunda Miguel. Pero las quejas fundamentales son contra el conjunto, rodeada de actores "que no la ayudaron a brillar". A Catalina le falta "sensibilidad comunicativa", hay actores fríos y monótonos y a pesar de su buena voluntad, la puesta de algún autor mexicano y su gran fama, la gira está llena de obstáculos incluida la precaria salud de la Díez.

En La Habana, el 24 de julio de 1855 *La Gaceta* anuncia el estreno de *La chimenea encantada*, en tres actos, original encontrado entre los papeles de Covarrubias, dirigida por Salvador Palomino, con música de Pablo Miarteni y Julián Reinó. Pero se suspende sin más noticias, otro misterio hasta hoy. ¿Una pieza en tres actos del caricato? Ese año, aparte de Benoventano y Steffenone en la ópera, hay esporádicas funciones de Birelli, la Díez y Pilar Pavía, el Villanueva gira a Cárdenas

---

[244] Monte y Portillo, Domingo del. "Canto indio". *Revista de La Habana* 4-5 1855. p. 223.

[245] Reparto en México. Matilde Diez, Adela Robreño, Carmen Planas, Juana Diez, Manuela Tapia, Dolores Montoro, Josefina Andrea, Manuel Catalina, José Robreño, Juan Catalina, Daniel Robreño, Pablo Miranda, Vicente González, Joaquín Armenta, Francisco Robreño, Miguel Ojeda. Bailarines: Mercedes Pavía, Dolores Montoro, Francisca Pavía, Luis Pavía, José Camacho. La primera actriz Francisca Muñoz tomará parte en algunas funciones de este abono.

en septiembre y a partir de octubre, hay expectación e incertidumbre por la llegada de la trágica Rachel, que arriba el domingo 23 de diciembre de 1855 en el vapor Isabel para actuar el martes siguiente, pero el 5 de enero la prensa se extraña de la ausencia de noticias y se atreve a denunciar el silencio. Rachel "continúa enferma y los médicos que la atienden, han decidido que no puede actuar". Se devolverá el dinero de los abonos en la pescadería de Marty.

Entre los acompañantes de la *troupe* dirigida por Rafael Félix, hermano de Rachel, está el autor, actor y novelista León Beauvallet quien narra las vicisitudes de la gira de Elisa Rachel Félix, más conocida como Mademoiselle Rachel, en *Rachel y el nuevo mundo*. Es la gran decepción de los habaneros, tenerla cerca y por prescripción médica, no poder verla actuar. Más de veinte personas se hospedan en el hotel La Unión de O'Reilly 110 y en el Legrand, donde para fastidio de la trágica, en lugar de colchón había hamacas. Pareciera un simple escollo pero los artistas no pueden dormir con el ruido, los mosquitos, las hormigas y se asan con el calor abrasador. Así todo para Beauvallet es siempre la bella Habana, la reina de las Antillas. Acude al Gran Teatro Tacón donde se presenta *La Catalina* –a su juicio muy bien actuada por Rosa Espert– y hay diversiones en los cafés La Diana o la Dominica y conciertos de la banda militar en la Plaza de Armas.

Mientras Pancho Marty hospeda a la enferma en su casa, le reclama los más de treinta y cinco mil francos de la suscripción vendida, seis mil pesos según el *Diario*... El 1 de enero de 1856, Rachel declara que no actuará, disuelve la compañía y prepara la partida de todos vía Nueva York hacia París. Según Beauvallet, los residentes franceses solicitan que actúen sin ella, pero Rachel se niega, nadie sabe por qué. La prensa publica la biografía escrita por M. E. Mirecourt y se hace eco del clamor y la ansiedad del público. Pero nuestro autor no se cruza de brazos, frecuenta las peleas de gallos, se asombra con la fiestas del Día de Reyes e incluye en su relato unos versos, en español en la edición norteamericana, firmados por "tu cocinero de apetito" donde el esclavo que le ha dado a probar manjares delicados, cocinados por mano experta, implora su aguinaldo. Feliz con la comida criolla de vinos auténticos, pan de verdad y reales servilletas, en comparación con la de los Estados Unidos, se dispone a partir en el Clyde mientras una tormenta anega las calles y amenaza una epidemia. Antes de irse, la compañía vende a una botica, a precio del papel, las traducciones al español de los trágicos franceses. La ciudad se quedó sin Rachel. "Se nos irá sin que la hayamos visto", escribe Felicia. "Los males físicos no han respetado a la reina de la escena trágica, la majestuosa Melpómene dejará la América, triste y doliente como una simple mortal." En el prefacio del recuento de Beauvallet –publicado en *El Fígaro*, en febrero– todavía Rachel está en La Habana aislada y enferma, pero la compañía se desbanda pese a la insistencia de la prensa por conocer al menos el repertorio y el elenco. Termina el año sin ella y sin Matilde, que regresa en octubre pero no tiene funciones.[246]

Saberse mal representada, mutilada y refundida en tantas ocasiones anteriores, debe haber repercutido en la respuesta de la Avellaneda a Estrada y Zenea el 16 de julio de 1855: el matancero quiere estrenar *Saúl* y le solicita un ejemplar. A Tula no le extraña que no existan en la isla (los impresores, hijos de Delgado, no se ocupan de venderla), pero aclara que es "de difícil ejecución en los teatros secundarios, necesita muchos buenos actores y gran lujo en las decoraciones; si, a pesar de esto, la Empresa habanera se cree con fuerzas para presentarla en su teatro, ruego a usted me lo avise". Y como estupenda negociadora le propone *Recaredo*, aceptado por el Teatro Español, ya que "para mí sería un placer que esta última producción mía fuese estrenada en La Habana".[247] Pero no llega a escenificarse.

Matilde vuelve a México en 1856 pero enferma así que refuerza el elenco con Rosa Peluffo, María de los Ángeles, Ángela García, Josefa

---

[246] Beauvallet, León. *Rachel and the New World: A Trip to the United States and Cuba.* New York: Dix, Edwards and Co. 1856.
[247] Ob. cit. Carta de la Avellaneda a Ildefonso Estrada y Zenea del 16 de julio de 1850. pp. 206 208.

Uguer y Miguel Valleto. En enero recibe un susto en Veracruz cuando unas balas penetran en su residencia. Remata sus muebles y objetos personales mientras *El Monitor* lamenta que no ha escogido ninguna obra de Juan Ruiz de Alarcón. El domingo 22 de noviembre está de nuevo en La Habana con *Isabel la católica*, de Rubí. En su ausencia, sin embargo, hubo animación. El 28 de junio, el rey de los toldistas, Matías Pérez voló a los cielos y todavía el 3 de julio nadie sabe dónde ha caído. Juan Zafrané actúa en Guanabacoa y el 8 de julio Joaquín Ruiz y Ramón Barrera estrenan *Monsieur Godard y un guajiro o lo ascensión peligrosa*, escrita por este último, publicada y repetida por su interés. En el Villanueva Dolores León, Birelli y Zafrané tienen una exitosa «campaña» con *La alquería de Bretaña*, de Soulié, *Amor y deber* y *La redoma encantada*, de Hartsenbusch, muy celebrada por las decoraciones de José Baturone y una "arquitectura severísima y sombría", en la que sobresale su "sencillez, la gradación en las tintas y la verosimilitud con la que reproducía los tejados de Madrid". La prensa distingue el efecto de la luz y la labor del maquinista Labastida. En junio se publica *Mas quiero que sierren tablas*, de Pedro Carreño, refundidor en Matanzas y en octubre se remata en 116 mil pesos la venta de la manzana del Diorama para construir un teatro.

Adelita Robreño participa de la gira. Actúa como Isabel en *Otra casa con dos puertas*, arreglo de Ventura de la Vega, mientras Juana Díaz se destaca como Juana Agramunt en *La pena de Talión*. Significativa la experiencia para todos, pero todavía más para una novata. Una biografía de Adela, publicada por el Liceo Habanero, sugiere que el motivo de la gira fue que no tuviese que ausentarse para recibir las enseñanzas de Díez, su modelo, como después el de Luisa Martínez Casado. Su visita allana el camino para la de otros intérpretes de su rango. Las cualidades de Díez no son inadvertidas para la aprendiz.

[...] la rara inteligencia con que sorprende (si así se nos permite decirlo) la intención del autor en la parte más filosófica de las palabras que recita, la maestría con que desenvuelve y hace penetrar al público en aquellos ocultos pensamientos que son el alma de un drama, y sobre todo, el timbre y la entonación de la hermosa, de la sin igual voz con que la dotó la naturaleza [...].[248]

En enero de 1857 Matilde realiza en el Tacón tres abonos de doce funciones con *El arte de conspirar*, *Un marido como hay muchos*, *Sullivan*, *La trenza de sus cabellos* y *La dama de las camelias*. El 27 hace el *Don Juan* –el lleno más completo de la temporada– debido a la ansiedad por las "inmensas dificultades" que ha atravesado (en el *Índice de censura* al menos hasta 1852) como casi todas las obras de Zorrilla y prohibida a partir de esa fecha de acuerdo al artículo 57 de las circulares del Gobierno Superior Civil del 24 de septiembre y el 18 de octubre de 1852.[249] Manuel Catalina está algo cansado y la maquinaria torpe, pero es un "filón" de taquilla. ¿Puede una compañía llegada de la península levantar la prohibición contra la pieza?

Se anuncia que promueve crear un teatro dramático con el nombre de Concha por el general, pero dos días después la prensa rectifica que no estaba enterada. Participa del beneficio a Zafrané en el Villanueva con *Bandera negra*, de Rodríguez Rubí y en febrero repite durante cuatro noches el *Don Juan*, «de moda», con ella y Manuel en los protagónicos, Juan Catalina como Luis, José Robreño como don Gonzalo y Vicente González en el Ciutti. Un cronista destaca las apariciones de muertos, transformaciones, estocadas, pistoletazos y efectos que la hicieron una atracción desde su estreno de 1844 en Madrid y México. El 9 de marzo de 1857 se anuncia *La verdad vence apariencias*, de la Avellaneda, basada en el *Werner* de Byron, otro estreno madrileño de la Díez. El crítico habanero dice que "tiene cuanto necesita para agradar, interesante argumento y efecto teatral" y

---

[248] *La perla del teatro español: Biografía de la actriz doña Matilde Díez*. Ob. cit. p. 19.
[249] Valle, José A. *Guía práctica de los jueces locales de la isla de Cuba*. La Habana: Imprenta Militar, 1860.

ninguna obra suya le ha complacido tanto. "Los caracteres están trazados con mano maestra, las luchas del cariño filial, el afecto de amante, el deber, así como destaca el final inesperado". [250] Como los anteriores estrenos de Tula, explica aunque no justifica su diálogo mediatizado y trunco con el teatro de la isla.

En su condición de cantatriz, alterna en *Un novio a pedir de boca* con la "calandria infantil" (frase de Felicia) Adelina Patti, que canta tres piezas, entre ellas "El eco de Jenny Lind" mientras el músico Gottschalk ejecuta la gran fantasía de *El trovador*. Matilde comparte con los operáticos y continúa, en agitado ritmo de ensayos, una temporada muy parecida a la de 1844, con varias figuras de reconocimiento internacional. Y aunque es difícil seguir su trayectoria por las inexactitudes de la prensa sobre las ocurrencias en las provincias, recorre casi todo el país. En septiembre la esperan en Cárdenas donde piensan regalarle una "famosa corona" cuyas flores son "onzas de oro, medias onzas y doblones que llegan a cuatrocientos". Los cubanos compiten con los yanquis en cuanto a ofrecer ventajas pecuniarias a los artistas. [251] Sólo con su *Traviata* del 30 de enero de 1858, Gazzaniga gana seis mil y el premio de sus fanáticos, flores, pájaros, versos y una corona, aparte de una codiciada copa de oro usada en la escena del brindis.

Los Robreño están en Caracas en septiembre de 1857 para algunas funciones antes de pasar a Saint Thomas desde donde embarcan a La Habana para representar *Los polvos de la madre Celestina* el 11 y el 12 de septiembre, cuando una invasión de espectadores abarrota el Tacón. La obra de Hartsenbusch tiene decoraciones de Baturone y un reparto encabezado por Armenta, Planas, Adelita, José y Daniel. En su Ramillete del 20 de septiembre, Felicia se refiere a los "laboriosos actores" pero el único nombre propio es el del decorador. La diferencia entre la prensa de Caracas, conocedora de detalles e intimidad y la

---

[250] *Diario de la Marina* 10 de marzo de 1857.
[251] *La España Artística* no. 3 Año 1. 16 de noviembre de 1857. p. 20.

indiferencia y arrogancia de la nuestra, es abismal. Felicia escribe: "Mientras el Tacón se llena todas las noches en que trabaja la compañía lírica, cuando la de los Srs. Robreño ponía en escena la chistosa *Pata de cabra*, en el Villanueva tampoco faltaban espectadores."

En marzo de 1858 la revista del Liceo publica un artículo ilustrado con un retrato de Adela realizado por Francisco Cisneros desplegado a toda página. No es su biografía. En lugar de la fecha exacta, se escribe que nace «por el año de 1840». La precisión no interesa, tampoco comentar sus actuaciones, ni rescatar nuevas poesías de su Álbum. Pero el retrato es importante: el grabador apresa el tránsito de Adela niña a la joven de dieciocho años, bellísimos ojos negros y tristeza en su rostro adolescente. El Liceo asegura que cuando Adela compartía con la Diez, el público las premiaba por igual. En esa institución estrena el monólogo *La sociedad de los trece*.[252]

Desde el debut de Marietta Gazzaniga el 12 de noviembre de 1857 con *Lucrecia Borgia*, la isla vive deliciosos contrastes e irremediables pugnas, contadas de distinta manera si se lee a Zorrilla, Maretzek o los puntuales localistas. Mientras los Robreño han ido y vuelto de Caracas y ocupan el Tacón con una comedia de magia, la Diez está en el Villanueva con *El primo y el relicario*. Después representan *El secreto de los caballeros*, de Bouchardy y *Don Juan*. El 2 de mayo de 1858 comienza un abono en el Tacón con *Olimpia o la gran actriz y la señora*, arreglado del francés por Pastorfido, y *El hombre de mundo* de Ventura de la Vega, organizadas por el Liceo de La Habana; el 7, Catalina tiene su beneficio con *El arte de hacer fortuna* de Rodríguez Rubí, hasta que se despiden con *Doña Jimena o la fuerza de voluntad*, de Ariza y *El ramillete, una carta y varias equivocaciones* con un teatro lleno por completo. Los críticos se preguntan ¿quién cubrirá su falta? Albergan la esperanza de que si Matilde permanece en Cuba, mejorará el teatro.

Adelita, Armenta, Ruiz, Miranda y Somodevilla, entre otros Robreño, parten hacia Caracas el 12 de mayo en el vapor Dee, pero el 3

---

[252] "Adela Robreño" *Revista del Liceo de La Habana*. ob.cit.

de junio están varados en Puerto Rico por "dificultades" en su punto de arribo. Intriga por qué salen antes de finalizar la gira que tanto les costó tanto consumar. P. escribe en el Folletín Semanal: "Cada día más el público admira a la eminente actriz que hace llorar y reír en una misma noche [...] hace sentir a los que la escuchan y observan los propios sentimientos de que ella se posee en los papeles que representa, en los personajes que imita." Los gacetilleros están exhaustos. Los argumentos sobre la excelencia de Matilde se han agotado. Pero así todo, la partida de la primera actriz de cámara de S. M. la reina es tan incierta como su arribo y a finales de junio se especula si actuará en el teatro de Marianao porque el médico le recomienda su temperatura o se va a Trinidad y Remedios. El 10 de agosto de 1858 la gira llega a su final. Matilde regresa a España vía Charleston.

Pancho Marty (Francisco Marty y Torrens), cuya aspereza y falta de maneras asombra a muchos, (divide a las actrices en *acabantas* y *principiantas*) al despedir a Matilde Díez en el muelle, le dijo: "llevas dos cosas que no tenías, voz y dinero". Llegó enferma de la garganta y se fue curada, pero es un misterio a cuánto ascendieron sus ganancias. Daniel Robreño le adelanta 50 000 reales (antes se habló de cuatro mil pesos). [253] Un periódico de Palma informó en 1853 que recibía mil duros mensuales y trescientos de gastos y Catalina, la mitad. La temporada, tan anhelada por los habaneros, es apenas un incidente en su dilatada carrera: Matilde "pasó a América a recoger nuevas coronas en Cuba y México". [254]

---

[253] "Elisa Zamacois". *Entreacto* no. 28. 10 de junio de 1871.
[254] Villalba, Federico. "Del teatro y los actores". *El Museo Universal* 2 (1863) enero 11. pp. 11-14.

Matilde Domínguez:
actriz de verso y zarzuela (- 1853)

Nacida en el mar, pero criada en Cienfuegos de padres actores, Matilde Domínguez es hija de Francisco Domínguez y Juana González, y aunque se desconoce su fecha de nacimiento, empieza su actividad teatral en Cienfuegos alrededor de 1843. Al año siguiente visita Santiago de Cuba con los Robreño y se destaca en las arias de las óperas *El turco en Italia* y *Rossina y Fígaro*, junto a Vicente González. En 1849, contra todos los pronósticos, escoge *Abufar o la familia árabe* para su beneficio. [255] En 1852 se destaca en las canciones andaluzas La Macarena y La Gitana. Actriz dramática y lírica, primera figura de muchas compañías, también lo es de la de zarzuela creada por Robreño en 1853. Ese año fallece, al día siguiente del estreno de *El valle de Andorra*, el 22 de noviembre, apuñalada por su esposo, el actor José Feliciano Valdés, que acosado por los celos, reedita una tragedia similar a la ocurrida a la madre de la actriz. En *El valle...* Matilde interpreta a Luisa, pero al otro día la crítica se ocupa del nuevo cantante José García.

Una multitud la despide como pionera de la zarzuela y su cadáver se embalsama. [256] A su entierro del 25 asisten miles de personas, de acuerdo al localista, uno de los más solemnes y tiernos. Gasque y Flores cantan el responso y Florencio pronuncia las palabras de despedida. Mientras los datos sobre su vida artística están dispersos, el parricidio se describe en una moción de la defensa, que alega que su esposo, perturbado de sus facultades mentales, era propenso a episodios violentos, ya que presenció el asesinato de su suegra y posterior suicidio del agresor, el padre de Matilde, y vivía atormentado por los celos debido a la belleza y los superiores ingresos de su esposa. Víctima de la violencia doméstica, cuando este término no se conoce,

---

[255] *Diario de la Marina*. 26 de enero de 1849.
[256] Rosaín, Domingo. Ob. cit. "Matilde Domínguez" p. 330-331.

en cambio, los defensores la presentan como objeto "de muchas adoraciones no siempre desdeñadas" y relatan anécdotas ocurridas en la fonda del Diorama, cuando un provocador llama a Feliciano "consentidor" y cornudo. El ambiente de la escena es el telón de fondo de su trágico final. Dicen que el abatimiento de su marido era tanto que "no podía cumplir sus servicios en el teatro", se quedaba en blanco y triste, y José Robreño fue advertido de que no ajustara a la actriz. Se menciona a varios actores –Francisco Oceguera, Florencio Flores y Ramón Gasque– y a la actriz se la acusa de "esposa incontinente". José Feliciano, en virtud de la defensa, libra el garrote vil y se le imputan diez años de presidio ultramarino. [257]

Antes de Adelita Robreño, Matilde es la gran actriz nacida en la isla con una corta pero brillante vida artística entre los años 1844 y 1853. Muy apreciada, la única vez que aparece en *Correo de los Teatros*, se reseña *Trabajar por cuenta ajena*, [de Zacarías Cazurro]: "agradó a pesar de su frialdad y poca animación" ya que acostumbraba a cierta «apatía» al representar sus papeles, justificada quizás por el tormento de su vida conyugal. En su repertorio, "La Colasa", aplaudida como todas las canciones de Iradier. *El Coliseo* de Madrid publica la noticia de su asesinato. [258] Pero ni siquiera Serafín Ramírez la menciona y sus méritos, "su despejo, buenas disposiciones, su hermosa figura, su voz llena y sonora y las preciosas formas con que la naturaleza la dotó" aparecen no en un recuento teatral sino en un libro sobre los cementerios.

---

[257] "Parricidio de Matilde Domínguez cometido por su esposo Feliciano Valdés". *Revista de la Administración, de Comercio y de Jurisprudencia.* V. 1 (1860). pp. 38-60.
[258] *El Coliseo* 13. 1 de enero de 1854. p. 8.

¿Ópera o verso?

Los años no son proclives al teatro dramático sino a la ópera y las pugnas entre las cantantes y el aprecio de la afición iluminan con brillo único una temporada lírica más que documentada. Los precios del Tacón –comidilla de la capital y el mundo con la visita de Jenny Lind– merecen destacados titulares.[259] El empresario se enriquece y el público está a su merced por el costo de la entrada y porque decide el repertorio y las compañías. Bajo el título de "Campo militar. Nuevo Teatro" varios artículos intentan detener su monopolio, ya que no obstante la afición a la comedia y el drama español, la empresa no los promueve. Marty alquilaba el Principal con tan altos precios que los artistas no podían afrontarlos. "La competencia es necesaria, urgente". [260] El localista brinda una estadística de cómo se pagarían los gastos de construcción del recinto proyectado por el Liceo constituido como empresa. Antonio Páder en cambio respalda al empresario del Tacón. El guitarrista Carlos Tostado, el mejor llegado de España, tiene un éxito atronador. Pepita García reemplaza a Rosario Rojas.

---

[259] El 4 de enero del 51 llega Jenny Lind: el ruiseñor sueco se reúne con otras aves locales: el del San Juan (Úrsula Deville) y el sinsonte del Almendares, (Concepción Cirártegui). Fredrika Bremer ha contado que irradia "la primavera" de su país y en las tiendas se venden pañuelos con su nombre. C. G. Rosenberg, en *Jenny Lind in America*, revela aspectos más prosaicos: ganamos fama de público «fastidioso y difícil», no dispuesto a soltar los centenes, según el empresario Phineas T. Barnum, cerebro de la gira. *La Ilustración* de Madrid (15 de marzo de 1881) destaca no sus excelencias vocales sino los precios "para oír sus gorgoritos", que a saber, fueron, de 4 pesos dos reales por una luneta, 17 por un palco de primera y segunda, 13 por los de tercera, 2 pesos por la tertulia y 12 reales sencillos por la cazuela del Tacón. El *Diario de la Marina* declaró la guerra a los precios, los más elevados entre los ya altos de la ópera. La prensa insistió en un estribillo: "Si la Jenny Lind no es un pico de oro no será porque sus admiradores no le hayan suministrado metal para mandarlo a hacer."

[260] *Diario de la Marina*. "Campo militar. Nuevo Teatro". 31 de enero, 1ero, 5 y 7 de febrero de 1851.

Se presenta la compañía italiana de Teresa Parodi, mientras Ruiz y Argente hacen en Regla *El rayo de Andalucía o guapo Francisco*, de Sánchez de Arco y *Todos embrollados o las cartas del Conde Duque de Olivares*. Los Ravel nos dejan en marzo pero antes Manuel Saumell dedica su danza "Celestina" a una artista de su elenco, Celestina Frank, a quien le arrojan *puchas* de flores y palomas encintadas. Ildefonso Estrada y Juan Clemente Zenea publican la revista *El Almendares* y como Zenea entra gratis a los teatros, se supone ese año encuentra a Adah Menken, pero las bailarinas de relieve son Celestina y su hermana Victorina. Durante años los estudiosos se han preguntado por la Menken sin hallarla. Quizás –de Enrique Piñeyro a Antonio Iraizoz– se ha buscado a las Theodore o los varios nombres reales o atribuidos (Dolores Adiós Fuertes, Adelaide Mac Cord) y viene con otro o es una más, salvo para Zenea, su primer enamorado, con quien pasea en la Plaza de Armas bajo una noche de luna.[261]

El Tacón con su opulencia –construido con las riquezas obtenidas por Marty y Torrens de la trata de esclavos y el monopolio de la venta pública del pescado– es de obligada visita para el turista y en 1857, de acuerdo a un periodista desinformado, Pancho (nacido en Barcelona en 1786 y llegado a Cuba en 1810) es un personaje de leyenda dentro de los lugares comunes del libro de viajes: volantas, caleseros, la entrada de la bahía y la magnificencia de las calzadas. El reportaje, profusamente ilustrado, muestra al público elegante, las mujeres ataviadas con mantillas en los palcos, según el grabado de Napoleón Sarony, muy parecido al del *Entreacto* madrileño.[262] El litógrafo visita la isla el 13 de febrero de 1857, mucho antes de ser uno de los más reputados fotógrafos de actores y actrices.

---

[261] Piñeyro, Enrique. *Vida y escritos de Juan Clemente Zenea*. París: Garnier Hermanos, 1901. Iraizoz y del Villar, Antonio. "Unos amores de Zenea. Adah Menken" *Lecturas cubanas*. La Habana: Hermes, 1939. pp. 115-118.
[262] From Our Own Correspondent. "A trip to Havana". Vol. 1. no. I. 1857. *Frank Leslie's New Family Magazine*. pp. 1-19.

Un operático, resentido porque no le fue muy bien, contradice sus maravillas. Giuseppe Tagliafico dijo horrores, que estaba construido para bailes y funciones de magia pero que el arquitecto olvidó las corrientes de aire, sobre todo, cuando los cigarros de los músicos de la orquesta despiden un humo que atormenta la garganta, entran toda clase de malos olores y ruidos de las máquinas de vapor y la lluvia. Que carecía de *foyer*, el escenario parecía una tasca y todos fumaban desde el maquinista a las coristas. Se refirió al mal gusto del público, acostumbrado a enloquecer con el estilo de los cantantes, agarrados a la nota dominante del tono para resbalar y caer sobre la tónica y conseguir estrepitosos aplausos. Cantar en La Habana es gritar, dice en una carta, intrigado por el uso cubano de "trabajar" relacionado con los artistas de la ópera y se burla de los criollos que preguntan ¿Trabajas en *La sonámbula*? La publicación cree exageradas sus afirmaciones.[263]

Son los años de abundancia y esplendor descritos por Francisco Javier Balmaseda en su comedia *Los montes de oro*. Entre 1855 y 1858 los altos precios del azúcar producen grandes sumas de dinero en efectivo y crean una burbuja especulativa. Mariano Agujón inventa su sociedad El Arca de Noé y la resuelta Isabel, La Bullarenguera, para hacer dinero fácil durante la fiebre del oro, pero terminan arruinados. El Wall Street de la isla –la cortina de Valdés– cae estrepitosamente.[264] Isabel no es una mujer de dedal y aguja sino una emprendedora de *malakoff* y Escauriza, el famoso café, que podría haber asistido al Tacón solo para ser vista. Cuba nada en la riqueza. "Música y gallos" decía el general Concha.[265]

---

[263] *La España Artística* no. 26. 26 de abril de 1858. pp. 207-208.
[264] Balmaseda, Francisco Javier. "Los montes de oro". *Comedias cubanas siglo XIX*. Selección y prólogo de Rine Leal. Tomo I. La Habana: Editorial Letras Cubanas, 1979. pp. 311-461.
[265] Cf. Ramos, José Antonio. "Francisco Javier Balmaseda". *Evolución de la cultura cubana*. V. XII. *La prosa en Cuba*. La Habana: Montalvo y Cárdenas, 1938. pp. 109-129.

Quintiliano recorre casi todos los montajes de la Díez y escribe sobre algunos actores: Joaquín Robreño no comprende el "tinte romántico" de algunos personajes y viste estrafalario; Miranda tiene un dejo plañidero; *Marcela* es un *fiasco*. Sus escritos al parecer producen agraviados. Pero no se amilana. "Al punto que un artista se presenta al público para divertirle con su habilidades ó admirarle con sus talento", es "un ser moral que llamamos actor y [...] en esta calidad, plántese bien ó mal, queda de derecho sujeto al juicio inapelable del público que no tiene otro órgano para expresarlo que la prensa periódica." Se reivindica la "doctrina, tal nos place llamarla, universal" por la que "el actor criticado [no tiene] otro derecho que el de soportar callado las decisiones de ese ser uno y múltiple que se llama en nuestros carteles, respetable, ilustrado, benévolo, público." [266] Se refiere al intérprete y no a las personas y mantiene un tono mesurado pero implacable. Sus crónicas de la temporada de 1853-1854 son de las más completas del periodo y abarcan otras puestas y compañías, entre ellas *La mojigata*, realizada por Robreño. No hay entusiasmo acrítico por Matilde Díez y explica desde su «robustez», su contraste con Catalina y el resto de los actores, hasta el estado de su voz y a pesar de que considera nadie la aventaja, su tono es bastante frío, quizás porque como el resto del público, aprecia la diferencia entre una actriz sobresaliente y un prodigio.

En comparación, reseña con más bríos la *troupe* dramática de zarzuelas y «coreógrafa» del Villanueva con un cuerpo de bailes tan numeroso como excelente (Blen, Miguel y Birilli). Elogia a Guadalupe Muñoz con su disfraz masculino en Juana de *La pensión de Venturita*, de M. Cazurro, a Francisca Zafrané y su consorte Miguel y a Saturnino Blen como el "maricón perfecto" por su vivacidad perseguidora de faldas y sus femeninas veleidades. [267] Es la ¿primera? vez que aparece el

---

[266] José de Jesús Quintilian. ob. cit. p. 163 y en el tomo III pp. 16 y 287-289.
[267] Quintiliano, J. de J. ob. cit. p. 183.

vocablo referido al teatro, empleado en el artículo "El hombre mujer" del *Papel Periódico de La Habana*.

> Infeliz afeminado
> que mereces este nombre,
> porque del carácter del hombre
> tú mismo te has degradado:
> sigue tu camino errado,
> y juzga como delicia
> la más notoria estulticia;
> pero no te has de montar
> si te dicen al pasar
> Agur mi doña Dionisia. [268]

Con menos fanfarria se cimenta la fama de los Martínez encabezados por Luis. Manuel se ha separado del Villanueva como director de la sección dramática. Autor de *El tesoro de un padre*, se asienta junto a Manuela Catalán en Santiago de las Vegas. *La España Artística* informa de los estrenos de *La plegaria de los náufragos*, arreglo de Ramón Valladares de una obra francesa, en la que sobre el poder del oro, triunfa el de Dios y el amor, actuada por Guadalupe Muñoz, Salvadora Delgado, Manuela Martínez, Luis Ortega y Saturnino Blen, dirigidos por Luis, joven director y editor que para colmo, a su regreso de Cádiz, pierde en el hotel Bernard un baúl lleno de obras dramáticas con las que iba a fundar una editorial en Cienfuegos. [269] El 9 de abril de 1858 Luis Martínez Casado divulga un prospecto para promover la dramática nacional, ya que "en este rico suelo no solo hay escritores peninsulares sino jóvenes que han visto la luz primera bajo la influencia de este sol ardiente. ¿No poseemos por ventura a Villergas, Ariza, Mendive,

---

[268] *El sesquicentenario del Papel periódico de la Havana 1790 –24 de octubre—1940*. La Habana: Cuadernos de historia habanera, dirigidos por Emilio Roig de Leuchsenring. 1941. p.79.
[269] *Diario de la Marina*. 9 de mayo de 1857. Clasificados.

Zambrana, García, Fornaris, Millán y otros?" ¿Y en qué consiste su apatía? Sabe que no se ha fomentado el gusto por el arte dramático y las compañías nacen sin recursos suficientes, pero sobre todo, falta una empresa que remunere al escritor. "Necesitamos del público habanero, que la prensa nos de su apoyo, que nos proteja. No se crea que queremos apoderarnos de la prensa, la deseamos imparcial."

Mientras Matilde actúa en el Tacón en mayo de 1858, en el Villanueva representan *Mateo y Matea*, *El amor y el almuerzo* y *La piel del diablo* entre otras. P. se pregunta ¿hacen bien trabajando hasta ese extremo las «pasiones» del público? porque *La piel...* se cataloga dentro del género depravado, un conjunto grosero e inverosímil, sin pensamiento moral. [270] Pero casi a diario se escribe sobre la compañía. Martínez Casado estrena *Me lo ha dicho la portera*, zarzuela de Martínez Villergas, con música de Fuentes Matons, ensayada por Isidro Ramón y *Amor contra nobleza*, de Antonio Enrique Zafra, el 9 de junio de 1858 mientras se baila "La lira de Zafra", de Eusebio Aspiaza. También *Un clavo saca otro clavo*, *Maruja*, *El sitio de Sebastopol* y *La toma de Malakoff*, dramas de aparato de Liberto Berzosa, representados en el teatro de Concha en Marianao, tres veces por semana, donde acude a veranear el capitán general. Sebastopol está de moda, se nombra así un vehículo, una pieza de ropa, una danza y una marca de cigarros. [271] Al teatro le dicen el Tacón chiquito y se considera una preciosidad. Su telón de boca despliega los retratos de personalidades nacionales y españolas, ¿quiénes? pintados por Landaluze. José Baturone crea sus decoraciones. Entre mayo y junio recauda mil quinientos pesos libres de gastos. En julio actúan en el Villanueva y en Guanabacoa con *El molino de Guadalajara* y *El castillo de Alcalá*. El 9 de septiembre de 1858, en beneficio de una dama joven, Salvadora de Martínez Casado, se presenta por segunda vez *La hija de las flores* de la Avellaneda, con la

---

[270] *Diario de la Marina*. 29 de mayo de 1858.
[271] *Diario de la Marina*, 14 de marzo de 1855.

asistencia del capitán general. [272] Dos años después Luis regresa con su familia a Cienfuegos. Allí funda el periódico teatral *El Apuntador*.

Los arreglos del drama francés y los temas históricos seducen a Ángel Bello con *Roberto, el cervecero*, estrenada en 1857 en el Liceo, actuada por la la familia Carnet y Torres y *El caballero del penacho negro* de Joaquín Bertrán y Ferrari, dos años después. [273] Argente ha regresado de México: dirige el 18 de diciembre de 1858 *Consecuencias de una falta*, de Juan Nápoles Fajardo, en el Teatro de la Reina de Santiago de Cuba, de la que no se escribe casi en la capital, atenta a la Gazzaniga, los recitales de Zorrilla y la antología *Cuba poética*. Francisco Armenta, esposo de Rosa Peluffo, dirige *Las huérfanas de la Caridad* de Dumas y *Los cosacos o Napoleón en trajes* en el Tacón. Peluffo es muy reconocida en México y la isla. Integra el elenco de El Príncipe, después de actuar en Sevilla y Barcelona. Pareja de Covarrubias en la coqueta de *La carreta de las cañas*, original del caricato, representada en el Diorama, le proporciona el libreto *Escuela de mujeres* de Moliere con su demostrado interés por obras, refundiciones y traducciones del francés y en algún momento suministra a algún director el manuscrito de *La abadía*, de Castro, de acuerdo al *Índice de piezas dramáticas censuradas*. [274] Su programa de *La catedral de México*, impreso en «papel inglés» con muchos grabados, es la ¿primera? mención a un programa de mano. Termina con el cocoyé, descrito como "aires que se escuchan en los ingenios en las horas de molienda... expresión con que los hombres trabajadores

---

[272] Se dice que Salvadora es la esposa de Luis, pero podría ser un error. En 1860 está casado con la trinitaria Guadalupe Muñoz, la madre de sus hijos.
[273] Bertrán y Ferrari, José. *El caballero del penacho negro*. La Habana: Imprenta El Iris, 1859.
[274] *Índice de las piezas dramáticas permitidas sin atajos ni correcciones, de las permitidas con ellos y de las absolutamente prohibidas, presentado al Gobierno civil de la isla por el censor principal de teatros de esta capital en cumplimiento de la disposición superior por la que se le recomienda la formación de este registro*. Habana, Imprenta de Gobierno y Capitanía General, 1852. p. 46.

manifiestan los sinsabores de su afanosa existencia".[275] El precioso baile cruza las fronteras y se ejecuta en México en el beneficio de Juan de Mata (4 de febrero de 1857) mientras Pilar Pavía triunfa en Guanajuato y los Robreño están en ejercicio en Puerto Rico y Venezuela.

Desde enero de 1856 Ramón Barrera ha regresado de Barcelona y el 30 de mayo de 1858, cuando las divas del *bel canto* hacen furor, arriba como un descubridor Baltasar Torrecillas, "conocido actor cómico que ha recibido merecidos aplausos en la península", dicen las crónicas, aunque el subtítulo señala "un actor más". En diciembre José Zorrilla quiere pasar de incógnito, pero es admirado en las lecturas del Liceo y a partir del 21 de diciembre con "Historia de una voz" colabora todos los días en el *Diario de la Marina* hasta el 27 de enero de 1859 con "Historia de dos rosas y dos rosales". Publica *Flor de los recuerdos*, cuyo primer tomo, dedicado a la isla, comienza con una serenata a la marquesa de La Habana. [276]

Entre los años 1853 y 1856 no hay ópera en la capital. Marty apuesta por Matilde: la afición la disfruta en todos sus matices, del esplendor al aburrimiento. Pero según el empresario Max Maretzek, las señoritas se cansaron de asistir a las corridas de toros y de aburrirse en los onomásticos. El capitán general Concha en persona le sugiere al empresario que Alessandro Amodio bailase la *tarantella* antes de la escena de la revuelta en *Masaniello*, que se presenta como «ópera bufa» para debilitar su alcance político. Otro punto de vista sobre las temporadas sublimadas hasta el cansancio o satirizadas como hace Joaquín Lorenzo Luaces en *El becerro de oro*. [277] La compañía del así llamado Napoleón operístico debuta en el Villanueva en diciembre de 1856 con Anna Lagrange y Pasquale Brignoli. Anna –dice la prensa–

---

[275] Azucena, Adolfo de la. (seud.) "El cocoyé" *El Almendares*. V.1 no. 18. 16 de mayo (1852). p. 277.
[276] Zorrilla y del Moral, José, 1817-1893 *Dos rosas y dos rosales: leyenda en dos partes*. Habana : Impr. del Diario de la Marina, 1859.
[277] Maretzek, Max. *Sharps and Flats. A Sequel to Crotchets and Quavers*. American Musician Publishing Co., 1890.

compra la libertad de una esclava recién nacida, hija del dueño del Tacón y canta una *Traviata* muy estimada. Dolores León interpreta *Flor de un día*, pero casi no se comenta. Hasta octubre de 1859 la ciudad conoce de un fervor operático nunca visto y las pugnas entre los partidarios de Marietta Gazzaniga, Erminia Frezzolini y Josefa Cruz de Gassier son una portentosa guerra civil en el seno del "templo lírico" minado por el fanatismo. El empresario valora a Gazzaniga, superior en lo dramático y a la Frezzolini en el canto. Pero después que sus detractores entregan a Erminia una corona de ajos y agriada abandona la isla, Marietta se enfrenta a Gassier, nacida en España y apoyada por los peninsulares. El 9 de abril de 1859 Josefa no tiene más remedio que cantar en el Villanueva "Un guateque en Vuelta Arriba" acompañada de flauta y guitarra así como "La mulata" ya que es casi obligatorio incluir temas nacionales. ¡Si pudieran abolirse los trancazos! escribe el localista.

Lamentablemente no sobrevive el cuaderno escrito por Enrique Piñeyro e impreso por El Tiempo en 1857 (con un retrato de Gazzaniga hecho por Francisco Cisneros), ni su recuento humorístico "Historia de la temporada teatral", cuando el Tacón se repone de los desperfectos causados por la explosión de un polvorín cercano al puerto, ni sus notas para *El Regañón* bajo el seudónimo de Gargantúa. [278] En cambio se han salvado sus cuatro "revistas" en *El Álbum cubano de lo bueno y de lo bello*, firmadas por Atta Troll, sobre fiestas, bailes y ceremonias, desde el ofrecido por la condesa de San Antonio a los de piñata o cuaresma pero sobre todo, su admiración por las operáticas ya que su sustituto escribe que "al vagar por el laberinto de la quincena, se encuentra con un sepulcro, un baile o un teatro". Juveniles y humorísticas, establecen un nexo con las crónicas de Julián del Casal. Una muchachada suya interrumpe su colaboración allí porque tiene el

---

[278] "Bibliografía de Enrique Piñeyro". *Anales de la Academia de Historia*. . v. 1-. (1919) pp. 62-91-y 236-269, continúa en el V. 2 (1920) pp. 4-75. Además de Troll, firman las revistas Periquito entre ellas y Víctor Caballero y Valero.

mal gusto de citar a Heine como su «tocayo» y revelar su identidad para disgusto de la Avellaneda. Sobre *fressolinos, gazzanigos y gassieristas* y las cualidades de Adelaida Cortessi, escribe con mucha más elegancia José Fornaris en "El último acto de la Traviata", autor también de un poema sobre las blancas palomas y las olorosas flores tributadas a Marietta por las cubanas (también imponen la moda de los lazos rojos). Al final, le grita que no parta sola a su sepulcro. "Llévame contigo" dice el poeta. [279]

El secreto de la cantante es su *pathos,* la fuerza de sus gritos y su postura melodramática. Según Atta Troll, cuando se escriba la historia del entusiasmo musical, *La Traviata* estará junto al nombre de Gazzaniga, a lo que se debe agregar, del melodrama como actitud y comportamiento social. El 30 de diciembre de 1858 también el localista está inspirado: Marietta sabe unir el sentimiento a la armonía, declamar cantando, cantar sintiendo y vale más con el coturno, el manto, la corona y la lira que con la bota francesa, el pañuelo de batista, el abanico y las cartas de Violeta Valery. Para algunos no es suficiente. Una crónica publicada en *La España Artística* estima que cantantes y actores han obtenido "escasos resultados" salvo personalidades como Matilde Díez. Es comprensible que frente al monto de recursos monetarios y propaganda recibidos por esta y algunos operáticos, los esfuerzos por levantar la escena de Baltasar Torrecillas, Manuel Argente, Vicente Segarra y Dolores León, entre otros, se perciban menores y secundarios. *Lázaro o el pastor de Florencia* o *Turris-burris o la magia del pasatiempo* se representa en el Villanueva, Manuel Díez está en el Concha de Marianao con *Las dos son mis hijas,* traducida por Viñolas y *El diablo predicador.* El 28 de mayo la León actúa en *Un secreto de estado,* de Ventura de la Vega, junto al anciano Viñolas.

---

[279] Fornaris, José. "El último acto de la Traviata". *Álbum Cubano de lo bueno y de lo bello.* (1860): pp. 21-22, 54-56. El poema a Marietta Gazzaniga en *Libro de los amores* II, La Habana: La Antilla, 1862.

Al año siguiente el localista asiste el 22 de julio a *La expiación o el esclavo del crimen* de Antonio Enrique Zafra, en beneficio a Torrecillas, que el cronista compara con "una casaca de cuello ancho, mangas de jamón y cola de cotorra" pues según este símil rarísimo, es previsible lo que iba a ocurrir. No hay más detalles, salvo que una joven hizo muy mal en disfrazarse de negro y que se repite el 4 de agosto en beneficio de Argente.

Los Robreño actúan en La Guaira, de acuerdo con el periódico *El Comercio*, que reseña con ingenuidad y elocuencia la curiosidad del público que juzga a Adela un "capricho nacional". *Adriana Lecouvreur* y *La trenza de sus cabellos*, representadas por José y Adela, levantan al pueblo de su letargo, pero sobre todo, aplauden mucho *El viudo*, interpretado por Joaquín Ruiz, separado de la compañía por desavenencias con el director, pero llamado con tanta insistencia por el público que debe intervenir la autoridad. [280] Adela es la favorita, pero el gracioso andaluz no se queda atrás. Parten a Ponce pues allí se habilitan los pasaportes de una compañía numerosa, compuesta por las familias de Francisco, Daniel y Joaquín Robreño, Manuel Miranda, Remigio Somodevilla, Joaquín Ruiz, el bailarín Gaspar Solá y un grupo de artistas o coros de Puerto Cabello, La Guaira y otras localidades. Le sigue Juan Zafrané. Una de las crónicas termina: "Robreño envejece. Zafrané es una novedad". Actor cómico, integra desde los 30 compañías de Málaga y Burgos hasta que con la suya actúa a partir de 1851 en Venezuela y México. El 4 de febrero de ese año, junto a Juan de Mata, recibe un homenaje.

---

[280] *El Comercio* del 29 de mayo, 7 de junio y 14 de junio de 1859 facilitados por el profesor venezolano Oscar Acosta.

El trágico José Lacoste

En "Viaje a la isla de Cuba", Buenaventura Pascual Ferrer precisa que antes de 1773, sólo se conocían las "despreciables" representaciones de algunos mulatos por afición, bailes, mascaradas, mojigangas y *griots,* expresiones en lengua de los sentimientos y emociones de los esclavos. [281] Agrupados en naciones y cabildos, el festejo que reúne música, teatro y pantomima y es admirado en las calles, es la "fiesta del Día de Reyes", celebrada hasta la abolición de la esclavitud en 1886 cuando en un lento mutis se integra a los carnavales. Aquí participa el actante, involucrado en la expresión colectiva y la fiesta y no el actor de la tradición europea. En 1846 atrae al cronista:

> Quizás a la hora en que nuestros suscriptores den principio a la lectura de estas líneas, hayan sentido ya la alteración que el Día de Reyes trae a nuestras costumbres caseras. Actores o espectadores nuestros criados, concédenseles en él interrumpir sus tareas, desempeñadas con menos regularidad que de costumbre, y pasamos por todo, exclamando: *es su día.* [282]

En 1859 Xavier Marmier se detiene con más profundidad no sólo en su componente danzario y musical sino en el dramático, al evocar a Shakespeare y el *Kalevala,* pantomimas y escenas grotescas y transgresoras. Antes contempla La Habana acechada por *pucks* y sílfides como una verdadera Titania.[283] Data de 1812, según Trelles, un papel volante, las «marugas» del día, editado por la Oficina del gobierno y capitanía

---

[281] "Viaje a la isla de Cuba. Cartas a D. Buenaventura Pascual Ferrer en 1798 publicadas en El Viajero Universal". *Revista de Cuba.* V. 1 (1877): 97-108, 200-206, 311-325, 393- 399. p. 316.
[282] F. Q. *Diario de la Marina.* "El Día de Reyes". 6 de enero de 1846.
[283] Marmier, Xavier. *Cartas sobre la América traducidas para el Universal.* Tomo II. México. Imprenta Universal, 1859. pp. 37-44. *Diario de la Marina.* "La Habana" (1). 6 de abril de 1851, al parecer escrito el 6 de febrero.

general, alguna de ellas escritas por *negrito ficioná* o *nengrita* [sic], en especial la sexta, con el título "testamento del *muribundo* teatro de esta ciudad". Escritas en el lenguaje y pronunciación de los negros, de haber sobrevivido, revelarían la experiencia del hombre negro como espectador. [284] Como público, es un excluido del recinto. Su función más común es la de "paje", descrita por el poeta Francisco Manzano en su autobiografía, acompañante de tertulias y representaciones, desde loas y entremeses hasta la ópera francesa. El esclavo doméstico, si asiste al teatro, custodia a la dama blanca, sentado detrás de su luneta o de pie, en la cazuela, hasta el final. Después de los aplausos, la ayuda a subir al quitrín. En 1836, como muchos entran al Principal y el Diorama sin sus amos, se reitera mediante una orden que deben entrar acompañados. Un tema sin aclaración posible es su acceso al escenario como actor, ya que sabemos las restricciones que sufre como público, confinado a espacios delimitados para pardos o morenos. Una excepción mitologizada es la mulata rica, amante del blanco, que compra su abono. Rara vez un periódico comenta el color de la piel del actor o actriz aunque se sabe el músico José White es negro como el actor José Lacoste. Y no habría por qué mencionarlo si no fuese porque los negros o mulatos no integran los elencos, como sí las orquestas y no existen registros sobre el tema racial relacionado con el actor dramático. De eso no se habla.

Por eso cobra relieve una carta, firmada por Otelo, remitida en 1852 al director de *El Eco de Matanzas* por su hostilidad hacia una compañía de actores "de color", que representa las comedias *El bobo del día* y *El coburgo,* de Rafael Otero, en un antiguo almacén de la calle del Sol, bajo un sol sofocante, con una concurrencia "matizada de cuantos colores se usan en las epidermis humanas".

---

[284] Trelles, Carlos M. "Apéndices y adiciones." *Bibliografía cubana del siglo XIX*. V. 3. Matanzas: Imprenta de Quirós y Estrada, 1912. p. 316.

... parecióme que se representaban á oscuras las comedias, no que faltaran candiles, sino que el color de los actores hacía creer en la oscuridad. Viéndolos comprendí por vez primera aquella célebre espresión de Milton, "tinieblas visibles." La representacion fue sublimemente mala: creo que si el autor hubiera asistido al espectáculo dudara si eran ó no producciones suyas aquellos sainetes. Ya que los tales aficionados quieren representar ¿porqué no aprenden á leer siquiera *y* á decir con alguna mas intención los versos?

No se *yó*, Sr. Director, si antes de ahora se han puesto en escena comedias representadas por aficionados como los de la calle del Sol; *y* tengo para mí que se les vino á las mientes semejante idea, oyendo declamar á Lacoste, de quien dijo uno de nuestros elegantes jovenzuelos, "que accionaba divinamente en francés".

No tengo á mal que la gente *de color* represente comedias: al fin y al cabo vale más que se diviertan así, que de otro modo; pero sí creo que les vendría de perlas aprender algo más de lectura y de representación. Si quisieren ellos que su teatro adquiera algun crédito, imiten á la compañía de *negritos* americanos que parodian dramas, óperas y comedias, acomodando la parodia á su lenguaje y costumbres. Nuestras comedias en boca *de gente de color*, no pueden ser sino parodias casuales y la parte que tenga de ridículo el espectáculo recae sobre los actores. [*sic*] [285]

La asociación entre oscuridad y personajes negros es antigua y en los siglos XVI y XVII el teatro occidental es pródigo en diablos y demonios de piel oscura. En las tragedias renacentistas el rey moro negro lucha contra los cristianos y de ese color son los diablos enmascarados. Por eso es quizás más notable la actuación de José Lacoste, nacido en la isla [¿Matanzas?] o en La Habana [Calcagno] y su

---

[285] "Comedias representadas por gente de color". *El Eco de Matanzas*. Imprenta de la *Aurora del Yumurí*, 1859. (18 de septiembre) pp. 206-207.

notoriedad por declamar en francés, tanto que muchas veces se cita como de esa nacionalidad. Actúa en la isla por corto tiempo, en 1853 se despide con "La Priere pour tous" de Víctor Hugo en una tertulia amenizada por Gottschalk y el violinista José White y parte con éste a París. Educados ambos en Francia, la prensa informa de sus interpretaciones en el Jardín de Invierno. Vuelven a la isla y a partir de 1859 y al menos hasta los primeros meses del año entrante, se presentan juntos en muchas localidades: Lacoste con su recital y White con su popurrí. El 4 de agosto con *De potencia a potencia*, Argente, Segarra y Torrecillas los despiden en el Villanueva. El reseñador de *El Álbum de lo bueno y de lo bello*, Enrique Piñeyro (Atta Troll) asiste a la función de *La oración por todos*, traducida al verso castellano por Andrés Bello, y escribe que "Lacoste hace de su voz lo que quiere, tiene cualidades sobresalientes, sabe dar a los músculos de su cara inflexiones que convienen y regularmente es muy distinguido en su acción". Su visita debe extenderse hasta mediados de 1860 y quizás alguna vez recitó en castellano. [286]

Tres años después, en Madrid, los críticos lo enjuician duramente, al presentarse en los intermedios del teatro de la Zarzuela. Según *La Iberia* era una situación "desairada", acogido con frialdad y aplaudido solo por galantería. Estudia *Edipo*, de Martínez de la Rosa y el *Pelayo* de Quintana, pues en la isla no tenía autores españoles en repertorio. No he hallado más datos sobre Lacoste, salvo que proyecta regresar a Madrid con una compañía francesa.

El 24 de enero de 1860 están al llegar los Campbell *minstrels* o "negritos ministriles" al Villanueva con un "género enteramente nuevo" y el 25 ya han arribado, una *troupe* de quince artistas del *black face* o *minstrel show*. Entonces era impensable la influencia que junto con Arderíus tendrían en el nacimiento del bufo. También se les nombra «etíopes fingidos» y se escribe que han entretenido por doce años a las

---

[286] ¿s/f?. "Revista de la Quincena". *El Álbum Cubano de lo bueno y de lo bello* (1860). pp. 283-287. p. 284

poblaciones del sur de los Estados Unidos con una orquesta de viento bien ensayada, (Wizard Buglor Auhust) en la que se destacan Sponer, H. S. Rumsey (se celebra su "bandurria," que el localista equivoca por el banjo, el primero en interpretar un solo de este instrumento), Frank Leslie y Mad Pikle Hothing, con números atractivos como el baile de Newcomb y la parodia de *El trovador*. Actores blancos con el rostro pintado de negro. Aunque la ortografía de la nota es muy dudosa, Rumsey es un intérprete meritorio que según algunas bibliografías, actúa en la isla con los *minstrels* de ese nombre en 1857. En *Cuba for Invalids* Robert Wilson lo menciona en un ¿*monkey show*? William W. Newcomb nació en Nueva York en 1823 y es codirector junto a Rumsey.

El *Diario de la Marina* escribe:

Los célebres artistas de Campbell llegaron ya. ¡Excelente, asombroso, maravilloso! Ejecutan el carácter, episodios y peripecias de la vida africana, con una distinguida orquesta de viento que tocará media hora antes de las funciones dirigida por Wizard Bugler August Asche. El público se deleitará con las extravagancias de estos artistas de buen humor y se desternillará de la risa con la caricatura de la ópera italiana, ya que Newcomb está graciosísimo dirigiendo la orquesta como Max-Rest-A-Stick y los demás parodiantes no se quedaron atrás en sus respectivos papeles con un potpurrí de todas las óperas habidas o por haber. Gracioso, también el circo burlesco [sic].

Escribe *El Moro Muza*:

Esta compañía es digna de que el público concurra a aquel teatro a oírla pues se compone de excelentes músicos instrumentistas y cantantes, y bailarines de alta y baja escuela, esto es, serios y grotescos. Son además los tales individuos pintoreteados de negro, buenos mímicos y poseen en alto grado el don de la imitación ya en sus cantos parodiando algunos trozos populares de óperas italianas, ya en sus canciones y bailes, ofreciendo cuadros de costumbres de algunos estados de la Unión americana. Es una *troupe* que atrae mucha concurrencia al coliseo del barrio de Colón. [287]

Son tan populares que la Asociación de dependientes solicita una función exclusiva el domingo 5 de febrero. El acuerdo entre la empresa norteamericana Matt Peel y Spalding and Rogers, a quienes se contrata la gira, estipula una estancia de dos semanas antes de volver a Nueva Orleáns, pero según Rine Leal actúan hasta marzo. [288] Otros historiadores los ubican de regreso a Nueva York el 12 de enero de 1861 después de ganar treinta mil pesos por cuarenta funciones. [289] Pero la gira no dura un año y la fecha no debe indicar su fin. Sin embargo, no se equivocan al parodiar el gusto por la ópera ya que las representaciones no necesitaron de la palabra, la música es suficiente o lo que el localista llama *guasa*. El periodo se define por la visita de esas compañías. [290] Decenas de notas aparecen en la prensa sobre los proyectos del pianista Louis Moreau Gottschalk, nacido en Nueva Orleáns, una figura mundial, entre ellos, un festival con 650 músicos o una charanga en la Petronila, fragata española que acostumbra a ofrecer bailes y *soirée*.

---

[287] Mustafá y Mustafá [Juan Martínez Villergas]. *El Moro Muza*.16 29 de enero de 1860. "Crónica". pp. 126-128.
[288] American Minstrel Show collection, 1823-1947. MS Thr 556 (26). Campbell Minstrels. Harvard Theatre Collection. Harvard University, Cambridge, Mass. Repository: Houghton Library. Consultada 28 de julio de 2015.
[289] Slout, William L. *Burnt Cork and Tambourines: A Source Book for Negro Minstrelsy*. Wild Side Press, 2007. p. 110. Cf. Hutton, Laurence. *The negro on the Stage*. Harpers New Monthly Magazine. Vol. LXXIX June 1889.
[290] Ver crónica de Quintilian. ob.cit. pp. 287-289.

El festival se celebra el 18 de febrero de 1860, dirigido por el joven músico, con el estreno de *La noche de los trópicos* y *Escenas campestres*, libreto del cubano Manuel Ramírez. En diciembre de 1862 los Christy de Nueva Orleáns visitan la isla por muy poco tiempo. El 6 se escribe que hay tres señoras de una compañía de *minstrels* en un palco del Tacón y el 8 de diciembre ya ha actuado en el Villanueva, pero el 13 un anuncio reza "Gran compañía de *minstrels*. Pantomima ravelesca, cómica, cantábile-bailable y burlesca de Nueva Orleáns en beneficio de la Srta. Eleonore." Sin el nombre de Christy. Ravelesco remite a coreografías, pantomimas y acrobacias. ¿Llega para seguir viaje o en una gira muy desorganizada? Un año después, hay *minstrels* habaneros y el Walk Around, número de baile en el que los ejecutantes dan la vuelta a la escena con muestras de sus habilidades, se incorpora a los espectáculos.

La Avellaneda coronada

El 27 de enero de 1860 Gertrudis Gómez de Avellaneda tiene su coronación en el Tacón. Después de veintitrés años de ausencia, acompaña a su esposo Domingo Verdugo, enfermo, nombrado como funcionario del gobierno colonial. Homenajes, visitas, fiestas y banquetes pero ¿qué estrena? La mayor parte del programa de esa noche es filarmónico –con figuras de la compañía italiana, Gottschalk, Espadero y White– y al final, la *La hija del rey René*, bellísima versión de la Avellaneda del original francés, interpretada por aficionados del Liceo de La Habana. El periodista del *Diario de la Marina* estaba sentado donde no se oía bien y Felicia, de luto, no podía asistir a los teatros, aunque escribe en su Ramillete que "una corona más ciñó la frente de la eminente poetisa con que se envanece Cuba" para finalizar con un ¡gloria al genio![291] El folleto impreso por el Liceo contiene las palabras de su director José Ramón Betancourt, poemas en honor de la poeta y al menos, el nombre de los socios que representaron *La hija...*, entre ellos Matilde Odero y Mercedes Zarza de Delgado, no pertenecientes a ninguna compañía dramática.[292] En el papel de la ciega Yolanda, Odero conmueve por su talento y hermosura mientras su hermano Alejandro pinta un retrato de la poeta, donado al Museo de Cárdenas. Matilde Odero (1829-1897), nacida en Matanzas en el seno de una familia patricia, escribe poesía y es asidua del Liceo. Hace furor en 1854 en el antiguo teatro de la calle Manzano como la baronesa de *El arte de hacer fortuna*, de Rodríguez Rubí, lee un poema en la coronación de Matilde Díez (1855) y en 1861 recita a Antonio Vinajeras en Montpellier, pero ingresa en el convento Santa Teresa de las carmelitas

---

[291] *Coronación de la señora doña Gertrudis Gómez de Avellaneda, acordada por el Liceo de la Habana, que tuvo efecto en la noche del 27 de enero de 1860.* Habana: Impr. Militar, 1860. Harvard University. Visitado el 8 de agosto 2015. *Diario de la Marina* del 29 de enero de 1860.

[292] También Miguel Ruiz, José M. del Río, Félix Ureña, Francisco López de Brilas.

descalzas "torciendo el destino de Vinajeras", según Lola María que no dice más. Termina sus días como Madre Carmelo, después de más de treinta años en el convento.

El prolongado acto termina a las tres y cuarto de la madrugada con un baile amenizado por la orquesta Delicias de Colón. Sin embargo, jóvenes airados como Enrique Piñeyro, corresponsal de un periodiquillo de teatros, descontento con el marido «sátrapa» de Tula, recuerda los aburridos discursos, la representación insípida, las manifestaciones de fastidio que escuchó del público cuando un empleado de nombre Muñoz leyó un romance interminable así como el "hilo rojo que colgaba del labio inferior de Gertrudis", apretado por la cólera. [293] El 12 de abril del mismo año Tula asiste en Cienfuegos a otra representación: *Munio Alfonso* inaugura el teatrico de madera construido por Luis Martínez Casado en Paseo de Vives esquina a Argüelles, llamado Avellaneda en su honor. [294] Anticipa "cruel el martirio" y se dispone a "pasar un mal rato" "al oírse mal interpretada por actores aficionados." Pero por fortuna, según Ramón de la Sagra, que estaba a su lado, no se defraudó, correspondió con paciencia y ofreció consejos en lugar de reprimendas e "irritante corrección".[295]

El 17 de septiembre de 1860 abre el Variedades, primer teatro ocupado por los Robreño en La Habana, en los altos del café del Louvre. La familia llega el 18 de mayo en el Pájaro del Océano con Adelita enferma aunque así todo inicia sus representaciones, entre ellas, en junio, *Los polvos de la madre Celestina*. Como es mucho más íntimo, se aprecian detalles inadvertidos en *La hija de las flores*. Adela Robreño, de veinte años, es Flora, la actriz-prodigio que el Liceo de La Habana

---

[293] Piñeyro, Enrique. "Sobre Gertrudis Gómez de Avellaneda". I La coronación. *Bosquejos, retratos, recuerdos: obra póstuma*. París: Garnier, 1912. pp. 245-251.
[294] Edo, Enrique. *Memoria histórica de la villa de Cienfuegos*. Imprenta El Telégrafo, 1861. pp. 239, 255-256.
[295] Cf. Boudet, Rosa Ileana. *Luisa Martínez Casado en el paraíso*. Ediciones de la Flecha, 2011.

nombra socia facultativa, en el cénit de su esplendor. El localista está satisfecho del "patriotismo" que augura *casita* propia a la dramática ya que el público puede asistir, libre de trabas, sin que lo arredre el precio. Celebra el «bello idilio» de la Avellaneda, ya que esta vez no perdió ni un solo verso y oyó a todos los actores. Adela actuó a entera satisfacción secundada por su familia. "Se luce mucho la simpática Adelita" escribe *El Moro Muza*. [296] Da "cabal interpretación a la fantástica, a la poética creación de la protagonista del drama," manifiesta el *Liceo de Matanzas*, que critica el repertorio por sus enmarañadas inspiraciones de la escuela de Bouchardy.

> Estos dramas *larmoyantes* [...] que tienen la especialidad de sacrificarlo todo al efecto teatral [...] no poco han eliminado de las tablas la *belleza bella* de una obra dramática, que nunca lo será, literariamente hablando, sin verdad en el cuadro que presente, sin maestría en la pintura de caracteres, sin ostentar su gracia en los misterios de la dicción, sin riqueza de verdades filosóficas y morales. [297]

Pero si algo conocen los Robreño es el gusto del público, fascinado con el drama *lacrimógeno*. Al día siguiente debutan con *El esdrújulo* y la zarzuela *El cocinero*. En los casi cinco años de permanencia de la Avellaneda en la isla, se estrenan sin embargo pocos títulos suyos. No hay una respuesta para ese vacío si un dramaturgo dialoga con su tiempo a través de la escenificación. Tampoco se explica que *El Álbum Cubano de lo bueno y de lo bello*, publicación dirigida por Gertrudis, informe de los preparativos y ensayos de *La hija...* pero en la quincena que corresponde, el sustituto de Atta Troll se expanda en otros temas hasta que, corto de espacio, prescinde de comentarla.

---

[296] *El Moro Muza* no. 4. 23 de septiembre de 1860. p. 30.
[297] *Liceo de Matanzas*. Tomo II. 3 de marzo de 1861. p. 16.

Como Adela no se recupera, es posible parta en junio a la península pues el clima de la isla no le es favorable. Representa *La gracia de Dios* y *La pata de cabra* (José Patiño como Simplicio). Carlota la sustituye en *Los polvos de la madre Celestina* y la aplauden en *Isabel la católica,* de Rubí a la que sigue *Las travesuras de Juana,* de Carlos García Doncel y Luis Valladares, reseñadas en *El Álbum cubano de lo bueno y de lo bello,* aunque de forma muy convencional. Sobre *Isabel la católica* se escribe que es un "cuadro bueno de sus figuras principales" con la Sra. Armenta como Isabel, la Srta. Robreño en el paje y el Sr. Robreño en Colón y de *Adriana Lecouvreur,* que "Adela ha mostrado todo lo que puede su talento. Es elegante, viste con sencillez y la favorece mucho su acción distinguida y la pronunciación clara con que marca los versos" para terminar con la frase cliché, "está llamada a desempeñar un papel envidiable". [298] Unas semanas después de *La hija...*, sube a escena *Los vividores de París,* en ocho actos, cuadro de costumbres con decoraciones de muchas ciudades de América. A pesar de su extensión, gustan los personajes a cargo de la "simpática" Adela y los de José y Daniel. *Las gracias de San Gedeón* se programa en diciembre, en un año pródigo en éxitos y pesetas. Adelita, muy mejorada, actúa también en *La cita a medianoche*.

En el Tacón debuta la zarzuela española de José Grau y Amalia Ramírez (participa de una fiesta improvisada titulada "Guángara tropical" y canta "La mulata"). La palabra *guángara* no debe estar en el Diccionario de Pichardo, escribe Atta Troll, (efectivamente no lo está) pero es una voz caribe, según Zayas, cuyo significado es alegría bulliciosa y desordenada. En "La mulata" Amalia imita "el aire, la fisonomía" y hasta el modo de abanicarse de la mestiza. [299] Los Robreño "navegan viento en popa en el Variedades con *La palma del martirio* que "si no resiste el crisol de la buena literatura", tiene

[298] Revista. s/f. *El Álbum Cubano de lo bueno y de lo bello.* pp. 343-347. p. 345.
[299] Troll, Atta. "Reseña de la quincena". *El Álbum Cubano de lo bueno y de lo bello.* pp. 124-128. El significado en Suárez, Constantino. *Vocabulario cubano.* La Habana: Librería R. Veloso, 1921.

"brochazos de buen efecto" y entusiasma al público. Adelita "tiene ancho campo para lucir sus excelentes dotes dramáticas [...] vocación secundada por un sentimiento exquisito y por el más decidido amor al arte que tan arrinconado tiene la exótica zarzuela donde quiera que se habla el rico idioma de Castilla." [300] En febrero, con *La trenza de sus cabellos* de Rodríguez Rubí, expresa con propiedad desgarradora los encontrados afectos que lucha en su corazón de mujer manchada por la calumnia". [301] *El Moro*... ha comentado otras puestas como *El que mira a gran distancia no ve peligro en sus pi*es o *Los Mauprats*. En abril declara que mantienen "viva la llama de la afición en vista de la decadencia a que ha llegado". [302]

Ese mismo año, un comentarista madrileño se preocupa porque ha llegado un actor de La Habana con el encargo de formar compañía. "¿A que nos lleva los mejores?" Como en otras ocasiones, Daniel Robreño busca nuevos talentos e intenta embullar a José Valero. [303] Pero el 12 de octubre arriba a la isla con la condesa Valentini –de la escuela de la actriz Rachel–, el primer galán Manuel Ossorio y el actor jocoso Pedro Carrilero y a pesar de la premura, comienza el 14 con precios módicos de 68 pesos por 12 funciones en palcos y 10 pesos en luneta. Nacida en 1841 en Madrid, Fernanda Llanos de Bremón actúa con Ossorio (Badajoz, 1829), integrante de la compañía de Valero y con experiencia en Cádiz y Sevilla a partir de 1844 que hasta figura en el cuadro de Antonio María Esquivel *Ventura de la Vega leyendo una obra a los actores del Coliseo del Príncipe*, rodeado de intérpretes eminentes.[304] Destacadísimo, no es tan popular como su hermano Fernando, fallecido en la plenitud de su carrera. Cuando el *Diario de Córdoba* lo

---

[300] "Sobremesa". *El Moro Muza* 21. 20 de enero de 1861. p. 167.
[301] *El Moro Muza* 23. 3 de febrero de 1861. p. 183.
[302] *El Moro Muza* 32. 7 de abril de 1861. p. 255.
[303] Fernández Cuesta, Nemesio. *El Museo Universal* no. 33. 18 de agosto de 1861.
[304] Cf. Peláez Martín, Andrés. "El teatro del siglo XIX, modelo para la pintura costumbrista". *Costumbrismo andaluz*. Ed. Barrientos y Romero, Universidad de Sevilla, 1998. pp.107-124.

despide en 1858, porque se ajusta en el Príncipe, analiza sus grandes momentos, muchos de los cuales repite en La Habana. La temporada se inicia con *Sullivan* de Scribe. Mientras, por el cumpleaños de la reina, Adela, José, Segarra, Daza y Somodevilla presentan la graciosa pieza *¡Atrás!* El 18 el actor recibe una de las críticas más sentidas y espontáneas. Ossorio disipa la indiferencia y el público demuestra su afición por el teatro dramático. En noviembre de 1861 Adela representa *Ángela*, de Tamayo y Baus para su beneficio, con un cocuyé final bailado por cincuenta aficionados. Son sus momentos culminantes, vive su apogeo a pesar de que el periódico satírico *Antón Perulero* se burla de los entusiastas y *terribles* que la celebran cuando ha estado "hablando sola por espacio de dos o tres años, con las lunetas desocupadas del teatro Tacón y ahora no hace más que asomar las narices a la escena, y al momento arrebata a todos los espectadores..."

> Adelita es un *fenómeno* en punto a eminencia artística pero no sabe todavía medir los versos ni interpretar bien la intención de los autores, ni pronunciar bien el castellano puesto que confunde continuamente los sonidos de la s, la z y la c, de la v y de la b y de la l y la r, sin embargo eso entusiasma y arastra y arrebata. ¿Qué sucederá el día que sepa hablar bien el castellano? Ha arrebatado, ha sorprendido, ha merecido coronas, flores, versos y aplausos cuando solo ha podido estudiar ese método que tanto se parece al martilleo de una herrería...", crítica que continúa de la entrega anterior dirigida contra los que exageran sus méritos. [305]

En marzo de 1862, en el beneficio a Vizcaíno, empleado veterano del Tacón, hace *Gracias a Dios que está puesta la mesa* y *Adriana Lecouvreur*, con Ossorio y Joaquín Robreño y las repite el 5 de abril en el Liceo, coronada con hojas de laurel, espigas y cuentas de oro. Ese año, una nota biográfica insiste en sus inicios a los nueve años, la influencia

---

[305] *Antón Perulero* 25 y 26 de 1861. (17 y 24 de noviembre) pp. 206-207.

recibida de Matilde Díez, su desempeño en Puerto Rico y Venezuela y su intensa relación con el Liceo. Sin embargo, enfatiza que "algunas horas de amargura" han enturbiado su espíritu, pero que el "hálito ponzoñoso de la murmuración no ha podido envenenar el ambiente de pureza de sus actos. ¿Qué son sus perfecciones físicas? Los que quieran juzgarla pueden consultar el retrato adjunto" como si Adelita hubiese sido lastimada por opiniones acerca de su belleza física. [306] El rumor circula como la pólvora. Se ha insistido en que era fea, con la costumbre denigratoria de cierta prensa. Desafortunadamente aunque hay pocas imágenes de la Robreño, son suficientes para desmentirlo.

Felicia no sabe por quién decidirse. Adela tiene tantos méritos como Fernanda Llanos de Bremón (nadie la llama condesa Valentini) El 24 de noviembre Ossorio y Fernanda estrenan *La cabeza y el corazón* de Teodoro Guerrero cuyo tema despierta curiosidad al ridiculizar al hombre «perverso» que aprovecha el periodismo como franquicia y "escala y lanza tiros envenenados a la sociedad". [307]

"Un amigo" publica la noticia biográfica de Ossorio. [308] Es tan conocido que Martínez Villergas se burla de unos carteles colocados en Sagua la Grande que lo llaman «eminente, notable y sublime». [309] Estrena *Don Juan* de Zorrilla el 14 de febrero de 1862, antes de partir hacia Matanzas con Adelita, Daniel Robreño, Daza y Ruiz, para representar *La cruz del matrimonio* y *La vaquera de la Finojosa* de Luis de Eguilaz, con «vistas acromáticas», cristales de varias formas, entonces una novedad, *Los dos amigos y el dote,* de Mariano Zacarías Cazurro y *Adriana Lecouvreour,* de Dumas. En el Tacón el 22 de marzo representa

---

[306] *Nota biográfica de la señorita doña Adela Robreño.* Liceo de La Habana, 3 de abril de 1862. Archivo Nacional de Cuba.
[307] Al parecer difiere de la publicada en 1871-1877.
[308] [Un amigo]. *Manuel Ossorio.* Habana: Imprenta Nacional y Extranjera, 1862.
[309] *El Moro Muza* no. 9. "Personalidades" 30 de noviembre de 1862. pp. 65-67.

Los mártires de Roma, drama histórico de Antonio Enrique Zafra y en el *El zapatero y el rey,* de Zorrilla, celebran más a José. [310]

El 12 de mayo de 1862 se despide con *El conde Alarcos,* de Milanés, por mucho tiempo olvidada, representada con más «colorido», ensayada con detenimiento, con papeles acertados y la escena servida con mucha propiedad, gesto que la prensa interpreta como de suma sensibilidad por parte del actor. En el reparto, Adelita, José Robreño y Carmen Planas. ¿La primera reposición de *Alarcos...* en veintidós años? A su salida le sigue Remigio Somodevilla con *El naufragio de la fragata Medusa,* de Charles Desnoyer. El 27 de septiembre de 1862 los Robreño representan en Santiago de Cuba *Locura de amor,* con Segarra, Annexi y su esposa y después tienen una temporada en Matanzas. Y en ocasiones como el 27 de marzo, están en dos recintos la misma noche: en el Tacón con *El trapero de Madrid,* donde José tiene momentos muy felices y en el Villanueva, también llamado teatro de la puerta de Colón, con *El duende* y *Comer o morir.*

En 1863 las miradas se dirigen al Esteban —apellido del gobernador de la provincia, brigadier Pedro Esteban Arranz— inaugurado en Matanzas el 6 de abril, obra del arquitecto y pintor Daniel Dall'Aglio, autor de sus techos, interior, tramoya, telonería y sus primeras ocho decoraciones. Sustituye al de la calle Manzano, de nefasto recuerdo. Desde 1860 se autoriza el reglamento para establecer una sociedad y recaudar fondos, abrir un concurso y elegir el arquitecto constructor. Los periódicos divulgaron las suscripciones y bazares para recibir los aportes en metálico. Con una lucerna traída de París, maquinaria moderna, una caja armónica de altísima fidelidad, deslumbra sobre todo por su fachada neoclásica, elogiada por Francisco Albear, quien también somete su propuesta a partir de

---

[310] Zafra, Antonio Enrique. *Los mártires de Roma.* La Habana, Imp. Militar, 1862.

conciliar lo mejor de los proyectos que le encargaron revisar. [311] Por su capacidad (alrededor de mil setecientos espectadores) es una segunda o tercera plaza con relación al Tacón y al Principal de Camagüey. Sigue el modelo italiano de herradura, con una estratificación de los espectadores que privilegia la platea y los palcos de proscenio, coloca a los blancos en la gradería del tercer piso y en el cuarto, a la población de color. No se ve bien pero el espectador ocupa una posición privilegiada para silbar o aprobar. Esos palcos, similares a los habaneros, separados por un enrejado fino, son conocidos como *grillé*, cubanismo incluido por Fernando Ortiz en su cataure. La Litografía del Gobierno imprime su imagen. Dieciocho años después su telón de boca reproduce una vista del Puente de la Concordia, obra del arquitecto Jules Sagebien.[312]

A la función inaugural asiste el capitán Dulce pero se va antes de terminar, generalmente un lugar común de la prensa. *A buen hambre no hay pan duro*, proverbio de José Jacinto Milanés (Cervantes y su mujer Leonor son personajes), propuesto, ensayado y dirigido por Ildefonso Estrada se representa con Susana Pérez y Luis F. Ortega y *El hombre de mundo*, de Ventura de la Vega, con los anteriores y Juan González, Andrés Hurtado, José Morejón y Sofía A. de Estefani. Brillan en su primera noche aficionados locales para los que es un sueño actuar en un teatro de esta magnitud. Lola María cuenta que Dall'Aglio no se atreve a salir por la modestia de su traje y Rafael Otero declama "¡Tuya es la inspiración, tuya la gloria!" [313] De acuerdo a *Don Junípero,* la familia de Milanés quiere saber si al autor, sumido en el mutismo, le produce algún efecto saber que se representaría un acto de *El conde Alarcos* (idea inicial desechada por los organizadores). José Jacinto replica con un

---

[311] Pedroso, Carlos de. "Albear". *Revista Cubana.* v. XII. pp. 67-87, 274-285, 346-356, 416-432, 550,-542.
[312] *Guía oficial de la Exposición de Matanzas.* Imprenta La Nacional, 1881. pp. 29-30.
[313] Cf. Fernández, Daneris. *Historia del teatro Sauto (1863-1899).* Ediciones Matanzas, 2008.

movimiento de hombros, se le ve más animado, hasta que con acento muy triste se acerca a su hermano Federico y le dice "¿Con que van a destrozar a mi pobre Alarcos?" [314] Desde 1843 vive alejado del mundo.

En la capital se suceden los beneficios a Bremón, Viñolas, Annexi y sobre todo a Joaquín Ruiz, quien en junio tiene el más rotundo dedicado a un cómico desde la muerte de Covarrubias. De acuerdo con *El Bombo*, periódico para su exclusiva promoción, el teatro está lleno de bote en bote, se habla de una entrada *ruicesca*, muy por encima de los raveles. Socio facultativo del Liceo, su retrato se vende en la galería de Narciso Mestre de O'Reilly 19. En marzo de 1863 debutan los *minstrels* habaneros integrados por Francisco Becerra, Ramón Ramos e Higinio Valdés y el 7 de octubre Creto Gangá sorprende con "Garandísima y sobreisaliente baile de gente de colore en la Grurieta de Marianabo" dirigido al Caballero siñó ridantore de la Diario Marina [*sic*]. Torrecillas está en Santiago de Cuba como tenor cómico. Estrena *Desgracias de un tenor o el do de pecho*, libreto de J. Birelli, música de Laureano Fuentes Matons e interpretación de la soprano Raimunda Miguel, quien se destacará con los bufos.

En noviembre de 1863 se conoce el éxito de Adelita en Caracas con *Adriana Lecouvreur*. El auditorio no se contentó "con colmarla de envidiables celebraciones" y "manifestó el deseo de que la función se repitiera".

> Cuando llegó el día deseado, el teatro estaba engalanado como para una fiesta. Durante la representación, el entusiasmo de los espectadores parecía no tener fin y terminada esta, la aplaudida actriz fue acompañada por un hermoso coche tirado por briosos caballos, preparado para conducirla en triunfo a su morada. Lo más distinguido de la juventud caraqueña, no conformándose con esto, separó los caballos del coche y se puso a tirar de él,

---

[314] Cristóbal. *Don Junípero* no 8. 22 de noviembre de 1863. "Amor de padre." p. 62.

dirigiendo las más entusiastas aclamaciones a la artista que cuenta tantos admiradores en la ciudad.[315]

La versión del localista recrea la noticia traída en algún vapor, parca y menos efusiva en comparación con el entusiasmo de Caracas. Entre 1863 y 1865 la compañía de Robreño gira a Venezuela y Puerto Rico, un periplo bastante impreciso en el que al parecer Adela se enferma porque se habla de su quebrantada salud. A Caracas llegan en 1863 para un abono de veinte funciones iniciado el 8 de agosto con *Simón el mudo* y *La aldea de San Lorenzo*, pero el día 22 *La dama de las camelias* gusta tanto que el poeta Manuel María Fernández escribe en *El Federalista* que en sus ojos "brilla la chispa del genio y la inspiración". La función se repite el 25 ya que "no hubo un corazón que no estuviera conmovido". El 24 de agosto, en primera página, un artículo cuenta que la juventud caraqueña la acompaña con música mientras tiran de los caballos y empujan el coche hasta su casa. "Espléndida manifestación en obsequio de la artista Adela Robreño". Una vez allí, ella les dirige expresivas miradas y acompañada de su familia, les ofrece un «decente» refresco. El autor lee un poema que comienza "¿Oyes, Adela, ese ruido?/¿Ves, Adela, ese entusiasmo/esas perfumadas flores/que embalsaman el espacio? /¿No ves las dulces sonrisas,/de los mancebos gallardos/y las húmedas miradas/de los que por ti han llorado." La crónica desborda vehemencia y satisfacción. Adela es la perla cubana.

Al día siguiente se exhibe un cosmorama con vistas de La Habana y el periódico anuncia "¡La patria de Adela, la que ha venido a encantarnos!" Sin embargo, otras puestas de la compañía como *Don Juan*, *Beatriz* o *La flauta mágica*, no despiertan esa efusividad. El mismo órgano de prensa invita a Robreño el 27 a interesarse por la dramática nacional y le propone la pieza de Manuel M. Bermúdez *La redacción de*

---

[315] *Diario de la Marina*. 3 de diciembre de 1863.

un periódico. [316] No fue solo en Caracas. "En Maracaibo, Adela Robreño consolidó fuertes lazos de amistad con los intelectuales de esa población. Como consecuencia de la cercanía entre la actriz y sus admiradores, en 1864 se comenzó a publicar en la ciudad marabina una revista que llevó por título *El Rayo Azul.*" [317] Adelita sigue en el recuerdo de los venezolanos y en 1867 *El Federalista* la coloca junto a Mario Tiberini.

El 26 de enero de 1864 se representa en el Tacón *El corazón de un huérfano o bondades de Napoleón III* en beneficio al actor Juan Zafrané y el 9 de junio del mismo año Rosa Delgado y Secundino Annexi estrenan *Amor y pobreza*, de Alfredo Torroella, con Pedro Viñolas, Ramón Barrera, José Villahermosa y Enrique Crecy. Torroella está en la noticia –y no por su melodrama (el hijo de un médico se enamora de la hija de un carpintero)– sino por denunciar han vendido como suyo un tomo de poesía. Dedicada a Cristóbal Mendoza, es al mismo tiempo denuncia social y folletín. El 21 de agosto, a bordo del *Pelayo*, un grupo de actores contratados por Baltasar Torrecillas, en la isla desde julio en busca de una característica, sale hacia Puerto Rico. [318]

En el Liceo de La Habana, el 31 de agosto Dolores Cabrera y su esposo Pablo Pildaín, junto a Luis López y Napoleón Arregui, estrenan *Lo positivo, de Estébanez.* No es la primera de las actuaciones de la pareja. Pablo Pildaín Sarabia (1842-1919) nace en Puerto Príncipe el 15 de enero de ¿1842? Trabaja desde muy joven en los talleres del periódico El Fanal y a partir de los dieciocho años es aficionado de la Sociedad

---

[316] M. M. F. *El Federalista* 21. 24 de agosto de 1863. *El Federalista* agosto-septiembre de 1863. pp. 3-4. Repositorio de la Universidad Católica Andrés Bello, Caracas, Venezuela.

[317] Alcibiades, Mirla. *El Nacional.* "Compañías de teatro". 3 de abril de 2014. Un tema a profundizar es el papel de Adela en esta publicación feminista. Su relación con la intelectualidad y su influencia en Maracaibo están fuera de mis límites.

[318] Fidel López, Juan y Manuel Casañé, Andrés Cordero, Francisca Muñoz y Baños, Francico García Luna, Gabriela Romeral y Eduardo Iroba.

Filarmónica. [319] Se desconocen muchos detalles de sus comienzos aunque se cree debuta en Matanzas en 1864 donde actúa a lo largo de su dilatada carrera. Su interés por el teatro clásico data de su adolescencia: a los catorce años escribe un poema dedicado a Segismundo. Casado en primeras nupcias con la actriz ¿camagüeyana? Dolores Cabrera, estrenan juntos muchas piezas en la Sociedad del Pilar y el Liceo de La Habana. La prensa señala la "aplicación y constancia dignas de aplauso" de Dolores en *Cuento de nunca acabar* y *Carambola y palos,* representadas en el Liceo el 3 de noviembre de 1864.

En junio los hermanos Duclós y el cómico Ortiz intentan viajar a Lima, aunque finalmente ofrecen funciones solo en Puerto Rico. El Pájaro del Océano trae el 29 de septiembre noticias de la acogida de los Robreño en Puerto Cabello, Valencia y Maracaibo donde José se enferma y recibe muestras de hospitalidad y afecto. Los Annexi parten a Mérida en octubre, después de representar *La campana de la Almudaina, Adriana Lecouvreur* y la comedias *Gracias a Dios que está puesta la mesa* y aunque se dice que tienen éxito, regresan pronto para unirse a Barrera, Duclós y Ortiz. Los grandes acontecimientos del patio son la rotura de un telón que por poco lesiona a un actor, el cambio repentino de cartel y la indiferencia del público por el teatro dramático ya que *El hombre de mundo* está casi vacía. Sin embargo, el corresponsal del *Herald* está convencido que la compañía de zarzuela podría interesar en Nueva York. El día 12 del mismo mes estrenan *Isabel la católica* y el 20, *La segunda dama duende* y *Los palos deseados,* muy mutiladas y esa falta de exigencia justifica que el drama languidezca.

La casi ausencia de comentarios sobre la creación escénica hace pensar en una temporada muy pobre o que el localista no se interesa por ella, pues esporádicamente y con desgano relata errores, pifias y desencantos. Los vecinos de Regla se quejan: no quieren dramas sosos

---

[319] Villabella, Manuel. "Pablo Pildaín, desestimado actor y director del teatro en Camagüey y Cuba" http://www.ohcamaguey.cu/index.php/inv/pers/98-pablo-pildain-desestimado-actor-y-director-del-teatro-en-camagueey-y-cuba.html

como *Los infieles*. En Matanzas la operática Leonardi ha establecido un pleito pero a pesar de sus detractores, canta tan bien "que desarma a tirios y troyanos". Si las reseñas son objetivas, es uno de los peores momentos del teatro dramático.

En enero de 1865 aparece un periódico teatral, *El Murciélago*, jocoso, que se deja ver «cuando lo tenga por conveniente». También circula *El Apuntador*. De contar con ejemplares se conocerían eslabones perdidos, actuaciones, elencos, chisme y farandulería. El Villanueva exhibe una compañía acrobática-ecuestre con el Rey de Fuego y Miss Forrest y debuta en enero la lírico dramática francesa de Elodie Girard y Marcelin Alhaiza con estrenos de Scribe y Legouvé que aunque "cercenados", tienen mucha sal y pimienta. Representan *Le Bugeoir*, *¡Mon Ismenie!*, *Le Bourreau des Cranes* de Lafargue y Siraudin, *Le fils naturel* de Diderot, *El vaudeville*, *Los amores de Cleopatra*, *Les Pattes Mouche*, de Sardou y *Las noces de Jeanette*, con música de Víctor Massé. A finales de enero vuelven a Nueva Orleáns después de *Les Charmeurs*, y *Un trapier qui suit les bonnes*. Con *El sombrero de paja de Italia*, de Labiche, gran despropósito con múltiples escenas cómicas, según el comentarista, parecido a las zarzuelas de Olona, concluyen en abril de 1866.

El 28 de enero de 1865 se anuncian los *minstrels* de Webb en el Villanueva con un programa en dos partes y un número sugerente, *Harmonicaconbanjotriangletamborirebelldrum*. Aunque no reciben el respaldo de los Campbell, el 2 de febrero se presenta el solo armónico de Mr. Myers, el *zapateo americano* por Henry Stewart, *el doble baile de zapatos de pala* y la Sra. Leonardini con una ópera burlesca.

En el Tacón, los muchos amantes de la zarzuela aplauden a Eusebio Blasco, Caballero y Zafra con nuevas obras. La norteamericana Spalding y Rogers trae en enero un conjunto de «menajería» y circo como avanzada de grupos de variedades, pantomima, ballet, conciertos y gimnasia. Guadalupe Muñoz, esposa de Martínez Casado, vuelve a Trinidad después de un viaje a Madrid. En enero hay una función de beneficio en el Esteban para Ramón Barrera, muy enfermo desde hace más de un año. [320] En Cádiz se representa *Historia de un día*, del habanero Ventura de Abarzuza y Ferrer, frustrado autor pero diplomático español de larga carrera.

La hija del pueblo o *Lola la tejedora* de José Fornaris se lee el 19 de marzo en el Ateneo Cubano con dos sesiones de comentarios a cargo de Manuel Costales, Socorro de León, Torroella y Ruiz de Cárdenas y se estrena el 19 de agosto en el Liceo con una reseña muy pobre en el Diario conservador. Se dice que no se desvía del asunto principal, está salpicada de pensamientos muy aplaudidos y se elogia su versificación. *Las travesuras de Juana*, de García Doncel, por los aficionados del Liceo, tiene en cambio una muy extensa, con todo el reparto. [321] Los *minstrels* de Hernández actúan en la Sociedad El Pilar con pantomimas y números de puñales.

En mayo llega José Robreño a Puerto Rico y en junio, Ventura Mur actúa en Matanzas, Eloísa Barrejón en Cárdenas y Gabriela Romeral en el Tacón con *Marido de mi mujer o los quid procuos* [sic] mientras en junio, Alcázar, administrador del teatro, aclara que ningún perdigón ataca a Torrecillas y culpa a los actores de manipular mal las pistolas. Romeral participa junto al cómico y su esposo Fernando Iroba de una entusiasta temporada en Santiago de Cuba.

Como en una penosa obligación, el 20 de junio Argente recluta actores para una compañía que representa *La oración de la tarde*, de Luis Mariano de Larra, pero en julio, después de *Don Alvaro o la fuerza del sino*, del duque de Rivas, la entrada no da ni para pagar las luces y se dice que la obra ha sufrido grandes mutilaciones y dislocaciones.

---

[320] Entre 1860 y 1861 ha publicado su poesía religiosa y la obra teatral *Los heridos del Serrallo*, con música de Narciso Téllez.
[321] Amalia Carnet de Bello, Mercedes Zarza de Delgado, Rosa Marrero, Mercedes Castellanos de Carnet, Inés Álvarez de Cabat, Luisa Horruitiner, Lucinda Amador, María de Jesús Delgado de Garrido, Félix Ureña, José Ramón Torres, Luis López, José María del Río, Rosendo Muñiz, Gerardo Rabasa, José Gonzalo Raíces y Napoleón Arregui.

Ventura Mur y Clapera actúan en el barrio de Pocito en Marianao con Merced Soto. Torrecillas llega de Villaclara para contratar a una dama joven y seguir a Sagua. Se empieza a construir el Ariosa, contiguo al Tacón, con capacidad para mil quinientos espectadores, quienes se sentarían con comodidad lo mismo en las entradas baratas que en las lunetas. La lucerna no está al centro, tiene techo de cristal, alumbrado de gas y está rodeado de árboles y flores. Al colocar el gas encima del techo, se espera mejorar la temperatura del interior.[322] *El Bombo* sale por tercera vez. En septiembre llegan los Robreño al Tacón con *El padre de los pobres*, *El corazón en la mano*, de Pérez Escrich, *Elena de Marsan*, de Adolfo Deneri, *El ciego de París* y *El inglés improvisado*. Actúa con ellos Joaquín Ruiz. No se menciona a Adela ni a ninguna figura femenina de la compañía.

El Ateneo Cubano estrena su cuadro de aficionados integrado por Mercedes Zarza, Juana Tittle, Ernesto Villa y Fernando Valdés Ayala, entre otros. El 15 de enero de 1865 Pildaín y su esposa reaparecen junto a López en *Carambola y palos* de Mariano Pina en la Sociedad del Pilar y después en *Bruno el tejedor* y el 23 en *El tanto por ciento* con Ruiz, López y Arregui en el Liceo. Dolores interviene en *Raíces* con las poetas Martina Pierro de Poo y Rosa Marrero y Caro. Al año siguiente, el 29 de septiembre, Salazar y Ayala pintan las decoraciones de *Venganza contra venganza*, de Fernando Urzaís y Pablo Pildaín publica dos piezas: el juguete cómico *¡Tres contra una!* (Imprenta de la Villa, 1866) y el melodrama *María* (La Tropical, 1866).

El actor español Joaquín Arjona y su hermano Enrique llegan en noviembre de 1865 con Carolina Fernández, Juan López Benetti, Concepción Musso, Mercedes Sotomayor y Eduardo Irigoyen, futuro esposo de Adela Robreño, recién graduado del Conservatorio donde obtiene junto a Ricardo Zamacois uno de los premios. Estudia jurisprudencia y es redactor de un periódico político. Alcanza "las mayores simpatías" dice la prensa pero no obtiene beneficio como

---

[322] Aparece el 30 de julio en *El Amigo de la Mujer*.

tampoco la característica Dolores León. "Faltaba un artista eminente, llegó don Joaquín para poner en escena todos los géneros", escribe José R. Leal mientras Felicia destaca que su arte venció el agua, el lodo y la moda ya que el atrio del Tacón se inundó por la lluvia. Arjona no se destaca por sus cualidades exteriores sino por una manera de actuar basada en el estudio de los detalles, "todo pensamiento y labor", a pesar de un físico común y corriente. Pero debe competir con la preferencia del público por lo filarmónico.[323] Lo contrario sucede con Pildaín a quien se le reconoce una imponente presencia. A finales de enero de 1866 sustituye a los Robreño en Matanzas, en cartel desde noviembre del año anterior. Los Ravel, el *vaudeville* de Alhaiza y la pianista Teresa Carreño se despiden y ese año mueren el bajo Juan Muñoz y Juana Díez, característica muy apreciada, madre de los Armenta, pionera de la compañía de Robreño.

En enero de 1866, la zarzuela de Grau debe ofrecer veinticuatro funciones en seis semanas y los circos están en plena actividad. Todo parece tranquilo cuando el 19 de abril unos jóvenes silban al tenor catalán José Boy, cuya voz recordaba a Mussiani hace diez años, escribe Felicia, pero no obtiene los aplausos entusiastas de aquel en el Manrique de *El trovador*. "La acción echa a perder su agradable figura y Boy malgasta el órgano con la que la naturaleza lo dotó". Dos días después, en una función benéfica dedicada a los hijos del fallecido Ramón Zambrana, otro grupo riposta la ofensa y silba a Adelita Robreño mientras lee un poema. "Pisa las tablas la tierna Adela con la aureola de la santa y piadosa misión que venía a realizar, y resuenan algunos pocos silbidos en las altas localidades; los aplausos del público sensato apagaron sus sonidos y el prestigio de la inocencia de la bella actriz, su mérito indisputable y el recuerdo de sus anteriores triunfos,

---

[323] Leal, J. R. "El teatro de Tacón" I. *Diario de la Marina*. 23 de noviembre de 1865 y Felicia. "Ramillete habanero". *Diario de la Marina*. 19 de noviembre de 1865.

venció la dureza de los que pocos antes abrigaban otras ideas" reza la moción de la defensa.

Alfredo Torroella lee en medio de los abucheos, aminorados por las voces de los actores de *Lo positivo* por la compañía de Arjona. "Acababan de silbar a Torroella pero ese pueblo, con la sensatez que lo distingue, retribuye la ofensa [...] mientras aplaudía a los actores peninsulares que exentos de pasiones y de miserables rencillas, venían a ejercer una de las más nobles virtudes." Los detenidos no son alborotadores o *tacos* del Louvre, sino espectadores que silban a "un mal cantante". [324] El escenario, otra vez, es un terreno en disputas.

En su crónica del 7 de abril, Felicia no parece muy convencida del repertorio de Arjona pues "complace los gustos del pueblo" con cuadros enérgicos que despiertan sus instintos. "No censuremos [...] que ofrezca [...] dramas de fuertes pinceladas sino que se haya empeñado en elegir piezas cansadas de puro conocidas." [325] Arjona y sus actores regresan a Madrid y se unen a Manuel Catalina en el teatro del Príncipe. Demoran tres años en volver a la isla.

---

[324] "Sobre el escándalo ocurrido en el Teatro Tacón, hoy Nacional, el 19 de abril de 1866, en que se efectuaba una función benéfica a favor de los hijos del ilustre habanero Ramón Zambrana y Valdés". *Boletín del Archivo Nacional de Cuba*. V. 18 (1919) pp. 273-280.
[325] Felicia. "Ramillete Habanero". *Diario de la Marina.* 7 y 14 de abril de 1867.

El anuncio de Rita Leonarda Valiente (1848), uno de los primeros grabados dedicados al espectáculo en el *Diario de la Marina*.

Francisco Covarrubias, fundador del teatro cubano.

El Coliseo visto por Federico Mialhe.

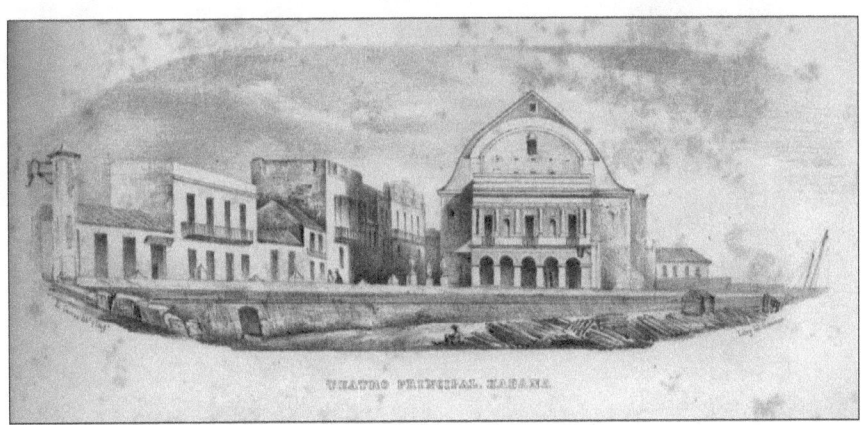
Grabado de El Principal de Laureano Cuevas.

Teatro del Circo convertido en Teatro Villanueva en 1853.

Teatro Tacón en 1900. Detroit Publishing Company. Biblioteca del Congreso de los Estados Unidos.

Manuel Ossorio arriba en 1862 por corto tiempo pero vuelve.

La bailarina Lolita Barroso.

La imagen más conocida de Adela Robreño, la perla cubana.

Documentos de Adela Robreño. Litografía ¿1849? y Nota biográfica de 1862 del Liceo de La Habana. Archivo Nacional de Cuba.

Adela Robreño. Grabado de Francisco Cisneros en la *Revista del Liceo de La Habana*

Matilde Díez actuó en el Tacón de La Habana entre los años 1853 y 1858.

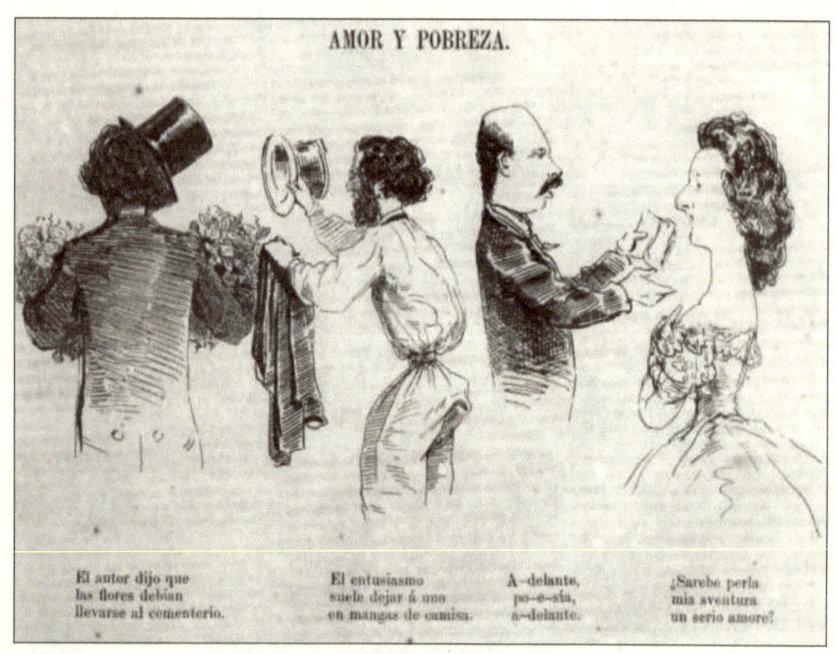

Amor y pobreza, de Alfredo Torroella y la ópera *Nabuco*.

Un estreno de Luaces

El 9 de agosto de 1865 se realiza el único estreno en vida de Joaquín Lorenzo Luaces. Pilar del romanticismo, "nuestro desconocido" no tiene fortuna con las representaciones de sus obras, pero *Una hora en la vida de un calavera* sube a escena para el beneficio de Enrique Crecy y Joaquín Rosado. El mismo miércoles el periódico insiste en un "último repique". Los actores solicitan "protección". El sainete seguiría a *Los incendiarios de París*, pero se rectifica que a *La vieja del candilejo* (episodio de *Pedro el cruel*). [326] Si pensamos que *El mendigo rojo* se discute en el Liceo (5 de marzo de 1865), está en el ambiente al menos hablar sobre Luaces dramaturgo. Sin embargo, en lugar de comentarios sobre esta sesión, hallé el anuncio de un baile de *piñata*, en el que según se aclara ningún caballero podía ir disfrazado de *negrito*.

Una hora... escrita en Guanabacoa en 1853, el mismo año de *La escuela de los parientes*, su primera comedia, transcurre entre las doce y la una de la tarde de un mismo día, aproximadamente la mitad de su duración en escena. Federico es estudiante, no tiene un centavo ni nadie a quien pedir ayuda y *tronado*, sentado en un catre, se registra los bolsillos y mira el porta-monedas. Cuando quiere acudir a Fernando, éste aparece para pedirle una peseta.

> Federico. Estoy leproso, arruinado,
> todos van a huir de mí;
> que eso le resulta aquí
> al trueno, cuando ha tronado.
>
> Para aumentar mis reveses
> y mis terribles tormentos

---

[326] Lorenzo Luaces, Joaquín. "Una hora en la vida de un calavera". Revista *Islas* 41. (enero-abril 1972). pp.171-200.

me atosigan con sus cuentas
cinco millones de ingleses.

Uno tras otro desfilan los cobradores, el primero, Monsieur Foudre, francés que habla de manera chapurreada y fastidiosa, cansado de exigir el pago de las cuentas. Federico lo amenaza por ofender su honor, enarbola su bastón y se hace pasar por comisario. "Le voy a romper a usted en la jeta diez macanas."

Mons. *Mais non d'andar*
sino de... de non cobrar
la conta que non s'acaba.

Melchor Uñate Robacochea, "un sato con entrañas de usurero", llega vestido con un traje ridículo. "¿Cuando suelta el levitón de color cucaracha?" le espeta Federico. El usurero quiere cobrarle, pero los estudiantes se arman con caretas y floretes para enfrentarlo. Mientras Melchor habla de deudas e intereses, ellos doblan las espadas. Pide compasión.

Fed. ¿Y dígame don Melchor
¿la ha tenido usted en su vida
de tanta gente rendida,
que imploraba su favor?
¿Ha compadecido usted
a tanta familia pobre
a la que al par de su cobre
le daba un auto de fe?

Sigue un largo alegato sobre el egoísmo y entre amenazas y discusiones, los estudiantes le hacen firmar un contrato por el que obtienen dos onzas mientras Melchor solloza por sus "dos pobres amarillas". Federico despide con violencia a los «pardos» enviados por Ña Coleta y niña Pilá con charolas de "chucherías" de la tienda para obligarlos a comprarlas. Pero encuentra un billete de lotería en el bolsillo de una chaqueta. ¡Cuatro mil duros!

Fer. ¡Para meterme a juicioso espero otra lotería!
Fe. Nos pintarán en estampas cuando los vicios dejemos.
Fern. Y nosotros gritaremos...
Fed. ¡No más deudas! ¡No más trampas!

Inferior a *El médico chino* de Losada y *El tío sordo*, de Cárdenas, más que de aprendizaje, es un ejercicio de comicidad forzada cuyo lenguaje «cubano» debió ser difícil para los intérpretes. La caracterización de los jóvenes disolutos antecede a *El velorio de Pachencho* aunque bastante uniformes y opacos, crueles con los usureros y los negros en busca de propinas. El maltrato a los criados es un detalle pintoresco y decorativo y no un comentario social. El bufo está en el ambiente y ni siquiera un autor culto puede librarse de su influencia.

En *A tigre zorra y bulldog* (1863) aparece el avaro molieresco Macario Comegén [sic], interesado en llenar su «saquito» mientras viste con harapos y ahorra hasta el último centavo. Tiene dos hijas, una hacendosa, Carlota, y otra «catedrática», Sofía, indigestada de lecturas y conocimientos y entregada a la «vida del cerebro».

Sofía. Yo soy, como sabe usté,
   de constitución exigua
   mis dolencias averigua
   todo el mundo que me ve.
   Mi cabeza paracléptica
   la tengo tan atrofiada

> que temo que al fin me invada
> una afección cataléptica. [327]

La contraposición entre la hermana sabihonda y la laboriosa sostiene la comicidad mientras el criado Blas habla con largas parrafadas en gallego. Incapaz de sintetizar un incidente, Comegén lo trata con sumo desprecio. Desde luego, hay pretendientes. Manuel enamora a Carlota y Eduardo a Sofía. Y en medio de los enredos, llegan filibusteros vestidos de paño con sombreros «californianos» a perpetrar un atraco. Luaces lo aprovecha para un altercado lingüístico: mezcla del inglés de Eduardo y el gallego de Blas. Eduardo —acota Luaces— tiene acento patibulario, lo que unido a la vestimenta y las caras «horribles», caracteriza a los forasteros. Se libra una jerigonza verbal. Blas se lleva finalmente el saquito con «cien mil duros bien contados». Con el restablecimiento de la armonía, se descubre detrás del refinado Eduardo, a un vulgar ladrón. Tiburcio Berenjena, en combinación con Blas, harto de Comegén, se despide como "un mocito del cogollo, del barrio de Peñalver". El gallego está casi aplatanado y el catedraticismo en ciernes de Sofía se adelanta unos años al de Pancho Fernández.

El historiador Rine Leal y el director Armando Suárez del Villar, a cargo de las puestas en escena del Conjunto Dramático de Cienfuegos y Teatro Estudio, descubren a este magnífico dramaturgo cuyas comedias *El fantasmón de Aravaca*, *A tigre, zorra y bulldog*, *El becerro de oro*, *La escuela de los parientes* y *Las dos amigas* son ignoradas en el XIX. [328] A Luaces le faltó fuerza para imponerlas o atento a los juicios de sus contemporáneos, creyó que no tenía facilidad para lo cómico como escribió Mitjans. De acuerdo al recuento biográfico de su amigo Fornaris, sus comedias son del género "bretoniano" y sus partes no eran armónicas. Como se observa, los críticos están desconcertados, no

---

[327] Lorenzo Luaces, Joaquín. "A tigre, zorra y bulldog". *Comedias cubanas. Siglo XIX*. Rine Leal (ed.) La Habana: Letras Cubanas, 1979. pp. 147-332.
[328] Lorenzo Luaces, Joaquín. *El fantasmón de Aravaca*. *Islas* 38 (enero-abril 1971) pp. 95-174.

saben cómo juzgarlas. Fornaris escribe: "estas observaciones las expusimos mil veces los amigos, mas el murió en la creencia de que eran infundadas" pero fue incapaz de rebatirlas "hasta no verlas representada por buenos actores".[329] ¿Es que hay actores malos que las interpretan? Escrita entre 1863 y 1865, es un misterio por qué *El fantasmón de Aravaca* no interesa al Liceo o las sociedades de recreo si Luaces es un poeta reconocido y reputado editor. Tiene escenas de mucha riqueza de movimientos y acción y otras faltas de bríos, pero nadie como Luaces desnuda la máscara social de la colonia, la falsedad de los gestos operáticos y la hipocresía social.

"El que sale de su esfera no pertenece a ninguna" es la máxima moral del *Fantasmón*... dentro del furor desatinado por los amaneramientos y los oropeles. Comedia de situaciones y enredos, ocurre en la quinta de Crispín del Valle en el Cerro. Un millonario con delirio de nobleza, nacido en un pueblo de Castilla, sueña con blasones y títulos, viste con batas lujosas, encarga su retrato para exhibir en su salón y practica baile y esgrima con un séquito de criados de librea y galones como un tropical gentilhombre. Transcurre entre las 9 de la mañana y las seis de la tarde, cuando Crispín invita a una cena de gala. Sus tres sobrinas casaderas inauguran un diálogo basado en réplicas cortantes que José Triana muchos años después llamará lipidia. Una de ellas cree que Antonio Suárez, indigestado con París y a quien molesta todo lo criollo (¡Este maldito país con sus tardes chubascosas!), denso y afectado, se va a casar con ella, pero está enamorado de Luisa. Luaces dedica a la murmuración una de las escenas más punzantes.

¿Qué? Será envidia que yo
diga que D. Blas Sobrado
es un insigne letrado
que... no conoce la O?

---

[329] Fornaris, José. "Joaquín Lorenzo Luaces". *Revista de Cuba* 10 (1881) pp. 561-567. Publicada en *El Ateneo de La Habana*, 1ero y 15 de agosto de 1868.

¿Qué Dña. Ana de Pantoja
gasta al mes una talega
y no paga la bodega,
la casa, ni la maloja?
¿Qué D. Crispo de la Vega,
sin trabuco ni puñal,
ha formado un Capital
con brujas de marca y pega?
¿Qué D. Ignacio Doblado
que ustedes conocen bien,
pegó fuego a su almacén
cuando estuvo asegurado?
¿Qué D. Luis de la Carraca,
capitán antes de ayer,
ha llegado a brigadier
por tres cambios de casaca?
¿Qué D. Crescencio Culebras
sin saber llevar su «Diario»
ya sea hecho millonario
solamente con dos quiebras?
¿Qué la preciosa Mariana,
la hijita de D. Simón,
tiene un novio de salón
y dos novios de ventana?
¿Qué la Clarita Soler
tanto el traje escamotea
que hace que el ciego vea
lo que nadie debe ver? [..]

Crispín no sólo practica esgrima o se cae de un caballo —en caricaturesca pirueta— sino contra los consejos de su hermano Crispiniano, en arriesgada operación, vende sus propiedades. En la escena VIII, una de las más logradas por la soltura del verso, dice.

> ¡Yo no sé lo que pretende
> esa canalla soez;
> cuando, en todo, me conduzco
> como el público lo ve!... (pausa)
> Reflexionemos un poco...
> ¿Qué me falta para ser
> el prototipo del noble?
> ¿Qué me falta? ¡Voto a quien!
> Mi pantalón, mi casaca,
> mi chaleco a la *derniere*
> mis botines de Cabrisas
> y mis guantes de Jouvin,
> todo a nunca que soy hombre,
> que, en el palacio de un rey,
> pudiera marchar de brazo
> con los duques de Sesé!

Se abona a la ópera, sabe decir *chiamata* y *primo cartello*. Luaces caricaturiza la sociedad de las apariencias y el dinero de *El becerro de oro* cuando se destapa la noticia. Crispín se ha arruinado. Abandona bruscamente sus ilusiones cortesanas, destruye sus viejos pergaminos y declara que ha dejado de ser "el fantasmón de Aravaca". Luisa se promete a Antonio y aunque los invitados de alcurnia no llegan a la cena, el rumor es incierto y Crispín no ha perdido sus millones sino su fantasmagoría.

> Que se acabó la nobleza,
> que la vamos a enterrar,

>   y al que de eso vuelva a hablar
>   le divido la cabeza!

Entre 1853 y 1859 Luaces desarrolla un cuerpo de comedias de costumbres no superado por ninguno de sus contemporáneos, pero que nadie representó, tal vez por su modestia, su vínculo con una "academia" miope o porque los comediantes españoles no podían decir sus diálogos. Ninguna, a excepción de la más pobre, sube a escena. *El becerro de oro,* finalizada el 3 de abril de 1859, tiene una anécdota aparente, la exaltación por Marietta Gazanniga Malaspina, preferida en casa de Luciana por la partidaria de su bando, su hija Belén, fanática que lleva flores al teatro, usa lazos color punzó y carga con tablitas para aplaudir sin lastimarse las manos. En medio de la división entre *gasseñigos, fressolinos,* y *gassieristas,* transcurre una de las comedias más importantes del XIX. La ópera es la envoltura de la acción, porque el tema es la fiebre del dinero, el becerro de oro, coburgar, enriquecerse con el matrimonio y ante todo, aparentar, la obsesión de Millán, Otero y Creto, que Luaces desarrolla con pupila paródica a través de un lenguaje propio no sólo por palabras como *traqueteo,* sino por el ritmo del diálogo. A unos días de la muerte de Luaces, Dolores Cabrera escoge *El mendigo rojo* para su beneficio, dirigida por Pablo Pildaín. Aunque Fornaris recuerda a la intérprete porque deposita siemprevivas en la tumba del poeta, no escribe su nombre. Es previsible ignorar a los intérpretes, pero debe ser Dolores. [330] Alrededor de esa fecha, Enrique Piñeyro termina su ensayo sobre el *Aristodemo,* aplazado al conocer el deceso de Luaces, pero a partir de enero de 1868 la lápida y el juicio aceptado sobre su *otra* dramaturgia.

---

[330] Fornaris, José. "Joaquín Lorenzo Luaces". Ob.cit. p.567.

Eloísa Agüero y Serrano: actriz y cantora

El 15 de diciembre de 1866 debuta en La Habana, en una función del Liceo a beneficio de la viuda y los hijos de Ramón Zambrana, Eloísa Agüero y Serrano, nacida en Puerto Príncipe en ¿1849?, hija de José Mariano Agüero y Guerra y María Trinidad Serrano Rodríguez, una familia acomodada.[331] Una de las actrices más interesantes y enigmáticas, alterna canto y actuación. El *Diario...* escribe: "La Srta. Agüero fue recibida muy favorablemente. Las facultades de que se halla dotada para la declamación deben alentar a que cultive el arte, pues no queda duda que al lado de los buenos modelos podría llegar a ocupar muy buen lugar entre los artistas dramáticos".[332] Es el recibimiento convencional del cronista a un nuevo talento. Muy pronto la descubren para el canto, ya que Calcagno la llama "cantora" de justificada popularidad. Apenas existen datos sobre su iniciación en Puerto Príncipe a los quince años en la Sociedad Santa Cecilia, tampoco sobre su *Otelo*, ya que el 22 de diciembre de 1866 estrena la Edelmira de Shakespeare en el Liceo (lo repite el 16 de enero del año siguiente pero una nota equivoca su nombre por el de Luisa Agüero), fechas tentativas a pesar de la reseña de *El Siglo* citada por Martí. Se empieza a conocer como intérprete de "La candelita", de Laureano Fuentes Matons, escrita para Carolina y Matilde Duclós.

En octubre llega Miguel Rodríguez del Perú para actuar en el Villanueva y Trinidad. Marietta Gazzaniga, aunque no recibe alabanzas (la representación de *Sappho*, de Paccini, del 26 de febrero, es un «martirio» por el descuido de los otros intérpretes), hace todo lo posible por recordar los viejos tiempos. Pero en marzo se dice que le

---

[331] Luis García Pascual registra su fecha de nacimiento en 1844 pero José Martí escribe que tenía veintiséis años en 1875.
[332] *Diario de la Marina*. 18 de diciembre de 1866.

faltaron "los sonidos de la lira", suplidos por el piano y los violines para indicar la frustración del público con su diva.

El 7 de abril de 1867 se informa de la próxima venta de dos retratos de Eloísa, identificada como Agüero de Ossorio, del establecimiento de Narciso Mestre, en la calle O'Reilly entre Habana y Aguiar, de los llamados "de tarjeta", entre los mejores realizados y disponibles en el teatro. ¿Para la representación de *Otelo* u otra? No hay referencias a su primer matrimonio y se presume que su esposo es el ¿comerciante Julián Ossorio, peninsular de Badajoz? y su boda se celebra en Puerto Príncipe, antes de establecerse en La Habana. Se deduce que Eloísa proyecta insertarse en el teatro habanero y darse a conocer, aunque las fotografías no existen como tantas otras pertenencias y documentos de los actores. El 10 de mayo de 1867 participa junto a Sofía Tittle, Florencio Flores, Manuel Romero, Carbia e Irigoyen en el beneficio de Pedro Viñolas que, iniciado en el Diorama en 1838, está en penosa situación económica a sus sesenta y nueve años, a cargo de una hija de trece en un colegio de Matanzas. Reedita el desamparo de Covarrubias, necesita de los beneficios para sobrevivir. Se representa *Los lazos de familia* de Larra y un episodio de Moratín. Agüero canta la romanza de *El valle de Andorra*. Un mes después Viñolas está al frente por corto tiempo del Teatro de Marianao.

Desde abril de 1867 Eloísa se solidariza con "la hija del Yumurí", la poeta Belén Cepero, autora de *Ayes del corazón*, publicado en 1858, y editora del periódico *La Noche*, que al fin realiza el suyo el 15 de mayo en la sociedad de Recreo La Merced. Cepero lee su poesía junto a Alfredo Torroella y José Fornaris, se representa *Estudios del natural* de Larra y Eloísa canta una romanza. El 18 recibe una función de gracia en el Tacón para sufragar su viaje y "completar sus estudios en Madrid" donde se repite la obra Larra junto a *Buenas noches, señor Don Simón*, de Cristóbal Oudrid y Luis Olona. Canta "La paloma" de Sebastián Iradier, emblema de su repertorio. El viaje no se realiza o se pospone ya que el 21 de junio actúa en la sociedad La Merced donde se representa *Amor de madre*, el *Walk Around* de los *minstrels* y un baile de Dolores Barroso (Lolita). Canta con Francisco Aguilera "La jota de los toreros" y se le pronostican "muchas pesetas". El 30 participa en Guanabacoa junto a Eduardo Irigoyen y los Robreño en el beneficio a Dolores León –canta "La paloma"– y el 15 de septiembre de 1867 reaparece en el Liceo de Matanzas en *Rico de amor*, de Luis Mariano de Larra, con la Srta. Villate, Angulo y Ortiz, que finaliza con valses, polkas y mazurkas como parte de los abonos de Torrecillas. *Don Junípero* la describe como una joven con gran disposición para el arte. [333] Cinco días después le ofrece a Manuel Ossorio "La paloma" en el intermedio de *Sullivan*. Obtiene ovaciones ruidosas "porque [...] tiene el poder de entusiasmar al público siempre". [334] Invitado por Torrecillas, ha realizado una gira por casi todo el país. El 18 de noviembre Eloísa interpreta María en *Del agua mansa nos libre Dios*, de Rafael Otero, en el Liceo y el Esteban de Matanzas con un grupo de jóvenes aficionados. [335]

El 29 de abril de 1867 la Sociedad del Pilar le ofrece a Pildaín un beneficio con *La aldea de San Lorenzo*, melodrama de José María García, con un extenso reparto, lectura de poesía y baile. "Si como espero este programa logra satisfacer a los amigos y demás que quieran honrar mi función con su asistencia, quedarán llenos los deseos de Pablo Pildaín" escribe. En las gacetillas de prensa insiste en la decoración de Urbano López y que en su reparto hay aficionadas muy dedicadas, como Juana Tittle y su hermana Sofía y Francisco Valdés en "una escena de minstrels". [336] La entrada cuesta 1.25. Se baila el *Walk Around*.

Adela Robreño vuelve al Liceo el 11 de enero de 1867 con *Otro gallo te cantara*, de Enrique Zumel y como allí las funciones no se

---

[333] *Don Junípero* 12. 24 de marzo de 1867. p. 7.
[334] *Diario de la Marina*. 20 de septiembre de 1867.
[335] Otero, Rafael. *Del agua mansa nos libre Dios*. Matanzas: Imprenta de la Aurora del Yumurí, 1867.
[336] Otros aficionados son Carlos Carnet, Nicolás Sosa, Adolfo López, Isidro López de la Vega, Juan Hermida y Jacinto Silva.

suspenden por lluvia, el *Diario...* asegura que se llenará porque "¿quién no desea admirar de nuevo a la perla de la escena cubana?" Ese año muere su hermana, la poeta Carlota. Su poema "El prisionero" aparece en *El Correo de Ultramar.* [337] Alejada por largo tiempo de las tablas por su delicada salud, reaparece "con la inteligencia que la caracteriza" y agradece el afecto y la benevolencia recibidas. El 11 de mayo la compañía estrena en el Albisu *Careta sobre careta* de Alfredo Torroella. [338]

El 6 de febrero de 1867 los Robreño han girado a varias poblaciones del interior con las hermanas Duclós. En mayo José está en Puerto Rico y en junio la Duclós-Ortiz, con Carolina, Matilde y Gonzalo Duclós, hijos de Gregorio, regresan de allí a La Habana bajo la dirección de José Ortiz y Tapia y representan, entre otras, *El amor y el interés* y el repertorio tradicional de *Locura de amor, Sullivan y Adriana Lecouvreur.* En octubre, en *La isla de San Balandrán,* zarzuela de José Olona y Oudrid, Ortiz asciende en un globo aerostático como refiere *El Bombo.* Con ellos Daniel Robreño, N. Pozo, N. Peláez, Dolores Montero y Ramona García.

El 22 de mayo se entierra a Marty y Torrens en la iglesia de Montserrate, en una ceremonia costeada no por todos sus hijos, según se aclara, sino por Dominga, Serafina y Francisco, colofón de una vida de contrastes y leyenda. Se celebra a Ortiz en *La carcajada,* quien recibe una carta «lisonjera» de Valero. Los Robreño junto a León, Manuel Tapia y Joaquín González hacen la comedia *Los pavos reales* y Pablo Pildaín, *Pasión* de Quiñones. Nadie mejor que Felicia describe la temporada. Nuestro programa público se encierra en una palabra:

---

[337] Carlota muere en 1867. Felicia escribe en su Ramillete del 4 de agosto: "flor deshojada por la muerte, poetisa en cuyos eufónicos versos se retrató el corazón sencillo y puro de las modestas doncellas [...] ha sucumbido bajo la influencia destructora de la tisis pulmonar. Que Dios mitigue el dolor de sus desventurados deudos". Su poema "Mi vuelta a Cuba" está incluido en *Florilegio de escritoras cubanas.* V. 3. Selección de Antonio González Curquejo. La Habana: La Moderna Poesía 1910-1919. pp. 195-198.

[338] *Diario de la Marina.* 14 de mayo de 1867.

monotonía, ya que con la llegada del verano, cesan las novedades.[339] En el beneficio a José Robreño del 20 de junio se representa, "con todo el aparato que requiere" *La destrucción de Numancia*, de Cervantes y el 22, *Un ramillete, una carta y varias equivocaciones*, adaptada del francés por Lombía, con Adelita, María Mayora y Vicente González.

A Adela la aplauden mucho y la reciben de forma muy cálida en su beneficio del 27 en el Tacón con *Beatriz o Gloria y martirio* de Legouvé, del repertorio de la Ristori. Antes de comenzar, se acerca al público y reconoce que la obra "ofrece ancho campo para dar a conocer hasta dónde alcanzan sus facultades o su gran deseo de complacerlo". Confía "alcanzar la indulgencia que siempre he encontrado en los espectadores". Sin actuar por un tiempo, quiere medir fuerzas, y aunque sus primeros actos parecen lánguidos, se impone por su buen modo de decir, sus finos y elegantes modales y la fuerza del sentimiento. Actúa con naturalidad. Acompañada por Vicente González, no tiene que "alardear de cierto barniz artístico para producir efectos" ni forzar la entonación ampulosa. Logra ser aplaudida y que las lágrimas asomen a los ojos del espectador". [340]

Pero el público gusta más de las diversiones del circo Chiarini, el Villanueva o el teatro de variedades. De acuerdo al corresponsal del *Herald*, el repertorio es "excesivamente pesado y fastidioso", Zucarelli enferma y no viaja a renovar las decoraciones, la prensa se entusiasma con las Duclós, está muy atenta a las morcillas de Joaquín Ruiz y entre tantos temas, habla del calor que achicharra a los espectadores en el Tacón.

Torrecillas y Manuel Ossorio inauguran el 6 de julio el teatro de verano con *Oros, copas, espadas y bastos*, de Larra. Este último ha vuelto de Madrid con Muñoz, García, Mazo y Ecija. Segarra lo espera en la capital para representar *De lo vivo a lo pintado*, de Tomás Mendoza,

---

[339] Felicia. "Folletín. Ramillete habanero". *Diario de la Marina*. 26 de mayo de 1867.
[340] *Diario de la Marina*. 29 de junio de 1867.

comedia de costumbres que tuvo mucho éxito en Puerto Príncipe. El recuadro "Ciudadano Torrecilla" demuestra que los actores se interesan por el repertorio. [341] Según *La Correspondencia de España* que lo sigue con mucho interés, Ossorio visitó en marzo Santiago de Cuba y Puerto Rico con Torrecillas y Muñoz (alumna descollante del conservatorio, muy bella según Enrique Trujillo) y en junio ha interpretado en Puerto Príncipe el Walter de *La huérfana de Bruselas*. Se ha dicho que es un "notable actor, que no olvida el menor detalle, el menor gesto, ni deja de estar jamás pendiente del carácter que representa". Con la lentitud de las comunicaciones, es posible que la gira tenga un mes de retraso con relación a las fechas, pero al menos *La Correspondencia...* las registra. Si un actor tan estimado en Madrid valora la oferta de Baltasar Torrecillas, no debe ser tan mediocre como se ha presentado.[342]

Ossorio y Torrecillas representan el 20 de julio *El maestro de baile*, de Pérez Escrich. El primero no aparece como el actor grave de los dramones, sino "el más afeminado y gallina desde que existe el arte coreográfico". Gusta más que *Flor de un día* de Camprodón. El 4 de agosto estrena *Don Juan* de Zorrilla (el público colma el teatro para disfrutar de las calaveradas y ver el tercer acto que nunca se representa) pero no funcionan las pistolas y hay una segunda parte «soporífera», así de escuetas eran las gacetillas. El 23 de agosto Torrecillas y Francisca, ahora su esposa, hacen *Quiero ser cómico* junto a *El héroe por fuerza* y *Un sarao y una soirée*, de Ramos Carrión y Lustonó, con música de Arrieta.

Los Annexi ocupan el Tacón en agosto, una de las compañías más oscuras de la década por la competencia de la zarzuela y el desánimo del público. La integran Rosa Delgado, sus dos hermanas, su esposo Secundino, Gallegos, Burgos, Aray, Joaquín y Pilar Segarra. A la capital llegan otros, ansiosos de reunir un elenco o ser contratados, como

---

[341] *Diario de la Marina*. 18 de junio de 1867.
[342] *La Correspondencia de España* de los años 1863-1866. Prensa Histórica de España.

Enrique Sánchez, actor de carácter anciano y los bailarines Luisa Medina y Ambrosio Martínez. Circulan estas cuartetas.

Que venga,
que venga
Que venga por Dios
la gran compañía de Annexi y Duclós.

Se esperan "cortitos dramones/ en que haya tiritos/ y muchos cañones" y reciban "más onzas que pesca encierra la mar" pero no tienen público a pesar de esfuerzos catastróficos como cambiar los títulos por otros de más aceptación y peor gusto. *Candidito*, de Enrique Gaspar, se llama *Candidito asaltado por pajarete*. [343] Nabuco Donosor –al estilo del viejo *Diario de la Havana*– se preocupa porque una audiencia muy reducida opaca la representación de *Un drama nuevo* de Tamayo y Baus, a pesar del desempeño de Dolores Barroso y del «nervudo» y ágil Martínez. El localista describe la situación:

Si a La Habana llegara un tigre, blanco como el armiño, manso como el cordero y con ojos del color de rubí, ese o cualquier otro fenómeno aún repugnante, se exhibiría en los teatros y nadie dejaría de ir a verlo, desde el opulento propietario y su consorte nerviosa, doña Tal y su hija, la elegante señorita de Cual hasta la concurrente molesta del gallinero, pero nadie acude si con toda propiedad se pone en escena una obra. [...] Prefieren la retreta ya que la estupidez y la apatía se están haciendo proverbiales. [344]

El 12 de septiembre abre el Circo remozado y actúa en *De buen árbol buena rama*, de Pablo Hernández, una aficionada que ha adelantado mucho y dará que hablar, Florinda Camps. Se presume su origen

---

[343] *Diario de la Marina*. 17 de agosto de 1867.
[344] *Diario de la Marina*. 30 de agosto de 1867.

catalán pero no se conoce si nace en La Habana o llega de la península y al parecer interviene con Eloísa Agüero en el *Otelo* del Liceo. Completan el programa *Miseria y compañía*, parodia de la obra de Torroella y *La boda de Pancha Jutía y Canuto raspadura*, de Creto Gangá, con nuevos zapateos y tangos, "una función enteramente tropical".

Valero debuta el 29 de septiembre de 1867 en el Tacón que estrena nuevas alfombras. Su compañía partió de Cádiz el 31 de agosto como anunció *La Correspondencia*. Un mes de travesía compensados por el lleno completo de *La campana de la Almudaina*, de Juan Palou y Coll. Se especula si contratarían a Juan Casañé pero escogen a Ossorio. El embullo es mucho porque su fama llevaría al teatro a muchos indiferentes, movilizados solo por las grandes figuras, pero Felicia alerta sobre su eterna preocupación: trasnochar. Valero no defrauda pero tampoco sorprende ya que no está de "de voz entera". El público espera tenso las situaciones de *gran efecto*, que llegan en el segundo acto, con Salvadora Cayron. Los acompañan Antonio Capo, Juan y Carolina Montijano, Juan López Benotti, Carolina Fernández, Carolina Márquez y Daniel Robreño. A Adela la contratan como primera dama joven. El actor acude a varias funciones de aficionados, ansiosos por mostrarle sus adelantos, entre estas, a *La boda de Pancha jutía...* de Creto Gangá y *Una tarde en Nazareno*, de Juan José Guerrero. Allí Isabel Montaño, vestida de guajira, improvisa una décima dedicada al "genio ferviente que es de España maravilla". En Cuba como en México las demostraciones de admiración hacia el actor rayan en el delirio, cuenta Cañete en su semblanza. [345]

Antonio Capo representa *Sitiar y vencer*, pieza cómica de su autoría, y se anuncia *El patriarca del Turia* y *Las querellas del rey sabio*, de Luis Eguilaz y *Luis XI*, arreglo de Hartzenbusch. Todavía en noviembre actúan en la capital con *El alcalde de Zalamea*, de Lope de Vega, *Flor de un día* de Camprodón —con escasa concurrencia— *Isabel la católica*, de

---

[345] Cañete, Manuel. "El insigne actor español Joaquín Arjona". *Almanaque de la Ilustración* 1887. pp. 54-67.

Rubí y *Baltasar*, de la Avellaneda, en el beneficio de Cayron, en el Tacón, el 21 de noviembre. "Él y la bella Salvadora, a quien el público arrojó palomas y coronas declamaron magistralmente los versos varoniles y sonoros de la primera poetisa de Cuba... que también se ha ceñido la diadema de la poesía dramática" escribe Felicia, mientras se repite en el Esteban de Matanzas el 21 del mes siguiente, a juicio de la crítica, una de sus mejores interpretaciones. [346] Allí Valero, al ser llamado al proscenio al final de *Baltasar* el 4 de diciembre, dice que "el drama representado es de la poetisa Gertrudis Gómez de Avellaneda" y de inmediato surgen los comentarios en *La Aurora* y los rumores que la atribuyen a Nicasio Gallego. Ángel Mestre y Tolón puntualiza el papel del escritor, si alguno, en la versión final, escrita para el actor y representada en Madrid durante sesenta y seis noches.

La aclaración añade más leña al fuego. "¿Qué necesidad tiene la Avellaneda de cargar con la gloria ajena?" [347] Con llenos absolutos en el Esteban, Valero representa el 21 de enero *Don Tomás* y *Sistema homeopático* y el 30, Ildefonso Estrada le entrega una medalla de los artesanos de Pueblo Nuevo y el título de Socio de Mérito del Liceo.

La librería de Graupera vende el manual para actores *Consejos sobre la declamación*, de Capo Celada. Como Andrés Prieto (1835), reconoce "pareceres" de otras autoridades, está pulcramente escrito y contribuye al mito del viaje a América como un "premio". [348] Actor cómico, uno de los cinco primeros alumnos del Real Conservatorio de Madrid en 1831 y profesor en Sevilla, exhibe su obra de papel recortado, "buenos y bien montados" según *El Moro Muza*. Una caricatura suya lo muestra tijera en mano. [349] Retratos de Valero, Cayron, Fernández,

---

[346] *Diario de la Marina*. 24 de noviembre de 1867.

[347] Escoto, José Augusto. G. G. de Avellaneda. *Cartas inéditas y documentos relativos a su vida en Cuba de 1859 a 1864*. Matanzas: La Pluma de Oro, 1911. pp. 59-62.

[348] Capo Celada, Antonio. *Consejos sobre la declamación*. Madrid: Imprenta del Colegio de Sordomudos, 1865.

[349] *El Moro Muza*. no. 2. 10 de noviembre de 1867. p.13.

Capo y Benetti se venden en el establecimiento de Mestre. La temporada, triunfo económico, reporta a Valero, según su biografía, más de treinta mil pesos libres de gastos. [350] En noviembre su retrato adorna una marquilla de tabaco de la fábrica "La Honradez".

Se pondera el proverbio *El que con lobos anda...* (10 de abril de 1867) del poeta cubano Isaac Carrillo y O'Farrill (1844-1901) por la manera en la que sus personajes conducen la trama y por "su diálogo culto en toda la extensión de la palabra". Actuado por Valero, Benetti, Fernández y Musso, Enrique Piñeyro escribe en *El Siglo* que puede "figurar entre las mejores producciones de su clase". Su temporada se extiende hasta abril del año 1868 no sólo en la capital sino en el interior del país. En el Villanueva, la de gracia es el 4 de abril con *Un drama nuevo,* de Tamayo y Baus, de cuya recaudación dona 188 pesos al colegio de niñas pobres de la Caridad.

Dolores Cabrera, esposa de Pablo Pildaín, en su beneficio de la Sociedad del Pilar, actúa en *El mendigo rojo*, de Luaces, el 1ero de diciembre de 1867, seguida del juguete cómico *¡Huye galleta que te coge diente!* de Ignacio de Miranda. Aunque Urbano López pinta las decoraciones (también los arcos de las fiestas de las Mercedes) y "el embullo es extraordinario pues son muchos los que desean admirar la bellísima producción del infortunado poeta", no he hallado comentarios posteriores. Luaces fallece el 7 de noviembre y es su primer estreno póstumo. Valero asiste. El día anterior este representa *El payaso* en el Ilusiones y parte a Matanzas. En el Tacón actúa la compañía imperial del Japón y en el Albisu los *minstrels* criollos la parodian. Robreño estrena en el Villanueva *El tartamudo o el triunfo del trabajo, El guajiro poeta y el negro Taita Mono* y el 26, arreglada por García Gutiérrez, *La gracia de Dios* de Lemoine, de gran lucimiento para Adelita; *San Juan de Dios y el padre de los pobres*, de Eguilaz y *La novia de*

---

[350] Torres Ave, León. *Biografía del eminente actor José Valero.* Buenos Aires. La Famiglia Italiana, 1877. 30 de agosto y el 24 de septiembre de 1866.

años, atribuida a José Robreño. En junio han tenido éxito, según *Don Junípero*, con *¡Un fin trágico!* de Mariano Guillén, madrileño empleado de aduanas (con Dolores León, Amalia Armenta, José y Joaquín Robreño y Eduardo González) comedia muy convencional sobre el destino de un mocito, personaje utilizado con más fortuna por Tomás Mendoza y Lorenzo Luaces.

Un lector escribe al *Diario de la Marina*, preocupado sobre "si es necesario que los cómicos de profesión y los aficionados aprendan sus papeles sin faltarles una coma, punto a acento o basta que se posean de las situaciones y cuenten con el apuntador para lo demás" y el localista le contesta que "es lo que hace la mayoría", pero los aficionados "pueden dar quince rayas al más pinto de los cómicos" ya que éstos "largan cada morcilla que meten miedo y con frecuencia llega un *bolo*, a quien le encomienda por la mañana algún parado para que lo largue en la noche ya que no hay nada fijo en materia teatral. El actor profesional confía en él y lo entiende, mientras el aficionado no tiene quien lo salve, el apuntador más bien lo enreda. Ha desaparecido la conciencia artística —por causa nuestra o sea del público— y convertido el teatro en un negocio como el de víveres o pescado fresco, todo va a la diabla entre telones".[351] Frustrado con la concha, Raimundo Cabrera ha contado su breve desempeño como traspunte: este no tiene que leer solamente sino "ha de repetir la frase al actor que se descuida, que ganguea, que no lo oye; señalar con el dedo al que ha de replicar; comunicar a su voz la inflexión que el cómico debe darle; indicar con el gesto las salidas, los apartes, los paseos, los gestos, los actos; realizar en la concha todos los papeles" y por último, lo peor, recibía el enojo de los actores que no habían sido celebrados y cargaba con todas las culpas.[352]

---

[351] Muñoz y García, José J. *Diario de la Marina*. 19 de septiembre de 1868.
[352] Cabrera, Raimundo. *Mis buenos tiempos*. Filadefia: Co. LevyType, 1892. pp. 180-190.

Arriba Biacchi con su *troupe* para actuar en el Circo, entre otras, con *Lucía* de Donizetti y el Tacón estrena sus espejos por la llegada del capitán general Lersundi. Los Robreño permanecen allí hasta el arribo desde Nueva Orleáns del Black Crook, contratado por Spalding y Bidwell y el señor Alcázar. El joven Joaquín Robreño estrena *El viudo*. Y al fin llega el *Blas Cruz*, llamado así por el *Diario de la Marina* como los perezosos, Black Crook, grandioso espectáculo en cuatro actos, original de Charles M. Barras, mágico y elaborado, con un coro de muchachas ligeras de ropa.

> ¡Con que ¡ojo, ópera! ¡Ojo, circo de Albisu! ¡Ojo, Black Crook! ¡Ojo, poetas, ojo, actores dramáticos! [...] se trata de un espectáculo que consta de magníficos bailes, transformaciones sorprendentes por medio de una complicadísima maquinaria, tramoya, cuadros plásticos, el diablo y la capa, en una palabra, el diablo representado por una veintena de muchachas admirablemente bonitas y ¡ay, me! y la capa... brillando por su ausencia en la representación. [353]

¿En qué consisten las adaptaciones escénicas requeridas y cuáles son "los mil y un cachivaches de maquinaria" apuntados por Felicia? Antes de verlo, se entusiasma con sus sílfides poéticas y las fantasías propias de una mala comedia de magia. Pero no es posible con reseñas tan restringidas, entender el poco favor de la prensa hacia un espectáculo musical único, con más de cien bailarines, que entre 1866 y 1868 ha ofrecido 475 representaciones en varias ciudades de los Estados Unidos. Debuta en La Habana el 11 de enero. Es un "entretenimiento *entretenido* para los ojos de la inocencia", expresa el localista, quien cantinflea sobre las exigencias de la moral y "su bombo de mutaciones deslumbradoras y combinaciones fantásticas de luces y colores" para afirmar que "es tanto lo que se abusa de lo aceptable en

---

[353] *Diario de la Marina*. 2 de enero de 1868.

materia de "enseñamientos" que no es posible aplaudirlo con la pluma, por más que cada uno lo aplauda pareciéndole poco todavía, en su calidad de espectador ansioso de emociones". No lo recomienda porque en el periodismo nada más se aplauden las buenas costumbres. Felicia lo cree apropiado si la ciudad tuviese una población flotante, aunque aprecia las sílfides de esbelto talle como Emelina Zavistowski y añora los "recreos del alma" que llegarán con la Ristori para regenerar nuestras tablas "sensualizadas con las bailarinas del Black Crook". [354]

No es extraño. Dos años antes el *Diario...* reproduce una nota de *Le Courrier des Etats Unís,* escandalizado con el relajamiento de las costumbres, muy distintas a las de los puritanos que obligaron a Fanny Elssler a alargar su falda hasta el tobillo. Ahora "el progreso camina rápidamente" y en cuanto a vestidos escotados, Black Croo [sic] ha dejado muy atrás las exhibiciones que han exaltado a los papanatas contra las costumbres parisienses. Los niuyorkinos le han tomado el gusto a la desnudez de las actrices en la obra dramática y el teatro del Nublo está de bote en bote. En comparación, el Chatelet nunca llegó a esos excesos." En los Estados Unidos un clérigo de apellido Smith, horrorizado con las "indecencias" del Black Crook, las calificó de trampas de Satanás. [355] La Habana lo juzga una deshonra y también Matanzas, donde los "retazos neoyorkinos" tienen pobres entradas.

En febrero, llega Adelaida Ristori, esperada y anunciada como "la más grande actriz del siglo". Se publica el folletín del madrileño Pedro A. de Alarcón y su nota biográfica. Enrique Piñeyro escribe por encargo de Ricardo del Monte para *El Siglo* nueve artículos sobre su repertorio: *Medea*, de Legouvé; *María Estuardo*, de Schiller; *Pia de Tolomei*, de Marenco; *Sor Teresa*, de Bouchardy, *Giuditta*, de Betulia; *Elizabetta y María Antonieta*, de Giacometti; *Macbeth*, de Shakespeare; *Fedra*, de Racine y *Norma*, de Soumet. Prolijo en datos sobre los textos y sus traducciones o versiones, en especial, la lamentable de Giulio

---

[354] *Diario de la Marina.* 14 de enero de 1868.
[355] *Diario de la Marina.* Diciembre primero de 1866.

Cárcano de Shakespeare y la excelente de Dall'Ongaro de Racine, es parco en cuanto a la interpretación "estatuaria", celebrada por sus matices.

¿En qué consiste que la Ristori imita tan fielmente la figura de un personaje histórico con sólo la disposición de los adornos? ¿Cómo es que su estatura aumenta ó disminuye, que sus ojos son claros ú oscuros, que su boca es franca y abierta ó pequeña y altanera, según el personaje que quiere representar? Confesamos que no lo sabemos. Es un secreto de su arte que ella posee y que nosotros apenas comprendemos; pero es imposible que no haya ocurrido esta misma observación a todos los que la han visto reproducir en *María Estuardo* el retrato de Holbein; una figura copiada de un vaso etrusco en la Medea, y María Antonieta, ahora, tal como está pintada en todos los museos.[356]

Sus artículos se centran en el texto literario, incapaz de revelar el secreto de su interpretación a pesar de la cualidad pictórica de la gestualidad que ha visto en los museos. La italiana en sus memorias no olvida "el mágico espectáculo de esa noche tropical" cuando los jóvenes la conducen al hotel Inglaterra con hachones encendidos y el público colma los palcos y la cazuela del Tacón. A excepción de las crónicas de José Martí sobre Eloísa Agüero (1875), no hay una página semejante sobre una actriz cubana. Actúa desde el 1ero de febrero hasta el 24 de abril de 1868. Los libretos en tres idiomas se venden en los despachos del teatro y los boletos en el escritorio del señor Alcázar. Actúa en italiano. Pedro Viñolas escribe un poema de admiración en ese idioma firmado por Pietro Vignolas. El actor, poeta y amigo de Milanés, es autor también de la obra dramática *El corazón de una actriz o*

---

[356] Piñeyro, Enrique. *Estudios y conferencias de historia y literatura*. Nueva York: Thompson y Moreau, 1880. p. 280.

sueño y realidad. ³⁵⁷ Indispensable en la isla desde 1838 pero en apuros económicos, parte el primero de mayo de 1868 a la península donde una parienta le ha dejado unos bienes.

Adelaide comienza y termina con *Medea*, de Legouvé y en su beneficio del 16 de marzo, hace *Camma*, tragedia de Giuseppe Montanelli, un día de furor, pues el público llega a las tres o las cuatro de la tarde, "un sólo cuerpo de miles de kilogramos". Pero al localista le parece que hay "escenas donde falta vida", si no fuera porque su desempeño suple la oscuridad de las palabras. Se dice que "el público hizo la función" y hubo siete *chiamatas*. Adelaide recuerda –las mujeres se hicieron servir el almuerzo en la cazuela para no perder el sitio– y se viste de Juana de Arco para *Ció che piace a la prima attrice*. También representa *Adriana Lecouvreur*. En la última, además de *Medea*, interpreta la despedida de Juana de Arco y el poema "Adiós a La Habana", variación de Schiller. ³⁵⁸

Adelita, en el teatro Dolz de Villa Clara, corre a ver a la musa de la tragedia. *El Moro Muza* se escandaliza porque después de viajar setenta y ocho leguas, tiene que pagar su entrada. Publica un dibujo de su rostro, una de las escasas imágenes que ha sobrevivido junto con otro del Ariosa, teatrico para ochocientos espectadores que abrió con *Las circunstancias*, de Enrique Gaspar el 12 de abril. Se escribe que "va teniendo arranques de actriz de primer orden", en contraste con la crónica de Caracas que la llama genio. ³⁵⁹ El 16 de mayo el Liceo la acoge como siempre y actúa en *Las travesuras de Juana* –de Carlos García Doncel– repetida en Guanabacoa con *Lo que está de Dios* y *Las*

---

³⁵⁷ Viñolas, Pedro. "A la signora Adelaide Ristori". *Diario de la Marina*. febrero 22 de 1868. *El corazón de una actriz o sueño y realidad*. La Habana: Imprenta Militar D. M. Soler, 1858
³⁵⁸ Ristori, Adelaide. *Studies and Memoirs. An Autobiography*. Boston: Robert Brothers, 1888. pp. 96-97.
³⁵⁹ *El Moro Muza*. no. 10. 5 de enero de 1868. p. 90. En el número 25 del 19 de abril de 1868 aparece el retrato de Adela. p. 20.

gracias de Gedeón con Dolores León, Joaquín Robreño, Enrique Guasp y Napoléon Arregui.

Por gestiones de Daniel Robreño, en octubre, actúa Carolina Civili, florentina radicada en Madrid, casada con José Manuel Palau. Como es lógico, se establecen comparaciones, "es casi una Ristori, pero más joven", se dice, pero no sólo se refieren a ella sino a Clementina Cazzola, esposa de Tommaso Salvini, recientemente fallecida. "Los domingos de Pepe Antonio", una sección del *Diario...*, pregunta: "La Cazzola y Salvini son dos grandes artistas muy modestos, estudiosos, laboriosos y honrados. ¿Y la Civili ¿en qué línea está colocada?" [360] Se rumora que el fantasma de la Ristori vaga en el Tacón.

El panorama cultural no es halagador. Viene una notabilidad tras otra, pero no juntas. Escribe José Muñoz y García.

> En literatura teatral yacen olvidadas todas las obras de tendencias moralizadoras o instructivas, mientras campean sin contrario y a la merced de *recargantes mímicos* las de tinte inmoral velado por esa gasa transparente del doble sentido, a través del cual, lejos de verse menos, supónese más dosis de malicia de la que plugo acumular al autor malhadado. En nuestros días todo se compra y todo se vende, incluso, por supuesto, la reputación artística. Un cantante, un actor, pagan los elogios de la prensa *oráculo* y como la inmensa mayoría de los hombres es profana, el que gastó su dinero para hacerse grande, por grande pasa entre la multitud y por calumniado para ella por la envidia cuando la competencia, el peritismo se atreve a denunciar su pequeñez. Y de ahí el retroceso constante del buen gusto y el avance perenne en el vulgar aprecio de lo que de ese retroceso es sola causa. [361]

---

[360] "Los domingos de Pepe Antonio". *Diario de la Marina*. octubre 11 de 1868.
[361] *Diario de la Marina*. "Revista de teatros". 11 de octubre de 1868.

Si Ristori empieza con *Medea*, Civili lo hace con una versión de *La dama de las camelias* titulada *Redención*. Aunque representa en español, le corresponde una época difícil: llega unos días antes del grito de La Demajagua, el alzamiento de Carlos Manuel de Céspedes en Yara, pero así todo, se mantiene hasta abril del año entrante cuando exhausta parte a México con Nin y Pons. Desde finales de octubre se comenta su "desaliento" y el de sus actores. El 31 se escribe que *Los amantes de Teruel* es una función *frappé* por la actitud del público. Contrata a Torrecillas y Muñoz como refuerzos, pero sobre todo, estrena obras locales como *Una estocada secreta* y *A espaldas vueltas* de Tomás Mendoza (Torroella participa como actor) y *Un cuadro de Rafael* de Antonio Enrique Zafra, en el Ilusiones de Guanabacoa. [362] Las piezas históricas del sevillano y las de ambientes pintorescos, como *Tres para dos* y *La fiesta del mayoral*, son muy representadas. Actúa en Matanzas y Cárdenas y a pesar de las pérdidas, ofrece funciones de caridad.

---

[362] Zafra, Antonio Enrique. *Un cuadro de Rafael*. Drama en tres actos, en verso. Habana: El Iris, 1868. Elenco integrado por Dolores León, Manuel Palau, Eduardo Molina, José Daza, Daniel Robreño, Antonio Muñoz, Baltasar Torrecillas, N. Fortún, José Bravo y Luis San Juan además de comparsas de caballeros, embozados y alguaciles.

Antonio Capo actor y cisógrafo.

Dibujo de Adelita Robreño en *El Moro Muza*.

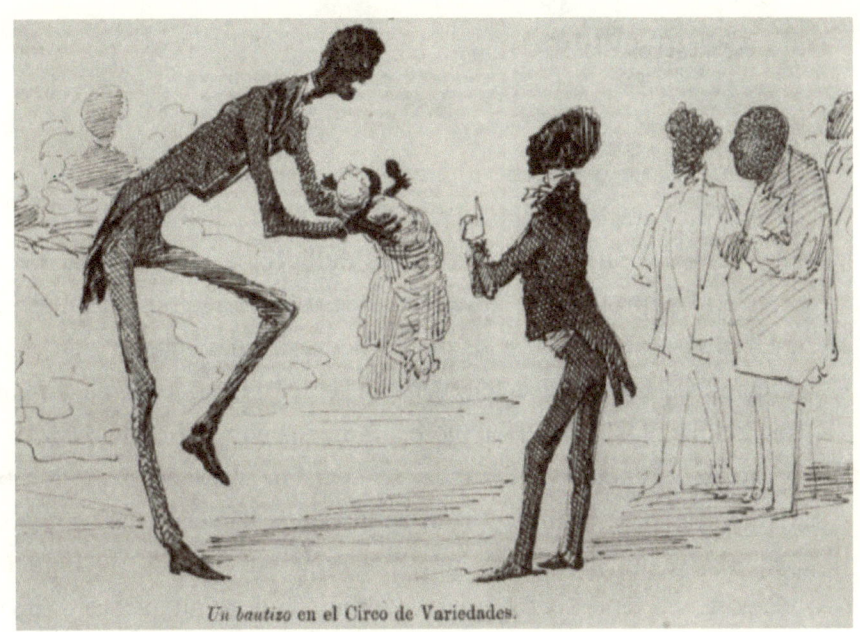

Un *bautizo* en el Circo de Variedades.

El bautizo, de Fernández Vilarós.

Actores bufos

Apenas se conocen sus nombres y sin embargo crean un teatro que no se parece a ningún otro. Desde mayo de 1868 hasta enero de 1869, el país conoce seis compañías de bufos en La Habana y muchas otras en las provincias. Reactivan escenarios languidecientes, se burlan del drama romántico y de la comedia lacrimógena y destierran la primacía de la ópera y la zarzuela. Sin embargo, en lugar de ostentar su originalidad, los Bufos Habaneros, famosos con *Los negros catedráticos*, de Francisco «Pancho» Fernández, se declaran a imitación de los Bufos Madrileños para estupor y confusión de los historiadores para los que Arderíus es un creador menor que copió una moda de Francia. La relación creciente entre la isla y la metrópoli se intensifica a través de complejos cruces y préstamos que no dependen sólo de la cercanía geográfica.

Controvertido y polémico,[363] nace un género e incluso una palabra, *suripanta*, sinónimo de corista y con el tiempo, de los pecados asociados a "liviana" mujer de teatro que después será "bataclana". Los Bufos Habaneros imitan a los de España, como Arderíus se inspira en el Théatre des Buffes de París al estrenar en 1864 *Los dioses del Olimpo*, arreglo de Offenbach. Sus libretos pudieron llegar a La Habana con algún viajero, como vino Offenbach con la compañía de Alhaiza. Arderíus cultiva el gancho publicitario: *Almanaque de los bufos madrileños para 1868*, regalo a los espectadores, contiene un soneto casi "laudatorio" sobre lo que espera del público y los artistas en los días de eclipse mediante sabios consejos "agrícolas" y en "Il retorno de Arderíus", *Función de "desagravio" a las damas*, se disculpa por alguna función que no gustó al bello sexo, promete rebajar un cincuenta por

---

[363] Barreiro Hernández, Sergio. "La escena madrileña en la segunda mitad del siglo XIX: Francisco Arderíus y los bufos madrileños". http://parnaseo.uv.es/Ars/Stichomythia/stichomythia8/Barreiro.pdf

ciento de las futuras entradas o crea la expectativa por la nueva actriz que ha contratado.[364] Los inquietantes programas pueden estimular a Fernández a buscar inspiración en las guarachas y la música popular. ¿Por qué "a imitación de los bufos madrileños"? ¿A imitación de qué, pregunta Fornarina Fornaris? Si se admite que probablemente sólo conocían a sus colegas por las noticias de la prensa y no tienen libretos suyos ni presencian una puesta en escena, la "imitación" puede ser un *reclame*.[365] Pero lo intrigante no es preguntarse si hay plagio o inspiración, sino cómo con rapidez y talento los Bufos Habaneros se apropian de las fuentes –tonadillas, sainetes, *minstrels*– y cómo en ese toma y daca, incorporan formas propias y crean una escena diferente, *otra*, al mezclar de manera libérrima ingredientes que, como en el ajiaco, se cocinan sin perder sus sabores originales. Raquel Carrió advierte "la mezcla, la interacción de elementos, el valor intertextual de las producciones artísticas en América. Pero también la manera particular en la que se realizan los cruces e intercambios". [366]

El bufo es un periodo de creación inaudita unos meses antes de la primera guerra contra el gobierno colonial. Quince meses cuya creatividad supera cualquier periodo anterior en producción dramática y del que se ha escrito muchísimo desde la sociología, el ensayo y el periodismo, pero no a partir del actor, casi siempre un nombre o un apellido dentro de una nómina o programa. Las ediciones originales indican quiénes integran los repartos. En la segunda edición de *Los negros catedráticos*, absurdo cómico en un acto de costumbres cubanas en prosa y verso,[367] se consigna que su autor –Francisco Fernández

---

[364] Arderíus, Francisco. *Hasta los gatos quieren zapatos: apuntes sobre el teatro español*, 1877. *Almanaque de los bufos madrileños para 1868*. Madrid : [s.n.], 1867 (Madrid: Imprenta española). *Función de desagravios a las señoras de Madrid*. Madrid: [s.n.] (Imprenta Española), 1869.
[365] Fornaris, Fornarina. "Orígenes del teatro bufo cubano". *Revista Universidad de La Habana* 215 (1981): 101–114.
[366] Carrió, Raquel. Notas al programa de *Otra tempestad*.
[367] Fernández, Francisco. *Los negros catedráticos*. Segunda edición. La Habana: Litografía e Imprenta del Comercio, 1868.

Vilarós– interpretó a Aniceto, José de la Cruz Castellanos a Crispín, Florinda Camps a Dorotea, Jacinto Valdés a Ricardo, mientras que José, el negro congo, es Luis Cruz y Badillo, un reparto distinto al de su estreno el 31 de mayo de 1868 en el teatro Villanueva, donde Diego García es Ricardo y Jacinto Valdés, el negro congo. [368] De revisar ediciones y manuscritos, se encontrarían más datos de identificación.

La mayoría de los actores es de origen humilde pero no –como a veces se les presenta– marginales o delincuentes. Valdés es tabaquero y poeta, estrena en 1865 en el Liceo su pieza *Cosas del mundo* (desde el año anterior se ensaya en el Recreo Social y está dedicada a Isidro Carbonell) y publica *Una vieja del día*. [369] Fernández Vilarós, natural de Trinidad, es tipógrafo y editor del periódico satírico La Parranda; Valerio, escritor costumbrista además de dramaturgo, ha sido director de El Alacrán; otros son músicos, aficionados al arte teatral y asiduos a la peña de Cuarteles 18, domicilio de Francisco Valdés. La "guaracha", forma danzaria musical, asume carácter dramático cuando sus personajes se desgajan del coro y buscan el conflicto. Junto a Florinda Camps, destaca Raimunda Miguel, María Rodríguez, Isabel Montaño, Enriqueta y Carolina Quintana, el compositor Francisco Valdés Ramírez y el pianista Francisco V. Cerezo.

Carolina Quintana y Joaquín Arguimbau tienen un beneficio con la zarzuela *La cola del diablo* en la que ella canta ¡Ay qué merengue! (12 de junio de 1868). El día anterior Eloísa Agüero actúa en el Ilusiones, con Pablo Pildaín y su esposa, en *Las circunstancias*, de Enrique Gaspar, en la que canta al final esas "canciones que agradan tanto", entre ellas "Entre mi mujer y el negro". El 13 de junio *La gruta en el bosque* se representa en El Recreo Social con la orquesta de Juan de Dios Alfonso. La

---

[368] Leal, Rine. *La selva oscura. De los bufos a la neocolonia.* tomo II. La Habana: Editorial Arte y Literatura, 1982. p. 43.
[369] *Cosas del mundo*, publicada por la Imprenta de González y representada el 26 de marzo de 1865 por Mercedes Zarza de Delgado, Juana Tittle, Caballero, Rodríguez, Crecy y Villa. El 23 de noviembre de 1864 el Recreo Social la ensayaba. *Una vieja del día*, se publica en la Imprenta del Tiempo.

música alcanza una relativa independencia y los cuadros de guaracheros se hacen muy populares. El 20 de junio el cronista se ha ido a *bufear* al Variedades donde sin consentimiento de su autor, se representa *La dama joven*, al parecer un plagio de *Los negros catedráticos* ya que está de moda la "juguetería" (por el juguete cómico) junto con la parodia *El que nace barrigón*, parodia de *El que con lobos... anda*, de Carrillo. Esa noche se presenta el juguete del "conguito" Luis Cruz, *La gallina ciega*, la canción "La muerta viva", la guaracha "El negro bueno" y el cuadro de costumbres *Un minué*, de Alfredo Torroella.[370] El 21 se representa *La dama joven, Un minué, Los negros...* y se canta la guaracha "El negro bueno". *Los negros catedráticos* ha hecho la reputación del grupo pero se les aconseja no salirse del género *minstrel*. Por esos días Argente ha llegado de la península, el 9 de agosto estaba en Córdoba con su esposa.

Si se analiza con detenimiento el "Discurso estrambótico y horripilante" sobre la vacuna pronunciado el 19 de marzo de 1848, en el café Escauriza, por el erudito negro criollo José Beneno Batarrochea [sic], casado con la poeta Mariana Socarrás, y se hurga más en la prensa, aparece el lenguaje bufo que los Habaneros convierten en estilo. Tiene un exergo "A Eurípides, en su impugnación a Voltaire, sobre el tratado de la electricidad" y comienza: "Es necesario deliberar con principios agenos encefálicos para poder convenir los olfatorios preámbulos superlativos en ocasiones tales", y en el texto hay "arcanos inexcrutables y octogonales" y otras expresiones familiares al discurso bufo. No hay similicutancia, pero sí "similiquitú" y está firmado por M. S. [371] Si veinte años antes de los Habaneros hay catedráticos en la prensa, ¿por qué sorprende que estos se apropien de fuentes disímiles a ambos lados del Atlántico?

Fernández Vilarós descubre el desacato a la palabra como vehículo de autoritarismo y retórica en su trilogía de *Los negros catedráticos, El*

---

[370] Leal, Rine. *La selva oscura*. Ob.cit. p. 43.
[371] *Diario de la Marina*. 29 de marzo de 1848.

bautizo y El negro cheche o veinte años después [en colaboración con Pedro N. Pequeño]. El "catedraticismo" se apunta en *A tigre, zorra y bulldog* (1863) de Luaces y en *El millonario y la maleta* (1870) de la Avellaneda. Tula muestra a la cultísima Mónica, pletórica de "elucubraciones intelectuales", enfrentada a su madre, obstinada en casar a una de sus tres hijas con un millonario recién llegado, que no es tal, sino un pintor virtuoso pero muerto de hambre. Cuando dice "¿Qué ruido tumultuario ha herido de subido mi conducto auditivo?," el juguete, escrito para un teatrillo de aficionados, insinúa lo que ha sido furor en la isla.[372] De acuerdo con Montes Huidobro es un fenómeno de «distorsión» lingüística, que antecede los juegos de palabras y el *non sense* del siglo XX. El discurso catedrático crea un diálogo lógico a partir de la ilogicidad o las relaciones inesperadas entre las palabras, como Arderíus en *El joven Telémaco*, de Eusebio Blasco, con música de Rogel, concibe, según Alfonso Reyes, jitanjáforas. [373]

El autor considera *Los negros...* «absurdo» cómico. Aniceto y Crispín acuerdan casar a Dorotea con Ricardo.[374] Antes del compromiso, la discusión entre los padres remeda una aristocrática corte con su árbol genealógico y sus «leyes de la gravitación universal". Dorotea es muy feliz y lo demuestra a Ricardo en efusiva escena romántica. Pero la realidad deshace sus planes y cuando José solicita su mano, Aniceto lo rechaza, incrédulo y despectivo, ya que es un negro "heterogéneo" e "hidrógrafo", ajeno a las normas catedráticas y extraño a la clase y condición de la familia. Sus credenciales son el trabajo honrado en los muelles, no beber aguardiente y ser libre. José contesta airado: "To no so negro?. ¿No?... ¡Criollo, lucumí, carabalí,

---

[372] Gómez de Avellaneda, Gertrudis. "El millonario y la maleta". *Obras literarias de la Sra. Doña Gertrudis Gómez de Avellaneda.* tomo III. Madrid: Bailly-Bailliere, 1870. pp. 379-434.

[373] Reyes, Alfonso. *La experiencia literaria.* "Las jitanjáforas". México: Fondo de Cultura Económica, 1983. pp. 178-218.

[374] Fernández Vilarós, Francisco. "Los negros catedráticos" *Teatro bufo. Siglo XIX.* Antología. Rine Leal (ed). tomo I. La Habana: Editorial Arte y Literatura, 1975. pp. 131-162.

gangá, arará, congo, toitico, toitico so negro ¡Negro toito¡" Todos son negros pero los catedráticos quieren olvidarlo. La negrura y la condición social devienen ejes de la pieza. Ricardo es aprendiz de albañil y aspirante a músico, le canta "una guarachita" a Dorotea "sobre un cajón de basura" pero tiene los bolsillos «planchados». Después de un lance de honor entre José y Ricardo, cuando Dorotea se entera de que el congo tiene doce mil duros, cambia de pretendiente ya que "el dinero del amor es el sostén", quiere disfrutar y comer «olla».

¡Todo lo cambia el dinero!
Si ayer pobre, era un borrico,
hoy, que sabemos que es rico
es el congo un caballero.

La pieza, de acción muy rudimentaria, descansa en la palabra como hipérbole, metáfora ripiosa o burla amatoria («tierna tórtola de los jardines floridos de mi querida patria"). Las bodegas son «despachos mercantiles», a mover las caderas se le llama "alborotamiento címbrico" y al parecido, "similicutancia". La "pirotecnia" (Montes Huidobro) consiste en juegos de palabras que satirizan las "elegancias" del lenguaje culto, las exageran o llevan a un paroxismo desenfrenado. También desarrolla el contraste. José trabaja en el puerto, gana dos pesos diarios y ha amasado relativo capital por el que muy pronto podrá ser considerado un "diccionario de la lengua clásica". De igual manera se mofa de los modelos del teatro culto. En la escena XV del *Don Juan Tenorio*, de Zorrilla, José se dirige a Dorotea en bozal: "No é verá mi duce amó/ que tu vase mugé mía/que mañana so otro día y si no llueve má mijó." Dorotea le responde en catedrático: "Ay Pepito es imposible / que te niegue mi pasión/ se va a ti mi corazón/ con un interés terrible. Tu presencia es catedrática/tus palabras son patéticas/ son tus ojos dos eméticas/elipses de matemática", versión extrañada de la escena de amor con Ricardo.³⁷⁵

Hay otras referencias escénicas: Dorotea compara a Ricardo con "un tipo perfecto del galancito del Black Croook"[sic], la compañía norteamericana de visita en 1868 o se burla en coña de Lope de Vega. "¿Dónde vas comendador?" mientras Ricardo responde: "Chatica, tras de tu honor, que no es de teja-maní". Dorotea le recuerda su amuleto, los duros que han transformado su vida. "No valemos nada en la tierra, sin el dinero", le dice Aniceto a Crispín cuando éste indaga en su súbita decisión de favorecer a José. "Hipopótamo con levita" insulta Crispín a Aniceto, mientras éste lo llama "catártico ignorante". La pieza termina con los novios camino de la iglesia y un aparte de Aniceto.

> No soy más que un catedrático,
> que busca con su gramática,
> elíptica y sistemática,
> la rígida clave técnica,
> política, pirotécnica,
> quirúrgica y problemática.

La palabra en función del ritmo de la acentuación esdrújula. Busca no el disparate sino la sonoridad y el deslumbramiento. Antes se ha cantado la guaracha "Que te vaya bien chinita" (incluida en *Guarachas cubanas* firmada por Fernández)³⁷⁶ escrita desde el punto de vista de Ricardo, quien le desea lo mejor a su negrita de fuego. La obra se dirige a un público «blanco» y mulato de trabajadores y artesanos, oficios de sus personajes. Quieren blanquear.

En *El bautizo* (estrenada el 27 de junio en el Variedades), la casa que en la primera es pobre, denota alguna mejoría (se dilapida el dinero

---

³⁷⁵ Montes Huidobro, Matías. *Teoría y práctica del catedratismo en Los negros catedráticos de Francisco Fernández*. Honolulu: Editorial Persona, 1987. p. 73.
³⁷⁶ *Guarachas cubanas. Curiosa recopilación desde las más antiguas hasta las más modernas*. La Habana: La Principal, 1882.

de José). Se mantiene el reparto, salvo que Jacinto Valdés interpreta a Ricardo y María Rodríguez a María. Junto a una lámpara al centro, hay un piano, que toca Francisco V. Cerezo. Ricardo se ha casado con María y Dorotea quiere bautizar a Hércules, su hijo con José. Han desaparecido siete mil pesos del tesoro familiar. José, en traje de etiqueta, a la entrada de la iglesia, se zafa los botines que le aprietan porque "no pué guantar esos zapatos sarcófagos". Continúa el disparate verbal. *El Moro Muza* publica una caricatura de los actores. [377]

Crispín. ¡Ave María! Vaya un ripio poético y...
Aniceto. (A José) Observe el muy párvulo el disparate que va a cometer en el período de sus oraciones disyuntivas y primeras de infinitivo.
José. (saludando) Ud. me perdone esa ecuación telegráfica.[378]

En la última, *El negro cheche o veinte años después,* de Fernández Vilarós y Pedro N. Pequeño, muertos Dorotea y Ricardo y despilfarrado el capital de José, Hércules deviene negro curro, «cheche», jugador y pendenciero. Aniceto, con su "antigua virilidad", mantiene sus principios y su agresión al "indígeno" ingrato y desagradecido, avergonzado de no poder gobernar a su hijo. María, viuda de Ricardo, vende bollos en la calle, mientras Crispín, ciego, pregona sus billetes, "número 20, mañana se tumba". José decide ser "yo lo mimo que era denante" y vuelve al muelle. [379] El ambiente, veinte años después, ha empobrecido y no hay suficiente dinero para el negocio de la lotería ni el de los dulces. Tomasa ansía oír "la dulce voz de Herculino", sueña con su "pollo comilfó/, elegante y retrechero: es el prieto más gracioso/de

---

[377] *El Moro Muza* 36. (julio de 1868). p. 9.
[378] Fernández Vilarós, Francisco. "El bautizo". Ob. cit. 163-183. Se ha revisado la edición de La Habana: Imprenta La Tropical 1868.
[379] Fernández Vilarós, Francisco y N. Pequeño, Pedro. "El negro cheche o veinte años después" Ob. cit. 185-209.

todo el sexo pollero." Se recuesta en el sofá en posición voluptuosa. Entran los guaracheros.

> La mulata que es discreta
> tiene sarna que rascar;
> todo el mundo la persigue
> como moscas al panal.
> Y el güinero le tocaba: Yo comí de flores
> ¡Tomasa! ¡Azúcar quita dolores! ¡Sarasa!
> Ay chinito, es de candela
> la mulata en su furor...

José se lamenta de malgastar su dinero y tener un hijo «cheche perdío» y lo anima a trabajar. La trilogía, al final, reivindica al congo, acusado de bruto. Aburrido de "ese cosa matemático y rumboso" y la "prosopopeya" [sic], desea inculcar a Hércules el amor por cumplir el deber honradamente. "No hay más remedio que entrar en vereda o me rompe el hipocondrio" dice pero pone como condición se case con la mulata Tomasa. Aniceto accede con la esperanza de que el vástago surgido de esa unión llegue a cotizarse como *azúcar de cucurucho*, un color más atenuado de su piel. En el reparto de su estreno el 26 de julio de 1868, Valdés es Hércules y al elenco de las dos anteriores, se unen Diego García (Carlos) y Francisco Valdés Ramírez (Francisco). No he encontrado reseñas de *El negro cheche*... Apenas que el público no favoreció los espectáculos esa noche pese a que *Juan el cochero* de Bouchardy está en el Tacón, los Habaneros en el Variedades, los Caricatos en el Ariosa y el prestidigitador Blanch y Arguimbau, en Marianao.

Escrita en un rato desocupado, Alfredo Torroella, de veintiún años, estrena *El ensayo de Don Juan Tenorio*, "descarrilamiento cómico" para los Bufos Habaneros e inaugura la parodia del personaje, [380] "Jolgorio" en el Alhambra; *Don Juan Rebollo* en el Shanghai y *John Tennor* en la obra de Manuel Galich, entre tantas. Antes estrenó *Careta sobre careta*, llamada por Martí chispeante, *Amor y pobreza*, cuya parodia, *Miseria y compañía*, desborda la fama del original y el 10 de agosto, *Laurel y oro*, en el Villanueva, a beneficio de Manuel Ossorio.[381] También en honor de Alfredo se efectúa una función muy larga del género *stacatto* o *parabólico* que el localista desea lo provea de cientos de "bustos monárquicos". Según José Muñoz y García, quien juega ciertamente con el catedraticismo en su reseña, la pieza atiende más a las bellezas del diálogo y a su versificación "galana" que a las propiedades de una obra dramática: "un *puff* hecho con todo el salero el mundo" porque se propone igualar talento, dinero y cuna. [382]

En *El ensayo...* además de los intérpretes de los catedráticos, actúan los versátiles Joaquín Robreño (Eleuterio) y Miguel Salas (Serafín). Desestimada por su falta de desarrollo, se burla del teatro dentro del teatro y los actores lírico-dramáticos. Cansados de *La africana* y *El puñal del godo*, ensayan la escena del camposanto del *Don Juan*, de Zorrilla. Los intérpretes hacen sus guiños al teatro de los sesenta y a los trajes anacrónicos del Tacón ("el Tenorio se vestirá con propiedad mitológica"), el precio de los vestidos, el gusto de los folletinistas por las *toilettes*, "la desenvoltura en las facciones" del rostro y el manejo lírico de los brazos de Matilde Díez y la manera de decir *tú* de Adelaida Ristori en *Medea*. Con momentos logrados de humor, los caricatos quieren probarle a los bufos que saben más «mineralogía» y «lógica» que ellos. Una actriz indaga quién hace *dicho* y el actor que interpreta la escultura intenta hablar porque "la estatua debe decir algo" pero

---

[380] Torroella, Alfredo. *El ensayo de Don Juan Tenorio*. Descarrilamiento cómico escrito espresamente [sic] para esta compañía y estrenado en el teatro de Variedades el 30 de junio de 1868. La Habana, Litografía e Imp. del Comercio, 1868.
[381] Torroella, Alfredo. *Amor y pobreza*. La Habana: Imp. La Antilla, 1864.
[382] *Don Junípero* 33. v. 4 (agosto 18 de 1867) p. 3.

cuando falta al ensayo, desanimado, lo llaman cómico *de la lengua*. Esa estatua mortuoria con intenciones parlantes llega a los cincuenta del siglo XX cuando Toribio Chinchilla, personaje creado por Miguel de Marcos, recuerda al actor que durante veinte años la representó el día de los difuntos, cuando al empresario le robaron la original. [383]

El ensayo... es de un catedraticismo sobrio: los aficionados creen tener facultades para la escena *teatrística* sin abusar de su retórica. Sobresale la precipitación de la trama, apenas bosquejada, hasta que de forma abrupta llega el escribiente del celador porque el bodeguero del comercio contiguo, enterado de que usarían bengalas y voladores y temeroso de que ardan sus pipas de aguardiente, impide la representación. Los gastos invertidos en el vestuario y la energía de los aficionados han sido nulos. El apuntador saca la cabeza de la concha y dice "Se acabó la pieza" mientras el director sale para escribir el final.

A estas creaciones debe referirse Martí en su evocación de Torroella. "¿Querían sus jóvenes amigos reír y holgar? Allí, con gran concurrencia de vecinos, al aire, como en los grandes tiempos muertos, celebrábase con regocijo la nueva obrilla cómica de Alfredo". [384] Ejercicios dramáticos, pequeños cuadros de costumbres, los Bufos Habaneros buscan repertorio y el joven poeta se divierte. No he encontrado comentarios sobre el estreno, cuando en cambio, se anuncia la academia de idiomas y contabilidad de Ramón Meza, *Un drama nuevo* de Pildaín en el Ariosa y la primera parte de *Los negros catedráticos* en el Villanueva para recaudar fondos para el *Álbum fotográfico...* de las escritoras cubanas, editado por Domitila García.

A Antón Arrufat le gusta citar un bocadillo de Luciana en *El becerro de oro* de Luaces. «No hay aguante para tanto traqueteo». "El primer enlace lo propicia el lenguaje, el segundo, el sentido del humor, el

---

[383] Marcos, Miguel de. "Un hombre de teatro". *Diario de la Marina.* 12 de octubre de 1952. p.35
[384] Martí, José. "Rasgos biográficos de Alfredo Torroella". 28 de febrero de 1879.

tercero la autenticidad de ciertos acentos". [385] Algo muy similar se descubre en "¿cuándo empieza el timbaleo?" de *Un minué* de Torroella, estrenada el 28 de agosto de 1868 en el Teatro de Variedades. Un bocadillo cuya sonoridad evoca jiribilla, desacato, guángara, lo que en los veinte se llamó *cubiche*. Caricatura de un baile de sociedad entre negros *fisnos*, estos seleccionan la danza extranjera para celebrar los quince de la hija de Serapio, Juliana. "Hemos tenido un tino glacial en elegir un baile tan caballeroso, que no siendo hipotético, solo comprenden las almas melifluas nacidas con el sentimiento plástico de la música melancólica", dice Serapio en su mejor estilo. [386] Se escoge el "escuálido, cómico y trágico" minué para complacer a los convidados, la marquesa de la Tintorera o la Zamaritana; Macario, jefe del areópago carabalí o la vizcondesa de Liby. También asiste un negro curro, Emeterio; un chino, Anastasio; y un sereno, que interrumpe la fiesta antes de finalizar ya que carecen de permiso y es sorpresivamente el pretendiente secreto de Juliana, interpretada como todas las "damas" de los Habaneros por Florinda Camps. El elenco lo componen Francisco Fernández (Serapio); María Rodríguez (Petrona), José Castellanos (Marqués de la Tintorera), Jacinto Valdés (Emeterio), Luis Cruz, (el chino); Diego García (el Sereno) y Pedro Batle (el músico).

El diálogo es juguetón y desenfadado.

Emeterio. Húyeme, valle, vallecito, valle, ¿cuándo empieza el timbaleo?
Serapio. ¡Ave María Emeterio, qué prosaico eres! Con ese lenguaje escitas mis náuceas [*sic*]. estomacales ¿Cuando hablarás

---

[385] Arrufat, Antón. "Aviso sobre el teatro de Luaces". *La manzana y la flecha*. La Habana: Editorial Tablas-Alarcos, 2007. p. 31.
[386] Torroella, Alfredo. "Un minué". Disparate catedrático en un acto, escrito espresamente [sic] para los bufos habaneros, en un rato desocupado por A. T. La Habana, Imp. del Comercio, 1868.

circunstanciadamente y con arreglo á las transiciones mercantiles de la literatura férvida?

Petrona. De veras que sí; tú siempre, Emeterio, conjugas adverbios singulares.

Emeterio. ¿Qué vamos á hacer? Yo no estoy en los términos técnicos de la literatura popular, pero cuando digo á versal tengo mas dulzura que Napoleón.[387]

Los apellidos estrambóticos refuerzan la comicidad como el Tragabuches de Petrona. Y hay muchas referencias locales, entre ellas, a la pomada regeneradora de Bernal, al músico Brindis de Salas, al sígueme pollo, (complemento de vestuario), costumbres, productos, y otros cuyo significado se ha perdido y expresiones que suenan contemporáneas como "te cogió el folletín de Betancourt". Se propone a los convidados y al público elegir una canción (señalada con una marca tipográfica) y el Marqués de la Tintorera canta alguna melodía de moda. Las marcas (al señalar un gesto de la Ristori en *Medea*), indican dónde ocurriría la intervención histriónica, «abierta» al aporte improvisado de los actores. Los músicos han llegado tarde y se debaten entre la danza extranjera o la cubana como años después Ignacio Sarachaga en *La Padovani en Guanabacoa*. Pero al final se organiza el tinglado y el baile se interrumpe sin haber terminado. El tema de la fiesta comienza su recorrido. Si el canon valida al Torroella del melodrama social, hay que repensarlo como bufo.

Hay muchos autores no bufos y bufos (Fornaris estrena *Funeral y danza* el 27 de junio de 1868, Emilio Bobadilla *Don Severo el literato*) familiarizados con las apetencias del público, quienes descubren una mina de oro y por eso "volverán al Villanueva" ya que con *Los negros...*

han logrado embullar a los amigos de reír a poco costo y han plantado una pica en Flandes que no es poco conseguir en los

---

[387] Ob.cit. Escena IV. p. 8.

tiempos que alcanzamos. Si todas las piezas fueran como *Los negros catedráticos*, habría trompadas para conseguir entradas, del mismo modo que a su juicio uno de sus méritos son las sandunguerísimas guarachas favorecidas porque el compositor es parte de la compañía. [388]

El catedraticismo no es su única vertiente. Juan José Guerrero introduce el sainete campesino, «el guajro» en *Un guateque en la taberna un martes de carnaval*, *Una tarde en Nazareno* y *Las boas de Petronila* –editadas en 1864– y con el personaje de Idefonso, crea el dialecto descoyuntado y los ambientes bucólicos de guateques, tiples y güiros. Fallecido en 1865, su hijo Enrique es uno de los más conocidos autores de guarachas. José Socorro León cultiva esta línea con *Garrotazo y tente tieso* (1863) y *Un bautizo en Jesús María* (1865).

El venezolano Tomás Mendoza (1841-1869) se asienta en Cuba muy joven con su familia, hijo de un conservador expulsado de su patria, establecido en Santiago de Cuba. En su obra *Los mocitos del día*, Román finge ser un comerciante catalán para obtener el amor de Cachita, pero Gabriel, el padre de Cachita, prefiere a Mr. Charles, maquinista de ingenio, inculto y extraviado, pero honrado y trabajador como casi todos los *yankees* en escena. La solícita criada Juana lava en una batea, sirve en el comercio y le avisa a Cachita y a Román si alguien llega con "La candelita" de Fuentes Matons. Con sus burlas al teatro, entre ellas a *Flor de un día* del español Francisco Camprodón, administrador de Hacienda como antes lo fue de correos, se mofa por igual del catalán, el norteamericano y el negrito, pues Román se tizna dentro de un barril. Con un final inesperado y de pobre desarrollo, es mejor que otras piezas bufas más consideradas por la crítica. Hábil y juguetona, el catalán, en otras un bodeguero próspero, caricatura del "mocito", preocupado sólo por las apariencias y la vida fácil, es descubierto por el Míster, con su agudo olfato para detectar a los

[388] *Diario de la Marina*. 9 y 10 de junio de 1868.

tunantes. El pretendiente falso de Cachita, horrorizado ante la posibilidad de que se case con el fogonero, declara "la guerra del carbón de piedra contra el boniato, la guerra del coñac contra el guarapo. Sí, del rosbif contra el fufú. Mister Charles es un bisteque y yo soy tu tasajito con platanito verde machucado" en una comparación gastronómica parecida a la de Millán en *Manjar blanco y majarete*. Con acierto y gracia, los diferentes tipos étnicos se mezclan en la trama, cuyo final corrobora ha sido escrita bajo el apremio de su inmediata representación.

El pintor Walter Goodman, de visita en Santiago de Cuba, interpreta a Mr. Charles y escribe sinceras impresiones de su experiencia. Traduce "Un cuarto con dos camas" (*Box and Cox*), [389] (Covarrubias estrena una obra de igual título) así como ejecuta veinticuatro dibujos de Baltasar Torrecillas (Baltasar Telón y Escotillón), lamentablemente perdidos, complemento del testimonio único de un viajero de excepción. [390] Recuerda a su amigo, el Marquesito del Queso entre bastidores y narra su odisea al decir el bocadillo "estos pobres españoles brutos necesitan civilización rápidamente", cuyo revuelo alarmó al empresario –temeroso de la represión– pero divirtió a sus amigos y el público. Tachada de la edición, probablemente también lo fue de la puesta habanera de la obra, el 17 de septiembre de 1868, por los Bufos Habaneros, con Marina Páez (Cachita), María Rodríguez (Lola), Luis Cruz, (Román), Francisco Fernández, (Gabriel), Florinda Camps, (Juana) y Joaquín Robreño, como el americano torpe, honrado y de deficiente español.

Los ensayos se realizan al amanecer, tres horas antes del desayuno y para sorpresa de Goodman, son abiertos al público. Se abusa de esa costumbre –y de acuerdo a un cronista habanero– muchos llegan como a una reunión ya que mientras el público de la ópera es prudente y se

---

[389] Goodman, Walter. "Box and Cox in Spanish". *The Theater*. March 1, 1886 pp. 118-125.
[390] Mendoza, Tomás. *Los mocitos del día*. [ ]. Imprenta de la viuda de Barcina. 1868.

mantiene silencioso, estos lo toman por *guángara*. A las danzantes se las distrae con el *chicoleo* y el *arrumaco* y en lo dramático se ha oído exclamar "¡Silencio señores que no nos entendemos!", escribe. [391] El público de la ópera se considera *amateur* pero el asiduo a las expresiones dramáticas, bullanguero. En Santiago de Cuba, Telón y Escotillón implora a Goodman para que acepte un rol muy importante, mientras por la ciudad se reparten carteles y programas con el aviso de que no sólo lo hace «un norteamericano de verdad» sino un amante de las artes de Apolo. Al intervenir como actor, el pintor experimenta en carne propia la cotidianeidad del teatro y sus costumbres, entre ellas, que era humillante entrar de gratis o pedir un pase, como Covarrubias en su décima no quiere gente de *guagua*. "My debut on Cuban Stage" retrata con vena satírica un ambiente de relajación y fiesta. Goodman memoriza su papel y asiste a los ensayos disciplinadamente, práctica no seguida por sus compañeros, pero tiene un mal momento con el apuntador cuya voz se oye tanto como la suya. Cuando advierte la preocupación del empresario y hace una pausa, el consueta repite el parlamento porque cree que ha olvidado la letra. Raimundo Valenzuela ha contado una experiencia similar como traspunte. [392]

Torrecillas goza de gran popularidad en Santiago de Cuba entre los años 1864 y 1867. "Actor mimado" de los santiagueros, según Enrique Trujillo, junto a él trabajan su esposa Francisca (Paquita) Muñoz, Gabriela Romeral y Manuel Ossorio. Trujillo recuerda una improvisación entre Romeral y Torrecillas cuando al interpretar "La viuda y el sacristán", el rebuzno de "la burra de Mayner", dueño del animal y vecino del teatro, se incorpora a la tonadilla. Lamentablemente no sobrevive esa línea de su artículo pero el teatro de "expansiones políticas" abarca otras piezas de Tomás Mendoza como *De lo vivo a lo pintado*, estrenada en el teatro de la Reina el 19 de marzo de 1867,

---

[391] *Diario de la Marina.* 2 de octubre de 1868.
[392] Goodman, Walter. *The Pearl of the Antilles; or an Artist in Cuba.* Londres: Henry S. King and Co, 1873.

sobre la negativa de un cubano a declararse marqués, sino "hijo del artesano" (Ossorio, Segarra, Mazo, López, Muñoz y Torrecillas), la zarzuela *Dos máscaras*, con música de Fuentes Matons, las décimas de "Mujer y gloria", con música también de Matons, escrita en unas horas, *A espaldas vueltas* ... (1868), *Una estocada secreta, Justicia por su propia mano* y *El tesoro de Santa Clara. Dos máscaras...* es una fina sátira política sobre las reformas esperadas. [393] Un conjunto de piezas más que desatendido.

Como las obras de Fernández Vilarós y Valdés Ramírez tienen popularidad, los autores denuncian a los Bufos Matanceros y los de Vuelta Abajo, por el "desacato" de usar sus obras cambiándole el título, así como amenazan con ejercer su derecho sobre la propiedad literaria y prohíben ponerlas en escena sin consentimiento.

En julio se abarrota el beneficio a Jacinto Valdés y F. V. Ramírez con aplausos y *chiamatas*. En solo un fin de semana gasta el público dos mil duros en "diversiones honestas", a céntimo por cabeza, en una ciudad habitada por 200 000 almas. Como mucho, una centésima parte fue al teatro, en tiempos de «miedo exagerado» y de «crisis disimulada». Se ofrecen tres espectáculos, drama, un espectáculo de prestidigitación del Sr. Blanch, Torrecillas y Argente en el Tacón, pero los bufos se llevan 1 500 de los 2000 pesos, lo que da la medida del gusto de la población, que el cronista se abstiene de calificar, ya que respeta la tolerancia de cultos en materia de arte. [394]

Hay burlas como "Receta para hacer bufos", de José Triay.

Un actor de munición
   buscarás,
Y un pedazo de carbón

---

[393] Carta de Enrique Trujillo. Fuentes Matons, Laureano. ob. cit. Citado por Fajardo Estrada. Apéndice uno. pp. 349-355. Notas. pp. 331-332. *A espaldas...* y *De lo vivo..* han sido publicadas. Antuña, Ma. Luisa y García-Carranza, Josefina. "Bibliografía de teatro". *Revista de la Biblioteca Nacional José Martí* no 3 (1971). pp. 87-154.
[394] *Diario de la Marina*. julio 14 de 1868.

> le darás;
> Cuatro frases sin sentido
> en su oído soplarás
> Le darás un mal vestido
> y tendrás
> un bufo tan preferido...
> como todos los demás. [395]

1868 es el año de los bufos, con la eclosión de actores desconocidos, aficionados de los liceos o cultivadores de la música popular, sin relieve anterior. Mientras, el joven Pildaín mantiene el gusto por el espectáculo tradicional. El 5 de agosto de 1868, en medio de la euforia bufa, interpreta *El patriarca de Turia* de Eguilaz, en el Liceo, con escogidos aficionados y el 11 de septiembre *Un primo... primo* con su esposa y Corral de Acosta y el 18, *El beso de Judas*, de Larra, con Isabel Montaño. El 1ero de octubre anuncia un elenco numeroso para *Marinos en tierra* en el Variedades.[396] Con *Sullivan* se presenta como director de la sección de Declamación de El Pilar y el 21 hace en el Liceo *La levita* de Enrique Gaspar con Cabrera, Castillo y Sosa y el 22 *Un drama nuevo* en el Ariosa. Pildaín y Cabrera se presentan el 28 de octubre de 1868 en el Liceo con *Las circunstancias*, de Gaspar y al año siguiente con *Amor de madre*, de Ventura de la Vega, en el Liceo de Guanabacoa. Por las mismas fechas Adela mejora de salud en Cádiz y viaja con su padre a Madrid mientras organizan la gira de Carolina Civili. Muchas figuras españolas quieren visitar la isla.

Los Habaneros abren el 31 de mayo: estrenan y reponen entre esa fecha y agosto piezas aplaudidas como *Los negros catedráticos,* también solicitada por Argente en su beneficio del 30 de junio. En agosto estrenan *La hija de mi tío*, de Francisco de Armas y Martínez, publicada

---

[395] *El Moro Muza* 2. 8 de noviembre de 1868. p.11.
[396] Martina Muñoz, Dolores León, Sofía y Joaquina Tittle, Adolfo López, Antonio Ayala, Francisco Peláez, Nicolás Sosa, Agustín Calonga, M. Martínez.

junto a la biografía de Luis Cruz y Badilla, escrita por Humbug, seudónimo de Armas, en la Imprenta Militar. Lamentablemente no sobrevive pero integraría con la de Covarrubias, la de Salas y la de Valverde, una trilogía mínima de historias de actores del mismo género pero muy diferentes. De seguro tienen un componente publicitario pues los actores más populares venden retratos y folletos. Cuando se celebra el 4 de octubre, el dedicado al Vizcaíno y al Siboney de los Caricatos, representan *La curandera*, *Un guateque en la taberna*, *Perro huevero* y las sabrosas canciones "La crisis" y "Los chicharroneros". Si los integrantes de casi todos los grupos de bufos, según se presume, son blancos o mestizos pintados de negro, el 15 de diciembre se informa del ensayo de *El negro prestamista o el capataz de siete naciones*, de Felipe Potestad, sin rival en su carácter de "negro de nación", muy conocido del localista, que lo llama "viejo Potestad".

Los Bufos Caricatos se inauguran el 21 de julio, dirigidos por Manuel Ramírez con el mexicano José Dolores Candiani, especializado en su «característica» Demetria Casanova Bacallao. Su compañía se prepara para *bufear* canciones y guarachas en el Ariosa. [397] Populares con La *suegra futura* de Juan José Guerrero, según Serafín Ramírez, Candiani es célebre por su estribillo "Don Mamerto me da usted un poquitico de aquello" que interpreta admirablemente. Y al fomentar la afición al "poquitico de aquello", logra el aplauso de algunos, aunque lo abandona el público serio y es rudamente combatido por la prensa.[398] El travestismo es su fuerte, al encarnar a María Antonieta en *El baile de trajes* y *Una escuelita de baile*, de Martínez Otero, mientras canta la guaracha "No hay quien me trague".

El 22 de agosto se les recomienda buscar un director pues a pesar del buen desempeño de Candiani, dejan los brazos en cruz al cantar como si estuviesen de penitencia. Y en septiembre, presentan *Del*

---

[397] *Diario de la Marina*. 21 de julio de 1868.
[398] Ramírez, Serafín. *La Habana Artística. Apuntes históricos*. La Habana: Imprenta del Estado Mayor de la Capitanía General, 1891. p. 121.

congreso al tango, a veces mencionada como *De la tribuna al tango*, *Perro huevero aunque le quemen el hocico*, de Juan Francisco Valerio, la danza *Las ninfas de Regla*, las canciones "Los cimarrones" y "Los caleseros" y *De la guángara, melopea y rumba* "donde arma tanto alboroto Manuel Ramírez". Se vende *El negro cheche...* en el café El Ariete, en la barbería de la Plazuela de Belén. En noviembre de 1868 algunos de sus estrenos son *El picapleitos*, *Los zacatecas* y *Los negros retóricos* y en diciembre *Ataque de nervios*, de Francisco Valerio y la guaracha "Los caleseros" con la orquesta de Juan de Dios Alfonso, cuya presencia sobresale en los bailes de las sociedades de recreo.

Los Bufos Madrileños, iniciados el 22 de agosto, dirigidos por Baltasar Torrecillas y otras figuras de la zarzuela como Soledad Aguilar, Manuel Mauri y Eloísa Agüero, representan en el Variedades *Un sarao y una soirée*, de Miguel Ramos Carrión y Eduardo de Lustonó, con música de Arrieta. Eloísa canta el Chin, chin, chan, Arguimbau es el director de orquesta y se destaca Francisca Muñoz, la bella esposa de Torrecillas, no confundirla con Francisca Muñoz, mujer de Saturnino Blen. Le sigue *El diablo predicador*, de Belmonte Bermúdez, gustada desde los tiempos de Covarrubias como Fray Antolín, pero juzgada ¡un sabroso buñuelo! *Un sarao...* tiene excelentes críticas y se repite varias noches, pero es una diablura, los actores apenas salen del paso, la maquinaria entorpecida, aparte de que es un gancho presentarla como del repertorio de los bufos. El 10 de septiembre recuerdan la muerte de Julián Romea y representan el 21 de octubre *El joven Telémaco*, de Arderíus, con Aguilar, muy rumbosa, pero un desastre porque la compañía carece de recursos. Se anuncia una función dedicada a la actriz así como otra en agosto para Frasquito y Vizcaíno, empleados del Gran Teatro.

Funcionan además los Bufos *minstrels* en el Villanueva desde el 31 de julio con la danza La Caridad, de Evaristo Díaz, el disparate cómico *De hombre a hombre* y *Los bombos*, donde se canta La Luisita y la Turín baila *Lucilón*. El 21 de julio estrenan *Don Juan Tenorio* y *Los dos compadres o verdugo y sepulturero*. En agosto representan *Escuela de Virginia, El bautismo guataqueando, Dos y uno* y *Lucilón*. Eloísa canta con ellos una canción cubana en el Ariosa. También los Bufos Cantantes barceloneses –el 4 de octubre– con variedad de *juguetes* como *Crispino e la comare, El marido de la mujer de Don Blas* y *Los estudiantes hambrientos;* Las Bufas (Srtas. Navas, Turín y Gómez) representan el 25 de octubre *Presente mi general* y la versión femenina de "El negro bueno" titulada "La negra mala". Se destacan en un cancán criollo y actúan en el Ilusiones de Guanabacoa junto a los Caricatos. El 30 de octubre hay Bufos Cubanos y el 3 de diciembre Bufos Torbellinos con partes minstrélicas, coreográficas y mímicas bajo la dirección de Baldomero Martínez. Y en Matanzas, en septiembre, Bufos Matanceros del género guarachero, donde se destaca Luisa Sampayo en *Las bodas de Micaela*. [399] Algunos actúan de forma continuada, otros hacen fugaces incursiones. La prensa silencia casi siempre los nombres de los actores y si los menciona, los califica de "aficionados" o "simpáticos".

En septiembre Torrecillas ha puesto *La trompa de Eustaquio*, arreglada por Juan Catalina, música de García Vilamala, con Barrejón, Costa y Clapera y *Los cómicos de la legua*, "zambombazo de taquilla" [¿de Juan del Peral?]de reciente estreno en Madrid, al que invita a asistir con unas décimas.

> Ven público a Variedades/ no te hagas el remolón/ y que suene mi función/en las futuras edades. Si a mis ecos te persuades/ de que gozarás sin tregua/a caballo, en burro, en yegua/vendrás al fin y con esto/me alegraré de haber puesto/Los cómicos de la legua. Por complacerte galán/ hice esfuerzos de gracioso/repartiendo generoso/los productos de mi afán./Donde las toman las dan /y pues lo que distes[sic] di/hoy me prometo de ti/cosechar copioso

---

[399] Félix Carbonell, Dámaso Roig, Blas, Federico Sordo, Juan Comas, Blas Casañas, Antonio Barceló, José Fernández y Justo Casas. *Diario de la Marina*. 9 de septiembre de 1868.

fruto/pues de tu garbo el tributo/no fue solo para mí. Viste con cuanto donaire.../ de esperanza el alma llena/salí a ganar en la escena/tal vez un duro desaire. No fue así/pero en el aire/ dejáronme mis artistas/mis músicos, mis coristas, chupándose tus mercedes, /pues no soy jurarlo puedes/ de masa de tramoyistas. Quien busca en su profesión/ algo más que gloria vana/, y así espero que mañana, tendré un lleno en mi función. [400]

En beneficio a Carolina Quintana, entre el día 12 y el 17 de septiembre, está en cartel una de las más gustadas. Pero el 27 de octubre una carta publicada en el periódico teatral *La Campanilla* informa que el empresario del Albisu ha recesado a muchas bailarinas de los Madrileños quienes mendigan en las calles para pagar su pasaje de regreso y solicitan una función con ese fin. Unos días antes, el 8 de octubre los Habaneros parten a Santiago de Cuba, contratados por Ventura Hernández para actuar en el Teatro del Comercio donde cantan "El negro bueno", transformado en himno de guerra como recuerda Enrique Trujillo. Pero dos días después estalla la Revolución en Yara, el empresario se atemoriza y los caricatos regresan. [401]

Cuando debuta Joaquín Gaztambide con su compañía de zarzuela, el 28 de noviembre de 1868, el público aficionado aplaude el ensayo, pero ya el primero de diciembre el localista muestra sus reparos al género «mixto» ya que no hay cantantes con dotes histriónicas ni actores con capacidad musical. Muñoz y García defiende el género puro, lamenta la ausencia de música cuando se declama y de declamación al cantar. *La conquista de Madrid*, música de Gaztambide y libreto de Garbayo y Larra, lo satisface: la orquesta suena con el colorido, el aplomo y la afinación de los tiempos de Arditi. El 5 de diciembre elogia *Los dioses del Olimpo,* en su aspecto literario, letra de

---

[400] *Diario de la Marina.* 25 de septiembre de 1868.
[401] Trujillo, Enrique. Apéndice 1 en Laureano Fuentes Matons. Ob.cit. pp. 349-355.

Mariano Pina, por lo caricaturesco de las situaciones basadas en el epigrama y la caricatura, pero en cambio lo decepciona *El joven Telémaco*, que no es nueva y se ha visto ¿hasta la saciedad?, una exageración del cronista si se refiere al descalabro de Torrecillas.

El Moro Muza escribe:
Tres representaciones se han dado en Tacón de la zarzuela *La conquista de Madrid*; letras de Larra hijo y música de Gaztambide. En cuanto a la primera, esperábamos más de su inspirado autor, pero la segunda ha excedido en mérito al que hemos oído de este y otros compositores. La ejecución fue buena, muy buena, distinguiéndose la señoritas Moriones y Sabater y los señores Prats y Carratalá, los coristas de ambos sexos, como no se oyeron aquí y la orquesta, dirigida por el Sr. Gaztambide, la más completa y ordenada que ha resonado en Tacón. El jueves se estrenaron *Los dioses del Olimpo*, arreglada del original francés *Orphée aux enfers*, por el Sr. Don Mariano Pina y conservando la música de Offenbach: el público habanero que no conocía el género bufo, que ese grotesco y amamarrachado que nos dieron las mil y una compañías bufas conocidas y multiplicadas prodigiosamente por un instinto de pésima imitación, quedó agradablemente sorprendido ante el espectáculo dirigido por Cubero, que fue puesto en escena con el aparato que requiere su libreto y puede ostentar el Teatro Tacón haciendo un esfuerzo de trastos y telones viejos. [402]

Moriones, Gómez, Sabater y Zúñiga, diosas de carne y hueso, bailan al fin el cancán francés. El estreno de *El juramento*, música de Olona y Gaztambide, se pospone y el público reclama alternar obras nuevas con las conocidas, pues La Habana prefiere lo trillado, de la misma manera que se exige conocer los textos antes de subir a escena.

---

[402] "El Moro de los dátiles". *El Moro Muza* no. 6. 6 de diciembre de 1868. p. 42.

Con *La conquista de Madrid*, el teatro musical se adueña de la afición que al fin descansa de los "ejecutantes de medio pelo" enviados por el viejo mundo. Su profesionalismo y la calidad de su elenco (la debutante Romualda Moriones, Amalia Sabater, José Prats y el cómico Emilio Carratalá) garantiza un repertorio ejecutado con todo esplendor. Se solicita al público indulgencia con Moriones, ya que éste es el primer teatro que pisa. Muñoz y García recorre el quehacer de los intérpretes y al día siguiente escribe sobre *Los dioses...* y sus "merecidas burlas a la farándula, la política y la vida social".[403] El público, acostumbrado a la ópera, no la respalda como se espera o tiene la desdicha de acumular accidentes en contra. El 22 de diciembre se han representado *Los dioses del Olimpo*, *El postillón de la Rioja* y se anuncia *Los infiernos de Madrid*. Pero todavía el 12 de diciembre no ha debutado Elisa Zamacois por la que Gaztambide pagó dos mil pesos de indemnización a la compañía de Barcelona: ha caído con el vómito. Se reserva para *La hija del regimiento*.

Dificultades varias posponen *El juramento*, los intérpretes están algo desconcertados por un público nuevo. Sin embargo, los historiadores no han logrado explicar por qué, aparte de la situación política, la recepción de Gaztambide es tan pobre ya que por las reseñas se intuye que en *El joven...* hay cortinas de *chufería*, "trabajo artístico descuidado" y muchas quejas de que las zarzuelas tienen poca música.[404] Y el 25, la repetición de *Los infiernos...* no sólo no tiene una gran entrada, sino el público reclama más música y que sus intérpretes principales se luzcan en el canto. Imposible relacionar cada uno de los incidentes de la odisea de Gaztambide. El 28 de diciembre se publica ¿Cuándo vamos a conocer a la Zamacois? pero así todo, el 30, por el fin de año, se celebra una divertida "inocentada" con parodias de Ristori y Rossi hechas por el tenor cómico Emilio Carratalá y se

---

[403] *Diario de la Marina*. "Compañía del señor Gaztambide". 1ero y 3 de dicembre de 1868.
[404] Cf. *Diario de la Marina*. 22 de diciembre de 1868.

anuncia que los abonados entrarían gratis a las funciones extraordinarias.

No es hasta el 16 de enero de 1869 que Elisa debuta con *Luz y sombra*, de Narciso Serra, música de Fernández Caballero y *Nadie se muere hasta que Dios quiere*, de Serra y Oudrid. Ese fin de semana Raimunda Miguel canta con los Bufos Habaneros "La mulata" y se presenta la parodia de *Los dioses del Olimpo* titulada *Los dioses del manglar*, de Francisco Fernández y Manuel Ramírez, dedicada a Gaztambide. Los Robreño estrenan *Carlos II el hechizado* con Adelita, Daniel y José Robreño, Palau, Molina y Muñoz. Pero unos días antes debuta en el Variedades otra compañía de zarzuela con *Campanone*, de Mazze y figuras españolas traídas por Albisu, entre ellas, Cristina Corro, Rosa Llorens, José Grau y Manuel Cresj.[405]

Eloísa Agüero es incansable. En enero de 1868 canta la romanza de *El valle de Andorra* y el 31 de mayo se la anuncia en los proverbios *Venganza contra venganza* y *Alma sola ni canta ni llora* del camagüeyano Ignacio Miranda y en la canción "La Juanita". El 18 de julio participa del beneficio a José Albisu, propietario del circo, y el 1ero de agosto, con Salvadora Mauri, en el de Alfredo Torroella, para asistirlo en su viaje a Madrid auspiciado por el Conde de Pozos Dulces. Se llena el suyo en el Variedades el 11 de ese mes y se escribe en extenso ya que siempre colabora con otros. Presenta *Dos en uno,* acompañada por Torrecillas, *El santo y la lotería,* por los Bufos Caricatos y *Un caballero particular,* de Asenjo Barbieri. Canta "La paloma" y Torroella lee su poema "Mañana". "Cuando hay un público dispuesto a respaldar un beneficio no hay calor que valga" escribe el localista. El 16 de agosto Agüero y Mauri cantan de nuevo "La candelita" de Fuentes Matons escrita según el músico a petición de las hermanas Duclós. El 23 participa del beneficio a Salvadora Mauri y dos días después canta el Chin chin chan de Iradier y "La candelita" en el de Joaquín García junto a Mauri y otros de la compañía de Torrecillas.

[405] Isabel Sánchez, Matilde Aita, Elisa Areu, Ramón Areu, Elisa Areu.

"La bella, simpática y espiritual artista Ossorio de Agüero [sic] sale de Albisu para entrar en Ariosa" y "la misma apreciable artista sale de Ariosa para entrar en Albisu" reza la nota al pie de su caricatura en *El Moro Muza*. A su lado en el Variedades "¡Perro huevero aunque le quemen el hocico!" ¿Alude a su presencia en varios escenarios y/o a su simpatía por los intérpretes bufos? [406] Miembro de la compañía de Torrecillas-Lorenzo Arguimbau en el Albisu, interviene en decenas de funciones como actriz de comedia y canta arias de zarzuela y guarachas. El 28 de agosto prepara para el teatro de Marianao *Pobres mujeres*, de Eugenio Blasco y *Sistema homeopático*, de Miguel Pastorfido. Su trayectoria es única: una actriz culta que interviene en obras bufas.

El lenguaje «catedrático», concebido para ser dicho por actores con buena dicción, tiene efectividad teatral. Los personajes hablan de prosapia y linaje, bémbicos labios y virgíneo corazón, «escándalos escandalosos», glóbulos homeopáticos y bóvedas incógnitas, en un despliegue verbal rico, inusitado e inverosímil. "Esa familia sócala me agrada porque representa un verdadero diálogo en el cuadro social de las vulgaridades dramáticas" se dice en *Un minué*. La dificultad para decir y frasear textos así, por su ampulosidad y rebuscamiento, necesitó que actores y espectadores compartieran el subtexto. Pero el de los bufos dialoga con la situación del país. Los sucesos del 22 de enero de 1869 ocurren durante una función de *Perro huevero aunque le quemen el hocico*, de Juan Francisco Valerio, estrenada y puesta sin contrariedades desde el 26 de agosto de 1868. *Perro huevero...* carece de referencias políticas directas, pero los Bufos aprovechan su popularidad y arraigo para contestar el clima de opresión.

El 2 de enero sube al Tacón *El dominó azul* y en el Villanueva, las tres partes de *Los negros catedráticos*. Al día siguiente, por la fiesta de Reyes, una guaracha de Laureano Fuentes Matons saluda la salida de

---

[406] *El Moro Muza* no. 44 (30 de agosto de 1868). p.359. El dibujo en la página 315 de este libro.

diablitos y comparsas. Y el 21, en una función en beneficio a Florinda Camps, al cantar "El negro bueno", música de Enrique Guerrero y letra de Valdés Ramírez, Jacinto Valdés cumple un compromiso con los independentistas mediante un viva a Carlos Manuel de Céspedes, jefe del alzamiento revolucionario del 10 de octubre. "El negro bueno" cambia su letra acorde a la situación política y el negrito Candela canta en una de sus cuartetas: "No hay goce más lisonjero/ni de más intensidad/que ese placer verdadero/que brinda la libertad." Según Gustavo Robreño es un preludio de los incidentes que su padre Joaquín atribuye a unos tragos de más del guarachero, cuya exclamación encendió la llama de un ambiente ya de por sí fogoso. La ciudad vive allanamientos, tiroteos y encarcelaciones. Desde el 13 de enero, antes de las funciones, la audiencia saluda el Himno de Pascual Riego o la llegada del capitán Dulce, pero las guarachas contienen alusiones explícitas. El programa del miércoles 13 de enero de 1869 es el que sigue:

> La danza titulada ¡Viva la libertad! Guaracha cubana por los individuos de la compañía apareciendo al final un cuadro alegórico iluminado con luces de Bengala. La ensaladilla cómica titulada "Los negros catedráticos" en la que se canta la graciosa canción "Qué te vaya bien chinita", "Gorriones y bijiritas", danza de Francisco A. Valdés tocada por la orquesta. Segunda parte de "Los negros catedráticos" titulada "El bautizo", en la que se canta al piano la sentimental canción "La Isabel" y se baila la danza de D. F.V Ramírez titulada "Los liberales". Otra danza por la orquesta titulada "Se armó la gorda". Chisporretazo bufo catedrático de circunstancias titulado *Lo que va de ayer á hoy* en la que se cantará la bonita guaracha titulada "Ya cayó". A las 7 en punto.

¿Qué ocurre el 22 de enero? Cuando se abre el telón y la orquesta ejecuta la danza de Juan de Dios Alfonso "La insurrecta", Matías, un padre haragán que gasta su dinero en comilonas, juegos y borracheras, no se interesa por su hija Mónica ni por su mujer Nicolasa. Indolente y desgastado, los espectadores asiduos, que conocen los entresijos de los sainetes, le encuentran una segunda lectura, saben lo qué es cargar una cruz–pesada, apellido de Nicolasa. Su hija Mónica quiere ser libre mientras el anticuado y retrógrado Matías se lo impide. Durante la fiesta –Matías empeña un sombrero para la celebración– resuenan décimas patrióticas.

No muy lejos de la antigua
provincia de Maniabón
se alza un esbelto peñón
en medio de la manigua...

Sin embargo, el día 22, *Perro huevero...* se interrumpe mucho antes, pues cuando el personaje de Matías exclama "No tiene vergüenza, ni buena, ni regular, ni mala el que no diga conmigo «¡Viva la tierra que produce la caña!», hay aplausos de júbilo y complicidad y el entusiasmo reina en la sala junto a los vivas a la independencia. Los espectadores no se identifican con el texto verbal –pueril juguete cómico a pesar de la simbología mambisa anotada por Arrom– sino con el subtexto. El desacato y la irreverencia se acuñan como signos teatrales. Según asegura Teurbe Tolón, Jacinto Valdés no hace la función sino Pepe Ebra, sustituto de José Sigarroa, quien al decir el bocadillo desata vivas de un bando y otro que indignan a los voluntarios que penetran armados en el recinto. El capitán general llama a contar a Valdés y le advierte: «si lo repite mandaré que le peguen cuatro tiros en el mismo escenario». Según un testimonio oral, Sigarroa, amigo de los actores, ejecuta el viva cuando se da cuenta que el actor asignado no lo hace. [407]

---

[407] T. Tolón, Edwin. *Teatro lírico popular de Cuba*. Miami: Ediciones Universal, 1973. p. 24-25. Cf. Marchante Castellanos, Carlos Manuel. "De los Sucesos

¿Quién? Si Valdés alcanza notoriedad por desafiar la autoridad colonial, la beneficiada de esa noche, Florinda Camps, intérprete de Dorotea, según Gelpi, es "célebre por la habilidad con que desempeñaba los papeles más notables de las piezas anti-españolas. Ese día fue vitoreada, particularmente cuando en traje de negrita, echaba a volar conceptos subversivos." El *Diario de la Marina* del 23 informa que logra amplia concurrencia pero a tanta distancia de los hechos, es imposible saber quién grita "¡Viva la tierra que produce la caña!" Se menciona a Ebra, Sigarroa, y por supuesto a Valdés, que se hizo el héroe o lo es.

> Escribe Gelpi:
> que los Bufos Habaneros, á imitacion de los *minstrels* de los Estados-Unidos, eran jóvenes blancos de ambos sexos, que componían piezas y canciones extravagantes, con tendencias políticas casi siempre, las que representaban disfrazados y tiznados, remedando los ademanes, los movimientos y el lenguaje de los negros. Las piezas y guarachas en que abundaban los términos provinciales y los giros que dá á la conversacion la raza africana pasaban por la censura antes de representarse; pero generalmente no se podian suprimir ciertos conceptos de doble sentido, que tenian buen cuidado los actores de hacer resaltar durante la representacion, sin perjuicio de lo que añadian ó quitaban cuando los agentes de la Autoridad no ponian en ello gran cuidado. Tambien debemos advertir que en aquellos dias la libertad de Imprenta se habia extendido á la de los teatros [sic]. [408]

Dedicada a varios «insolventes», según el periódico *La Chamarreta*, los portadores de "garabato y horquetilla", entran al edificio con un

---

del Teatro de Villanueva: una fuente oral inédita". *Revista de la Biblioteca Nacional de Cuba* 3-4 (2008). pp. 133-142.
[408] Gelpí y Ferro, Gil. *Álbum histórico fotográfico de la guerra de Cuba desde su principio hasta el reinado de Amadeo* I. Imprenta la Antilla, Habana, 1872. "Escenas del teatro Villanueva y sus consecuencias". pp. 136–140.

llamado a la sublevación, ya que la recaudación se destinaría a los alzados en Yara. El teatro, adornado con banderas cubanas y norteamericanas, se colma de público. Las muchachas se trenzan el pelo con cintas rojas, azules y blancas y llevan trajes «salpicados» de estrellas de cinco puntas que llaman «de simpatía». Después de los vivas a Cuba, con la platea enardecida con el incidente anterior, surge del patio de butacas una anticipada expresión de ira y los gritos de ¡Viva Cuba libre! y ¡Muera España¡ [409] Los voluntarios, que hacen ejercicios en el foso de la puerta de Colón y a la expectativa, al sentir las aclamaciones y aplausos, arremeten contra el público y los cómicos. Se desata la carnicería. Una matanza. Gelpí menciona la muerte de dos señoras y entre los lesionados por bayoneta, a la joven Antonia Somodevilla que hizo tremolar una bandera. Cuando los espectadores intentan abandonar el teatro, se repiten los tiros y bayonetazos. Entre los muertos –nunca cuantificados– está el hacendado Pablo González, hijo del conde de Palatino, y su hijo de ocho años. Los voluntarios, sedientos de violencia, arrastran a las mujeres por el pelo y les desgarran sus vestidos adornados de azul. Nin y Pons, dueño del teatro, es multado en doscientos pesos por el "escándalo".

La edición del 31 de enero de 1869 de *El Moro Muza* dedica su idílica portada a Florence Nightingale y titula su dibujo del episodio "Tres días de terror en La Habana". Un tirador en un palco y los rostros aterrorizados de los espectadores. El gobernador se disculpa por la atrocidad y quiere correr un velo sobre los crímenes, pero al día siguiente la obra se vuelve a poner, como si nada. *El Museo Universal* titula "Alborotos" "los sucesos deplorables" [...] donde "daban función los *minstrels* habaneros [...] especie de bufos a imitación de los *Christie's minstrel* [...] El conflicto llegó a convertir la escena cómica en espectáculo trájico [sic], disparándose tiros dentro del teatro y

---

[409] Valerio, Francisco. *Perro huevero aunque le quemen el hocico.* Edición de Rine Leal. *Teatro bufo siglo XIX.* tomo I. Antología. La Habana. Editorial Arte y Literatura, 1975. 231–261.

repitiéndose después el segundo acto en las calles y en el Café del Louvre donde hubo desgracias que lamentar de personas notables, pacíficas e inofensivas". [410] Así contó los hechos el *Diario de la Marina*:

El 16 de enero debuta finalmente Elisa Zamacois con la compañía de Gaztambide.

El 20 se aclara que la función del 21 se realiza en beneficio de la simpática Dorotea [Florinda Camps], catedrática e intérprete de *Lo que va de ayer a hoy*.

El 21, a petición de los Habaneros, se informa que la función del 22 se dedica a recaudar fondos "para socorrer a varios insolventes". Ese día José de la Cruz y Luis Cruz y Badillo comunican que han dejado de formar parte de los Bufos aunque el primero hará la función por consideración a los beneficiados. El 23 se dice que el teatro tuvo mucha asistencia para beneplácito de Florinda Camps. El 24 se publica la alocución del capitán Dulce.

Habaneros
Anoche se ha cometido un grande escándalo, que será castigado con todo el rigor de las leyes.
Algunos de los trastornadores del orden público están en poder de los tribunales.
Ciudadanos pacíficos, confianza en vuestras autoridades: defensores todos de la integridad del territorio y de la honra nacional, se hará justicia y pronta justicia.
Habana, 23 de enero de 1869.

Perro huevero..., publicada y estrenada, es un inofensivo cuadro de costumbres, cuya realización origina una reacción inesperada y probablemente buscada por la intención de actores y músicos. Si algunos historiadores discuten la presencia de Jacinto el 22 de enero,

[410] *El Museo Universal*. 14 de marzo de 1869. p. 86.

Camps participa de ambas funciones y es conocida por sus exclamaciones. El 23 de julio de 1868 es dama de compañía de los Bufos Habaneros y recibe un apoteósico beneficio con *La fiesta del mayoral o el santo de Candelario*, de Antonio Enrique Zafra, estrenada el 30 en el Variedades, con abundantes guarachas y mucho más público que el habitual de los Caricatos.[411] Escrita por un español, sorprende su lenguaje. En el guateque en honor de Candelario, hay peleas de gallos, zapateo, juegos de barajas y décimas, pero sobre todo un intento de habla popular con ¡que te coge el patatús! o "pitiminí golpeao". Magdalena (Florinda Camps), hija del mayoral (Francisco Fernández) ama a José de Jesús (Luis Cruz) y rechaza a Joaquín (José de la C. Castellanos), sobrino del dueño del ingenio. El ingenuo conflicto se insinúa cuando Magdalena elige a José de Jesús. Ella "metia entre la manigua" está mejor que en La Habana, ("probe naci, probe he sio/ y probe me he de morí") ya que "Él guajiro, yo guajira, too será una guajirá", dice fiel a su origen. El catalán Ciprian (Joaquín Robreño) la apoya pues el sobrino es un paluchero que la engaña con falsas ilusiones. Después de un amago de reyerta, la fiesta continúa con improvisaciones y décimas. Miguel Salas interpreta el negrito Mateo, un personaje muy secundario. En la representación, un actor "pardo" se lesiona al entrar en la hoguera para el atrevido acto del «hombre salamandra», de acuerdo al comentario de los transeúntes en las afueras del Albisu, que desconocen si es un hombre *comestible*, *combustible* o *incombustible*. A veces el gacetillero aporta datos desconcertantes. José Muñoz y García escribe de manera festiva y desalmidonada pero con escasa precisión.

Otros programas de los Bufos Habaneros.
El día 6 de octubre del 68

---

[411] Zafra, Antonio Enrique [de]. *La fiesta del mayoral*. "Panorama del teatro cubano". *Cuba en la UNESCO*, v. 6, no 7, 1965. pp. 115-145.

"Los cazueleros", danza por la orquesta

Latigazo cómico burlesco por el festivo escritor conocido como Narciso Valor y Fe, titulado *El picapleitos* dedicado al Foro de La Habana

Canción guaracha "Los argonautas del vellocino"

Juguete cómico del popular Tomás Mendoza *Los mocitos del día*

Guaracha nueva titulada "La negra Tomasa"

Descarrilamiento cómico *El ensayo de Don Juan Tenorio*.

El 13 de abril de 1868 los Robreño inauguran el Ariosa, situado en Consulado 142 entre San José y San Rafael, "el nuevo y lindo teatro" popular por corto tiempo, en cuya temporada representan *Las circunstancias* y *La levita*, de Enrique Gaspar, semanas después de su estreno madrileño y *Las gracias de Gedeón*, arreglo de Ramón Navarrete. Ya el 29, cierra por unos días para abrir con canto y baile y actuaciones especiales de la bailarina Dolores Barroso. Para el 31 de mayo se anuncia una función en Albisu o teatro de variedades en beneficio del Liceo y el martes 2, la de Eloísa Agüero. Adela Robreño actúa allí el 17 de enero de 1869 en *Carlos II el hechizado* de Gil y Zarate, con Palau, Robreño, Molina y Muñoz y en *Monárquicos y republicanos,* no reseñada porque no es "santo de devoción" del localista. Valero regresa el 30 de enero después de una gira a México –nombrado director de su Escuela de Declamación– para breves funciones camino del Esteban. El 19 de febrero de 1869, en una de las últimas del "brujo" Herrmann, que carga y dispara una pistola a la vista del público, no hay casi nadie. También languidecen las puestas de Civili, que piensa viajar a Nueva Orleáns.

El 22 de enero de 1869 la represión desatada en el Villanueva cambia el curso de la vida teatral. En el Tacón Zamacois actúa en *La hija del regimiento*, música de Donizetti, con el público muy retraído y cuatro días después, unos disparos cercanos interrumpen *Catalina*, de Olona y Gaztambide. El presidente de la función ordena cerrar las puertas y la da por terminada. Al día siguiente el redactor del *Diario...* escribe que "A falta de pan... hoy no tenemos asuntos de localidad de los que nos gustan" y llena con fiambre el espacio habitual de su crónica. El 4 de febrero Gaztambide termina sus funciones "por las causas que todo el mundo conoce" y el 21 Felicia lo felicita por no sumarse al desaliento general. Pero el 23 se rumora que Zamacois se enferma y el *Diario de la Marina* escribe: "Entre la insurrección y el vómito van a volver loco al maestro Gaztambide". [412] El 28 de marzo se ha marchado a México aunque se le adelanta la compañía de Albisu con Cristina Corro, Rosa Llorens, José Grau y Manuel Cresj. Elisa despliega allí sus dotes y talento y consigue una ardorosa respuesta del público y aunque podrían haber explotado la euforia por Offenbach, apenas traen obras suyas. Solo *Los dioses del Olimpo* y *El joven Telémaco*.

A México llega en enero de 1868 Manuel Ossorio, que interpreta *La verdad sospechosa*, de Ruiz de Alarcón en El Principal con Rita Cejudo y se une a la compañía de Eduardo González con María Mayora, Pilar Mazo, Dolores Navas y Eduardo Irigoyen. Lo reciben con sorpresa: los actores son sencillos y naturales, no hay gritos ni contorsiones: la escena es un espejo de la vida real. Eloísa Agüero debió acompañarlos y está anunciada, pero enferma de cólera y permanece en la isla. Cabe especular que impresiona favorablemente a Ossorio puesto que la escoge, pero debido a la epidemia pierde su oportunidad. También con Cejudo representa *El empresario y la actriz* y para su beneficio, la pieza de un desconocido, un «pobre diablo», cuya carta se publica, el autor de *Las faltas de los demás*.

Al año siguiente aparece su libro *Estudios prácticos sobre el arte dramático,* dedicado al arte del actor, desconocido en la península y con escasa divulgación. Más corto y concentrado que otros tratados escritos también por actores, en la introducción se le reconoce como director en jefe de Declamación del Liceo Artístico y Literario de La Habana, cargo probablemente honorario. Recorre mediante breves capítulos

[412] *Diario de la Marina.* 23 de febrero de 1869.

desde los orígenes del teatro a la lectura, la voz, la declamación y los papeles de carácter para ocuparse también de la academia, el tribunal y el púlpito. Vive un momento de "regeneración" en la actuación, con el aporte de Máiquez, Caprara, Rafael Pérez, Prieto, Carretero, Hermosilla, Guzmán, Cubas y Rita Luna. Destaca "la sublime sencillez", la necesidad del actor "de ocultar en lo posible su propia persona y solo dejar ver el personaje que habla por su boca." Al referirse a la manera de sobresalir en los pequeños detalles y no solo en los grandes papeles, escribe:

> Don Antonio de Guzmán que expiró en mis brazos y a quien los maestros llamaban maestro, era en esta parte el actor más perfecto que jamás he oído. Él no creía que un simple monosílabo fuese inútil en su papel, un sí, un no, en su boca, señalaban sin duda la situación y el carácter. Don Juan Lombía, D. Carlos Latorre y D. Julián Romea le imitaron en esto y Fernando Ossorio caminaba por la propia senda.[413]

A los jóvenes actores recomienda: "No imites a muchos actores que quieren deberlo todo a la práctica, desentendiéndose de las reglas que la experiencia ha autorizado". Por su recorrido cubano, las piezas que escoge, su experiencia en el interior de la isla, Ossorio es un actor de buen gusto y originalidad, que deja una impresión profunda en los espectadores, pues años después se habla de su gesto al alzar la cara y cerrar los ojos o su libertad para interpretar a su manera las acotaciones del autor. El 26 de febrero de 1869 parte desde Veracruz a España y promete volver con otra compañía.

Como reacción a la situación política, una zona de la escena habanera reafirma su lealtad a la corona. Una de las obras más

---

[413] Ossorio, Manuel. *Estudios prácticos sobre arte dramático*. México: Imprenta de F. Díaz de León y Santiago White, 1869. p. 71.

comentadas con ese propósito se estrena el 15, 16 y 17 de mayo de 1869 en el Variedades. *El gorrión* —entierro militar de un ave en recorrido por la isla— de Luis Manuel Martínez Casado, que reúne una visión tragicómica y patriotera. [414] Luisita, su hija de nueve años, como la cantinerita recita décimas y versos de Zorrilla y Eguílaz que "sabía de memoria". A partir del episodio del pájaro al que rinden honores militares, Martínez Casado habla del honor integrista simbolizado por el mancillado gorrión. Luisita declama:

En esta hermosa Cuba
hija de España
por un gorrión que caiga
mil se levantan
y son aves que dicen
lo que es muy cierto
que no hay quien tenga fuerzas para vencerlos¡[415]

Ni siquiera el *Diario...* oculta su fracaso. Son piezas que pretenden llenar un hueco para que las compañías se mantengan activas, defienden un bando u otro, pero mayoritariamente respaldan el poder colonial. [416] De un lado, el teatro integrista y de otro, el de oposición política, llamado por Rine Leal, "mambí". Luis repite su propósito con *Las glorias de Tunas*, representada el 14 de octubre de 1869, con un extenso reparto y publicada ese año. [417] El 6 de agosto, *España y Cuba*, de José Muñoz y García, redunda en la adhesión política y el patriotismo como *Defensa de las Tunas*, de Martínez Otero, *Las riendas del gobierno, El laborante* y *Un voluntario*. Pero se califican de producciones de circunstancias, "plantas que no echan raíces más profundas ni llegan a

---

[414] Balmaseda, Francisco Javier. *Los confinados a Fernando Poo e impresiones de un viage a Guinea.* Nueva York: Imprenta de la Revolución, 1869.
[415] Martínez Casado, Luis. *El gorrión.* La Habana: Imprenta El Iris, 1869.
[416] *Diario de la Marina,* 18 de mayo de 1869.
[417] Martínez Casado, Luis. *Las glorias de Tunas.* Imprenta del Tiempo, 1869.

producir un fruto", junto al resurgir del tema de la hispanidad, como en *Colón en Cuba,* de Antonio Enrique Zafra, cuyo fin era donar su recaudación a los heridos de guerra. Pero su auditorio es menor que las comparsas en escena. Hay tantas figuras fuera del país, que Martina Muñoz (¿hermana de la esposa de Torrecillas?) pretende llenar el vacío con una asociación de actores. Ella interpreta en marzo de 1869 *La mujer de Ulises,* de Eusebio Blasco y el 24 de octubre recita décimas patrióticas a la mitad de *La campana de la Almudaina,* de Juan Palou y Coll. Pero el lugar de los bufos es muy difícil de ocupar.

El 28 de noviembre, *Los cómicos de la legua,* con Adolfo López, se realiza en apoyo a los voluntarios de artillería y se repone *Heroica defensa de las Tunas* con fuego graneado dentro del Tacón. El primero de diciembre sube *Marcela* con los aficionados Covas, Roca, Juana y Sofía Tittle y se destaca Cueto así como *Un voluntario,* de Manuel Martínez Otero, encaminada a buscar la fraternidad entre ese cuerpo, los cubanos leales y los buenos españoles. Escrita para la sección literaria del Recreo Español, un actor comunica al público:

Aquí no se retrocede
y aunque el diablo al trono suba
ha de ser de España Cuba
por más que el diablo lo enrede. [418]

Y una puesta de *Los soldados de plomo* de Eguilaz se convierte en un acto de respaldo a los heridos en el ataque a Tunas. Eloísa Agüero canta "La paloma" porque "si la obra es admirable, no lo es menos la expresión y gracia" de la actriz, a quien el público pide su repetición con indecible entusiasmo. [419] El tenor Prats canta el himno de Riego con música de *La marsellesa.* El 10 de diciembre, el *Diario de la Marina*

---

[418] Rivero Muñiz, José. *Bibliografía del teatro cubano.* La Habana: Publicaciones de la Biblioteca Nacional, 1957. p. 70.
[419] *El Moro Muza* no. 10 (5 de diciembre de 1869). p. 102.

cree que ya es hora de crear una compañía mixta, "algo que valga el dinero que suelta [el público] y basta de cuadros de circunstancias y de tiros y gritos y sombrerazos." Pero la escena sigue pendiente de los homenajes a soldados y regimientos.

Muchos años después, se olvida el fragor, la angustia de la guerra y se engavetan las obras de agitación. Cuando *Entreacto* de Madrid escribe sobre la Zamacois, manifiesta: "Es buena artista, buena hija y buena moza. [...] trajo de la Habana dos cosas que tampoco tenía: dinero y mucha carne ¡en cambio dejó allí mucha gracia! Era delgada y ahora es gruesa, era pelinegra y ahora es rubia: la naturaleza tiene sus extravagancias". Lo que importa es la remuneración. Acerca de Romualda Moriones se escribe. Es ultramarina, estudió en Madrid, debutó en isla y su voz y su canto "saben a guayaba". [420]

---

[420] Elisa Zamacois. *Entreacto* no. 28. 10 de junio de 1871. p.3 Romualda Moriones. *Entreacto* 1ero de julio de 1871. p.3.

Elisa Zamacois y Romualda Moriones

Martina Muñoz regresa a España después de gran aceptación en la isla. Torrecillas llega para quedarse en 1858.

Los Bufos al exilio ¡Viva Florinda Camps!

Los Bufos Habaneros sostienen una temporada, imponen un estilo, pero emigran después de los Sucesos de Villanueva. Otros se incorporan a la lucha por la independencia como Tomás Mendoza, talento dramático fallecido en el ataque a Tunas en 1869 con grado de comandante. Fusilan a su hermano Cristóbal, gacetillero en Puerto Príncipe, que a pesar de su juventud, traduce *Medea*, de Séneca, que compara con la de Corneille. [421] Con menos de treinta años, mueren por la liberación de Cuba a pesar de no haber nacido allí. [422] Pedro Néstor Pequeño, coautor con Francisco Fernández de *El negro cheche...* publica *El Cubano* en lengua macuá para burlar la censura. [423] Rafael María de Mendive es muy castigado sólo porque su suegra, Francisca Cabald, esposa de Nin, es codueña del Villanueva. Autor de *Gulnara* (1848), versión de *El corsario* de Byron, publicada y representada con música de Arditi, desaparecen sus piezas *Los pobres de espíritu*, *Un drama en el mar*, *Las inmaculadas* y el poema dramático *Por la patria*. Prisionero junto a Rafael Laza, permanece cuatro meses en una mazmorra del Príncipe y después de cuatro años de exilio en la península, se traslada a Nueva York. [424] Se dice que la familia de Francisco Javier Balmaseda, deportado a Fernando Poo, destruye algunas de sus obras. Muchos otros parten al exilio.

A bordo del vapor inglés Tyne, los Bufos Habaneros arriban a Veracruz el 27 de febrero de 1869: Florinda Camps; la primera dama Raimunda Miguel; la característica María Rodríguez, los galanes Felipe

---

[421] Mendoza, Cristóbal. "De la Medea de Séneca". *La Floresta*. Tomo I (1856). pp. 114-115.
[422] Armas y Céspedes, José de. "Dos caraqueños cubanos". julio 15 de 1897. *Cuba y América* no. 8 v. 1. pp. 8-9.
[423] Tolón T. Edwin. *Teatro lírico popular de Cuba*. Miami: Ediciones Universal, 1973.
[424] Salazar, Salvador. "Rafael María de Mendive". *Cuba Contemporánea* 9 (1915) pp. 78-97.

Palomera, José María de la Cruz Castellanos y Miguel Salas; Francisco Fernández, característico en todos los tipos, el galán Luis Cruz y Badillo, el galán y tenor de gracia Jacinto Valdés, el cómico bufo Ricardo Rojas, el primer actor y barítono Manuel Ramírez O'Brien, el primer bajo y actor Francisco Valdés Ramírez, el primer consueta, Manuel Valdés Ramírez, el segundo, Tomás Cossío, el maestro de música Francisco Álvarez Cerezo y el empresario Luis Nin y Pons.[425] La lista desmiente que Jacinto se les uniese en junio y que José María y Luis Cruz abandonasen la compañía. Ya en abril luchan por ganarse la vida. Un airado lector escribe a *El Moro Muza* para ridiculizar su "bravura" ya que los cómicos despliegan una bandera cubana en procesión por la ciudad, en primer lugar, Florinda. "¿No la conoce la Habana entera? escribe "pero por la «enjundia» que demostró tener, se ha colocado en las filas de las *suripantas*, a la altura de Emilia C. de Villaverde y a la derecha de la Izquierdo y con su pico, al lado de la Picabia." Muley Mulé la denigra y recomienda que a estas *pájaras* las metan en jaula, muy contento porque el Congreso de México aprobó una ley para castigar a los *bergantes*.[426]

En mayo, después de actuar en Veracruz y Orizaba, al anunciar un abono para el teatro Iturbide, se presentan como "jóvenes actores y compositores de tipos, parodias, caricaturas, cantos y bailes de diversas naciones y con especialidad de la isla de Cuba". Pilar Pautret se les une como segunda dama. Jacinto es actor y cantante bufo. El fracaso es estruendoso.

El 24 de julio de 1870, en la capital de México, Florinda actúa en *Obertura Semiramis* y *El jorobado*, traducida por Julio Vargas "con el aparato y lujo que se merece" e interpreta el vals *La ilusión* con la orquesta del teatro y *El zafiro* de Antonio Valdés.[427] Juvenal escribe

---

[425] *La Iberia*, 7 de marzo de 1869. p. 3.
[426] Carta de Muley-Mulé. *El Moro Muza* 28. 25 de abril de 1869. p. 306.
[427] *La Voz de México*. 24 de julio de 1870. p. 4.

escribe en *El Monitor*: "El Teatro de Oriente abre hoy su escena. Florinda, la célebre Florinda, nuestra buena amiga, la heroína del cancán, es el mayor atractivo de ese teatro." [428] Otros la describen como "la dulce, la tropical". Gotkowski recomienda a los amigos de la batahola, asistir al América donde baila un desenfrenado cancán.[429] Tres años después actúa en el juguete cómico *La hermana de la Caridad*. Y hay una batalla de tiples después de la función de la zarzuela *El corneta*, la comedia *Las cuatro esquinas* y la zarzuela *El grumete* el 24 de noviembre del mismo año en el Teatro Nacional. Manuel Payno relata el ambiente de los espectáculos de tandas y los enfrentamientos entre los partidarios de Chole (Soledad Noriega) y los de Florinda, "foro envuelto por una densa nube de humo de tabaco, donde levantada la cortina los actores tocan el techo con sus cabezas. Acabada la pieza, comienza un verdadero pronunciamiento, un grupo a gaznate tendido grita ¡Viva Chole! y otro más fuerte ¡Viva Florinda, Florinda!

> El telón cae y la grita comienza de nuevo, hasta que el director del teatro, haciendo como los gobiernos que ceden a la voluntad de la opinión pública, manda a alzar de nuevo la tela y aparece blanca, esplendente, interesante, la deseada Florinda, causa de tanto alboroto y objeto de tan ferviente entusiasmo. Los contrarios a esta bella dama, apuran sus esfuerzos y chiflan como si tratasen de hacer entrar a una recua por el camino real; los florindistas se sobreponen al tumulto, y la heroína comienza a bailar y entusiasmar a sus parciales levantando un poco más la faldas de su vestido, supuesto que las de Chole han estado ya a una altura competente y permitida por la diosa alegre y voluptuosa del baile. Florinda, además es sensible, da las gracias llevándose las manos al corazón, haciendo trizas los sombreros que le tiran a los pies y expresando de mil maneras su gratitud, pero esto no calma el furos

[428] *El Monitor Republicano*. 19 de febrero de 1871. p.1.
[429] *El Monitor Republicano*. 4 de diciembre de 1870. p. 1.

de sus enemigos, los cuales la remedan, la interrumpen y la silban. Florinda no puede más, las lágrimas vienen a sus ojos. Aquí se muestra el sensible y humano carácter mexicano. Los partidos callan y enmudecen. La patria está en peligro y lerdistas y juaristas se unen como en la cámara en los momentos supremos, y la oposición sistemática queda aislada y reportando sobre su conciencia todos los desórdenes y desmanes que han turbado la función. El baile y el sainete terminan lo mejor que se puede, la campanilla anuncia que ha concluido la tanda y aquella masa oscura y compacta de gente, se comienza remover entre la espesa atmósfera que ella misma ha formado con el humo de los cigarros y nauseabundos puros de rueda y otros nuevos espectadores entran a gozar las delicias de la última tanda, que concluye después de media noche. [430]

La adversa prensa colonial la nombra *suripanta*, despectivo e insultante, y la actriz no regresa a la isla con sus compañeros con el Zanjón. Entre los años 1873 y 1877 integra la compañía de Manuel Martínez Calderón en el teatro Principal de Puebla. Durante la función de *Los estudiantes de México o la deuda inglesa*, los alumnos de los colegios e institutos, reaccionan a las "frases hábilmente discurridas" del apropósito sobre la situación política y responden con silbas y gritos de ¡Muera Justo Sierra! El escándalo no deja oírlos hasta que una voz juvenil y robusta grita ¡Viva Florinda Camps! [431] Los historiadores cubanos le pierden la pista a su primera dama, pero la mexicana Ramos Smith recuerda su quehacer con el "himno de Offenbach" en los marginales jacalones y las baratísimos tandas. El cancán se extiende con la rapidez del cólera, escribe Olavarría y voces discordantes –como la de Ignacio Altamirano– se erigen contra la moda mientras un público

---

[430] Payno, Manuel. "Revista de la semana" *El Siglo Diez y Nueve*. 27 de noviembre de 1870. p.1
[431] *El Tiempo*. febrero 10 de 1885. [s/p]

alborozado llena el teatrillo América donde Florinda se alza la saya como una corista de Lautrec. Una de las bellezas de la *bell époque*, admirada cancanera de México. [432] Cuando regresa de Puebla donde se refugia, la moda ha muerto y se dice que –por enfermedad– deja de bailar y reaparece sólo en obras dramáticas. ¿Qué fue de los otros intérpretes?

Después de su audaz salida escénica, Jacinto Valdés sobrevive en el expediente criminal escrito por un policía. Es el número 411 de sus encarcelados. Escribe un libro de poesía, *Cantos del alma*, con treinta y ocho composiciones, publicado en la imprenta de la viuda de Barcina. [433] Cuando aparece su caricatura en *El Moro Muza*, el 7 de marzo de 1869, con su seudónimo literario, Benjamín de las Flores, pardo y desmelenado, ya no tiene futuro como cómico. Autor del soneto a Melesio Morales en la revista *El Renacimiento*, vive en México el declive de los bufos. Altamirano los liquida con una frase. ¡Pobres bufos

[432] Ramos Smith, Maya. *Teatro musical y danza en el México de la belle époque (1867-1910)*. México: Escenología, 1995.
[433] *Certamen poético celebrado en la ciudad de Matanzas*. Matanzas: Imprenta El Faro, 1879.

habaneros!, intérpretes exitosos en su tierra pero a merced de la caridad trasplantados a un lugar ajeno. Nacido en 1840, tabaquero e hijo de la Casa de Maternidad, vivió amancebado con una cartomántica. Si no es el causante de la masacre, reivindica su participación en *El Demócrata* de Nueva York y en sus cartas a Hilario Cisneros, a pesar de que su conducta pública hace dudar de su integridad moral. [434]

Florinda, intérprete de la negrita Dorotea, tiene condiciones para el canto y el baile y algo indefinible por lo que sobresale donde sus compañeros fracasan: ochenta líneas en los periódicos de México en veinticinco años. En los libros de historia, junto a Jacinto Valdés, actor y guarachero a quien se atribuye el bocadillo que desata la carnicería, debe brillar con luz propia Florinda Camps.

---

[434] Leal, Rine. *La selva oscura. De los bufos a la neocolonia.* La Habana: Editorial Arte y Literatura, 1982. pp. 56-58.

1870-1875

Elisa Zamacois está en La Habana con la compañía de zarzuela de Gaztambide después de renovar coros y decoraciones. Debuta con *Luz y sombra,* mucho mejor recibida que el año anterior. Durante la representación de *Marina* persiste el oportunismo político por el cual Manuel Cresj, aclamado como Roque, canta unas estrofas, intencionado parte de guerra sobre la confrontación brutal que vive el país.[435] El cantante se asume como gorrión, símbolo de los españoles, mientras en silencio muchos piensan en la bijirita, emblema de los mambises en la manigua. También hay zarzuela en el Variedades (Albisu).

> Aquí tienen señores
> puesto en campaña
> el mayor gorrionazo
> que crió España.
> Viene dispuesto
> a desear a todos
> feliz año nuevo.
> He tenido esta tarde
> mucha alegría
> porque una cañonera
> entró en la bahía.
> Pobres mambises,
> si les sueltan la treinta
> de sus confites.

Torrecillas llega en enero de 1870 con un cosmorama a exhibirse donde Lorenzo Cuppia mostró una momia. El actor jocoso trae adelantos técnicos de la península o de Veracruz y viene hecho un

---

[435] *Diario de la Marina.* 4 de enero de 1870.

dandy, se comenta, entretanto organiza el bazar y el organillo para las vistas y estudia en qué condiciones está el público de proteger el espectáculo nacional. En mayo actúa en Puerto Príncipe, dispuesto a venir al Tacón. El 29 de mayo de 1870 Pablo Pildaín representa en el Recreo Social *Los soldados de plomo*, de Eguilaz, mientras en el Tacón sube *Los hijos de Eduardo*, de Delavigne, traducida por Larra y el 24 de julio del 70, Argente hace allí una obra que siempre gusta, *El zapatero y el rey*, de Zorrilla, con Sofía Tittle, García de la Vega y Pildaín.

Joaquín Arjona comienza su gira el 13 de noviembre. Representa *Adriana Lecouvreur* con Teodora Lamadrid, Emilio Mario y Rafael Calvo. El público se muestra más reservado que en otras ocasiones a pesar de que Teodora actúa con gran dominio de la escena y "el sello trágico de las grandes pasiones". En *Marinos en tierra,* con los esposos Benetti, Balbina Valverde, Carolina Fernández, interviene la "siempre agradable y gentil" Agüero, contratada para la temporada, aunque las críticas se refieran solo a los primeros actores españoles. Sin anunciarse el cartel, se entierra a la actriz Matilde Granados, fallecida durante la travesía. En diciembre, Lamadrid actúa en *La escuela de las coquetas*, de Moliere, *El alcalde de Zalamea* de Calderón y *La villana de Vallecas*, de Tirso de Molina. En la función décimo novena del primer abono, con *Alza y baja*, de Olona y *Las riendas del gobierno*, de Zumel, actúan todos, incluido Ricardo Valero. Después de las 28 primeras funciones, *El Entreacto* madrileño informa que han ganado treinta y cinco mil reales por función. La temporada se extiende hasta el 25 de febrero del año entrante y en ella Eloísa Agüero debe haber actuado en *Bienaventurados los que lloran*, de Luis Mariano de Larra, citada por Martí. Atenta a las nuevas obras, escoge *No hay mal que por bien no venga*, de Tamayo y Baus, para su beneficio del 22 de octubre de 1870, a pesar de que una "negrura" de lluvia amenaza con impedirla. Con ella actúan Pildaín, Palomera, Peláez y la Sra. Aguilar. Se celebra la elección de la obra y la composición del programa en el que canta, con Salvadora Mauri, "La candelita" y "La paloma" "con el chic que le es peculiar".

[436] Un día antes Argente sufre una conmoción cerebral y está muy grave.

El Albisu, en construcción durante mucho tiempo, obra del arquitecto Joaquín Vázquez, se inaugura finalmente el 17 de diciembre de 1870, sin terminar. Tiene 42 metros de largo y costado y colinda con el Tacón por la calle San Rafael. Según el cronista, entran cuatro mil almas, seis mil libras de carne, anota con crudeza. Con un pórtico de columnas de cantería, tres puertas para palcos, lunetas y galerías y el techo sostenido por columnas de hierro, tiene suficiente altura para el movimiento de los telones. Propiedad del vasco José Albisu, sube el telón con *Otelo* de Rossini, con Villani como Otelo y Visconti en Desdémona, a pesar de que se le «escapan» los sonidos. El telón de boca de Francisco Soler y Rovirosa en colaboración con Francisco Pla no se menciona este primer día ni los techos de Mariano Miguel y casi de inmediato se conoce como Lersundi. El 20 de diciembre, Argente, recuperado, ofrece allí su versión de *El zapatero y el rey*.

En Puerto Rico, José Robreño conoce al escritor José María Gutiérrez de Alba. Cuando el 2 de febrero de 1870 el español acude a ver *La trenza de sus cabellos*, de Rubí, anota: "La compañía, compuesta por actores modestos, se esfuerza por complacer al público, que recompensa su laboriosidad infatigable" pero "les faltan facultades". "¿Qué han de hacer, sin modelos que imitar y caminando por la luz del arte sin luz ni guía?" El 12 presencia *Una comedia nueva*, arreglo de Scribe hecho por Robreño y el 26, *Camoens*, del puertorriqueño Alejandro Tapia y Rivero, en beneficio de Adela, cuyo público de "criollos" le otorga otro carácter. A pesar de la efusividad política, escribe: "El drama es menos que mediano, y por todas partes deja traslucir la inexperiencia del autor, por el diálogo poco dramático, situaciones falsas y muy desleídas y por su afán de imitar obras de nuestro repertorio romántico". Sin embargo, Adelita recibe una cosecha de flores y una cajita con una poesía deliciosa de un hombre de

---

[436] *Diario de la Marina*. 25 de octubre de 1870.

color ¿Estrada?, "que se la ofrece con la ingenuidad de un niño". De acuerdo con sus anotaciones integran el repertorio *Lo positivo*, *La mancha de la mora*, *La huérfana de Bruselas* y dos obras de Gutiérrez de Alba, *El sutil tramposo* y *El que ama el peligro* además de *El trovador*, de García Gutiérrez y *Don Tomás* de Narciso Serra. [437]

En La Habana, el 25 de enero de 1871, Eloísa protagoniza *La osa mayor*, de Juan Ortega y Girones, con Emilio Mario, Rafael Calvo y Carolina Fernández, a beneficio de Mario, y el 24 de febrero junto a Juan García, recibe el suyo con *La huérfana de Bruselas* y una nueva obra de Zafra, *Los celos e mi curriga*. Como detalle curioso, en la despedida de la compañía, dedicada a los *racionistas* o segundas figuras, se canta una vez más la arcaica tonadilla del trípili. Manuel Argente, José del Pozo, Pildaín, Dolores Navas y Ventura Mur ocupan con Torrecillas el teatro de verano de 1871 e invitan para la próxima temporada a Ceferino Guerra y su esposa, en una ciudad donde, aparte de los bufos, la mayoría en el exilio, no se han desarrollado las compañías locales, a pesar de «aficionados» tan constantes como Sofía Tittle y Napoleón Arregui.

A partir de 1871, casado con la actriz canaria Ana Suárez Peraza, Pablo Pildaín alcanza su madurez como actor. En septiembre hacen juntos temporada con Candelaria Tardos con *El tejado de vidrio* y *Fausto*. *El Palomo* se burla:

> Será en no lejano tiempo y así que haya visitado la península ibérica y estudiado en su clásica escuela de declamación, uno de los primeros actores, y *astro en el cielo de la comedia española*. Protejamos al hombre que apenas cuenta un año de actor y honra ya las tablas, y es ya aventajado discípulo de Talía. ¿Ustedes creerán que el periódico aludido habla de alguna eminencia, de algún genio

---

[437] Agradezco a Oscar Acosta el hallazgo de este texto. Gutiérrez de Alba, José María. *Impresiones de un viaje a América*. Tomo I 1870-1884. Banco de la República de Colombia y Biblioteca Luis Ángel Arango. p. 44, 56.

escénico? Pues, no, señor; habla de don Pablo Pildaín, muy conocido en los teatros de aficionados de esta ciudad. [438]

No estudia en Madrid ni visita la península pero es injusto que se le atribuya un año de trabajo cuando está en escena desde muy joven. Los registros de los actores profesionales son pobres, pero aún más los del interior, en especial los "aficionados".

Casi en un ámbito íntimo, el 4 de abril de 1872, *Músico, poeta y loco*, de Pedro N. Pequeño, se estrena en el teatro de Agustín Teclo Muro en Calabazar, divertimento sin connotaciones políticas, a la venta a treinta pesetas. [439] Y el 2 de mayo, Napoleón Arregui representa en Albisu *El monasterio de Yuste o el laurel de la victoria* de Rafael Villa con Eloísa Agüero, Miguel Ruiz, Adolfo López, Ventura Mur y Juan Gomiz. Joaquín Ruiz se destaca en el género «festivo» con *El tío Caniyitas* mientras se presenta *Tamberlick* y la zarzuela patriótica *Por España y su bandera*, de Antonio Enrique Zafra, con música de Carlos Anckermann, dedicada a los voluntarios, en la que aparece un mambí arrepentido. [440] Así se refiere el semanario satírico *Juan Palomo* al teatro veraniego de 1872:

> Albisu quitó algunas filas de butacas en su coliseo, le puso ventiladores, colocó macetas con plantas, y haciéndose la ilusión de que el teatro quedaba tan fresco y tan hermoso, abrió sus puertas para dar funciones del género aterrador. El éxito tira de espaldas. Al frente de esa compañía figura la Eloísa Agüero, que de día en día adelanta más en el difícil arte á que con tanto entusiasmo se ha dedicado. Sus compañeros, con alguna excepción, como la señora Mur, ni adelantan ni atrasan. Se atascaron en el camino y no van adelante ni atrás. Con estas y las otras llegó Torrecillas á la Habana. Quien dice Torrecillas dice *La pata de cabra*, y pregunta en seguida por Lazarillo. Torrecillas es un empresario

---

[438] *Juan Palomo* no. 46. 17 de noviembre: 1872. p. 362.
[439] Pequeño, Pedro N. *Músico, poeta y loco*. Habana: La Idea, 1892.
[440] Cf. Bibliografía de Rivero Muñiz. *Diario de la Marina* 2 de mayo de 1872.

inteligente, activo y emprendedor. Ha venido dispuesto, según parece, á hacerle la guerra al calor, á combatir la pereza que se apodera de nosotros en esta fatal época del año y a ofrecernos culta diversión, pese a quien pese. Para dar el ataque con fuerzas respetables, trajo a Ceferino Guerra y a la Santos Rodríguez. Guerra es un actor muy conocido en los principales teatros de la Península y que camina de triunfo en triunfo desde sus primeros pasos en la carrera. La Rodríguez es una actriz apreciabilísima. Esto se decía entre los aficionados, y llegó la noche del debut. *La mala semilla*, drama de Pérez Escrich, fue la obra con que se rompió la marcha.[...] En las escenas dramáticas sobresale su talento. Guerra es verdadero artista y adorna sus papeles con todos los detalles y primores que el arte requiere. Los aplausos de la primera noche le aseguran una temporada de plácemes. Yo no conocía a la Rodríguez, pero me dejó agradablemente sorprendido. Es una actriz inteligente, que posee una admirable naturalidad y que dice muy bien. Tuvo momentos de verdadera inspiración y supo sacar todo el partido posible de su poco simpático papel. El público, que no está acostumbrado á ver actores de este mérito en las compañías veraniegas, llevó una sorpresa muy grata. [...] Las situaciones están perfectamente buscadas, el interés no decae, se conoce que el autor es maestro en hacer dramas; pero no entremos en detalles, porque hay que rebajar algo de los aplausos que obtiene. [441]

Desde mayo Baltasar Torrecillas, empresario y gracioso, ronda La Habana, México y Puerto Rico y con entusiasmo inaudito sostiene el repertorio en medio del sofocante calor. Ceferino Guerra y su esposa Santos Rodríguez (Santito) representan el 29 de junio *Don Juan Tenorio*, repetido el 2 de julio, primera y segunda parte con un lleno colosal: la gente acude como a la miel de un panal y la escena del panteón se alumbra con luz eléctrica. El 3 se representa *La carcajada* de Isidoro Gil y *Batirse en retirada*, del poeta cubano D. A. Cortázar y el 24 de julio Gonzalo Ecija actúa en *Don Juan Serralonga* con bailes de Gispert y Barroso.

[441] "Cartas teatrales". *Juan Palomo* 23. 9 de junio de 1872. p. 183. "Don Simplicio y el Lazarillo" en el no. 37 del 14 septiembre de 1873. p. 294.

Eloísa Agüero, primera dama de ese teatro, estrena el 2 de julio con Miguel Ruiz *Asirse de un cabello*, de Camprodón, que el mismo autor le ensaya y por la que recibe una preciosa corona y valiosos regalos. Pero no canta en el beneficio de León porque la noche anterior un relámpago espanta uno de los caballos del coche que la trae de regreso y recibe algunas contusiones. En agosto interpreta en Albisu *César o el perro del castillo*, de Scribe, con Guerra y Navarro, llegado de América del Sur, también *La aldea de San Lorenzo* y el 30 de junio de 1872 *Sistema homeopático*. Otros estrenos de la compañía son *La huérfana de Bruselas* y *Dos muertos y ningún difunto*. Interpreta *Martirio del alma*, «pensamiento dramático» escrito para ella por Rafael Villa, el 7 de julio de 1872 en el Albisu. Su tema es la "pena que aflige el alma de una joven que ama apasionadamente y a quien la bondad de su corazón no permite sino procurar el bien de quien es la causa de su martirio".

A finales de septiembre llega Valero con Cayron y Emilio Mario para desilusionar con *Las querellas del rey sabio* de Luis de Eguilaz, ya que la representan al desembarcar, con escasos ensayos y energía. En diciembre todavía están en Albisu, una temporada con pocas sorpresas, pero reseñada con respeto. Ventura Mur y Agüero cantan "La candelita" el 3 de octubre en una función dedicada a Luisita Martínez Casado con *La mosquita muerta* y los bailes de Lolita. El 27 de noviembre de 1873 le corresponde a *El lazo de la Unión*, loa de Triay con personajes-alegorías: la Libertad Española, Cuba, el Viejo Mundo, Colón y la Discordia, a cargo de Eloísa Agüero, Elvira González, Luis Martínez Casado, José Navarro y José Rica. Eloísa canta con Luisa, de trece años, "El currucucú". Se dice que esperan al Ministro de Ultramar. Desde luego la euforia es por la compañía de Aimée que ocupa el Tacón. Los franceses dedicados a la opereta bufa de Chizzola —el actor Duchesne, las actrices Stani y Marie Aimée— arrasan con *La duquesa de Gerolstein*, de Offenbach, *Le Petit Faust* y *Genoveva de Brabante*.

Se publica el extenso contrato entre el Liceo y Tamberlick, que cobra seis mil pesos por dirigir la compañía de ópera. [442]

¿Quién es la niña de trece años que actúa con el Teatro Habanero?

Luisa Martínez Casado nace en Cienfuegos en 1860 y como Adela, participa niña en las obras de su padre ya que Luis transmite a sus hijos (Luis, Manuel, Socorro, Guadalupe, Angélica y Luisa) el gusto por la literatura, los idiomas y las tertulias. En abril de 1864, después de seis meses, Luis abandona el periódico *El Telégrafo* que compró en Cienfuegos. A los nueve años Luisita interpreta *La vaquera de la Finohosa* y la cantinerita de *El gorrión*. En 1870 Albisu da la noticia: el 8 de enero la "gorrioncita" sufre un accidente que la mantiene entre la vida y la muerte. Cae del telar del Albisu mientras juega entre bastidores y trastos durante una representación de la zarzuela *Marina*. [443] Tres días después, el 11 de enero, su padre agradece en la prensa "el interés demostrado" y declara a la niña fuera de peligro gracias los doctores Bruno Zayas, Luis Le Boy y Francisco de Paula Muñoz. Los voluntarios le dedican una función y su familia recibe en su casa de Neptuno contribuciones para su restablecimiento. Dos constantes sobresalen en esos episodios tempranos, su dedicación al teatro como "deber" y una intensa relación con su padre. Tres meses después está en pie y vuelve a actuar en obras con personajes infantiles. El 4 de enero de 1874 Luis ha dejado atrás sus temas patrióticos y elige para su beneficio la zarzuela *Un bautismo guataqueando* así como escribe el libreto de *Me lo dijo la portera*, con música de Laureano Fuentes Matons. Después de otra enfermedad grave, Luisita se repone e interpreta *La oración de la tarde* y *Laura*.

---

[442] *Diario de la Marina*. 25 de noviembre de 1873.
[443] Cf. Boudet, Rosa Ileana. *Luisa Martínez Casado en el paraíso*. Santa Mónica: Ediciones de la Flecha, 2011.

Eloísa integra a partir del 20 de febrero de 1874 la compañía de la trágica gaditana María Rodríguez en el Lersundi con los melodramas *La luz del predicador, Traidor, inconfeso y mártir, Doña Mencia, Pelayo* y *El terremoto de la Martinica*. Casi no ha actuado desde que el 11 de enero de 1870 muere su hijo de cinco años de la mordida de un perro. Con ella trabajan Avilés, Ecija y Segarra. En su beneficio del 21 de abril estrena *De gustos no hay nada escrito*, de Fernando Martínez Pedrosa, el proverbio *Más vale maña que fuerza,* la guaracha "La niña buena" de Luis San Juan y "Penas del corazón". Actúa en *La cancancomanía,* sátira al baile de moda, en la que los espectros de Calderón y Matilde Díez lo arrojan de la escena. El Gobernador general se va a la mitad de la función y Eloísa, afectada de la garganta, no canta como otras veces. El antiguo Ariosa, de Consulado 142 esquina a Neptuno, llamado Cervantes en 1874, estrena *Huésped al fin* con "chistes de buen género" y *Un escándalo sin consecuencias,* con el bajo cómico Miguel Alcalde.

Entre marzo y abril de 1874 actúa Tommaso Salvini, secundado por Isolina Piamonti, Casali y Mancini. En su repertorio, entre otras, *El gladiador* de Soummet, *Francesca de Rímini*, de Pellico, *Zaira*, de Voltaire, *Otelo* de Shakespeare, *La muerte civil* y *Torquato de Tasso*, de Giacometti, dieciséis obras presentadas dos veces en funciones de abono y extraordinarias. Aunque la prensa lo trata con corrección y sobriedad, no se observa el furor que merece un intérprete de su clase. La percepción es recíproca. Cuba no agrada a Salvini a pesar de las decenas de cajas de tabaco que le regalan, la ovación recibida en *Otelo* y su aprecio por los médicos que salvan de la fiebre amarilla a uno de sus actores. [444] Serafín Ramírez dice lo que la prensa calla. El teatro está vacío.

Torrecillas y Albisu compiten en 1875 por el primer lugar en las comedias de magia de otros tiempos. *La redoma encantada,* de Hartsenbusch emula en Albisu con *La hija del mar*. Con veinticuatro

---

[444] Salvini, Tommaso. *Leaves from the Autobiography of Tommaso Salvini*. Century Company, 1893.

decoraciones creadas por Miguel Arias, ciento sesenta trajes realizados por Félix Dot, sastre de Arderíus, y *atrezzo* de José Cartet, sus muchas reseñas permiten apreciar la calidad de sus decorados, la belleza de los *tableux*, la luz eléctrica de Mr. Girard y las coplas cantadas por Julio Segarra (Zoquete) con música de Pérez Navarro. [445] En el establecimiento de Herranz se venden láminas litografiadas de sus cuadros (la dama blanca tirada por delfines, la vista del Vesubio, el baile de los esqueletos y la última escena o apoteosis). Promovido como espectáculo "de brujas, esqueletos y diablos", alcanza más de treinta y cinco funciones en el Lersundi y es de las primeras en emplear la luz eléctrica.

En Albisu se representan comedias con ribetes bufos escritas por los actores, entre ellas *Una sesión de espiritismo* de Enrique Terradas, encuentro con los muertos donde alguien por error se finge el muerto-vivo. Interpretada por Ana Suárez, Carolina Martínez, Dominga Suárez, Julio G. Segarra y Antonio Lorca. Suárez Peraza actúa en un homenaje a José White con *No hay humo sin fuego* y *Roncar despierto* con música de White e Ignacio Cervantes.

El 20 de marzo de 1875 Pildaín dirige en el Lersundi un repertorio de dramas y comedias de magia con el pintor y escenógrafo Miguel Arias. Actúa con Julio Segarra y Anita. [446] *Los amantes de Teruel, La Jura en Santa Gadea, Lázaro ó el pastor de Florencia, Jorge el armador, La virgen de la Lorena* y *Juana de Arco o la doncella de Orleáns*. En junio, Suárez Peraza actúa en *Angela*, mientras los bailarines Lusuardi y Frayet se destacan en

---

[445] *Diario de la Marina* del 19 y 30 de mayo de 1875.
[446] Directores Pablo Pildaín y Julio G. Segarra; Actrices Ana Suárez Peraza, Carolina Martínez, Concepción López, Dolores Navas, Dominga Suárez, Manuela Soria, Maria Corral, Rosaba Rodríguez y Ventura Roselló; Actores, Antonio Lorca, César Morales, Claudio Lóseos, Enrique Terradas, Julio G. Segarra, Juan Ramírez, Jesús B. Trapiello, Pablo Pildaín y Tomás Martínez; director de baile, Luis San Juan y la primera bailarina doña Josefina Lusuardi; director de orquesta, Eugenio Pérez Navarro; el pintor escenógrafo Miguel Arias y el decorador D. José Cartet; maquinistas D. Casimiro Jiménez y D. Manuel U. Estrada. *El Moro Muza* no. 29. 21 de marzo de 1875. p. 232.

La jota aragonesa. Torrecillas dirige en el Tacón *Juana de Arco*, *El hombre más feo de Francia*, de Ventura de la Vega y *Don Juan Tenorio*. En agosto Pildaín desempolva en el Lersundi *La espada de Satanás*, de Rafael María Liern, con Ana y Segarra.

Década dura para el teatro dramático, las condiciones políticas obligan al exilio de poetas, actores y dramaturgos. En México Alfredo Torroella estrena *El mulato* (26 de abril de 1870), dirigido por Eduardo González, su protagonista, con María de Jesús Servín (María) y Juan de Mata (el abolicionista), que según Andrés Clemente Vázquez retrata "la parte menos horrible del cuadro de la esclavitud", sin atreverse a describir la sangre derramada, las lágrimas vertidas y los suspiros ahogados de los negros".[447] Casado con Sofía Marín, escribe allí dos obras inéditas *El istmo de Suez*, y *El cajón de las sorpresas*. Muy bien acogido en los círculos literarios, regresa enfermo en 1878 para morir en la isla. En 1871 fallece Juan de Mata Ibarzábal, actor celebrado, compañero de Mariquita Cañete y Rosa Peluffo en las temporadas inolvidables de México y La Habana. En septiembre Eduardo González ha perdido su vibrante voz a causa de una enfermedad y en 1875 muere Pilar Belaval, esposa de Antonio Muñoz.

---

[447] Cf. Vázquez, Andrés Clemente. *El Siglo Diez y Nueve*. 18 de mayo de 1870. p. 1.

Eloísa Agüero entra y sale del Ariosa.

Eloísa y Pepe en México 1875

Agüero debió viajar a México en 1868 como primera dama de la compañía de Manuel Ossorio y Eduardo González (la prensa se confunde y aparece como Elvira o Elisa) pero enferma de cólera y permanece en la isla. Siete años después reaparece en la *Revista Universal* presentada por José Martí. No la ha visto actuar, pero reproduce reseñas y gacetillas que destacan "sus elegantes maneras, su pronunciación clara y precisa y más que todo, su conocimiento de la escena".[448] Entre sus más gustadas interpretaciones, Edelmira en *Otelo* de Shakespeare, a los diecisiete años en el Liceo, su debut habanero, y Juana en *Bienaventurados los que lloran*, de Larra, en el beneficio de Arjona. Canta bellas canciones americanas y es "inteligente, buena y bella", referencias muy anteriores a su temporada en el Lersundi con María Rodríguez, en la cual representa, entre otras, *Las travesuras de Juana*.

El Siglo Diez y Nueve se refiere a "la actriz muy estimada por cuantos han tenido la ocasión de apreciar sus elevadas dotes", frase retórica ya que ni el propio Martí la ha visto en escena. Al fin, el 7 de junio de 1875 se presenta en una función de solidaridad con los artesanos, en la Sociedad Reformadora del ramo de los Sombrereros, en *Es un ángel* de Ceferino Suárez y *Más vale maña que fuerza* de Tamayo y Baus. Dos días después, Martí comenta en su Correo de los Teatros que el teatro estaba casi vacío y recuerda que "un cronista fiel se limitó a copiar trozos de juicios que han visto la luz en épocas y periódicos distintos de la vecina Isla de Cuba", su retrato "Eloísa Agüero de Ossorio".

---

[448] Martí, José. "Eloísa Agüero de Osorio". *Revista Universal*. 6 de junio de 1875. *Obras completas*. Edición crítica. Tomo III. Se ha consultado la Edición crítica en http://www.josemarti.cu/edicion-critica-obras-completas/en varias oportunidades en los años 2014-2015.

Después de ver la representación, juzga su difícil papel en *Es un ángel* donde "tuvo el campo preciso para hacer conocer sus naturales y bien educadas facultades".

Sorprende en sus primeras frases el timbre un tanto extraño de su voz; pero inmediatamente se familiariza el público con él. Energía en el decir y accionar, naturalidad en las situaciones difíciles, distinción exquisita en las maneras, dominio completo de la escena: he aquí las condiciones que desde sus primeras palabras y movimientos deja conocer la actriz. Tienen sus ademanes gallardía y nobleza: emplea sus hermosos ojos con imperio o gracia naturales: dice y siente con pasión real, que nunca desfigura, sin embargo, con violentos arranques de mal gusto. En suma, precisión en el decir, acción elegante, maestría visible, figura esbelta y simpática, ojos inteligentes y hermosos:—tal es la nueva actriz que se presenta a nuestro público, y tales condiciones se han revelado en ella, a pesar de la triste impresión que debió hacer en su ánimo, presentarse ante un teatro vacío, en el que por fortuna hubo algunas personas capaces de estimar su indudable valer: a pesar de esto, y de las imperfecciones de que la falta de ensayos o la naturaleza de los actores hizo adolecer a la representación.[...] —Tiene una entonación trágica, decían a nuestro lado, y era verdad.

Y transcribe unos versos leídos por Agüero, de su autoría, dedicados a México, donde quizás añora ser feliz.

[...] Soy de esa tierra encantada
Que hoy ve sus horas pasar
En lucha desesperada,
Soy de esa perla engastada
Entre las olas del mar...!

[...]
Ave que del frágil nido
Ahuyenta la tempestad,
Dame en mi vuelo perdido,
¡México dulce y querido,
Tu amor y felicidad!

Muestra en la obra de Tamayo "la flexibilidad de su ingenio artístico, desplegando en el papel cómico tanta agilidad y soltura como maestría y dominio de las tablas ha dado a conocer en su papel en la comedia *Es un ángel*. La pieza es risueña y viva, y la actriz la entendió bien. [...] La Sra. Agüero, que de una manera tan modesta aparece entre nosotros, tiene todas las cualidades necesarias para responder a la reputación que la precedía, para aumentarla quizás y para ser en todas partes tenida como una no común y notable actriz." [449]

En una época donde no existe la entrevista y las menciones a las actrices ocupan tres o cuatro líneas en una crónica local, la crítica de Martí es una excepción. Describe desde el timbre de su voz hasta el movimiento preciso de sus acciones, como alguien singular, una "no común" y original actriz. Otro boletín, firmado por Orestes, insiste en su desempeño y el de los laboriosos actores. [450] ¿Qué la decide a venir a México? Podría haber sido invitada por Guasp o por el propio Martí o sencillamente, quiere dar un vuelco a su carrera o a su vida personal. El seis de agosto se anuncia en un acto a favor de los inundados de Francia, organizado por *El Federalista*, con zarzuela, canciones y las piezas *Asirse de un cabello*, de Camprodón (con Enrique Guasp y Concepción Padilla), *Dos muertos y ningún difunto*, arreglada del francés

---

[449] Martí, José. "Correo de los Teatros. Nacional." *Revista Universal*. 9 de junio de 1875. *Obras completas*. Tomo IV. Edición crítica.

[450] Martí, José. "Boletín. Beneficio de los sombrereros en huelga. Función en el teatro nacional. Ausencia de los obreros. La huelga inaugura el ejercicio de un derecho. Ayuda y protección". *Revista Universal*, México 10 de junio de 1875. *Obras completas. Edición crítica*. Tomo II.

por Fernando Coll y la repetición de *Más vale maña que fuerza*, con Servín, Guasp y Freyre. [451] El 9 de septiembre, a favor de las víctimas de los terremotos de Jalisco, se representa *De gustos no hay nada escrito*, de Fernando Martínez Pedrosa y el juguete de Mariano Pina, *Las cuatro esquinas*, con Antonio Muñoz, Juan Martínez, Sofía Díaz de la Vega y Josefa Ramírez, aunque según *La Voz de México* interpreta un personaje (Amalia) que no es "de su categoría", en obsequio a las señoras interesadas. El 11 Martí vuelve a ella en la *Revista Universal*. "Hay en esta actriz natural elegancia y recomendable distinción que atraen sobre ella especialmente miradas y aplausos". Sin embargo, más que hablar de su actuación, Martí revela algo íntimo: "Hubiera ella querido dar más viveza a la acción; pero la premura con que los actores que la acompañaban se habían visto obligados a ensayar sus partes, forzó a la notable actriz a mantener la obra al nivel de la sensible falta de ensayos. Muy elegantemente vestida apareció la señora Agüero". [452] Sin firma y escrita con prisa, Martí concatena un detalle interno del teatro con la calidad de su vestuario. Escribe sobre los otros intérpretes de *Las cuatro esquinas*, la niña De la Vega y el español Antonio Muñoz, pero no menciona al resto ni el título de la obra. Eloísa lee un poema de Guillermo Prieto "como quien ama y entiende lo que lee, con el acento apasionado y cariñoso de las hijas del Trópico, con el vigor de quien también siente en sí el divino fuego de los versos."

La prensa divulga el 15 de septiembre a los integrantes de la compañía de Enrique Guasp de Peris, autor de un proyecto a favor del teatro nacional y el Conservatorio de Música y Declamación, apoyado por gobierno de Lerdo de Tejada. Procedente de Cuba, donde se desempeñó como aficionado, entre otras en *La oración de la tarde*, en Regla, con las Montaño y Francisco Blandino, en enero de 1868, está activo en en la escena mexicana desde 1870. En el retrato del grupo,

---

[451] *El Siglo Diez y Nueve* del 6 de agosto de 1875. p. 3.
[452] Martí, José. "La función del jueves en el Nacional". *Revista Universal*. México, 11 de septiembre de 1875. *Obras completas. Edición crítica*. Tomo III.

Eloísa debe estar sentada junto a las primeras actrices Concepción Padilla y María de Jesús Servín. El 18 de septiembre actúa con ellos en *Los soldados de plomo* de Eguilaz e impresiona favorablemente incluso a los prejuiciados. Un cronista escribe: "No conocíamos a la Srta. Agüero y hasta íbamos algo prevenidos en su contra por lo que de ella habíamos oído decir, pero desde que la vimos aparecer en escena, desde que hubo pronunciado las primeras palabras, comprendimos que estábamos delante de una buena actriz sin que en todo el curso de la representación tuviésemos motivos para cambiar de opinión" y felicita a Guasp por incluirla en el reparto. [453] Sin embargo intriga que su primera aparición fuera de los actos caritativos tenga detractores «por lo que de ella se ha oído decir». Cuando lo lógico es que continúe ya que el 15 de septiembre ha sido contratada y tres días después debuta, el 19 de octubre regresa a La Habana en el paquete francés desde Veracruz. ¿Qué ha oído decir el gacetillero?

La Voz de México pregunta ¿No cantará la amable cubanita algunas de las canciones que con tanta gracia entona? y la congratula por participar en las obras piadosas. Pero cesan las noticias. Se desconoce si José Martí es la causa de su partida brusca –prosigue sus comentarios ardorosos sobre los montajes de Ceferino Guerra y Santos Rodríguez en El Principal– si es inconveniente que divulgue interioridades, como la premura de los ensayos o como se especula, Eloísa tiene celos de la mexicana Concha Padilla. Aunque sólo por su relación única con el poeta cubano, Eloísa tendría un lugar destacado, sus méritos artísticos están por encima de su corto y apasionado romance. En su retrato,

---

[453] *El Correo del Comercio*. "Gacetilla". 10 de octubre, 1875. p. 3. La Compañía Guasp está formada por las primeras actrices, Eloísa Agüero de Ossorio, Concepción Padilla, María de Jesús Servín. Característica, Antonia Suárez. Dama joven, Matilde Navarro. Actrices, Magdalena Padilla, Josefa Ramírez. Primer actor y Director, Enrique Guasp de Peris. Segundos galanes, Manuel Freire, Feliciano Ortega. Galán joven, Federico Alonso. Actores cómicos, Claudio Loscos, Apolonio Morales. *Característico*, Juan Martínez. *Actores*, Manuel Aranda, Pedro Servín, Federico Sevilla. Administrador, José M. Servín.

Martí ensambla opiniones críticas, pero tambíen palabras de la actriz. Se acerca, creíble y tierno, a su personalidad con un boceto que ojalá tuviésemos de otras, como Adelita. Tiene veintiséis años, destaca su sencillez, modestia y su rechazo a los ditirambos. Preocupada sobre cómo el público pudiese percibir los halagos de Martí, le dijo en el Principal: "Tengo una pena... los periódicos dicen que soy una actriz excelente... yo sé a dónde llegan mis fuerzas. Es verdad que procuro hacer mis papeles con conciencia, pero esos elogios son exagerados, y el público va a encontrar luego un verdadero desengaño en mí...". Es la segunda ocasión en la que trascienden testimonios de una actriz nacida en la isla. Pero la correspondencia entre José Martí y Eloísa revela algo más: su breve e intenso amor secreto.

De acuerdo a las fechas de la primera y la última carta comentadas por Carlos Ripoll, la relación transcurre entre el 31 de agosto y el 22 de noviembre de 1875, ya que su última carta a Martí, Pepe en la correspondencia, está fechada más de un mes después de su partida. En la primera misiva Eloísa está pendiente de una respuesta de Guasp –¿sobre la posibilidad de ingresar en su compañía?– y está interesada por el trabajo común. Después escribe a Martí o le envía recados apresurados en medio de un ensayo, porque consigue un palco para alguna función, deja la formalidad, se adentra en el tuteo y le habla con franqueza. En la última, escrita en La Habana, es una mujer atormentada, que ha roto su compromiso matrimonial y se dispone a guardar una promesa de amor.

> Pepe, dos palabras no más puedo dedicarte hoy. No he podido mandar a ver si me has escrito. ¡Tú no sabes lo que he pasado desde que llegué! ¡Oh, cuántos disgustos, cuántos! Esa sombra infernal me mata y no me deja un instante de tranquilidad. Ya he logrado un acto de conciliación ante el juez, y el poder general. Desde mi llegada, separados siempre. Vivo con la familia. En otra te daré más detalles. No te olvido Pepe, pero no haré nunca por ir

adonde tú estés, porque no quiero aumentar mi desgracia. Muera el secreto en ti. No me olvides. Tú y entre nosotros. Eloísa.

¿Cuánto trasciende su relación amorosa y cuál es la percepción del grupo sobre la crónica honesta pero personal de Orestes? Eloísa es todavía de Ossorio, apellido de su marido. Afloran los sentimientos de Eloísa, pero no se conocen los de Martí. Vive un dilema, perseguida por su "sombra infernal". ¿Trascienden en ese círculo íntimo las miradas furtivas y los fugaces encuentros entre la actriz y el redactor? Por toda aclaración, *La Voz de México* del 19 de octubre publica su carta de despedida.

Muy apreciables y distinguidos señores:
De ingrata pecaría, si al dejar este hospitalario país, no mostrara mi agradecimiento a la prensa de México por la benevolencia con que me ha tratado, aplaudiendo mis pocos trabajos y tributándome honores que no merezco. Hágolo, pues, por la presente, confiada en que mi gratitud será tan bien acogida, cuanto es espontánea y salida del corazón.

A la Sociedad Mexicana, a las distinguidas familias que me han honrado ¿cómo patentizarles mi dolor, al verme obligada por asuntos particulares a abandonar el país? De ningún modo. Los afectos del alma solo ella puede explicarlos.

Debo también hacer constar los grandes favores y distinciones que me han prodigado mis compañeros de arte; principalmente los honrados e inteligentes directores y actrices de la compañía del caballeroso señor Guasp.

Al despedirme de todos, les deseo, a cada cual en su esfera, las felicidades de que dignos son.

El recuerdo de México me será grato donde quiera que me halle, y siempre pediré al cielo que derrame sus beneficios sobre un país que tan digno es de ser grande, pues grandes, generosos y nobles son sus hijos.

Quedo de vds., señores redactores, siempre suya,
S.S. S. Q. B. S. M. Eloísa Agüero. [454]

---

[454] *La Voz de México*. 19 de octubre de 1875. p. 3.

"Los afectos del alma sólo ella puede explicarlos" escribe Eloísa y se marcha. En junio algún gacetillero advierte que no integra el elenco de Ceferino Guerra y otro la describe como una actriz de honradez, finos modales y elevados talentos. Durante más de un siglo se piensa que Martí intima con Concha Padilla, protagonista con Guasp de *Amor con amor se paga*, estrenada el 19 de diciembre de ese año. Nicolás Azcárate insiste en la cubanía del autor, pero la inspiración mexicana del proverbio, escrito para un beneficio y concebido en un día. [455] Según Blanche Zacharie de Baralt, es un «impromptu, haz de luces y ramillete de flores», una obra de juventud». [456] A poco más de un mes de la salida repentina de Eloísa, Martí le escribe un juguete lírico a otra musa. Nacida en 1855 en la capital de México, María de la Concepción Padilla (Concha), hija de Ángel Padilla, es muy reconocida en la compañía de Eduardo González donde estrena entre otras, *La Sibila azteca* de Justo Sierra. Sobre *Amor con amor...* escribe *La Iberia* de México:

> No hay en él enredo dramático ni situaciones estudiadas, ni pintura de caracteres, ni nada de lo que se considera necesario para dar interés a las obras de la escena, pero la encantadora novedad de su bellísima acción, sus gallardos versos que parecen de nuestro siglo de oro, la delicadeza del sentimiento que allí tan elegantemente se expresa y tan naturalmente se desarrolla, todo hace de aquel capricho una preciosidad, una joya, un primor del arte. Hizo el señor Martí su precioso idilio dramático en algunos ratos de un solo día, en medio de sus ocupaciones periodísticas, que son muchas. Lo felicitamos por su triunfo. Es un joven de inmenso porvenir. [457]

---

[455] Azcárate, Nicolás. "Amor con amor se paga". *El Siglo Diez y Nueve*. 27 de diciembre de 1875. p. 2
[456] Z. de Baralt, Blanca. "Amor con amor se paga". *Estudios de arte y de vida*. Prólogo de Américo Lugo. París: P. Ollendorf. pp.223-228.
[457] *La Iberia*. 21 de diciembre de 1875. p. 3.

Es un encuentro entre Él y Ella: la actriz necesita una comedia, ensayo, juguete, cualquier cosa para animar sus fiestas y después de recorrer proverbios y títulos e intercambiar referencias teatrales (Cayron o Tamayo) y obras cubanas como *El que con lobos... anda*, construyen *in situ* la acción dramática, con la sencillez de un *impromptu*, aparentemente improvisado y el teatro como trasfondo. Padilla insiste en que Martí es una amistad cordial (lo hace subir al escenario y le regala una corona de laurel pues se presenta como de autor anónimo) y aunque es afectuoso y galante, le dedica un poema y un aderezo de plata, no es su amor como imaginaron algunos biógrafos, sino la joven actriz de Camagüey. Martí con ella nunca traspasa la cortesanía. Sin embargo, alguien guarda las cartas, recados, confidencias y los versos escritos por la camagüeyana de delicada sensibilidad, que ensaya y al mismo tiempo cocina un plato de dulce para el amado. A raíz de estas claves, el tema de la obra —la viuda que solicita una obra al poeta y prende su arrebato— es una metáfora del amor oculto, revelado en la comedia y dentro de la magia de la escena. Eloísa no es viuda como Leonor, pero posee una vida emocional riquísima y a pesar de su juventud, ha perdido un hijo de cinco años. Martí ofrece algunas pistas de su estado de ánimo.

> Vino Guasp: quiso tener
> Piececilla baladí,
> Por darte, público, a ti
> Algo agradable que ver.
> Quien sin patria en que vivir,
> Ni mujer por quien morir,
> Ni soberbia que tentar,
> Sufre, y vacila, y se halaga
> Imaginando que al menos
>
> Entre los públicos buenos

Amor con amor se paga.[458]

Desde luego, en la obra ninguna réplica de Leonor es semejante a las cartas de Eloísa.

(...) Pepe, no sabes cuánto quiero que estés ocupado hoy.
No verte allí, cerca de mí, cuando tengo miedo esta noche.
Cuánta contrariedad me ofrece tu amor! Anoche fui al ensayo, te esperé hasta cerca de las 10... He preparado un platito de dulce que yo, yo sola he cocinado. No te rías, mi amor, porque en esta carta te hable de esa simpleza, pero por lo que me dices de que no vas a almorzar es que te hago esta explicación, para que sepas que dentro de una hora lo tienes allá, en la recámara, donde sueño acompañarte yo... Haz todo lo posible por ir antes de empezar la función, pero no te violentes si no te es posible; verte allí es mi deseo y mi inspiración se elevará. Adiós, no te olvida
E

Sus cartas se esconden entre los telones y se escriben entre la prisa de los ensayos y la ansiedad de un amor naciente. De no haber mediado esta pasión, es probable Eloísa continuase en la Compañía de Guasp. Martí es un amor imposible. Le cuenta que piensa ir al teatro. Se queja de la descortesía de las otras señoras y se molesta porque "olvidando lo principal a un artista, me hace acceder a aceptar el papel de Amalia. Aún no he recibido contestación de esas Sras. y ya se anuncia la pieza; en verdad que algo se les ha olvidado de cortesía con la humilde artista." Anunciada como Amalia antes de tiempo, sufre por mantener oculta su relación. Es difícil entender por qué le es desagradable el personaje, bastante crudo y poco poético, pero no distante de otros que

---

[458] Martí, José. "Amor con amor se paga". *Versos, Abdala, Amor con amor se paga*. Gonzalo de Quesada, editor. La Habana: Rambla, Bouza, 1913. pp. 314-336.

hizo en el Albisu, o si su mayor contrariedad fue que no le consultaron o no la aceptaban como lo que era, no una aficionada, sino una gran figura del teatro de su país.

¡Qué amargo es hablar en enigma, más aún delante de tantos que oyen! Yo no sé soportar esto, Martí; no puedo, no quiero. No quiero decir nada más pues estoy muy triste, sumamente triste y temo entristecerle a Ud. aumentando tal vez sus disgustos. ¿Quiere verme hoy? ¿Puede? Disimule mi carta que no sé cómo la escribo, pues hay algo de doloroso hoy en mí, desde anoche, que me está haciendo daño." [...] [459]

Carlos Ripoll las titula "once esquelas furtivas" y llama a Eloísa "la camagüeyana de los ojos negros". Su mirada cautiva a Martí, que en cambio describe su voz opaca, de extraño timbre. En menos de tres meses, entre ensayos y beneficios, Eloísa y Martí entablan un diálogo entre iguales hasta que ella le confiesa " ¡Te amo, mi bien, te amo con locura, como yo soy capaz de amar!" pero lo abandona y renuncia a la compañía. Si Eloísa destruye las cartas y esquelas de Martí, alguien conserva las de Eloísa. Desde su salida de México, cuando los gacetilleros advierten que no ha sido contratada, hasta el 2 de abril de 1876, no he hallado registros de actuaciones suyas en la isla, México o España.

---

[459] Notas. Las cartas en "La vida íntima y secreta de José Martí", de Carlos Repolla y García Pascual, Luis. *Destinatario José Martí*. La Habana: Editora Abril, 1999. La obra de Ripoll consultada en Internet web machine. https://web.archive.org/web/20010717081033/http://www.eddosrios.org/

Se disuelven los Robreño y nace una actriz

El 12 de enero de 1873 los Robreño regresan de su periplo americano, Daniel permanece en La Habana y Joaquín se asienta en Pinar del Río. Allí nace en diciembre su segundo hijo, Gustavo, el otro es Francisco, nacido dos años antes en Puerto Rico, los famosos hermanos Robreño, luego autores muy populares del Alhambra. Adela Robreño, casada con Eduardo Irigoyen, representa *Catalina Howard*, el 11 de septiembre de 1873 como compañía Robreño-Irigoyen en el beneficio de su madre Carlota y el 23 *Un drama nuevo,* en una función para los desgraciados del incendio del Mercado del Vapor con Gonzalo Ecija y Torrecillas. Al año siguiente, se dice que el 31 de mayo de 1874 recibe un homenaje en Santiago de Cuba, una ciudad en guerra, al que asiste con su esposo. Después hay una nebulosa. José está en Matanzas y aunque le solicitan actuaciones en la capital, contratan a Torrecillas. Le sigue un periodo bastante inexplorado. Adela reside en Puerto Rico y desde allí viaja a otras plazas de América. Irigoyen muere repentinamente en Bilbao y Adela se retira a su muerte a los treinta y tres años. Sin embargo, en 1878 la compañía actúa en La Guaira, Venezuela, en sociedad dramática con Joaquín Daza y Máximo Jiménez. Su cuarta visita al país, las anteriores datan de 1857, 1858, y 1863, esta vez rematada por la "espléndida" actuación de Adela a los treinta y ocho años. Un crítico que firma G. cree que no ha pasado el tiempo por ella desde que "su virtud, su talento y su belleza levantaron hasta la altura de la gloria entre nosotros, de aquellos tiempos de amor en que íbamos al teatro para aplaudirla y amarla."

Nada ha cambiado en Adela: es la misma actriz dominante y conmovedora que nos arrancaba lágrimas y risas; la misma bella joven que con su gracia sin igual en "Agua va", sus dulces coqueterías teatrales, su donaire, su amor por todos nosotros, nos arrancaba frenéticos aplausos y hasta del pecho mismo, para arrojarlo luego como el niño sus juguetes, el corazón a cada uno de nosotros...[460]

Si nada ha cambiado en Adela, la compañía sí se ha transformado y le señalan su "falta de tino" en "la elección de los dramas" [...] "circunstancia extraña esta, conocidos como son el saber y el buen gusto de los señores Robreño y el conocimiento que tienen de este público, tan inteligente como espiritual. ¿Qué objeto pudo tener la compañía al poner en escena el drama de anoche? (fatal hasta el título, *Ciega de Londres o rico de amor*)" inquiere el reseñista.

¿Hacer lucir a Adela? pero hay mil composiciones dramáticas del género moderno, de menos violencia, menos inverosimilitud, sin esa mezcla repugnante de bufonadas y sentimentalismos, en que Adela sabrá lucirse. ¿Ha menester el brillo de su genio de ese recurso vulgar? No, por Dios, que la luz de su talento deslumbrará siempre en las tablas.[461]

El crítico Pedro Obregón Silva tampoco quiere sumarse a la "escuela de rehabilitación del pecado escandaloso" provocada por *La dama de las camelias* en una ciudad de provincias. "Bueno es cilantro, pero no tanto", aunque reconoce que "hasta el último instante nos mantuvo fascinados y embebecidos, casi medio perdonamos a la de las Camelias porque la superioridad de la actriz le sirve de manto de caridad". Tal vez el estreno de *El poder de un relicario*, de Juan José Brecca, el 16 de junio de 1878, con Daza, Robreño y Jiménez, entre otros, disipa el mal recuerdo de Dumas, presumiblemente una de las últimas actuaciones de Adela antes de viajar a Puerto Rico a residir con su madre.

---

[460] Ediciones del *Diario de La Guaira* entre el 10 de mayo y el 4 de junio de 1878 facilitadas por el profesor e investigador venezolano Oscar Acosta.
[461] *Diario de la Guaira*. 4 de junio de 1878. p. 2.

El 30 de agosto del año siguiente Joaquín Robreño actúa en Albisu con Miguel Salas en *Un guateque en la taberna*, *El viudo* y *El espiritismo*. Retoma la línea sainetera que lo hizo imprescindible en los bufos del 68 y heredan sus hijos. Pero con la muerte de José el 18 de octubre se disuelve la compañía, cuyos montajes ni siquiera satisfacen a los entusiastas de La Guaira. La pobreza de los dramas arreglados o sus "traducciones" los persigue desde sus inicios, cuando se les imputaba ofender el idioma con el *morcillaje* pero ya no consiguen aceptación. En la isla desde 1838, constantes en los escenarios de América cuando girar es difícil y peligroso, terminan un primer ciclo de vida con la pérdida de Robreño y el retiro de Adelita. Según un artículo del periódico *El Comercio* de Cienfuegos, consultado por Antonio López Prieto, José recopilaba datos para una historia del teatro cubano, que desgraciadamente no culmina ni traspasa a otros. [462] A pesar de su significado en la vida cultural cubana, el 22 se publica una necrológica muy escueta, tomada de *El Alerta* de Pinar del Río, que pondera sus cualidades como "caballero y artista". La compañía se disuelve de manera oficial. El quehacer de Joaquín no termina pero se opaca el de Adela.

El 2 de abril de 1876 Luisa Martínez Casado recibe su primera crítica. Interpreta la virgen María en la puesta de Enrique Terradas de *Los siete dolores de María*, de José Julián Cavero, tan pobre que causa hilaridad en los momentos solemnes. Así todo el comentarista Fernando [Romero Fajardo] se dirige a los que "albergan lisonjeras esperanzas acerca de su porvenir". Luisa tiene dieciséis años y es sorprendente hallar un escrito sobre ella, ya que nadie se ocupa de las principiantes y menos en una crónica que enjuicia a Elisa Zamacois y Romualda Moriones. No hay constancia de los comienzos de Eloísa Agüero, Matilde Domínguez, Dolores Cabrera o Ana Suárez Peraza pero a Luisa la prensa la favorece de manera particular. Participa de dos

---

[462] López Prieto, Antonio. Ob. cit. *El Comercio* de Cienfuegos de 1ero de enero de 1868. p. X.

homenajes a Cervantes, en el Lersundi en 1876 y al año siguiente en Albisu. [463] El 22 de septiembre de 1876 (con Ramona Castillo, Valero, Julio Perió y Astol) interviene en *El arte y oro* y el 23 de abril de 1877 reúne un significativo elenco –Paulino Delgado entre ellos– para *Loa a Cervantes* de José E. Triay.[464] El autor escribe en *El Hogar* : "Eras muy niña, comenzabas a dar muestras del talento natural de que te hallabas dotada y de las excelentes facultades artísticas que te adornan. Eres ya una mujer. Con planta firme pisas la escena, vas con la modestia del verdadero mérito pero con la seguridad del que tiene conciencia de lo que sabe y hace".[465]

En el teatro de verano de 1876, José Tereso Valdés, Zamora y O'Halloran conquistan con sus guarachas. El 30 de septiembre hay un beneficio a Joaquín Ruiz con *Por seguir a una mujer* en el Cervantes mientras que Pildaín, Ana Suárez Peraza y Astol representan el 16 de abril de 1876 *Un drama nuevo*. *El Moro Muza* se entusiasma con Torrecillas.

> Es digno de aplauso y loa
> Torrecillas: ¿quién le gana?
> Si bien se porta en la Habana,
> mejor en Guanabacoa.
> Aquí atiende á lo que priva,
> poniendo dramones fieros
> con La pata de la chiva.
> Ni de noche ni de día
> descansa el buen Baltasar

---

[463] *Anales de la academia de ciencias médicas, físicas y naturales de la Habana* vol. 13 (1876). p. 601.

[464] Junto a Ceferino, Santitos y los Martínez Casado, participan Eloísa Agüero, Juan José Clusellas, Julio G. Segarra, Vicente y Josefa Martínez, Daniel Robreño, Rosendo Navarro, Antonio Sierra y Paulino Delgado.

[465] Triay, José E. *Cervantes. Loa en un acto y cuatro cuadros: escrita en pocas horas para conmemorar el aniversario 261 de la muerte de Cervantes*. Habana: La Propaganda Literaria, 1877.

y le sabe secundar
su estudiosa compañía.[...]
466

Luisa interpreta la Dorotea de *Los negros catedráticos*, de Pancho Fernández, junto a una parodia de Echegaray –*Como empieza y como acaba*– el 25 y 26 de julio de 1877. ¿Luisa, una «negrita»? se preguntaron muchos. No lo hace Candiani y Salas, aclara el *Diario*, sino "la señorita Martínez Casado, perfectamente vestida de negra, [que] desempeñó su papel con gracia y soltura". En la función del 25 "estuvo perfecta vestida de negra". En el beneficio de su padre Luis, se une a Muñoz de Torrecillas, Robreño, Suárez, García, Figuerola y Paulino Delgado para *El pilluelo de París*. El público tiene *embullo* por verla interpretar una misma noche el *gamin*, el niño pobre de Larra y la negrita (personaje de Florinda Camps), pero trasciende que "necesita más naturalidad y desembarazo". Salvador se ilusiona, la compañía se refuerza con Luisita en sus nuevos papeles y habla de su "gran aceptación". El 11 de septiembre el *Diario de la Marina* destaca las lindas canciones y sabrosas guarachas que dan "color local al espectáculo y son escuchadas con placer no solo por su graciosa música sino por la buena ejecución del terceto matancero", pero lamenta que Luisa, "a quien con tanta imparcialidad hemos aplaudido", se "pinte de negro su lindo rostro y adquiera vicios y resabios en su correcta pronunciación." La función no es en rigor «bufa», sino de la moda de los *negritos*, de la misma manera que los operáticos cantan guarachas en sus conciertos. En la parodia de Cervantes *Ni se empieza ni se acaba*, en el mismo programa, trabajan Verges, Catalán, Puga, Goenaga y Bachiller. Isaac Puga, su futuro esposo, aparece antes en su vida pues hace "de forma muy exagerada el pequeño *speach* del final". ¿Viene con Emilio Mario? [467] Dado que Puga se inicia con Mario y cultiva la parodia, debe ser él, aunque su encuentro amoroso ocurre años después durante la gira a

[466] *El Moro Muza* 41. 11 de junio de 1876. p. 328.
[467] *Diario de la Marina*. 26 de julio de 1877.

España. Molesto porque Luisa se pinta su rostro de negro, el gacetillero, irónico, escribe sobre un "atracón" de bufos catedráticos.[468]

En enero de 1877 el plato fuerte es *El nuevo Cagliostro* y *El espejo negro* con el nigromántico Conde Patricio de Castiglione. La zarzuela brilla en el Lersundi con Marchetti, Tirado, Nataly de Testa, Prats, Palou y Moriones, dirigida por Chas de la Motte. Elisa Zamacois regresa a España con la aureola de sus temporadas americanas. Arregui, Candiani y el Galleguito resurgen con los Tipos Provinciales y el viejo repertorio bufo. Miguel Jané empieza la construcción de su circo-teatro y Joaquín Payret y el compositor Modesto Julián, la gestión para traer la compañía de ópera que inaugura el famoso Payret. Entre septiembre de 1876 y diciembre de 1878, Pildaín ocupa el Esteban por temporadas largas con sus melodramas, algunos de Echegaray y ocasionales autores cubanos como *Luisa Sigea*, de Ildefonso Estrada, estrenada antes en México por María Rodríguez.

El 21 de enero de 1877 se inaugura el Payret para una corta vida pues se derrumba parcialmente en 1883.[469] Con veinte mil pies ingleses de extensión, fachada toscana, escalera de acceso al vestíbulo, parterre de 25 metros x 30, herradura de 19.95 x 19.42 y seiscientas lunetas divididas en primeras, segundas, terceras, de platea y palcos de proscenio, sus dos terceras partes son ocupadas por el público en general y la tercera, por "gente de color", según un comunicado. Ese día actúan aficionados del Coro la Caridad integrado por niñas y niños de la beneficencia con la Obertura de Guillermo Tell. Con el *foyer* sin terminar, el día 23 se canta *La favorita* de Donizetti. Uno de los más gustados teatros de La Habana a pesar de su leyenda negra.[470]

El Torrecillas abre en Neptuno 6, en 1877, después de una breve alianza con Albisu. Villoch lo recuerda, estrecho y alto, contiguo al

---

[468] *Diario de la Marina*. 11 de septiembre de 1877.
[469] La fecha del accidente es el 10 de marzo de 1883. El grabado aparece en *La Ilustración Española y Americana* del 22 de abril de 1883.
[470] R. "La Habana antigua". *La Ilustración Española y Americana*. 22 -1-1885. 22-3-87.

restaurante "La estrella". Allí se estrenan entre otras *María Pita, La jura en Santa Gadea, Los amantes de Teruel* y *La conquista de Granada*. Un actor vestido a la usanza del siglo XV con espada al cinto y arrogante prestancia, es Baltasar Torrecillas en la memoria de Villoch. Frente al teatro, Ángel Zapata alegra las noches con sus danzones. [471] En su compañía dramática figuran la jovencísima Luisa, Eloísa Agüero, Julio Segarra, Enrique Terradas, Rico y Pozo y en repertorio tienen entre otras, *Pobres mujeres* de Enrique Gaspar y *El mayor dolor* de Fernando Costa.

Eloísa y Luisa se contratan con Ceferino Guerra junto a Isabel Suárez, Vicenta Martínez, Josefa Sierra, Úrsula Ortega, el cómico Julio Segarra, el primer galán José Clucellas y los actores Luis Martínez Casado, Paulino Delgado, Rosendo Navarro, Gregorio Velázquez, Manuel Delgado, Manuel Valladares, Julio Perié, Dolores García, Ernesto Figuerola y Gonzalo Hernández. Guerra es el primer maestro de Luisa y de Paulino en una profesión entonces transmitida cuerpo a cuerpo.

En mayo de 1877 *La gata blanca,* de Torrecillas se presenta con hermosas decoraciones. Napoleón Arregui actúa en la Sociedad La Caridad. Candiani, Salas, Arregui y el galleguito se presentan en el Cervantes y en Marianao con *Los negros catedráticos*, de Francisco Fernández, *Mucho ruido y pocas nueces*, de Carlos Pardo y Fernández, *Una tarde en Nazareno*, de Juan José Guerrero y bonitas guarachas. Los carruajes trasladan al público a un peso cincuenta desde la plazuela de Albisu hasta las afueras de la ciudad. Diego García está a cargo de los cantábiles.

El 20 de mayo el prolífico Fernández estrena en Albisu *La paz de Cuba* y *El 23 de junio o un banquete patriótico* así como repone títulos bufos

---

[471] Villoch, Federico. "Viejas postales descoloridas". "Viejos retratos descoloridos". *Diario de la Marina*. 19 de enero de 1947.

para comenzar una etapa nueva y desconocida de su producción. [472] El 4 de agosto se representa en Matanzas *Los novios catedráticos*, de Ignacio Benítez del Cristo, mala copia del título de Fernández Vilarós, puesta por los Bufos de Fernando Becerra, director de la sociedad El Progreso, protagonizada por Saturnino Valverde. [473] *Memorias íntimas*, del periodista Fernando Costa, dirigida por Rosado, con Pilar García, Inés Rosado y otras aficionadas se estrena el 4 de agosto de 1877 en el Recreo Español. Otra obra suya, *Confidencia*s, con Luisa, Pilar García, Clusellas y Rico se hace en Marianao y en el Payret. Escribe para Ana Suárez Peraza, *Un relámpago... de celos*, cuadrito cómico que repite en septiembre del año siguiente.

El sábado 12 de agosto de 1877 la Agüero promete piezas de costumbres del país y cantos y bailes de negritos y guajiros, según comunica Salvador. Acompañada de la guitarra, canta "La negrita curra de Jesús María" mientras varias actrices interpretan un "decente" cocuyé. [474] Su nombre destaca en un anuncio. En esa función, muy concurrida y exitosa, hay dos obras nuevas, *Los zapatos de baile,* traducida por el vizconde Javier (Luisa Martínez Casado interpreta un personaje) y *Las sábanas del cura,* de Enrique Gaspar, con Segarra y Lorca. Agüero se ha ganado al público habanero y repite varias veces sus bien ejecutadas canciones. Reconocida por su buen gusto, muestra sus muchas facetas de actriz culta que a su vez canta guarachas y tonadillas populares.

---

[472] *Doña Caralampia* (1878), *El aceite de San Jacobo* (1882), *La fundación de un periódico o los negros periodistas*, *Un drama viejo* (parodia, 1880), *Retórica y poética* (1882), *Políticos de Guinea o el restaurante de las moscas* (1890). Una casa *de empeño* (1879).

[473] Benítez del Cristo, Ignacio. "Los novios catedráticos". *Archivos del Folklore* no. 2. V. 5 (1930) pp. 119-146. Figarola-Caneda, Domingo. "Biografía de D. Saturnino Valverde" por X. Z. (seudónimo). Imprenta La Nueva Principal, 1880. Villoch, Federico. "Los bufos de Salas". *Cartele*s 29 de septiembre de 1946. pp.22-23.

[474] Se anuncia la función en el Folletín de Salvador el 5 de agosto y en la crónica del 11 de agosto de 1877 del *Diario de la Marina* y se reseña el 14.

Giazinta Pezzana de Gualtieri debuta en el Payret en enero de 1878. Admirada por la prensa, se habla de su estricta disciplina, el cambio seguido de cartel y la calidad del conjunto. Entre enero y abril presenta *La baronesa de Ange,* de Dumas, *La venganza de la gran dama, La princesa Jorge, El panadero y la costurera, Pia de Tolemei* y *Sor Teresa,* su creación de *La dama de las camelias* y su atrevida encarnación de *Hamlet,* aceptada como natural a pesar de que lucha contra una pertinaz ronquera. Le imprime, se comenta, salvaje energía, dolorosa amargura, vengativa saña y dice el monólogo del ser o no ser de modo admirable. [475] Al crítico, a fuerza de parecer frívolo, le interesa *La baronesa d'Ange,* por la *demi-mondaine,* todavía una rareza, mientras destaca a Micheletti en Fernanda, de Scribe. Para *La duquesa Ana,* de Paolo Ferrari, se venden todas las localidades. Acompañada por su esposo Gualtieri y los actores Micheletti, Fabbri, Sttoti y Fortuzzi, Pezzana sigue la tradición y actualiza la escena. Sin embargo, se le critica escoger obras de Echegaray como *Lo que no puede decirse* anunciadas antes por Guerra, en la capital desde el año anterior. Aunque sus carteles inundan la ciudad, Guerra la suspende e inicia su temporada en Albisu con *El esclavo de su culpa,* de Juan Antonio Cavestany, pues la italiana no renuncia a ella. En una isla apasionada con Rossini y Verdi, la Ristori y Pezzana gozan de asombrosa estimación a pesar de representar en otro idioma. Civili en cambio actúa en castellano mientras Giacinta declama en ese idioma una dolora de Campoamor.

A la Casado le gusta tanto que invita a varias actrices a dedicarle una función en la lengua de Cervantes. Su hermana Socorro, Francisca y Martina Muñoz, Sofía Tittle y Eloísa Agüero intervienen en *Pobres mujeres,* de Gaspar, *Iris de paz,* de José Triay y *La pena de Talión,* de Scribe. Después de Juana de *O locura o santidad,* Luisa escribe que Pezanna "ha ideado detalles que enriquecen esa joya del sublime Echegaray [...] así que es posible que el público en masa quiera ver un día una función combinada con buen propósito, sin miras de lucro [...]

[475] *Diario de la Marina.* 9 de abril de 1878.

cuyo producto íntegro se consagre a ofrecer [...] un modesto presente de varias actrices españolas". "Siempre nos quedará el consuelo de haber puesto de nuestra parte..." Ensayan en los altos del Torrecillas mientras Salvador publica el proyecto de la "juiciosa e ilustrada señorita." [476] Eloísa canta "La niña buena" de Luis San Juan, cuya partitura le dedica su autor y Cecilia Delgado, tiple de extensa voz e "intencionada gracia", contratada en Madrid, las guarachas "La matancera" y "La vieja". Si se conocen dos o tres palabras de Adelita antes de algún estreno, Luisa deja rastros por todas partes. Al despedir a Pezanna, según el localista, el arte queda bajo el imperio de los caballitos, los títeres y los leones.

En febrero, llega desde el extremo oriental, la compañía de Madame Alhaiza con *Los amores del diablo*, música de Alberto Grisar, y aunque se espera poco de ella, actúa para las sociedades francesas de beneficencia y recreo. Guerra, Santos Rodríguez, Juan Zafrané y Francisco Cala hacen todo lo posible por sumar artistas pero se les recibe con indiferencia. "El hielo se romperá" ya que salvo el circo ecuestre y el Cervantes (con obras de *calembour* sexuales), los teatros están huérfanos de público.

El 8 de febrero de 1878, con una humorística presentación, resurgen los bufos. [477] Torrecillas recurre a *La pata de cabra* y a su

---

[476] Salvador. "Crónica habanera."*Diario de la Marina*. 3 de febrero de 1878.
[477] Tipos provinciales dirigidos por Miguel Rodríguez Gabata, prima dona y casta diva obsoletísima, Sra. Eloísa Agüero. Otra ídem triplista eminentísima, Srta. Martínez Casado. Característica heterogénea en varios tonos, Pepita Pandiani. Primer especialista en varias especies y director cómico jocoso, Eusebio Rasilla, cantantes en mateamoriosus y semi-confusas, Faustino V. Ramírez y Francisco Llorens. Otro de la escuela hispano-italiana, Francisco García Paredes, el galleguito, profesores en derecho romano y gringo, Francisco Fernández y José de la C. Castellanos. Idem mímicos y fantásticos, Miguel Salas, Manuel Mellado. Idem en literatura escondida, José María Matamoros, Francisco Vilar. Batuta diamantina. Sr. Manuel de J. Espinosa, agente mercantil, Ricardo Ruiz Santoyo. Comedias, zarzuelas, parodias, cantos populares, *minstrels*, cuadros de costumbre. Proyectan *La novia del general* y *Una barbería de antaño*. *Diario de la Marina*. 7 de febrero de 1878.

caricatura de Simplicio Bobadilla. Cecilia Delgado suprime el cancán y otros «excesos». Representa *Las amazonas de Tormes* y *La aldea de San Lorenzo* con Francisca Muñoz, Joaquín Rosado y Eugenio Astol; *Flor de un día* de Camprodón, *El payo de la carta* y *El tenorio*, de Zorrilla, en dos tandas.

El 10 de febrero se firma la paz del Zanjón y las obras sobre la reconciliación alcanzan primeros planos. *La paz* de José Triay realza el honor del capitán Martínez Campos para cuyo monumento Fernando Becerra dona un porcentaje de la entrada de las obras bufas. Guerra se suma a celebrar la pacificación que según Salvador en su sección del domingo 24 de febrero, ha devuelto confianza y tranquilidad a las familias después de diez años de guerra.

La influencia de Arderíus continúa. *La vizcondesa del almidón*, de José Barberá, despropósito bufo-lírico bailable, escrito para la bailarina Carolina Quintana, segunda parte de *Los estanqueros aéreos*, de Federico Barbán, se estrena con música de varios autores arreglada por Valle. Las auto tituladas Vizcondesa del Almidón (Verges) y la Baronesa de la Zapatilla (Carolina) son en realidad Pepa Relumbrones, suripanta jubilada, antigua integrante de la Compañía de Arderíus y Pepa Meneos, bailarina del Teatro Alhambra con Calixto Canillejas. En Madrid, durante un baile aristocrático, se fingen de sangre azul para obtener la mano de los millonarios Paco y Goyo, enriquecidos con la Hacienda. Como "no son lo que parecen", Lola deshace el entuerto ya que seguía la farsa por su deseo de ser actriz. Intempestivamente, al estilo bufo, de manera rudimentaria, la acción da un vuelco. Paco embarca hacia La Habana en el primer buque porque allí hay flamantes teatros, del Tacón al Torrecillas y "sobran galanes y damas/ que hagan al pelo los dramas terribles de Echegaray". Lola busca su oportunidad.

Barberá gusta del juego de las inversiones, más elaboradas y efectivas en *Margarito o el traviato*, representada también en el Cervantes. En *La vizcondesa...* no hay procacidad ni *calembour* sexual sino muchos bailes, desde el fandango al rigodón, en un viaje al revés, no de los criollos hacia la península para encontrar un teatro, sino de allí hacia la isla para verificar el contraste entre "el mundo que muere y el que nace". Ruiz y M. Areu son Paco y Goyo y Robillot interpreta al Conde del Platanillo, con escenas mudas. La pieza tuvo tal acogida que se repite el 14 de mayo de 1878, aunque el localista encuentra algo débil la interpretación por la inseguridad de los actores. Carolina Quintana es muy aplaudida (baila La perla griega y La estrella de Andalucía) y como soñaría la real Baronesa, recibe un terno de corales, argollas de turquesas y perlas, un medallón de ópalos y un abanico de nácar. Su título está tomado de un personaje de *Los estanqueros*... así como su tema, el ansia de aparentar, aunque en el de Arderíus, representado en 1870, no se piensa en Cuba sino en Francia.[478]

El 11 de mayo de 1878 Francisco Valdés y José Candiani reponen con los Tipos Provinciales *Los espiritistas* y *Los negros catedráticos*, mientras Manuel Ramírez, Miguel Ruiz y Belén Miranda actúan en los Caricatos. El Cervantes cambia su programación por otra de tono más subido. Albisu y Tacón abren con zarzuelas y esporádicas funciones dramáticas. Se presentan obras políticas de ocasión como *La calle de la muralla*, de Jacobo Domínguez Santí (seudónimo de J. A. Cobo) estrenada en junio. Ese mes se le agradece a Marty y Gutiérrez, hijo del empresario, y a la compañía de Guerra que no se desalienten y pese a las pérdidas, persistan en representar *Gaspar el granadero* y *El campanero de San Pablo*, con Figuerola, Segarra y Perié. El Circo Metropolitano, dirigido por Charles Johanoff, abre entre enero y abril en el parque de la India con equilibristas, funámbulos, leones amaestrados y variedades. En abril debuta Ada Isaacs en su especialidad de Mazzapa, su número ecuestre. "Bailarina, gimnasta, graciosa y de buen palmito," Ada Isaacs, sin Menken, apellido de la musa de Zenea, fallecida en 1868. Muchas

---

[478] Barberá, José Domingo. *La vizcondesa del almidón*. (Segunda parte de los Estanqueros aéreos) Despropósito bufo-lírico-bailable en un acto y en verso, con música de varios autores, arreglada por el maestro Valle. La Habana: Impr. El Trabajo, 1878.

figuras (Emma Juteau, Mr. Brown, Milli Carlota, Tomás Cliftau, Mrs. Bushhell, los Orrín) desfilan en el Circo que girará a España con Luis Martínez Casado como agente. Salvador escribe:

Sí, que el pueblo acude ansioso
a contemplar admirado
al joven Mr. Pescado
en su trabajo asombroso

Torrecillas presenta *La aldea de San Lorenzo* (con Muñoz de Torrecillas, Joaquín Rosado, Astol y Luisa), un *Tenorio* en dos tandas de cuatro cuadros y *Los siete dolores de María Santísima*, de José Julián Cavero, tradición de la semana santa: Muñoz de Torrecillas interpreta María, Luisa a María Magadalena y Baltasar a Barrabás. En mayo Luisita interviene en el Payret en una *Pata de cabra* que más bien parece un ensayo ya que el público le permite a Torrecillas hacer diabluras, "se ha apoderado de su parte mansa e inocente. Empieza a hablar, dice buenos días y el público aplaude". Con ella trabajan Clucellas, Bayós y un inmenso reparto dentro de las pobres condiciones del Payret. Baltasar, junto a Joaquín Robreño y Antonio Capo, es uno de los primeros graciosos españoles, según la revista norteamericana *Replies* que recuerda a Matilde Duclós en *Los mocitos del día*. El crítico resalta la desmesurada boca de Baltasar, las expresivas cejas que mueve a su antojo y su bigote de estilo Víctor Manuel. [479] Albisu se equivoca con *La criolla*, de García Gutiérrez, que no tiene éxito. Francisca Muñoz viaja en abril a México con Rosado. Ceferino Guerra contrata a Julio Perié, Dolores García, Segarra y Hernández y entre otras, estrena *Lo que no puede decirse* de Echegaray. Además de las sociedades de recreo La Caridad y El Recreo Español, están abiertos el Tacón, el Payret, el Lersundi, el Cervantes, un círculo hípico y dos plazas de toros. La prensa espera que Torrecillas no se amilane y con el concurso de la

---

[479] *Replies*. Sept. 6, 1879. p. 356.

"agraciada" Luisa y la primera actriz Agüero, el teatro vuelva a ocupar su lugar, pero sube a su escenario la zarzuela *Los pajes del rey* y *Zineraf o el hombre de la selva negra* para la que se colocan siete nuevos ventiladores. Y el 30 de junio de 1878 cae el telón de *La esposa del vengador* de Echegaray. Luisa dice adiós y al día siguiente parte en el vapor Santiago a estudiar en Madrid. Cuatro años después lo hace Paulino Delgado, su compañero de reparto. El 7 de julio Salvador la despide, otras debían imitarla: no existe en la isla una cátedra de declamación, tal vez se abra alguna con la paz.

Un Pablo de apellido Pildaín

El 28 de julio de 1878 Manuel Mellado repite viejos títulos como *Un bautizo en Jesús María* y *La fiesta del mayoral*, en la que Francisco Caparó ejecuta un *tango de negros* con el nombre Melembes de Jesús María. A partir de octubre Vicente Jordán y su esposa Joaquina Samaniego, Mateo O'Loghlin, Francisca Muñoz y Carmen López, crean una compañía, pero Paulino Delgado, de diecinueve años, es quien consigue lo que Pildaín intenta desde 1864. El 8 de noviembre interpreta *Otelo*, traducido por Retes, con Candelaria García como Desdémona. A su vez Pildaín representa en Albisu *La aldea de San Lorenzo* y *Consuelo*, de López Ayala, mientras Delgado en el Tacón *El camino del presidio* y *El mendigo rojo*, de Luaces, el 4 de octubre, a beneficio de Ernesto Figuerola. Muy apreciada, se considera que su calidad poética vence todos los obstáculos.[480] En *Isabel la católica*, es pareja de Muñoz de Torrecillas. "No sabemos qué admirar más en Paulino, si su envidiable fortaleza y su robusta juventud o el buen deseo y aplicación que ha demostrado", expresa un gacetillero. En Albisu, Pildaín estrena *La hija del mar,* con Suárez Peraza, Ana B. Miranda y Manuel Segarra y anuncia para septiembre *Valjean o los miserables,* del género "novelesco", desterrado en la península, pero atractivo para los habaneros. Dos intérpretes nacidos en la isla sostienen por meses espectáculos en recintos de importancia.

En los altos del Albisu, se oye el fonógrafo, un aparato sencillo que transmite "por correo" lo mismo un discurso de Castelar que un aria de la Nilson. Debuta Saturnino Valverde y su compañía con Dolores Navas y su hija Amparo San Juan, Becerra y Ríos. De acuerdo a los nuevos tiempos Payret se llama Paz y Torrecillas cierra para hacerle mejoras. En diciembre de 1878 –aún a riesgo de su vida– llegan Valero padre e hijo con Salvadora Cayron, Juan Reig y Escanero para un abono de 26 funciones en el Tacón con *El pañuelo blanco* de Blasco y

[480]Salvador. *Diario de la Marina*. 11 de agosto de 1878.

obras nuevas. [481] *Todos hermanos*, de Augusto E. Madan y García, matancero estrenado en Madrid, con decenas de ediciones y representaciones tanto en la capital como en Matanzas, es un éxito rotundo y más adelante *El cáncer social*. Valero escoge *El nudo gordiano*, de Sellés, para su función de gracia, estrenada también por la compañía de Paulino Delgado el 2 de febrero de 1879. El localista se queja de que hay flores, coronas y joyas para las compañías «coreográficas» y no para un actor de la estatura de Valero. Antonio Aramburo hace *Rigoletto y El trovador* y se aplaude a la tiple Elena Varessi.

Ana Suárez Peraza asombra con *Don Juan* (desde la condesa Valentini no lo representa una mujer), el 25 de agosto de 1878, aunque en enero las actrices hacen algo parecido además del *Hamlet* de Pezanna. Vestida con gusto y elegancia, su Don Juan es seductor e inspirado. Pildaín estrena *La aldea de San Lorenzo*, con el mismo reparto, al que se suman Terrada y Sarzo. También *El conde de Montecristo*, de Dumas, *Los mártires de la libertad*, de Marcos Zapata, *El primer deber* de Irio y Bausá y *Bodas trágicas*, de Echegaray. Ha podido hacerlas, escribe el localista, porque tiene a Anita. Pablo y Ana se presentan en Matanzas con Daniel Robreño en *Los cosacos de Napoléon*. Con varios actores, entre ellos O' Loghlin, representa *En el seno de la muerte* – que la revista *El Pensamiento* califica como "expresión más alta del efectismo de la escuela realista"– con actores que no están a la altura de los textos. A pesar de sus desencuentros con la crítica, Pildaín no abandona su empeño y compite por su lugar. [482] Entre 1877 y 1899 estrena setenta obras en sus temporadas en Matanzas. Un comentarista de *La Aurora*,

---

[481] José García Tomás, José Albalat, Serafín García, Juan Montijano y Antonio Ruiz. Primeros barbas, Casimiro García y Antonio Romero. Juan Reig, Ricardo Valero, Salvadora Cayron, María del Pilar García, Victoria Diez, Enriquita Mendoza, Carolina Fernández y Carolina Montijano.
[482] *El Pensamiento* Año 1 no. 1 agosto 15 de 1879. p. 16.

señala que desde 1877, a pesar de sus módicos precios, tiene escaso público. [483]

En el Paz se estrena a Echegaray y hay llenos con Valverde y Candiani. Resurgen los Caricatos. Manuel Mellado actúa con Petra Moncau en el Albisu como Tipos Provinciales y alterna con Salas y Joaquín Robreño. A mediados del año languidece la temporada con un solo teatro abierto, el Cervantes. En el teatro Lascano de Sagua la Grande, el 14 de junio de 1879, se realiza un homenaje a Francisco Poveda, el trovador cubano, poeta reconocido pero actor olvidado que escenificó con Candamo. Anciano representa *El peón de Bayamo*. José Martí regresa a La Habana y pronuncia en el Liceo de Guanabacoa la oración fúnebre por su amigo Torroella. Candiani interpreta en el Albisu bufos sin ese nombre, entre ellos, *Doña Demetria no se moja*.

Leopoldo Burón, actor de apuesta y gallarda figura, nacido en Sevilla y conocido en Lima, Caracas, Guayaquil, Santiago, Buenos Aires, México y La Habana, debuta en el Paz el 6 de noviembre de 1879 donde se mantiene hasta 1881 con figuras españolas como Julia Cirera, Sofía Alverá, Mendoza Tenorio, Carolina Fernández, Fernando Altarriba y García Tomás. En el repertorio, entre otras, *La almoneda del diablo*, dirigida por Domingo García, y nuevos decorados de Francisco Soler y Rovirosa, *El nudo gordiano* y un *Don Juan* —6 de noviembre de 1879— que no excita al público por conocido. En 1880 se escribe que "sobresale en la comedia y flaquea en los dramas". El 2 de noviembre, para conmemorar el día de los fieles difuntos, vuelve con el *Tenorio* de Zorrilla, dirigida por Eusebio Perales y protagonizada por la esposa de Torrecillas. Al año siguiente rebaja las entradas para una versión de la obra de Julio Verne, *Los sobrinos del capitán Grant* (estrenada el 1ero de agosto, el mismo día de *Esta noche sí*, de Sarachaga) a precio de *quemazón*. Se conocen como *precios a lo Burón*, dispuesto a hacer lo indecible por mantener viva una temporada y no perder dinero. Serafín

---

[483] Citado por Fernández, Daneris. *Historia del Teatro Sauto*. Ediciones Matanzas, 2008. pp. 86-87.

Ramírez habla de butacas a peso billete y cazuela a 20 centavos, que lo convierten en un infierno, sobre todo para los acostumbrados a que el precio decida la calidad.[484] Conmemora el aniversario de Calderón con *A secreto agravio secreta venganza,* con Balbina Marín y José M. Pardo y el 26 de marzo de 1881, en el Payret, interpreta el protagónico de *Jacobo Girondi*, de Antonio Medina, prominente educador negro, que las sociedades de color saludan con una bella corona.

Valero se despide el 4 de marzo de 1880 con *El dómine consejero* para ir a Matanzas mientras Ricardo permanece en Albisu con *Los siete dolores de María santísima*, de José Julián Cavero –con Paulino Delgado y Enrique Terradas– y *Pasión y muerte de Jesús, de* Zumel, con Candelaria García, Daniel Robreño y Manuel Segarra. Desde diciembre actúa "el actor filósofo que se identifica... que no olvida un detalle, que hace al espectador esclavo de su talento". Ricardo Valero y Cayron presentan *El avaro,* de Moliere, calificado de perfecto por su interés e imaginación. El 13 de mayo parten a México. En septiembre muere la esposa de Delgado, joven y artista como él.

Después de la breve alianza entre Delgado y Pildaín, este se presenta en el Tacón el 27 de julio de 1880 con *Un corpus de sangre,* de Juan Belza, *La maldición o la noche del crimen,* de Vicente Lalama, "capaz de erizar los cabellos a un calvo", *La noche de San Bartolomé, Maximiliano, emperador de México,* versión de Gualtieri, esposo de Pezzana –con una apoteosis del cerro de las campanas, con los cadáveres del emperador de México y Miramon– y *Jaime el barbudo,* de Sixto Cámara, del género que la prensa llama "bandoleril". En esta última, el noble bandido trasluce ideas de justicia e igualdad que su autor, un socialista utópico, bebió de Rousseau y Fourier, y por las que fue encarcelado. Todos melodramas de gran espectáculo. El 31 de julio se publica que Luisa ha vencido los exámenes de oposiciones en la Real Academia de Madrid acompañada por el actor Almada.

[484] Ramírez, Serafín. Ob.cit.

Pildaín parte hacia México el 15 de junio de 1881 con su esposa para actuar en el Nacional. Se habla de una compañía "muy modesta". Aunque Chucha Servín los recomienda, la primera impresión no es favorable. Debuta con *Rey sin corona*, de Álvarez Sierra, calificada de "monstruoso engendro" y otras de Echegaray. "Nuestro público no tolera ya semejantes dislates... al ver que se le cree capaz de soportar monstruosidades". Pero así todo el redactor de *La Patria* opina el 10 de julio de 1881 que el actor "pisa con soltura y seguridad las tablas, declama con claridad y buena entonación, aunque en algunas escenas su palabra es demasiado veloz y pierde entonces sus claros oscuros y matices, su acción es sobria, correcta y noble". Ana es mejor recibida, pero cuando la aplauden mucho en el monólogo de Eusebio Blasco *Día completo,* la empresa los separa, no porque Servín se enoje como se rumora, sino porque Pildaín cree que no lo recibieron como se merece.

En marzo de 1882, Daniel Robreño y su esposa Teresa Gelpi regresan de las provincias para actuar en la capital donde se suman beneficios y desgracias. Juan Montijano, del elenco de Valero, ha perdido una pierna en México y debe regresar a su país. Para ayudarlo Ana Suárez Peraza, "estrella radiante entre tantos nubarrones y tantos cuerpos opacos como pueblan en la esfera del arte" repite en Payret *Día completo* junto a *Los soldados de plomo*. Paquita Muñoz interpreta *María o la hija del jornalero*, de Ramón de la Cruz, para apoyar a sus hijos Elvira y Baltasar ya que a Torrecillas le han embargado sus bienes. Guasp espera por una pierna artificial en los Estados Unidos y Aniceto Valdivia estrena en Madrid *La ley suprema.*

El 20 de agosto de 1884 Pildaín representa con su esposa, Cayetana Torrecillas, su hija Pilar Suárez, Carlos Mures, Baudilio Trilles y otros, *Los horrores del triunfo* de Salvador Brau, en el Peón Contreras de Mérida. Permanece allí entre mayo a junio. Viaja a Puerto Rico, promovido por *El Boletín Mercantil.* El 13 de diciembre de 1889, de regreso, actúa en el Otero de Cárdenas.

Luisa y Paulino en Madrid

Luisa Martínez Casado matricula en el Real Conservatorio de Madrid donde recibe clases por siete meses de Concepción Sampelayo y Florencio Romea antes de iniciarlas con Matilde Díez, según consta en *Juicios que la prensa de varios países ha dispensado a la Compañía Dramática Española Luisa Martínez Casado*, dossier de prensa publicado en 1896. [485] Casi veinticinco años después de Adelita Robreño, Matilde le proporciona a Luisa sus secretos. [486] En el ambiente provinciano y limitado de la isla, Madrid es la experiencia definitiva y los consejos y advertencias de la Díez, la escuela de su orgullo. Cuando termina el curso, el *Diario de la Marina* publica una carta con sus planes para el futuro. [487]

Todavía alumna sale a escena por la puerta grande, en *Mar sin orillas*, de José Echegaray, quien le escribe un personaje sin haberla visto actuar. El periodista Luis Ortega Munilla crea la expectativa por la "desconocida perla" y Salvador lo informa casi con las mismas palabras, sin citarlo. [488] Queda fuera de este libro la enumeración exhaustiva de sus actuaciones en diez años, mejor o peor recibidas en un ambiente muy exigente. Luisa sobresale en críticas y reseñas. Tiene el apoyo de su padre y su familia unida así como de algunos jóvenes intelectuales que riegan la voz de los éxitos de su paisana. Mientras las

---

[485] Desgraciadamente no he podido obtener sus notas en Madrid. En su folleto se escribe "En los exámenes del 30 de mayo de 1879, obtiene un notable, tres sobresalientes y un concurre, que le sirve para aspirar en el concurso público. Once alumnas entre sesenta y ocho con "lisonjeras" calificaciones llegan a la final.

[486] *Juicios que la prensa de varios países ha dispensado a la Compañía Dramática Española Luisa Martínez Casado. Latin American Panphlet Digital Collection de la Universidad de Harvard.* Existe un ejemplar en la Biblioteca Provincial de Cienfuegos. [San Juan Bautista] Tabasco: Tipografía La Universal, 1896.

[487] *Diario de la Marina.* 31 de julio de 1881. Reproduce *La Correspondencia de España del 28 de junio.*

[488] *Diario de la Marina.* 2 de noviembre de 1879.

referencias a Delgado son sobrias y relativamente pocas, Luisa es muy considerada, pero la crítica madrileña no le prodiga siempre elogios y en su camino por Novedades, Alhambra y Apolo, recibe críticas magníficas y otras que le señalan defectos. Pero nunca los deja los indiferentes. Recorre el país, actúa en beneficios y en compañías profesionales, estudia y comparte con los más reconocidos. Con Mendoza Tenorio en *Las esculturas de carne*, de Eugenio Sellés y con Antonio Vico en *La peste de Otranto*, de José Echegaray.

María del Pilar Sinués en su columna "Ecos de la Moda", describe su ropero en *La pasionaria* de Cano: una falda azul y plata y un moño bajo en lugar de peinados altísimos para disimular su ya elevada estatura. Destaca su pequeño pie, que se ha dicho, es cubano, por el mito de que las criollas no caminan ni se bajan de las volantas para conservarlo. [489] Al fin, en la temporada de 1884-1885, entra al Español. *Madrid Cómico* publica su caricatura. [490] Por el abrigo cerrado hasta el cuello, asoma una desproporcionada cabeza –como todas las de las caricaturas del semanario– y el mencionado diminuto pie. Una variante aparece en *La Habana Elegante* de abril de 1885.

> Será en no lejano día
> del arte orgullo y encanto
> La prueba de su valía
> está en *La peste de Otranto*.

Actúa con Antonio Vico en la obra de Echegaray, uno de los intérpretes españoles más ligados a su vida. *La Habana Elegante* reconoce que "los triunfos de esta joven y bella actriz nos causan legítima satisfacción" y la ubica en la tradición *cubana* de Covarrubias a Adela Robreño y destaca su "modestia y talento" ya que "atravesó los mares y entró, ajena de pretensiones" al Conservatorio. Reconoce las críticas

---

[489] Ecos de la Moda. *La Voz de México*. 28 de octubre de 1884.
[490] 21 de diciembre de 1884.

que la mencionan después de Vico y apuntan que "bordó admirablemente su corto pero hermosísimo papel manteniéndose toda la noche con delicadeza y ternura". "Como [...] no es el principal, ello habla más y mejor de su talento". [491] En abril de 1885 en *La Patria*, Sofía Casanova vaticina para ella "días gloriosos" en los que "pueda emplear sus prodigiosas cualidades de actriz". Señala que su voz tiene "todas las melodías de las auras de América" y habla de sus hermosísimos ojos negros, su manera de decir, "con inolvidables vibraciones" y es la primera en anotar que "los autores presienten en Luisa otra Sarah Bernhardt. Una que debió nacer en otro país, donde los actores no sean ingratos ni los empresarios, usureros." [492] Pero de manera intempestiva Leopoldo Burón le propone integrar su compañía para una gira a México con escala en La Habana y acepta la aventura que la devuelve a los suyos. Luisa, católica devota, está en una encrucijada como refleja su poesía.

> Lánguidas horas de mi existencia
> Pasad unidas y de una vez
> Porque se agota ya mi paciencia
> Con vuestra terca, gran pesadez!
> Pasad volando, pasad de prisa![493]

El Liberal del 3 de marzo de 1888 anuncia que las hermanas salen desde Cádiz rumbo a la Gran Antilla y no les desea aplausos sino las "ventajas" que debe reportarles su expedición en un momento en el que actores y cantantes españoles obtienen buenas ganancias en la isla.

---

[491] Salvador (seud.) *La Habana Elegante* no. 16. 19 de abril de 1885. pp. 6-7. Seudónimo de Salvador Amado de Jesús Domínguez, escritor del *Diario de la Marina*.
[492] Artículo no localizado de Casanova. Citado en el folleto de Tabasco [26 de abril de 1885] y escrito para *La Patria*.
[493] Martínez Casado, Luisa. "Nubes" en *El Hogar*. 4 de marzo de 1888. p. 7. Cf. Boudet, Rosa Ileana. *Luisa Martínez Casado en el paraíso*. Ob. cit.

Paulino Delgado Juárez (1859–1896) nace en Cárdenas el 22 de junio de 1859 de padres artistas. Contratado por Ceferino Guerra, interpreta *La familia* de Rubí con catorce años, *Cómo empieza y cómo acaba,* de Echegaray así como *L'Hereu,* de Retes y Echevarría en 1877, dos años después *El mendigo rojo* de Luaces y en 1880, en la Sociedad de recreo de Guanabacoa, *Marinos en tierra,* patrocinada por Lorenzo Cianca. En Albisu, el 1ero de septiembre de 1880, representa *El conde Alarcos* de Milanés. Aunque no es un actor de *primo cartello*, "es una legítima esperanza, tiene natural talento y envidiables dotes que la edad, el estudio y los buenos maestros podrán llevar a gloriosa madurez", escribe el cronista. Hace tanto del estreno de *El conde...* que cree que nunca se ha representado y aunque "ni su asunto ni la sencillez de la estructura llenan hoy las exigencias del drama", se descubre al poeta "lleno de inspiración y suavísima ternura". Mientras *La procesión del caimán* y *Los gallos en Candelaria* se llenan, la obra de Milanés se recibe con indiferencia. "¿Se ha estragado su gusto al extremo de que sólo le diviertan aberraciones como las riñas de gallos en los teatros?" pregunta. Delgado se distingue junto a Muñoz de Torrecillas y Figuerola. [494] Unos días después gira a Cienfuegos. Pildaín y Paulino compiten con la ópera, la zarzuela y los bufos.

En 1880 participa de un homenaje a Rafael Calvo. Con veintitrés años escoge el repertorio cubano y español de la tradición. Dos años después, en abril, su temporada en Albisu presenta *El puñal del asesino*, de Octavio Irio y Bausá, *Don Juan Tenorio,* de Zorrilla, *Sullivan*, de Jordan Loghlieu y *La hija del mar,* de Zumel y Sabater. El 18 de marzo estrena *El mal apóstol y el buen ladrón* y el 15 de abril *La maldición* [Lodoiska o la maldición] del poeta abolicionista negro Antonio Medina Céspedes, patrocinada por miembros de la alta sociedad, entre ellos la Marquesa Victoria de las Tunas, la Sra. de Malpica y otros diecisiete notables. "Lejos de ser perfecta", es "aceptable" se comenta. Aunque ocurre en Polonia en el siglo XVIII, Medina reafirma en la dedicatoria

[494] *Diario de la Marina*. 2 de septiembre de 1880.

del texto impreso y a la venta, que pertenece a la raza de *color*. El 16 de abril se presenta en el Payret con *La fuerza de un niño*, de Miguel Echegaray. El 22 con *Últimas escenas*, de Enrique L. Funes, joven oficial, dedicada a Valentín de Ungarilla, "muy conocido en su casa", pero muy bien recibida por el público. Con la recaudación de esa temporada, las entradas de *Mar sin orillas*, de Echegaray, las de *La Bohemia* (periódico de un día en su honor) y un gran baile organizado por la Sociedad La Caridad, reúne fondos suficientes para hacer el viaje soñado a Madrid. [495] El localista bromea porque el baile no está concurrido. "Cuando el público se inclina/ a no hacer favores tales/ en vano son los cordiales y los caldos de gallina".

En 1882 llega a Madrid para estudiar y hacerse de un nombre. Viene a que nuestro público sancione la posición que en su país se ha hecho y a perfeccionarse en contacto con los actores españoles, escribe *La Época*, que juzga desacertado su debut como Sancho en *El mejor alcalde el rey*, de Lope de Vega. "Interpretaba para un público para él desconocido un papel lleno de dificultades, aunque produjo un buen efecto en los espectadores" ya que tiene hermosa voz, figura agradable, y modales distinguidos. José Fernández Bremón no opina pero estima benévolo que tiene facultades naturales. [496] F. G. Llana en *La Iberia* cree difícil juzgarlo, pisa por primera vez un escenario, precedido de una reputación en su país, pero le señala tropiezos en los momentos de pasión y sobre todo, que hace un personaje clásico, muy conocido por la interpretación de Valero.

> ¿Cómo pedir a un joven que destruya el efecto que ha dejado en el público uno de nuestros primeros actores? [...] tiene una hermosa voz, cuando declama naturalmente lo hace con discreción y acierto; pero no logra los mismos resultados en los momentos de

---

[495] *La Bohemia* se encuentra entre los materiales de la colección de Escoto en la Universidad de Harvard. Oversize pf (971a) Periodico de un dia, dedicado a Paulino Delgado, 1881.[sic]

[496] *La Ilustración Española y Américana*. 22 de octubre de 1882. p. 234.

pasión. El público, que le aplaudió de buen grado en un parlamento del acto segundo, estuvo frío en aquellas escenas culminantes [...] en que es necesario declamar con calor y con entusiasmo. ¿Procedía esto del temor que embargaba al actor? ¿Era efecto de los consejos que forzosamente ha debido darle el director en los ensayos? ¿O es que sus condiciones no se amoldan al género dramático?[497]

Si el debut de Luisa cuatro años antes, estudiante de la Real Escuela, crea la expectación por la desconocida hallada por Echegaray, a Paulino se lo juzga a partir de los modelos conocidos como Valero o Vico. Luisa viene a aprender, Paulino a ser reconocido. La primera llega con humildad, Paulino con atrevimiento.

El cubano Rafael Otero tiene otra visión.

Apolo abrió sus puertas poco después. *El alcalde de Zalamea* rompió la marcha. En este teatro actúan Vico, Valero y la Mendoza Tenorio. Vico como actor es un monstruo. Nuestro compatriota Paulino Delgado estrenó a las pocas noches con *El mejor alcalde el rey* de Lope de Vega. El estreno de Paulino Delgado, fue en Madrid tan anunciado, tan hablado y tan esperado, que había una verdadera ansiedad por conocerlo.

El teatro de Apolo, lleno, un público distinguido compuesto en su mayor parte de académicos, periodistas y literatos, he aquí el tribunal que le esperaba. Al levantarse el telón se hubiera podido oír el vuelo de una mosca. Salió Paulino y dijo admirablemente su parlamento, estuvo sereno, siempre á la altura del papel, dominando la emoción que le embargaba, pisando á plomo el tablado sin el menor descuido, atendiéndolo todo y abordando de frente el peligro que corría cayó el telón en medio del mismo silencio y concluyó el primer acto. El público se desparramó por los pasillos y empezaron los comentarios, los juicios, las apreciaciones, hasta que la vibrante campanilla anunció que iba á comenzar el acto segundo. —Volvióse á levantar el telón y

---

[497] *La Época*. 18 de octubre de 1882. p. 2 y *La Iberia* del mismo día. p.3.

pasó el acto en el mismo silencio.—Hubo veces que el público de las altas localidades iba á romper estrepitoso aplauso, pero de las lunetas se levantaba en acompasado murmullo, ese discreto siseo que es la forma más culta de imponer silencio.—Esa noche el público, iba á juzgar, no á aplaudir.—Pasó el segundo y vino el tercero.—El público con ese instinto de la fiera como dice Echegaray, esperaba á Paulino en la situación, culminante.—Llegó la situación, se vio al actor, se adivinó al genio y rompió entero en universal y prolongado aplauso. Al concluirse la representación fue llamado á la escena. El público de Madrid había juzgado.

Lo vio, lo juzgó y lo aceptó. Al día siguiente la prensa madrileña en general decía: es quizás el primer galán joven de España.

La obra en que se ha estrenado Paulino, fue la que dio á conocer á Vico como actor de grandes esperanzas.–Hacía 54 años que no se representaba en Madrid.–Es tan difícil, que la Empresa ha llevado censuras de la Prensa por haberla elegido para el estreno de un actor. Detalle importante: Paulino no ha representado jamás nada del teatro antiguo.[498]

[...]

Sobre su Mejía en el *Don Juan* de Zorrilla, representada en el Apolo (con Mendoza Tenorio y Antonio Vico), se anota que "dijo con mucha discreción y acierto su papel, declama con seguridad y cuenta con bastantes facultades para adelantar en su carrera. [...] El público que anoche le aplaudió en el supremo momento de la muerte, tendrá ocasiones de aplaudirle en vida [...] y merece que no lo olvidemos".[499] Contratado para el Apolo, dirigido por Antonio Vico, se reúne allí con Luisa y figuras del relieve de Elisa Mendoza Tenorio, Sofía Alverá y Joaquín Valero, según informan en La Habana bajo el título de "Dos artistas".[500] El 13 de octubre, gracias al empresario Gil del Albisu, sus padres viajan a España ya que carece de recursos. Pero en septiembre del año siguiente abandona ese teatro y casi no se le menciona hasta 1886, cuando interpreta *La carcajada*. Los críticos observan un «raro

---

[498] Otero, Rafael." Revista de Madrid". *El Liceo de Matanzas*. 15 de noviembre de 1882. Año IV. no. 4. p. 54.
[499] *La Iberia*. 31 de octubre de 1882. p. 3. *El País*. 2 de noviembre de 1889.
[500] *Diario de la Marina*. octubre 5 de 1882.

acierto»: Paulino lo interpreta con pasión, vehemencia y buen gusto. En cuatro años se ajusta al modelo vigente.[501]

Rivero Muñiz lo describe: "era alto, negro y de buena presencia, fue muy querido del público habanero que premiaba con sus aplausos la labor de este hijo del pueblo que se esforzó por superarse. " [502] No está solo. Hay otros actores de su generación que casi no han trascendido. En febrero de 1879 Manuel Ulpiano Estrada es galán de carácter en *El hombre negro o el carnaval de Sevilla* de Enrique Zafra, en el Teatro del Progreso. Antonio Ayala se destaca en *La fortuna volando o la mujer de Ulises* en 1880 y otros juguetes cómicos y se considera un aficionado "distinguido". Se habla de José María del Río y José Poo.

Mientras surgen nuevos actores y actrices, otros sucumben sin dinero y recursos. A Juana Tittle le asignan por caridad tres billetes de socorro en julio de 1878 y agosto de 1879.

---

[501] *El Liberal* del 10 de junio de 1886. p. 3.
[502] Rivero Muñiz. Bibliografía. p. 44.

Luisa Martínez Casado y Paulino Delgado

Segunda vuelta del bufo

Miguel Salas y Thomas (1844-1896) protagoniza la vuelta del bufo después de la paz del Zanjón junto a decenas de autores, actores, guaracheros, compositores y escenógrafos. Nace en Trinidad y ha sido mandadero de una compañía de zarzuela y traspunte de José Valero. Después de los Sucesos de Villanueva, viaja con los Bufos Habaneros a México y en Nueva Orleáns "vende billetes, tabacos, agua de soda y mantecado" hasta que regresa a la isla en 1876. [503] El actor más popular después de Covarrubias, tiene una biografía y Figarola-Caneda le dedica artículos en *La Revancha*. [504] Especializado en el "borracho" por *Perico masca vidrio o la víspera de San Juan*, de Manuel Mellado, populariza el "célebre beodo, barriotero, Cantúa" recordado por Lola María. [505]

En mayo de 1880 Torrecillas cede el Albisu a los bufos —mientras dura su contrato— y allí debuta Salas, celebrado por el "conocimiento de las costumbres populares y los efectos escénicos", junto a Petra Moncau, Inés Velasco y Saturnino Valverde, cuyo "gracioso y humorístico relato de su accidentada vida" se publica. [506] El 21 de agosto los Bufos de Salas nacen en el Lersundi, nombre de Albisu durante la llamada "tregua fecunda" aunque nunca pierde el de su dueño.

Desde julio de 1879 los Bufos Caricatos están en cartel con *El santo y la lotería*, de Valerio, *El triunfo de Ma Rosario*, de Laverón y *De la tribuna al tango*, entre otras, encabezado por Candiani con la nueva cómica Josefa Martínez. Salas y Saturnino Valverde han actuado juntos

---

[503] Leal, Rine. (Ed.)*Teatro bufo. Siglo XIX. Antología*. Tomo I. La Habana: Editorial Arte y Literatura, 1975. p. 340.
[504] M. R. *Biografía del conocido y popular actor genérico Miguel Salas y Thomas*. 1887. Imprenta el Trabajo, 1887.
[505] Ximeno y Cruz, Dolores María de. *Aquellos tiempos... Memorias de Lola María*. Tomo II. La Habana: El Universo, 1930. 294-296.
[506] X. X. ¿Figarola-Caneda? Biografía de Saturnino Valverde por X. Z. (seud.) Imprenta la Nueva Principal, 1880.

en los Bufos Provinciales: reponen el repertorio del 68 al que añaden obras nuevas y guarachas como "Los patinadores", cantadas con la costumbre del gorjeo, desfigurando la melodía y la letra, como según Gonzalo Roig popularizó Francisco "Pancho" Valdés. También hay Bufos Cubanos en el Torrecillas. Fernando Costa, a partir de "los telones colgados" de cuatro abandonadas escenografías de Arias, escribe *Los hijos de La Habana,* con música de Ángel Zapata, donde se canta "A la luna", tan popular como "El manisero", según Federico Villoch. [507]

El 23 de agosto de 1879 aparece el primer anuncio de los entonces Bufos Cubanos. *Miseria y compañía* y *Perro huevero...* Antes, diversos grupos compiten por la primacía sin demasiada identidad. Vuelven los títulos viejos y los nuevos: el 1ero de agosto en Albisu *La duquesa de Haytí,* parodia de *La dran duquesa de Geroslstein,* con música de Jacques Offenbach, de la autoría de Salas; *Una equivocación a última hora* y *La nochebuena de Jesús María,* de Noreña a beneficio a la actriz bufa Inés Velasco, *Un día en el horcón, Engañar con la verdad,* de Miguel Ulloa, las guarachas de Ignacio Cervantes, entre ellas Tú eres la flor, *El candil de la abuela* y *Los efectos del can can,* las guarachas de Enrique Guerrero "La peligrosa, "Tu última culpa", "Mi cariño" y el danzón Pompadour. El acelerado cambio de cartel recuerda la temporada de 1868. El 18 de agosto *El negro brillante,* de Valerio, *Aún hay virtud sin dinero,* de Enrique Guerrero, *El picapleitos* "latigazo burlesco dedicado al Foro de La Habana" y *La esquina de la biajaca,* del malogrado Laverón. El 2 de septiembre, *La procesión del Caimán* y *Los gallos de Candelaria,* el 9 *Palanqueta* y *La casa de Palanqueta,* el 14, *Una velada literaria,* de Octavio Irio y Bausá y Emilio Bobadilla, y el 24, *Un día de reyes,* de Saturnino Valverde.

En 1880 el género despega: "los bufos de Salas continúan en el Albisu ganando dinero a más y mejor... pues hasta en las noches más

---

[507] Villoch, Federico "Los bufos de Salas". *Carteles.* 29 de septiembre de 1946. pp.22-23.

calurosas se ven allí ocupados por compacta concurrencia las altas y las bajas localidades", escribe Salvador, que también reseña *Un corpus de sangre*, dramón interpretado por Pildaín. [508] Los bufos ganan cuarenta y siete mil pesos en nueve meses, renuevan los programas, anuncian obras escritas por autores de "sociedad", anónimos y ocasionales. Del Albisu a los liceos, ateneos y organizaciones de de recreo en el Vedado, Guanabacoa, Marianao, Matanzas y Cárdenas, las dotes empresariales de Salas son paralelas a sus condiciones como actor.

El Cervantes no se queda atrás con *La vizcondesa del almidón*, *El cordel de la abuela*, *Los efectos del cancán*, *La isla de San Balandrón*, *La mujer del día*, *La feria de los melones* y *La mulata santa*, escrito para la bailarina Carolina Quintana, que canta "La mulata ¡ay, qué merengue! En septiembre se refuerza el elenco con actores de Madrid: Emilio Carratalá, Modesto Julián y las Sras. Castro y Castillo. Las guarachas se anuncian con el nombre de los autores. ("El temblor" de Lino Martínez, "Mi prieta" de Tomás Ruiz y "La lucumí", de Manuel García). Mientras casi nunca se identifica a los dramaturgos, sí a los compositores ya que el estreno de una guaracha, recuerda Villoch, tiene tanta importancia como el de un texto. También la escenografía. Jorge Suaston, catalogado el "primero de Cuba", alumno de Piccolini, construye la maquinaria del Payret.

Mientras Salas triunfa en Albisu, en el Tacón Pildaín se esmera con *La maldición o la noche del crimen*, *La noche de San Bartolomé*, *Jaime el barbudo o Los bandidos de Crevillente*, *La caverna de Keroungal*, el "cuadrilátero de la muerte", escribe cáustica la prensa, o el programa Cenicero, por el empresario que lo hace «cenizas», melodramas con narcóticos, tiros y voladuras, en los que mueren hasta los ratones del foso y para los que se recomienda tilo a las personas nerviosas. No es Salas el único vigente en el país. El 25 de agosto de 1880 el localista describe irónico el género bandoleril que asalta a los espectadores. Mientras Payret

---

[508] *Diario de la Marina*. "Crónica habanera". Folletín. 25 de julio de 1880.

"pensaba" en la ópera italiana, en Albisu debuta una falange de autores nuevos y el Cervantes estrena *quisicosas* catedráticas.

Ignacio Sarachaga (1852-1900) debuta como autor el 29 de agosto de 1880 con *Un baile por fuera*, a beneficio de Joaquina Alcántara. Leída en una reunión de actores y literatos, causa hilaridad general. De la bodega El Mamey Triste a la zapatería del borracho Cantúa, interpretado por Salas, se mueve a sus anchas en el género aunque es un periodista *chic* que unos años después funda *La Habana Elegante*. Elabora un enredo sin enredo mientras se frustra el baile familiar en honor de Rosita, con la llegada de intrusos y maleantes, el típico sereno, y un fuego brota en la ciudad amenizado con guarachas y danzones. El baile fracasado repite el esquema de *Un minué* de Torroella, la fiesta no culminada, interrumpida por un vuelco gratuito de la trama. Cuando Zerep asiste a su *reprise*, expresa que "Es más bien un sainete, un cuadro de costumbres bien observado, con honestos chistes y situaciones verdaderamente cómicas. Por sus méritos, recuerda la buena tradición. Sarachaga no es Javier de Burgos, pero Javier de Burgos no se desdeñaría en firmarla. Se puede asegurar que, de diez años a la fecha, en su género, no se ha escrito nada mejor en Cuba".[509]

Un mes después estrena el 25 de septiembre *En un cachimbo* junto a *El médico de las locas*, de autor desconocido. A pesar de que no gusta tanto como *Un baile...*, se aplaude la obra de Ignotus —uno de sus seudónimos— mientras la otra se rechifla. Su humor proviene de la situación dramática y no del uso arbitrario o lúdico de la palabra. Según Fornaris es "el Labiche del género",[510] comediógrafo más que caricato. El 30 de junio del 1881 se representa *Lo que pasa en la cocina* y 5 de julio se repite por cuarta vez en el beneficio a Saturnino Valverde, en un

---

[509] Pérez Cabello, Rafael. (Zerep). *En escena: crónicas y retazos literarios*. La Habana: Imprenta de El Fígaro, 1898. p. 189. Cf. Villoch, Federico. *Viejas postales descoloridas*. La Habana: P. Fernández y Cia, 1946. Javier de Burgos, aplaudido autor cómico. Su zarzuela *Cádiz*, con música de Chueca y Valverde, se representaba para despedir en España y recibir en Cuba a las tropas. p. 67.
[510] Leal, Rine. *La selva oscura. De los bufos a la neocolonia*. Ob. cit. p. 265.

programa con *Un cachimbo* y *Un baile por fuera*. Valverde estrena *1881-1882*, de Joaquín Robreño.

El 31 de julio de 1881 le corresponde a *Esta noche sí* en el homenaje a Carmen Valle, sátira del *bel* canto italiano y el gusto por la ópera, vistas como imposturas, ya que en secreto los personajes profesan sus simpatías por la guaracha. Otras obras suyas son *Percances de vegetina*, *La pericona* y *Tres patas para un banco*, en un periodo en el que desgraciadamente hemos leído una cuarta parte de la producción. El 21 de mayo de 1881 se estrena *Percances... Libros viejos*, de Noreña y García y una segunda parte de *La duquesa de Haytí*, titulada *La condesa del camarón*; el 30 de junio, *La verdad de lo que pasa, Los caleseros* y *Tipos y ferrotipos*, de Joaquín Leoz, además de secuelas del personaje de *Perro huevero...* y el 30 de mayo de 1881 *Güebito en Guanabacoa*.

Basta enumerar algunos autores y títulos para comprender la cantidad y variedad del panorama escénico. Manuel Mellado y Montaña *(La casa de Taita Andrés*, semi-parodia de *La casa de campo*, de Ramón de la Cruz, (1880), *Perico mascavidrio, Buchito en Guanabacoa, Apuros de un figurín, La casa de socorro, El triunfo de un tabaquero)*; Carlos Noreña *(La nochebuena en Jesús María, Un paréntesis)*, Francisco Valdés Ramírez, *(Petra o una mulata de rumbo)*; Ramón Morales y Barberá *(La Tenoria)*; Luis Almeyda *(El niño de la bola)*; José Silverio Rodríguez *(La esquina de la biajaca)*; Casimiro Delmonte *(El que nace pa lechón)*; Juan Francisco Valerio, *(El negro brillante, El bobo enamorado o los ataques de nervios, Perro huevero...)*; Miguel Ulloa *(Engañar con la verdad);* Joaquín Leoz *(Efectos del danzón, Ya mi maruga no suena)*; Francisco Fernández *(El negro cheche, Retórica y poética, El bautizo)*; José R. Barreiro *(En un día de San Juan ¿La noche de San Juan?)*; Antonio Valdés *(En tierra extraña)*; Antonio Enrique Zafra, *(La fiesta del mayoral)*; Juan José Guerrero *(Una tarde en Nazareno, La suegra futura, Guateque en la taberna)*; José Socorro de León *(Un bautizo en Jesús María)*; José Tamayo y Lastres *(Caneca)*; Fernando Costa *(El chiflado, El doctor Garrido)*; Olallo Díaz *(Las amigas de confiaza, Doña Cleta la adivina)*; Joaquín Robreño *(Maridos y mujeres)*; Ignacio

Sarachaga (*Baile por fuera, Baile por dentro, Lo que pasa en la cocina Tres patas a un banco*); Laureano del Monte (*Plancha H.*); Gerónimo Lozano (*Por sacar un cascabel*); Narciso Valor y Fe (seud.) (*El picapleitos);* Miguel Salas (*Percances domésticos, El doctor Garrido o la ciencia ad libitum, La duquesa de Hayti*) y otras sin identificar como *Un ardid de amor, Los espiritistas, La honra de la mulata, Desgracias de un timbalero, El fruto de la honradez, Censo de población, Sí, La casa de la cosa mala, El triunfo del artesano, El panorama del diablo, Una visita de cumplimiento, Revista de La Habana 82/83, Liberales y conservadores, Muerto vivo, Nada... se acabó el carbón, Buey manso, Almoneda de novios, Los tres tacos, Lo que no puede saberse, La verdad de lo que pasa, Por seguir a una viuda, El bazar de los novios, Una equivocación a última hora, Aun hay virtud sin dinero, Un día en el horcón, No te metas marquesito en camisa de once varas y* otras muchas, perdidas y nunca publicadas, salvo como libretos de actores.

El carnaval y *Triunfo de María Rosario* son anónimas en la bibliografía de Rine Leal, cotejada con los anuncios y programas de México, publicados al arribo de la compañía en 1884, contratada por Moreno y Canteli. [511]

Salas sobresale por su empuje como empresario, su aptitud en todos los oficios de la escena y su vínculo con autores y músicos. Su borracho tiene un gesto característico, una forma especial de mover la mandíbula repetida hasta la saciedad, ya que la mayoría de las obras aprovecha las características de los intérpretes. *La casa de Taita Andrés*, de Mellado, sirve al lucimiento de la mulata, "loca", negra curra, yerbera de nación y "morenita" cantadora de guarachas como "La aronda". Dedicada a Petra Moncau, legendaria de su compañía. Florinda y Gabino desalojan a Andrés de su casa para consumar una boda de negros, familiar desde Creto Gangá. [512] En *Petra*, de Francisco

---

[511] Leal, Rine. Bibliografía.*Teatro bufo. Siglo XIX.* V. II. pp. 333-346. Anuncio en *El Siglo*. junio 21 de 1884 p. 3.
[512] Mellado y Montaña, Manuel. *La casa de Taita Andrés*, semi-parodia de *La casa de campo.* Juguete cómico del género bufo en un acto. Leal, Rine (ed.): *Teatro bufo siglo XIX,* vol. 1. La Habana: Arte y Literatura, 1975. 263-303.

Valdés Ramírez, la mulata, nacida en un bosque de cocoteros, en el "cubano bello pensil", se confiesa delante del espejo como una contumaz bailadora, con mareo y sopor cuando resuena en su oído "de algún instrumento el son". Mulata y baile se identifican: la danza cubana es sabrosa y divina.[513] *La Tenoria*, de Morales y Barberá– publicada con una fotografía de Moncau– (estrenada el 1ero de noviembre de 1883) es una parodia de Zorrilla con disputas entre las dobles femeninas: Juana y Luisa Migajita. La mulata voluptuosa, sensual, picaresca y atrevida, se enreda en un timo, la búsqueda de un pretendiente o en delitos, fraudes y pendencias pero es paradójicamente interpretada por actrices blancas, con mantón y traje ceñido de vuelos, como recuerda Lola María.

En *La trichina*, de José María Quintana, Rita Valdés nunca ha salido de la ciudadela y al ganar la lotería, ofrece una "bachata" para sus vecinos del *bronce*. No quiere ser catedrática, se asume como lo que es mientras pregunta desconfiada "¿Yo puedo ir al Tacón?"[514] La discusión sobre la esfera privada y la pública en el bufo –sobre la que insiste tanto la bibliografía norteamericana– pareciera estéril ya que sus personajes se declaran permanentes excluidos del teatro establecido. (Trichina puede entrar al lujoso Tacón "tapadita" pero sólo a los bailes de disfraz o al último lugar de la cazuela o el paraíso). Rita carece de frases rimbombantes, el baile es su única posesión.

De acuerdo con Eduardo Robreño, los personajes responden a una tipología codificada.[515] La mulata de rango se viste y mueve de una manera específica, la de rompe y raja (cuyo ancestro es la graciosa de "rompe y rasga" del sainete español) con una navaja en el escote, de otra, cada quien aporta detalles propios. Como en la *commedia dell'arte*, la conocida trilogía del gallego, la mulata y el negrito, sostiene un

---

[513] Ramírez, F. V. "Petra". Revista *Islas* no. 4 (nov-dic), 1966: pp. 83-91.
[514] Quintana, José María de. "La Trichina". *Teatro bufo siglo XIX*. Vol. II pp. 57-82.
[515] Robreño, Eduardo. "Tipos en el teatro vernáculo". *Como lo pienso, lo digo*. La Habana: Manjuarí, 1985. pp. 177-206.

primitivo cañamazo de situaciones satíricas. Al trío se añade el chino, el catalán, el asturiano, el italiano y norteamericanos en la tradición de *Los mocitos del día*, de Tomás Mendoza. En ocasiones el eje del conflicto no es la mulata o el gallego, ni siquiera el negrito (interpretado por actores blancos pintados de negro) sino un elemento externo a la trama, gratuito o traído a lo tropical *deus ex maquina*, que deviene choteo, melodías y baile.

El proceso del oso (1882), de Ramón L. Morales Álvarez, con música de Enrique Guerrero, se estrena el 28 de enero de 1882 en el Torrecillas: una ninfa convoca a los bailes del país y los *aplatanado*s (el minué y el lancero norteamericano) junto al zapateo, la danza y los bailes africanos autóctonos con el objetivo de enjuiciar al Oso, el danzón de moda. En el juicio –de largo recorrido en el teatro popular hasta los episodios radiales de la Tremenda Corte con los cómicos Aníbal de Mar, Leopoldo Fernández y el gallego Adolfo Otero– el Oso queda absuelto de sus cargos a pesar de su dudosa moralidad. ¿Por qué? Todo en la isla se hace a golpe de su ritmo, bailado en velorios y entierros, solicitado a gritos como las pastillas (para las lombrices) Kemp. Conocido y disfrutado por la crema de la sociedad, Villoch recuerda que se llamaba "hacer el oso" a un espectáculo exótico con el que los polacos llegados a Cuba obtenían dádivas en las calles, al hacer girar a un disfrazado del animal mientras se cantaba

Ara rin tan tan
ara ran tan tan
baila Carulina
que vamos a ganar.

El oso no faltaba en los carnavales como tampoco «el hombre higo», traído por italianos del Piamonte con su estribillo.

> Quiribú quiricoca
> con la mano no se toca
> que se toca con la boca.

El maestro cornetín Matancero crea el danzón de ese nombre y Ramón Morales lo lleva al juguete cómico, escribe, por lo que no está aclarado si la música de Guerrero se ejecuta en el estreno. Según la edición original, se escucha el danzón "El oso". [516] Ajiaco-bufo-lírico-bailable, lo representan Carolina Quintana, Elvira Meireles, Manuel Mellado, Carlos Llorens, Cleto Cantel, José y Francisco Jústiz, Miguel Salas, Josefa Patiño y José A. Fonseca, de acuerdo al reparto incluido en la edición, diferente al recordado por Villoch. Contiene anotaciones sobre el vestuario: el baile congo usa la esquifación de los esclavos y la danza, la ropa de «mulata figurina». [517] Dirige Eusebio Perales, actor de Puerto Príncipe, aplaudido en el Liceo y el Pilar. El programa se completa con el esperpento cómico *Un drama viejo*, parodia de Francisco Fernández y la guaracha "La mulata bailadora". Vuelve la noche siguiente junto a *El suegro futuro*. [518]

Lola María recuerda el "juicio".

> Llevaban a la escena críticas graciosísimas como escabrosos asuntos de esas actualidades, como por ejemplo el responder de cierto juez (de aquellos jueces municipales que la colonia gastaba) en cierta pieza y a quien un guardia de color azul, de aspecto encogido y copioso bigote y el machetín al cinto y de rígidas y separadas piernas (y de ahí si por eso del andar despatarrado) decíale respetuosamente y muy bajito al

---

[516] Villoch, Federico. "Viejas postales descoloridas". ¡El oso! ¡El oso!" *Diario de la Marina*. julio 31 de 1949.
[517] Morales, Ramón. *El proceso del oso*. La Habana: La nueva Principal, 1882.
[518] Fernández escribe *Doña Caralampia* (1879), *El aceite de San Jacobo*, *La fundación de un periódico* (1879), *Retórica y poética* (1882), *Políticos de Guinea*, *Una casa de empeño*.

acercársele que ofrecían por el asunto pendiente de fallo, en el cómico suceso, si era favorable, una onza: a lo que contestaba el funcionario rápidamente con semblante hosco, huraño y displicente un *"tómela usted con repunancia"* que hanse pasados muchos años en verdad y aún me uno a la hilaridad del público que formaba un ruido atronador, un grande escándalo de aplausos y carcajadas. [519]

El paso de la malanga, del mismo autor, insiste en el baile. Su autor, Ramón Morales Álvarez, polemiza con el gacetillero de *El Triunfo* que la declara inmoral. Pero las acusaciones aparecen después de muchos días con la obra en cartel y Morales declara que la escribe "sin malicia", el público interpreta sus inocentes frases y le encuentra doble sentido gracias a los aportes del actor Santiago Lima. Le recomiendan emplear su talento en obras *literarias*.[520]

¿Qué se recuerda? La intención del actor, el héroe barriotero y una frase, *tómela usted con repunancia* [sic] escribe Lola María, aunque no precisa que procede de un bocadillo del Celador en *La Trichina*. "Los bufos de Salas y Valverde fueron inimitables. Sus canciones, su carácter cómico en demasía, retrataban sin exagerar tipos que hanse esfumado con el pasado". Sin embargo, para Francisco de Paula Coronado, (César de Madrid), Salas es un actorzuelo,

> que imitaba bastante bien a los beodos, y casi puede decirse que para él se escribieron todas las obras *bufas;* pero ese actorzuelo, de *cuyo nombre no quiero acordarme,* hace tiempo que falta de Cuba, y desde entonces ya no se representan los despatarrados sainetes, en que los chistes habían llegado a rayar en las más brutales indecencias.

[519] Ximeno y Cruz, Dolores María de. *Aquellos tiempos... Memorias de Lola María.* Tomo II. La Habana: El universo, 1930. 294-296.
[520] *El Triunfo*. 2 de junio de 1882.

En *Frutos coloniales* carga contra el bufo, "piezas pésimamente escritas –en algunas hay algo: ocurrencias mal aprovechadas, bosquejo de armazón cómica, las cuales no tienen otro fin que copiar las más abyectas costumbres del populacho bárbaro, de ese populacho que se revuelca en los lodazales del vicio".[521] Con matices, repite con menos gusto los argumentos de Aurelio Mitjans, su principal detractor en "Del teatro bufo y de la necesidad de reemplazarlo fomentando la buena comedia", estudio clásico que demostró la desconfianza de los eruditos hacia esta expresión escénica vista como degeneración de lo cómico.[522] Sin embargo, por ironía de la historia, gracias a su Colección, se salva gran parte de su legado.

Rafael Pérez Cabello (Zerep) considera que la mayoría de los autores bufos "carece totalmente de idioma, desconoce el valor de las palabras y en muchos casos siquiera sabe ortografía".[523] Pero Salas está acompañado de figuras de mucha aceptación. Elvira Meireles, la "mulata única, fina mujer, inolvidable, que "también desapareció para no volver," según recuerda Lola María, conocida como la mulata Rosa por la guaracha de igual título de Santiago Zamora; Petra Moncau, de rompe y raja, de poca voz, pero sentimental y las tiples Carmen Valle, (Vallecito), Inés Velazco (de Puerto Rico), María Valverde, Joaquina Alcántara, Obdulia Ramírez, Angelina Peñalver y los intérpretes Ramón Ramos, Andrés García, Gonzalo Hernández, Saturnino Valverde, Santiago Lima (bajo especializado en gallegos y serenos), Julito Valdés (en chinos), Benito Simancas, (negrito), Pancho Coll, Enrique Pardo, Carlos Llorens, Manuel Mellado, Francisco V(aldés) Ramírez, José Hernández, Enrique Soto, Manuel Bombalier, Ricardo Prats, Juan Bori y Ricardo Blanco. Como consueta: José María Matamoros. Segundo apunte: Eduardo Meireles. Director de orquesta: Rafael Palau. También

---

[521] César de Madrid (seud.). Coronado, Francisco. *Frutos coloniales*. La Habana: La Propaganda Literaria, 1891. p. 95.
[522] Mitjans Aurelio. *Estudios literarios*. Colección de memorias premiadas en varios certámenes. La Habana: La Prueba, 1887. pp. 45-72.
[523] Pérez Cabello, Rafael. Ob.cit. p. 278.

el guarachero Tereso y el galleguito Francisco García Paredes. Las enumeraciones son traicioneras, pero hay que considerarlas a pesar de la movilidad de la escena, con separaciones temporales o definitivas. Rafael Pérez Cabello escribe:

> Salas no era un actor en el verdadero sentido del vocablo. Fuera del género bufo de brocha gorda, que es el que aquí se cultiva, resulta en verdad muy deficiente. Interpretando papeles de cierta seriedad, ciñendo el frac ó la levita, por ejemplo, no daba pie con bola.
> ¡Había que verlo en *Percances domésticos*, en *La verbena de San Juan*! En tales obras no tenía semejante; forzoso era aplaudirlo. Ignorando cosas muy elementales, que también ignoran no pocos artistas que conozco; sin verdadero concepto de la escena, escribió ó arregló tal cual piececita con algún desenfado, con algún chiste, es cierto; pero sin pies ni cabeza. *La duquesa de Haití* es una prueba.[524]

A su juicio sólo tiene dos tipos, el *negro cheche* y el *borracho epiléptico* por lo que desparecido Benito Simancas le sigue en "popularidad y destrezas". Gonzalo Hernández es "un buen característico, último vástago de una familia ilustre y es "regocijo de La Habana". No hay en su libro más datos de los actores bufos y ninguna alusión a las actrices, silenciadas como figuras de segunda en un género ínfimo. Eduardo Robreño –que oyó de niño hablar de la Meireles, la describe a sus setenta y ocho años.

> Elvira Meireles, la más talentosa de sus congéneres de todos los tiempos, quien además de ser una gran actriz cómica y seria, e interpretar papeles de mulata, cantaba con especial donaire las guarachas que para ella escribieron Santiago Zamora, Manuel

---

[524] Zerep. Ob. cit. pp. 250-251.

García, Pepe Tamayo, Pepe Sánchez y Enrique Guerrero, a quien llamaron con justeza el genio de la guaracha.[525]

Sin embargo mientras muchos reconocen en Salas al actor y animador que resucita el género, Federico Villoch distingue a Manuel Mellado por sus sainetes y juguetes cómicos. Actor y cantante (en carácter de catalán interpreta "La Guabina") es la competencia de Salas. En *Apuros de un figurín* (1881) defiende la moralidad del género. [526] "¿En qué consiste el mérito de los bufos? pregunta uno de sus personajes. "En hacer reír". "El que va a buscar galas literarias se equivoca" dice otro y para ponderar la ópera, se burla de *Rangamburo*, el tenor Aramburo, quien se atrevió a cantar "Los rumberos" en su beneficio. Se estrena el 10 de junio de 1881 con Dolores Roselló, Petra Moncau, Inés Velasco, Miguel Salas y Joaquín Robreño. Lorenzo, interpretado por Mellado, creía que el género era inmoral pero cuando asiste a una de las funciones, descubre "tipos repugnantes", hijos del país, pero presentados a la manera de un espejo que retrata vicios y malas costumbres, con el fin de que, arrepentidos, retrocedan y "se abochornen". Intenta fundamentar la decencia del género, mientras otras se ocupan del teatro dentro del teatro, herederas de *Los mocitos...* o *El minué*.

Ese mismo mes, el 11 de junio, debutan los Bufos de Petra Moncau, primera mujer directora del país, en cuyo elenco trabaja Dolores Cabrera, quien fuera esposa de Pildaín. Según Federico Villoch "los bufos hicieron tanto por el ideal cubano como los más elocuentes oradores y hábiles políticos. Un bohío en escena era la locura, un punto criollo, el delirio." [527] Sin embargo una lectura incompleta y parcial

---

[525] Robreño, Eduardo. *Historia del teatro popular cubano*. La Habana: Oficina del Historiador de la ciudad, 1961. p. 28
[526] Mellado, Manuel. *Apuros de un figurín*. La Habana: Imprenta de Ingenieros, 1891.
[527] Villoch, Federico "Los bufos de Salas". *Carteles*. 29 de septiembre de 1946. pp. 22-23.

recoge solo los juicios demoledores, aunque las ediciones o manuscritos desmientan que el periodo es la degradación descrita por algunos o el rastro de pobreza y vulgaridad sugerido por otros. En 1883 se presenta la compañía francesa de Luisa Theo con *La Mascotte*, ópera cómica de Audran. Figarola-Caneda, "Un chercheur cubain" o "un investigador cubano", en la revista *El Argumento,* compara a la mulata desarrapada con la ofensiva ópera bufa. Las escenas de alcobas en *La Mascotte* le parecen más repugnantes que las de la candelísima mulata cuando *empina el papalote*. [528] El investigador se decanta por la provocación desvergonzada pero nativa y rechaza la picaresca francesa. El mismo desprecio se observa en estas cuartetas publicadas en *La Habana Elegante*.

> Irá todo el sexo feo
> aunque se encuentra en la tea
> a contemplar a la fea
> de la Theo.

Se publica una melodía tomada de la obra:
> Tiene mi pepillo un talle
> y un andar tan saleroso,
> que cuando va por la calle
> yo quisiera hacerle el oso.
> ¡Ay palomo,
> dame el pico!
> !Ay qué rico![529]

La parodia, modalidad de la expresión bufa, satiriza con gran énfasis la ópera, la zarzuela y la opereta, los espectáculos más gustados

---
[528] Leal, Rine. *La selva oscura. De los bufos a la neocolonia*. ob.cit. pp. 181-182.
[529] Carvajal y Belló, Juan F. "A través de La Habana Elegante". *Revista de la Biblioteca Nacional José Martí*. (abril-julio 1957) pp. 34-68: 46.

de las clases altas y adineradas. En *Traviata o la morena de las clavellinas* de José Tamayo y Lastres, a Verdi: Margarita resucita de una indigestión con quimbombó al compás de un danzón bailado por toda la compañía y se organiza una «bachata soberana» por su cumpleaños. *Jorobeta* de Pepe Tamayo satiriza a *Rigoletto*, su *Caneca* al *Trovador*, *Pericona*, escrita por Ignacio Sarachaga a *La Perichole y Garrafón a La marina*.

En 1884 Salas prueba fortuna en México, a punto de un fracaso peor que el de los Habaneros. Se propone actuar en varias ciudades y el sur de los Estados Unidos pero no pasa de Veracruz. Su programa resucita a Arderíus ¡veinte años después! No pretende que se les juzgue como "grandes artistas". [530] Contra la opinión de algunos historiadores, Arderíus sigue vigente en el imaginario. *Los bufos de África*, de Sarachaga, manuscrito incompleto, es quizás una de las más sugerentes y rica en detalles sobre la vida interna del teatro. Valverde, Velasco, Lola y Ventura Roselló ensayan en el Albisu, cuando para alborozo general reciben la noticia de que Arderíus los ha contratado, pero en el segundo cuadro, naufragan en las costas de África y prisioneros de un rey lucumí, se dirigen a él con cantos y bailes como en *La vizcondesa del almidón*. Un análisis más profundo revelaría las veces que el nombre del creador bufo se menciona como intertexto.

Por suerte la crítica mexicana habla de los actores. El cómico [Ramón] Morales "agradó mucho y no carecía de gracia el apellidado [Francisco] Calle, que, vestido de mujer, hacía los papeles de característica. Pero "los sainetes y parodias eran en extremo monótonos y sus chistes y equívocos siempre los mismos".

---

[530] La María Belén, La pluma de tu sombrero, Ayes del alma, Retozona, Belencita, Angelina, Dame tu amor, Callejera, Aguanta, Carabalí, Mulatica, La gran mulata, Lucumí, Fasistora, La mexicana, Camagüeyana, Saludo al Camagüey, Los ojos de mi negrita, Los rumberos, Negra, tú no va a queré... La dulce trigueña, El pañuelo de Florencia, La Veracruzana, Calabaza amarilla, Los argonautas, La bulla, Negro bueno, La tea, Matancera, La mulata bailadora, Los caleseros, La plancha, La trigueña. Canciones: Conciencia, Eufemia, Pajarito, Bella Luisa, La perjura, La faz, El destino de Alloran, La cieguecita, Tú sola, El eco y la tumba, La flor marchita. La indiana, Isabel.

Entusiasman en cambio sus danzones, danzas y guarachas. "Alguna de ellas estuvo exornada con letra *ad hoc* para celebrar a México. La galantería no fue mala, pero sí los versos". "La concurrencia se les muestra hosca —escribe *El Monitor*— airada; de repente ríe con los chistes de un negro catedrático, y de repente estalla en silbidos y bastonazos cuando le carga ó fastidia un sainete [...] y los pobres bufos desconcertados porque cada noche temen una tempestad, ni aciertan á dar variedad á sus espectáculos". Sin embargo, popularizan las guarachas *Negra tú no va á queré*, *Los bufos*, *La mulatica*, *No aguanto*, *Los rumberos*, *La negra carabalí*, *La belencita* y *La Mexicana* y el danzón de Faílde interpretado por la orquesta de Raimundo Valenzuela. [531]

Entre los bailes se mencionan zapateos, yambú, anaquillé, papalotes, sungambelos, danzones y tangos. Pero sus sainetes "de subido color" no gustaron en El Principal y a punto del fiasco, siguen gira a Toluca y Campeche. Aparte de los actores citados, está con ellos el versátil Daniel Robreño, mientras que Obdulia Ramírez, sobrina de Salas, se gana al público. De regreso a La Habana, Salas sigue su aventura. Mellado y Arias tienen más suerte que Echegaray —escribe *El Sport*— ya que "la *féerie* del primero, titulada *El sueño de Perico*, cuyas decoraciones ha pintado el segundo, ha llamado anoche al teatro de Irijoa, una concurrencia verdaderamente extraordinaria.

> Parecía (por la cantidad, no por la calidad) una función del «Círculo Habanero» ¿Qué es *El sueño de Perico*? Nada: una exposición de once decoraciones del Sr. Arias, tres de las cuales son buenas, y las demás medianas, y la eterna defensa de los bufos. De todos los argumentos de que echa mano el Sr. Mellado para esta defensa, uno solo nos parece de alguna fuerza, y es aquello de que las pesetas se quedan en casa. Es esta una ventaja sin duda, ¿pero no cree el Sr. Mellado que, para obtener este resultado, sería

---

[531] Olavarría y Ferrari, Enrique de. *Reseña histórica del teatro en México*. Imprenta La Europea, 1895. V. III y IV. pp. 403-404.

mejor que el público no saliera de su casa y no fuera á Irijoa? De este modo las pesetas se quedarían en casa, sin tener que echar de la misma al buen gusto y, a menudo, la moral. [532]

En *Trabajar para el inglés* (1887) de la autoría de Salas, Ramona aprovecha el viaje de su marido panadero a Bejucal para engañar a sus enamorados, un gallego, un poeta, un italiano y un curro, quienes mediante un ardid, terminan en el horno después de increíbles incidentes. [533] Las obras recurren al estilo batiburrillo, inconexas, como un guión para incluir canciones y bailes. *El Sport* se entusiasma con *Los efectos del baseball o Habana y Almendares,* de Ignacio Sarachaga, representada en el Tacón, juego de *baseball* incluido, por "el deseo de fraternidad entre los equipos rivales y fanáticos". El teatro, según esta publicación, es un rastro literario y una academia del vicio.

> El teatro de Albisu se ha convertido en rastro literario. A los jóvenes que pensaron escribir obras para que fuesen representadas por la compañía de bufos, tendrán que retraerse para no ver confundidos sus nombres con los de Macuá y Caneca. Mientras se ensayan nuevas piezas, los artistas entretienen al público con obras maestras dignas de figurar en los carteles de los principales teatros de Ceuta. Y en verdad que esto puede crearle grandes dificultades á la Empresa. Después de *Los bufos en África*—pieza admirable por la trama y los detalles, hasta el punto de oscurecer á las mejores producciones del autor de *Divercons*– después de *Caneca y Caneca torero,* platos fuertes y sustanciosos, sería una necedad pensar que el público se conformase con obritas decentes y de buen gusto. Estas, por fuerza, han de parecerle insípidas. [...] Este sainete parece escrito en los terrenos de las murallas ó en los portales de Payret, á media noche. No basta presentar en varios cuadros a los tipos sucios y degradados que en ciertos lugares viven revolcándose en el fango y que

---

[532] *El Sport* 34. 26 de mayo de 1887. p. 4.
[533] Salas, Miguel. "Trabajar para el inglés".*Teatro bufo siglo XIX*. Antología. Tomo I Rine Leal, editor. La Habana: Editorial Arte y Literatura, 1975. 339-380.

son la escoria de la sociedad, sino que se les hace expresar todo su cinismo y todas sus desvergüenzas. Pero este conjunto de suciedades, estupideces y miserias, no era suficiente—á juicio del autor—á saciar el desordenado apetito de sus estragados consumidores, quiso llevar las cosas hasta el último límite y dotó á sus personajes de aficiones que no tienen, y que en otras sociedades son causa de atraso y embrutecimiento. Si el teatro debe ser escuela de buenas costumbres, es innegable que la compañía de bufos pretende convertirlo en academia del vicio. De ello puede estar satisfecha. Todavía no toca el telón al suelo y ya el público de las altas galerías repite como un eco las frases más chabacanas y soeces que pronunciaron los actores. *Caneca torero* es una obra indecente y sucia pero de gran trascendencia. El último cuadro representa una plaza de toros. Aparecen unos cuasi-toreros, un cuasi-toro, un archipenco y las gradas atestadas de lo más granado. Se oyen gritos y silbidos y el público se entusiasma. Entonces si que se puede decir con tristeza: ¡lo mismo aquí que allá!

Los actores que trabajan en Albisu se han empeñado en hacer parodias y en exprimir motivos ya gastados. Lo primero, es mucho más difícil de lo que ellos piensan, pues una parodia debe ser tan ingeniosa como genial la obra; lo segundo indica falta absoluta de imaginación y lamentable decadencia. La triste apoteosis de los bufos, puede representarse de la manera siguiente: el arte, un ángel bello descendiendo espantado de las alturas, entre sombras, apagada la antorcha y abatidas las alas, y sobre él, nuevo San Miguel, Caneca triunfante —con un frasco de ginebra por flamígera y por casco sombrero pringoso— arrojándole para siempre de la escena cubana.

¿Cuándo nos va á probar el señor Salas que es actor, que sabe hacer algo que no sea Caneca, algo que no sea un mamarracho? Los que tienen talento cómico lo demuestran interpretando distintos papeles. Mas, por lo visto, el Sr. Salas es el Bismarck bufo, no porque sea el primer bufo, sino porque así como aquel personaje se empeña en no usar otro traje que el eterno uniforme de coracero ó de bombero del comercio—que en este momento no recordamos,—él (Salas) se ha propuesto presentarnos un borracho crónico. [534]

José María de Quintana, autor de *Caneca torero*, escribe *Llueven bufos*, muy menor, hecha a retazos, en la que un "habitante" hambriento y desamparado, llega por azar a una empresa de contratación de artistas. Como en *Caneca* con *El trovador*, una obra teatral, esta a vez el *Tenorio*, es intertexto. Se estrena en el Irijoa ya que por esas fechas el escenógrafo y pintor Miguel Arias, con su conocimiento del *atrezzo*, ha terminado los falsos techos y la embocadura de un teatro que será legendario, inaugurado el domingo 8 de junio de 1884 y construido para el clima del país y llamado "de las frescas brisas". Allí transcurre la etapa final de Salas.

¿Quién tiene razón, Coronado o Lola María, Zerep o *El Sport*? Difícil juzgar con tan pocos registros. Según una maltrecha fotografía, Salas parece un *dandy* en una obra de Oscar Wilde, por lo que es difícil imaginarlo como un tambaleante masca vidrios. Kostia dijo ¡Llegó Salas, se salvó el país!, mientras otros lo declararon borracho *crónico* y al Albisu, "rastro literario". Sus actores fueron condenados porque no leían bien, pero se resistieron a dejar la escena mientras el público los acompañó. ¿Y si no leen bien pero cantan, bailan, son astros del chiste y la morcilla y se comunican con los espectadores? ¿Por qué han permanecido?

Casimiro del Monte comprende la naturaleza de la "decadencia". Culpa al intérprete de "destrozar la obra dramática más famosa por ignorancia" y por "el descaro con que se presentan a desempeñar los primeros papeles, algunos que apenas si saben leer bien y la indiferencia, sobre todo, con que se atreven" y los responsabiliza con su degradación. Al describir la "concurrencia pobre e ignorante" que rompe en "estrepitosos aplausos cuando menos lo espera el actor" recuerda al Viajero cronista de *El príncipe jardinero... empapado* en los

---

[534] *El Sport* 24. 17 de marzo de 1887. p. 6.

objetos en 1791 como si el tiempo se hubiese detenido. Culpa a "la falta de escuela –dice– donde pudieran los aficionados perfeccionarse en la declamación y el deseo de acumular más oro que laureles". Concluye que "son tan pocos los buenos actores en Cuba, y aún menos los que entienden algo de literatura dramática". Casimiro escribió la pieza *Rosas y diamantes* –con una crítica muy desfavorable de Muñoz y García– y *El que nace p'lechón,* estrenada por Salas. [535]

Estos dos primeros años de bufos conocen otros incidentes.

En 1880 Fernanda Rusquella actúa con Pedro Delgado. Joaquín Robreño le escribe un soneto. Su apellido da nombre a una sedería en la calle Obispo como hubo peinetas Ristori, dulce Gazzaniga y pañuelos Lind. Andrés García Rivas, el galleguito, muere apuñalado el 19 de octubre de 1880.

En 1882 –en medio del auge inaudito de los bufos de Salas– se embarga a Torrecillas quien se refugia en las provincias orientales. Según *El Museo* las funciones de la Tressero tienen poco público mientras en la Sociedad El Progreso Antonio Ayala divierte con juguetes cómicos y José María del Río es muy apreciado en la Caridad del Cerro. Saturnino Valverde estrena *1881-1882* de Joaquín Robreño que para estas fechas ha tenido un recorrido extraordinario. Nacido en 1841, versátil actor además de director y escritor, empezó a los siete años en el elenco de *Quien tiene tienda que la atienda*, de Rafael Otero. Ha actuado con su familia, los Bufos Habaneros de 1868 y los conjuntos de zarzuela.

El 26 de agosto de 1885 Ernesto Figuerola dice un monólogo de Aurelia Castillo y en el Cervantes sube *La sanguinaria,* parodia de *La pasionaria,* de Cano, estrenada por Burón.

---

[535] Del Monte, Casimiro. "Del teatro y su decadencia en Cuba". *La Ilustración Cubana* (1885) 1 no. 24 de agosto de 1885. 186-194. 2, no. 25. p. 194. Reproducido en en *Tabla*s 1 (2012). pp. 16-20.

En Albisu *El mulato de Murillo*, de Rafael Villa, recrea la vida de Sebastián Gómez, pintor de origen morisco, supuesto discípulo del sevillano, pero en el texto hijo de esclavos de América. Localizada en el siglo XVII, la interpretan Regino López, Antonio Ayala, José la Morena, J. López y N. Bravo. [536] Luis Robillot en 1887 trabaja en casi todos los teatros de La Habana, publica sus monólogos cómicos y dirige durante cuatro años el Albisu. Al fin se realiza la demolición del Villanueva. Obdulia Ramírez, E. Meireles, Petra Moncau, Inés Velasco, Miguel Salas, Arturo Pozo, Antonio Sierra, Joaquín Robreño, Manuel Mellado, José Hernández, Francisco Calle, Gonzalo Hernández, Enrique Soto, E. Prado, Manuel Bori y Jesús Pera, entre otros, integran el elenco de Salas.

---

[536] Villa, Rafael. *El mulato de Murillo*. La Habana: La Correspondencia de Cuba, 1886. Se estrena el 4 de septiembre de 1886.

Pablo Pildaín nació en 1842 en Puerto Príncipe

El Fígaro dedicado a Paulino Delgado.

Luisa en *Adriana Lecouvreur* en 1916.

¿Actores bufos en los cromos de tabaco?

Luisa, Paulino y Pablo

Entre los días 2 y 20 de abril de 1888 Luisa Martínez Casado actúa en La Habana con la compañía de Burón, muy criticada por la baja calidad de sus «arreglos», entre ellos *Hamlet* y *La dama de las camelias*. Una temporada reseñada con aplastante puntualidad por Aniceto Valdivia (Conde Kostia) en folletines diarios para *La Lucha*. Luisa y Aniceto coinciden en Madrid: el escritor busca su lugar como poeta y dramaturgo con artículos incendiarios, estrenos polémicos y una presencia molesta para algunos en *Madrid Cómico*, sin contar las críticas demoledoras publicadas en la isla. [537]

> España nos la envía, pulida y completada, nos la devuelve, compasiva ante el estado actual de nuestro teatro tan degradado y cruelmente desprestigiado. Trae aún imborrables sobre su frente soñadora, los besos con que la despidiera la patria de Matilde y Teodora, en sus oídos el eco de la voz que le imponía el consuelo a nuestras penas y en su alma el juramento que pronunciara, puesta la fe en Dios y el pensamiento en Cuba, el de ofrecer en aras de la patria cubana el tesoro artístico con que Dios la dotara. [538]

La llama paisanita, sacerdotisa, maga, y la sigue con frases inflamadas; celebra su modestia, cree que ha bajado al "foso de las fieras" y ha salido ilesa. Si el Conde es un admirador a veces excesivo, Justo de Lara la celebra con aplomo.

> La señorita Casado ha vuelto convertida en una actriz de primer orden, no obstante los débiles recursos que el repertorio español

---

[537] En *Madrid Cómico* sostiene una polémica con Palacio Valdés y con Clarín, publica una escena imitación del siglo XVII, su poema "Ultratumba" y traducciones.

[538] Valdivia, Aniceto (Conde Kostia). *La Lucha*. Crónicas publicadas entre el 2 y el 20 de abril de 1888.

puede ofrecer a una dama. Su voz de timbre dulce, extensa, que se oye perfectamente desde todos los puntos del vasto teatro de Tacón, sus maneras adecuadas al carácter que interpreta, llenas de inspiración del momento dramático [...] sin faltar jamás a la corrección y el buen gusto. Su fisonomía, expresiva y movible capaz de representar todas las pasiones humanas, desde la más fuerte a la más débil; sus ojos hermosísimos, manejados con habilidad extraordinaria y lucimiento; cuanto constituye en suma, las buenas y deseables condiciones de una actriz dramática... [539]

Ezequiel García, sin embargo, le hace muchos reparos, discute si la escena de Madrid, en decadencia, le ha enseñado algo.

Y en efecto: la Srta. Casado que es un temperamento artístico, que posee grandes cualidades, no sólo no se ha revelado sino que no lo conseguirá a menos que no se de el raro fenómeno de que encuentre en su genio elementos y condiciones que le permitan estudiar en si misma, en lo que aún es deficiente y llegar a un alto grado de perfeccionamiento ajustándose al ideal que existe en su imaginación. [...] Hoy como primera actriz es solo una esperanza [...]

Y añade sus objeciones. "Su figura es simpática, pero su acción es convencional; no saca partido a sus acciones, de gran movilidad, y no aprovecha el tesoro que tiene en sus ojos, en esos hermosos ojos capaces de interpretar solos un drama". "Sus defectos capitales son: un exceso de ingenuidad en la acción y en el decir –que caracteriza a la Tubaut [sic] y a la Alverá de Madrid– un quejido con el que termina los versos, cortándolos con detrimento de las inflexiones de la voz, que sobre todo, en las tiradas largas, resulta insoportable". Aunque su blanco es *Hamlet*, es muy revelador que escriba que Burón "lo ha

---

[539] *La Patria* de México. 2 de mayo de 1888. p. 3.

presentado sin actores, sin decoraciones, sin trajes. Él, que conoce a la generalidad de nuestro público –sobre todo a la tropa de las altas localidades– que le ha visto aplaudir delirante los dramones más estúpidos y retorcerse de placer al escuchar los patrióticos; no había de detenerse en estas tonterías?" Piensa que "Las cenizas del gran inglés se habrán agitado en su tumba de Stratford!" [540] Sin embargo un *Hamlet* desnudo, sin adornos, abalorios ni apuntador, está más cerca del espacio vacío de Peter Brook que del oropel romántico.

En México la esperan innumerables reseñas y artículos: un encuentro singular con el público. La crítica «descubre» a la "hechicera cubana" de esbelta figura cual "cimbradora caña sacudida por el huracán del genio". Una actriz "no en el ocaso sino en la plenitud de sus veintiséis años", escribió el crítico de *El Siglo Diez y Nueve*. [541] Armando de María y Campos la llama "ídolo" de México. La frase "Soy una actriz española nacida en la perla del sur" está en uno de sus libros. Su quehacer es agotador y la prensa divulga sus cartas íntimas: "el vapor no ofrecía comodidad alguna, el calor era sofocante", "la debilidad que en mí produce la anemia se hacía cada vez mayor. Si hubiéramos tardado en llegar a Progreso, me parece que en el mar me hubiera quedado para siempre". Así todo "mareada, débil, soñolienta", desembarcó, trató de dormir, pero le fue imposible "la exaltación de mi cerebro era mucha". A fuerza de café hizo los cuatro actos, representó *Lo positivo* y *Pobre porfiado* en "estado de sonambulismo". "Hace ya dos semanas que trabajamos sin parar", escribe. "A pesar de mis luchas con el sueño, el cansancio y mis nervios, comprendí que las comedias agradaron en esa cultísima capital".[542] El *Álbum de la mujer* le dedica su portada. [543] En México, de acuerdo a varias publicaciones, tiene una recepción más calurosa que en La Habana. *La España Artística* observa que hay bravos, bis y se acostumbra como señal de aprobación que el público pida a la

---

[540] García, Ezequiel. *El Sport*. no. 25. 13 de abril de 1888. pp. 8-9.
[541] Zamora, José M. G. *El Siglo Diez y Nueve*. 9 de mayo de 1888. p. 2.
[542] Una carta de Luisa Martínez Casado. *El Tiempo*. Diciembre 4 de 1888.
[543] *Álbum de la Mujer*. 13 de mayo de 1888.

orquesta un toque de diana. De acuerdo a *Cartas de México*, gracias a las ganancias obtenidas en América, Burón, dueño de un teatro en Cádiz, quiere pero no consta construirle un edificio. [544]

Y al año siguiente –acompañada por Antonia Contreras– el público se divide en contreristas y casadistas y sostiene batallas increíbles a favor de una y otra, que un día amenazan por acabar con los nervios de las dos. Y a propósito de una estrella pintada en su cuarto del teatro e interpretada como una alusión política a la guerra de Cuba, declara "Soy española, en Cuba todos no son insurrectos". Sus palabras producen tal acaloramiento y revuelo entre la colonia española que *México Gráfico* publica su caricatura con la paloma y la estrella de tantas "consecuencias". [545] Dedica una de sus funciones a la esposa de Porfirio Díaz y recibe una apoteósica ofrenda de flores en su beneficio, que algún desocupado se ocupó de contar. Los incidentes de la gira se detallan especialmente en los periódicos *El Siglo Diez y Nueve* y el *Diario del Hogar*, donde escribe su amiga Fanny Nataly de Testa (Titania). Se divulga si está inspirada o agotada, si unos versos de Campoamor son o no escritos para ella y otros pormenores y cotilleo. [546] Es la primera actriz de la isla que nos revela algo de su intimidad. Casi todos los cronistas son entusiastas, pero algunos vuelven a los vicios señalados por García Sentenat. Su "monótono acento, alarga las vocales, las redondea y luego las aspira como una bocanada de humo. La frase resulta por consiguiente incolora y vaga". Su declamación es "en extremo amanerada por sus ampulosas y marcadísimas transiciones".

El crítico de *La Patria* señala que "Burón no interpreta, ni siquiera comprende los delicados matices de las obras francesas, si es mediano en el género español, es nulo en el francés". [547] Aunque más adelante la

---

[544] *La España Artística* no. 3 del 23 de junio p. 3 y no. 21 del 8 de noviembre. p. 2. (1888).
[545] *México Gráfico*. 1ero de septiembre de 1889. p.
[546] *El Siglo Diez y Nueve*. 15 de junio de 1888. Titania comenta la carta recibida de un anónimo cronista relacionada con un poema que Campoamor copió en su álbum pero no fue escrito para ella.
[547] Pattes de Mouche. *La Patria*. p. 2.

celebra en el papel de Adelina, las críticas negativas son excepcionales porque indagan en aspectos técnicos como la colocación de la voz, la dicción y la postura en momentos en los que en la isla prima sólo la adjetivación. Pero en lugar de aprovechar el furor obtenido en México, vuelve a España con una compañía con el nombre de su padre. Desde el 26 de octubre de 1889 hasta 1890 recorre casi todo el país junto a su familia, acompañada por Emilio Thuillier e Isaac Puga como cómico. Burón, decepcionado, comprende que los mexicanos la esperan y la vuelve a contratar. Regresa al Tacón para gran éxito el 27 de diciembre de 1890 con *Locura de amor*, lleno total en butacas, tertulia de señoras y caballeros y en la cazuela, triunfo repetido en el Esteban y entre abril y julio en Caracas. Julián del Casal se detiene en "el cuerpo esbelto, la voz clara y bien timbrada" y comenta que "su amor al arte es sólo comparable a su modestia [...] viéndola en escena se diría que no tiene conciencia de sus méritos, por la naturalidad con la que desempeña sus papeles. Además posee tal candor en la mirada y tal inocencia en la sonrisa que encanta a todos los que la escuchan". [548]

Vuelve a México en 1893. Luisa no ha sido ingrata. *El Mosquito* de 19 de abril dice que los veracruzanos están muy contentos porque empieza la temporada cálida y nadie se imagina ver algo digno en el Principal, cuando llega una *troupe* sin bombo ni ruido y hace una función extraordinaria de *Locura de amor*. [549] Un crítico que firma Incógnito no puede añadir a lo dicho por Zerep, a quien todos leen en Veracruz.[550] Pero desgraciadamente Rafael Pérez Cabello, (Zerep) estima que en la isla no hay ningún actor excelente, sino que todos son "estimables".

Este país, que produce publicistas como Saco, oradores como Labra y Montoro, y poetas como Zenea y la Avellaneda, todavía

---

[548] Casal, Julián del. *Prosas*. t. III. La Habana: Consejo Nacional de Cultura, 1964. pp. 35–36. Publicada en *El País*, domingo 23 de noviembre de 1890.
[549] Pérez Cabello. Zerep. Ob.cit. 101-102, 159-160.
[550] *Diario del Hogar*. 14 de abril de 1893 y 23 de abril.

no produjo un cómico ni una actriz de verdadero mérito. Los que más de una vez la gacetilla ha tenido por tales, elevándolos á los cuernos de la luna, no son otra cosa que apreciables medianías, casi indignas de tomarse en cuenta. No ofrecen, con efecto, tema suficiente para un juicioso estudio.[...]
Los artistas nacidos en Cuba, que yo conozco porque los he visto representar y que intelectualmente llegaron á su límite –la Casado, Delgado, Pildaín, por nombrar algunos– no son más que estimables, á ratos distinguidos y más de una vez insoportables, dada la manera declamatoria, efectista, del gimoteo y las transiciones bruscas que adoptaron. Yo sé, me consta, lo he leído, que más de un cronista guasón los ha llamado ilustres y geniales: pero ¿quién fía en la crónica irreflexiva, enfermiza, hastiada en ocasiones, que lo mismo que hoy eleva con el ditirambo, mañana lo suprime y soterra con la burda chanza ó la frase violenta? [551]

La prensa de México está al tanto si Luisa enferma o cuándo se restablece, si su vapor no puede hacerse al mar por un temporal, si se hiere un muslo con un cuchillo en *María Rosa*, de Guimerá o no le caben los decorados de *La pata de cabra*. Como México la entendió tanto y su recorrido allí ha sido el de muchos antes y después de ella, con críticas preciosas, sentidas y emocionales, su carrera está siempre asociada a sus temporadas mexicanas. En 1899 está en Cárdenas después de actuar en Colón y llega a Cienfuegos desde donde parte a Venezuela.

Mientras Luisa recorre la isla, México y otras ciudades americanas, Paulino, a partir del 18 de febrero de 1888, actúa con su compañía en el teatro Principal de Granada. Veinticuatro funciones con su esposa Alejandrina Caro y un repertorio de obras «modernas» como *Meterse a redentor, Los dos fanatismos, El sombrero de copa, El otro, El capitán María, La realidad y el delirio, El angel caído* y "antiguas" como *El trovador, El octavo no*

---

[551] Ob. cit. 159-160, 101-102.

mentir y *La pasión y muerte de nuestro señor Jesucristo*, esta última muy criticada. Primer actor y director, contrata a un extenso reparto integrado por maquinista, guardarropía, peluquero, gasista, sastre y pirotécnico, según el programa de mano. [552] *La España Artística* reseña sus giras a Valencia, Málaga, Córdoba, Puente Genil y Linares. En junio de 1889 tiene una gran acogida con el drama de Echegaray *Lo sublime en lo vulgar,* se dice que escribe *Linares a vuela pluma* pero en Jaén *El jorobado*, ¿de Juan Belza, de Olavarría? se considera muy desigual, ya que una nota refiere que sólo se le oía a él y a Caro.

Bautiza a su primer hijo en la Logia y se rumora allí quieren construirle un teatro (Coronado lo asegura, cuatro comerciantes aportan el dinero) hasta que el 29 de agosto parte desde Santander a La Habana contratado por Narciso López. El 18 de septiembre llega, sigue a Cárdenas, Matanzas y Cienfuegos mientras que en noviembre no hay nadie en el Irijoa, el teatro de la mala suerte. Repite el repertorio de Burón. Concluye en el Tacón con *La carcajada*. Francisco de Paula Coronado lo distingue como "el único actor dramático cubano", texto sobre sus méritos, con datos biográficos, un recuento de sus giras por España y su arraigo en Linares. Se concentra en su entidad trágica.[553]

> ..se descubre la fiereza de un alma templada al fuego de los afectos y he aquí el por qué vigoriza las escenas en que se mueve el sentimiento, ora sea triste, ora alegre, ora de furia o de espanto. En Paulino palpita una fuerza estraña que sólo los grandes corazones sienten, una fuerza que tiende a personificar los artistas con el

---

[552] Programa de la Imprenta del Anunciador, Granada, 1888. Rosario Altamira, Matilde Esterg, Amelia González, Manuela Moral, Rosa Tobar, José Berenguer, Juan y Ramón Campos, Vicente Ferriz, Luis Mazoli, Luis Mendoza, Francisco Mora, Carmelo Moreno y Manuel Vigo, los apuntadores Antonio Gómez y Luis Ortiz.

[553] Coronado, Francisco de Paula. "Un actor" *La Habana Elegante* no 43. 27 de octubre de 1889. pp. 6-7. Cf. César de Madrid (Francisco Coronado). *Frutos coloniales*. La Habana: La Propaganda Literaria, 1891. p. 94.

carácter que interpretan, y les obliga a hermosear las creaciones del poeta, forjadas en los ensueños de la fantasía...

Así nos explicamos el colorido, el movimiento y vida que da al Ernesto del *Galeoto*, la simpatía en que envuelve el Bernardo de *Lo sublime en lo vulgar* y el mágico terror que infunde en *La carcajada*, cuando presenta al estudio del observador, los terribles esfuerzos de la razón en lucha con la locura, el espantoso extravío de la conciencia removiéndose bajo el peso de una mancha a los gritos estridentes de un crimen.

La portada de la publicación con su retrato, dice lo siguiente:

Hace pocos años que un adolescente, en cuya alma aleteaba una vocación irresistible por el arte, y bullía en su cerebro un deseo ardoroso de gloria, se nos dio a conocer como actor de hermosas esperanzas. Ese adolescente era Paulino Delgado.

Su país, como pocas veces sucede, le alentó, la prensa diole consejos y estimulado el naciente artista, partió para la pensínsula en pos de enseñanza y de lauros. Allí, junto a los maestros del arte dramático, estudió, luchó y venció y en pocos años se ha convertido en un actor notable, en heredero legítimo de los tiempos de Vico y Calvo. Ha vuelto a la patria, como vuelve a su hogar querido, el estudiante ausente: con el título de su valimiento. El público que antes alentaba al joven inspirado, ovaciona hoy al artista genial.

Cuando murió Calvo, dijimos que en la escena española quedaba un vacío irremplazable. Nos equivocamos. Irreemplazable, no. Paulino Delgado puede llenarlo con su talento y su estudio. ¡Cuánto gozo para sus amigos que le queremos y qué orgullo para Cuba!

La percepción de los reseñadores y periodistas de la isla difiere de la prensa española, donde comprenden sus empeños, pero lo miden por los consagrados. De La Habana pasa al Arbeu de México entre el 21 de noviembre de 1889 y el 21 de enero del año siguiente, con un público «esquivo», ya que repite el repertorio de otras figuras españolas. Se insiste en su "falta de novedad". Sin embargo, se le considera estudioso en extremo de los detalles y transiciones. *El Tiempo* del 15 de diciembre de 1889 celebra que trabaja sin apuntador. Pero sus giras lo sitúan en un lugar único. Puerto Rico y Santo Domingo (1890), Costa Rica (1892-94), Perú (1892-93), Guatemala (1894), Haití (1895), además de Ecuador son locaciones y fechas tentativas de un periplo no historiado. Por las escuetas reseñas de *La España Artística*, Prudencia Grifell interviene como dama joven en su gira a Santo Domingo.

En 1892, durante una breve temporada en Cuba, encuentra a Augusto E. Madán, quien a insistencia suya escribe *El rey mártir* (1894), no estrenada en Matanzas porque el Esteban está ocupado por un teatro de marionetas. Más conocido es el episodio ocurrido el 10 de noviembre de 1894, al finalizar *Felipe Derblay,* de Jorge Ohnet en Costa Rica. Antonio Maceo y Enrique Loynaz asisten al Variedades, esta vez a beneficio de Ricardo Valero, y después de la función, hieren a ambos en un altercado. Paulino y Maceo son amigos íntimos por lo que se especula que el actor simpatiza con la independencia, pero su actividad patriótica hasta hoy es desconocida. Al parecer masón, no han trascendido sus ideas políticas. En 1894 trabaja en los preparativos de una compañía Vico-Delgado.

Vico, cansado, enfermo y temeroso del mar, llega a capital que lo aprecia de todos modos. Es una leyenda, un actor que "arrebata", se ha dicho, mientras otros como Emilio Mario sólo convencen. Con cincuenta y cuatro años, vencido y afónico, tiene muchos deseos de volver a los suyos pero así todo anuncia en enero, desde el hotel Inglaterra, una gira por América del Sur. Según comunica a *Las Novedades* de Nueva York, espera actuar en México y arribar al «coloso del mundo moderno». Sin embargo, el periódico lo previene de que lo más importante son las condiciones pecuniarias ya que el talento e incluso el genio podían fracasar "en los escollos de la realidad mezquina". Desilusionado, en abril, en un almuerzo invitado por los artistas habaneros, reconoce su fracaso. "Las Américas de ayer no son, por desdicha, las que yo me he encontrado." Su testimonio aparece en *Cuarenta años en la vida de un cómico*, publicado póstumamente. [554]

Mientras Luisa y Paulino giran entre 1888 y 1891 por varias ciudades americanas (Paulino participa del beneficio a Alejandro Garrido en Caracas con *La carcajada*), Pildaín, incansable, visita el interior de Cuba. En 1888 *El Sport* lo considera el "Burón de ese año", tan puntual y socorrido que aburre, ya que "pasa sus noches entre *Pasionaria* y *Polvos de la madre Celestina"*. Con un peso billete puede el espectador entrar y sentarse. "No es posible exigir mucho de una compañía que se conforma con poco."[555] Otros en cambio lo elogian porque entretiene con entradas baratas.

A finales de 1888 Ana Suárez Peraza muere en Cárdenas. Su entierro es una sentida manifestación de simpatía que recuerda el de Matilde Domínguez. Pero nada detiene a Pildaín. Actúa en el recién estrenado La Caridad de Santa Clara con la hija de Anita, Pilar, y en los meses siguientes recorre Santiago de Cuba, Manzanillo y Trinidad con *Los hugonotes*, *El señor gobernador*, *Lo sublime en lo vulgar* y *Manantial que no se agota*. En agosto está en el Ugarte de Sagua la Grande y en 1890 gira a Puerto Príncipe y actúa en Cienfuegos, en el opulento Terry.

Escrita en cuatro días para Ricardo Valero, se estrena *La lucha por la vida* de José de Armas y Cárdenas (Justo de Lara), el 27 de marzo de 1895, publicada con el título de *Los triunfadores*. Su españolismo ha prejuiciado a muchos, el mejor melodrama cubano del XIX. Luisa Calderón la protagoniza. Sorprende por su falta de sintonía con la

---

[554] *La Unión Católica* del 2 de enero de 1895. *La Correspondencia de España*. 17 de marzo de 1895.
[555] *El Sport* no. 38. 27 de julio de 1888. p. 6.

situación del país, inmerso en la que Martí llamó la guerra necesaria, enfrentado a una lucha sin cuartel en la manigua. Sin embargo, el debate moral subyacente, las conductas sórdidas de las familias pudientes y sobre todo, el personaje de Andrés Ramírez, que intransigente y cínico, desnuda las tramas ocultas con las armas que ellos mismos esgrimen, la hace sobresalir. La acción se desarrolla en Madrid, en vísperas del matrimonio de Luisa, hija de un acaudalado banquero. Pero antes de formalizar el compromiso, este quiebra y pierde su fortuna. Deshonrada por el que sería su prometido, Luisa se arruina cuando la boda se cancela. Su padre, Juan Pimentel, personifica la honestidad en un mundo de fieras ya que se niega a los ardides bursátiles que podrían haberla salvado. Humillada y altiva, el padre del novio cree que Pimentel compra con dinero el matrimonio y ella es amante de Ramírez. Muerto el padre del disgusto, Ramírez pregunta "¿por qué permites el triunfo de los infames"? Si hay dos actos concentrados y bien escritos, su epílogo en cambio está plagado de efusividad cursilona. Luisa agoniza en un hospital con otro nombre para no manchar la memoria de su padre y en su lecho de muerte, narra su odisea a una baronesa que apenas la cree. Rechazó a Ramírez y ha caído en la mala vida como las heroínas de las zarzuelas. El autor *trae por los pelos* al médico, la baronesa, el seductor y su esposa y a Ramírez para una inverosímil acusación final. Todos son cuervos y él es "la voz de la conciencia". El prólogo a su edición se dedica más que nada a justificar el epílogo. Pero a pesar de sus debilidades, debe al auge del teatro de Echegaray su garra dramática y su *pathos*. [556] Justo de Lara, en uno de sus últimos textos ensayísticos, vuelve al tema en "El melodrama y Pixerécourt".[557]

---

[556] Lara, Justo de. (Seud.) *Los triunfadores*. La Habana: Imprenta del Comercio Tipográfico, 1895.
[557] Armas y de Cárdenas, José de. *Historia y literatura*. La Habana: Jesús Montero Editor. Librería Studium, 1915. pp. 273-279.

Hacia el Alhambra

Ninguna trayectoria como la de Raimundo Cabrera explica el tránsito de la sensibilidad bufa a la que inspira el estilo alhambresco, aunque el abogado y político rompe con su pasado sainetero y nunca escribe para el Coliseo de Consulado y Virtudes. Autor teatral desde los doce años, sus piezas catedráticas de 1864 y 1868 (*Un círculo literario y El fin de una discusión*) interesan a Salvador Salazar para su elogio pero no a los futuros repertorios. [558] A petición del actor Agustín Ballós, del teatro Cervantes, no hace caso de los prejuicios contra ese enclave de dudosa moralidad y adapta *Un baile en ropa de cámara*, de Labiche y Michel. También escribe una zarzuela de tema indio, *Hicaona*, con música de Hubert de Blanck y varias piezas infantiles. Pero muy joven renuncia a su puesto de consueta en un café cantante de la calle Amargura para no "apuntar" *Lo que pasa en la manigua* porque insulta a los independentistas, experiencia devastadora que le sirve para conocer más al apuntador. No transcurre demasiado tiempo y el 3 de febrero de 1888 estrena *Del parque a la luna*, con música de Manuel Mauri, bufo político, puesta durante 106 noches, celebrada por su disección de "los males coloniales" y su arremetida contra los excesos bufos al situar la música por encima de los libretos.

> La música es sandunguera
> pero la letra... qué horror!
> esos los cantos de Cuba
> dicen los bufos que son.

---

[558] Salazar y Roig, Salvador. *Elogio del Dr. Raimundo Cabrera y Bosch, académico de número, leído por el Dr. Salvador Salazar y Roig, académico de número, en la sesión solemne celebrada en la noche del 30 de mayo de 1925*. En el portal *The United States and its Territories 1870.1925. The Age of Imperialism*.

Deliciosa revista musical, insiste en la temática del "viaje". En el Parque Central de La Habana, en un quiosco, se venden boletos para emprender una travesía lunar a bordo de un electro motor inventado por el francés Floripan. Para probar suerte, se inscriben propietarios arruinados, un periodista de oposición, un guajiro asaltado por ladrones, un maestro empobrecido, una turba de mendigos, un quídan [sic], y otros entusiastas, entre ellos la bella Rosa: todos huyen de la ciudad con el infernal astrónomo.

> Somos de La Habana
> tierra de Colón
> venimos en busca
> de un mundo mejor.
> Un hombre que los ve partir exclama:
> ¡Emigra la gente toda
> de esta tierra sin fortuna!

En la luna los recién llegados comprenden que allí no hay dinero, enfermedades, palacios ni acreedores, sino el universo plácido de un "platanal" con hermosas ninfas en *negligé*, (decoraciones de Miguel Salas). Aunque depauperados, se adueñan del danzón: "esencia de la almíbar coreográfica". Para comprender el impacto del ritmo, años después, un comentarista mexicano, al recomendar los bufos de Gonzalo Hernández, explica que "no es porque los artistas valgan la pena, ni el repertorio, sino porque una orquesta *de color* toca danzones" y a la pregunta de ¿qué es el danzón?, responde: "la orgía puesta en música." [559] En *Viaje a la luna* reaparece la probada estructura de *El proceso del oso* de Ramón Morales. Con canciones y guarachas, ("Muley") hay un guiño crítico a los bufos cuya "*trouppe* prospera/ y con las artes acaba. Si las costumbres no pintan/a lo menos las rebajan/la moral pública pierde, pero el empresario gana". El texto incluye las escenas

---

[559] Lópe I. *El Mundo*. 7 de octubre de 1898.

sustituidas por el censor –suplantadas por diálogos de actualidad– en los que el actor, a petición del apuntador, conversa con el público acerca de la vida política y los sucesos del día. [560] El segundo cuadro –entre dos astrónomos– sufre cortes por ese motivo. Por decreto, se ha eliminado la censura previa, pero se mantiene el censor de teatros que a cambio de un *billete de favor*, revisa el libreto diez días antes de la representación. En esa escena los personajes del Liberal y el Conservador difieren en sus puntos de vista sobre *austronomía*, dos caras de la contienda política ya que los liberales llaman *austriacantes* a los cubanos partidarios del gobierno. La edición cubana carece de la nota.

Vapor correo (1885), en un acto y cuatro cuadros, música de Rafael Palau, se estrena el 2 de noviembre de 1888, después un oficio gubernamental. Juan, un periodista liberal, acude al muelle de La Machina a despedir a Luis, un catalán que marcha a Buenos Aires. El muelle está lleno de boteros, empleados de aduana, policías, transeúntes que como en la anterior, reflejan el caos de la sociedad. La Universidad "parece una ruina", hay un solo hospital, las bibliotecas no hacen falta y sobre todo, los españoles como aves de paso, se enriquecen pero no se sienten ligados a la isla. Fraude administrativo, contrabando, favoritismos, todo desfila en *Vapor...* con sus bailes ñáñigos y sus coros.

¿Bibliotecas?
No hacen falta
do reina el mercantilismo;
pero hay escuelas de bailes,
vallas de gallos, garitos
y otros lugares selectos
que enseñan más que los libros.

El periodista, fiel a sus obligaciones, declara sus temas de interés:

---

[560] Cabrera, Raimundo. "Del parque a la luna". *Teatro bufo siglo XIX*. Vol. 2 pp.125-183.

> los bailes del Louvre
> sucesores de Escauriza;
> las carretas de caballos
> y las veladas continuas
> de círculos y liceos,
> y de otras peores manías
> podemos nuestras columnas
> llenar los folletinistas.

A pesar de su gastado argumento sobre "los pobres que se marchan ricos", el día anunciado para el estreno —cuenta el corresponsal de *La España Artística*— llega la prohibición. Pero como las obras censuradas son éxitos de taquilla, "vivirá mucho tiempo en los carteles." Después de algunas modificaciones, continúa con mucho público en el Cervantes.

El interés de Cabrera por el teatro como vehículo de prédica autonomista termina con *Intrigas de un secretario* (1889), más endeble y moralizadora que las anteriores. Estamos a un paso de inaugurar un recinto capaz de reunir *calembour* sexual y sátira de actualidad.

El 2 de marzo Tacón estrena *Patria y libertad,* de Marcos Zapata. Cervantes representa *La Mascotte* el 15 de julio y *El grito del pueblo,* cuyas alusiones políticas entusiasman al público. El actor Manuel Rodríguez es agredido en la acera del Louvre después de recibir los insultos de Enrique Granados.

El corresponsal describe el panorama:

> En esta capital, hay siete teatros, cuatro están trabajando; entre ellos se halla el de Tacón, el más hermoso y más antiguo de nuestros coliseos, es el destinado para las compañías de ópera en temporada de invierno: en el verano actúan compañías dramáticas y de zarzuela; en el presente actúa en dicho teatro una compañía

infantil, formada por el distinguido profesor Justo Goret con una niña como estrella, Carmen Ruiz. El público está cansado de ver *La Mascota,* pues hemos tenido noches de representarse la misma obra en cuatro teatros a las vez. Hace noches los periódicos habaneros publicaron *El álbum de Carmen Ruiz.* En el Albisu actúa la compañía de zarzuela de Luis Robillot, con las aplaudidas Fernanda Rusquella, Carolina Campini, la Carmoa, los hermanos Areu. En el Cervantes, una compañía de zarzuela. En el Habana una compañía de bufos. Los teatros Irijoa y Torrecillas están cerrados. [561]

Si se compara con la nota "Síntoma consolador, abundancia de teatros", de acuerdo con Juvencio, hay un local menos.

Fuera del teatro chino de la calle Zanja –y me refiero a él solo porque el antiguo Villanueva, aunque también habitado por hijos del celeste imperio, da únicamente representaciones privadas– hay en La Habana otros cinco teatros en actual actividad, el de Tacón, el de Albisu, el de Jané, el de Torrecillas y el Cervantes. [562]

---

[561] *La España Artística* no. 23. 23 de noviembre de 1888. p. 3.
[562] *El Museo.* No. 5 1882. p. 39.

Los noventa

En la última década de los ochenta mueren algunas de las principales figuras que han sostenido la escena. El 19 de octubre de 1880, José Dolores Candiani; el 21 de marzo de 1883, Napoleón Arregui y en 1888, en fecha imprecisa, Torrecillas, con silencio de la prensa. También dos de los actores españoles de mayor arraigo en la isla: Manuel Argente, el 27 de abril de 1884 en Progreso, México, después de dilatada y penosa enfermedad y Manuel Ossorio en La Carolina, Jaén, el 11 de marzo de 1890. Mientras para Valero, Arjona y la Díez actuar en la isla es un premio material, el final de estos artistas es muy diferente. Argente, que visitaba México en muchas ocasiones, volvió a Madrid en 1867, pero a partir de 1875 se establece en Veracruz. Ossorio, de tan rica trayectoria, intérprete de románticos y bufos, pareja de Llanos de Bremón y Adela Robreño y autor de un manual para actores, vive su gran momento entre 1844 y 1869 pero en teatros de provincias y ultramar, sin los estímulos de Valero, Arjona, Calvo y Romea, en la medida que se aleja de las grandes figuras, se dice que "fue amanerándose y llegó a ser olvidado". [563] Manuel Cañete lo recuerda con motivo de su muerte —su figura bien proporcionada, esbelta, naturalmente elegante, su voz y la gallardía de sus modales— pero no menciona a Cuba ni a México. [564] Ser actor/actriz en ultramar es perder oficio, ser relegado, anularse y es el precio pagado por Hermosilla, Argente, Ossorio y Viñolas, como desaparece Isabel García Luna de los recuentos.

En las crónicas de Julián del Casal se escudriñan tenores, tiples, operáticos y figuras del espectáculo como Luis Robillot, Soledad Goizueta, Fernanda Rusquella y Amalia Rodríguez. También el gusto del público.

---

[563] Cf. *Diccionario enciclopédico hispanoamericano*. Montaner y Simón, 1894. p. 426.
[564] Cañete, Manuel. "Los teatros". *La Ilustración Española y Americana* no XII (30 de marzo de 1890) pp. 195-197.

Hay gente que prefiere una copla andaluza a un poema de Leconte de Lisle, un cromo norteamericano a un lienzo de Alma Tadema y una guaracha cubana al preludio de Lohengrin.

Aunque celebra el beneficio del cómico José Quintana, como tantos otros, Casal está aburrido de los bufos.

En todas salía un negro catedrático, vomitando sandeces; una señorita cursi, enamorada de un taco del barrio, una criada intolerable protectora de estos amores; unos dueños de casa rivales en estupidez. Todos estos seres, entraban y desaparecían sin causa justificada, tropezando siempre al salir. Nada digamos de los trajes, de los gestos y la voz de cada uno de ellos.

Eloísa Agüero se establece en la capital mexicana. *El Teatro Cómico* le dedica una portada en 1893 con un artículo que resalta sus méritos como actriz, poeta y escritora "de correcto estilo". Recuerda su estancia de 1875 con la compañía de Enrique Guasp, los detalles de sus actuaciones y "el timbre extraño de su voz" con palabras similares a las de Martí dieciocho años antes y casi con sus mismos adjetivos.[565] Solo que el otrora arrogante y audaz Guasp, que escenificó a tantos autores, entre ellos Echegaray, inválido desde 1882 –pierde una pierna por un tumor– trabaja en la administración de correos de Orizaba. *La Ilustración Española y Americana* lo recuerda como un "distinguido actor español". [566] Martí prepara la guerra de independencia y no reencuentra a Eloísa.

El Teatro... vuelve sobre su fecha de nacimiento pero la equivoca: no tiene dieciocho años en 1875. De ser cierto, debuta con nueve y hubiese sido considerada una actriz niña o prodigio como Adelita Robreño. Comenta sus éxitos en El Liceo, Tacón, el Nacional de México, la

---

[565] *El Teatro Cómico*. 25 de junio de 1893.
[566] "Enrique Guasp de Peris". *La Ilustración Española y Americana*. v. 29 (1885) p. 246.

Comedia y el Apolo de Madrid, pero solo he encontrado el anuncio del estreno de un drama suyo titulado *Emilia*, firmado por Eloísa Agüero del Valle, a ser representado en Valladolid por la compañía de Julia Cirera y José González en 1889. Casada por segunda vez con el industrial Antonio Valle o del Valle y muy pronto su viuda, los periódicos reseñan las funciones de final de curso de sus alumnos de declamación, su presencia en los salones elegantes y sus actividades caritativas. Directora de la Sección Dramática del Conservatorio de Música y Declamación de la capital de México, situado en la calle Águila no. 18, asume la cátedra iniciada por Valero, vacante por muchos años. En 1894 debuta su hija Eloísa Ossorio, madre de Adolfo León Ossorio, revolucionario carrancista de vida aventurera, mientras la compañía de Luisa Martínez Casado visita el país todos los años. Por decreto, en 1895, el gobierno le aumenta su sueldo de profesora (602. 25 anuales) por cuatro horas de clase diarias y al año siguiente, una crónica del *Fígaro* habanero del 20 de diciembre de 1896, reseña su breve paso por La Habana. Según Rine Leal no tiene nada que ver con nuestra escena. Ese año recita poemas de Velarde en una reunión con Aniceto Valdivia y Peón Contreras. ¿Existe alguna crónica del Conde Kostia del encuentro? En 1897 actúa con sus alumnos para un ministro, al año siguiente hace una función a beneficio de la casa de maternidad y el 19 de enero de 1899 obtiene una licencia para atender su salud quebrantada. Reside en Portacelli 10.

Andrés Clemente Vázquez, conmovido *claqueurs d'élite* de su juventud, le dedica un capítulo de su libro con su fotografía más conocida. Nadie adivina detrás de su corpulenta figura a la ardiente muchacha de las cartas y el plato de dulce cuya relación secreta con Martí ha sido muy bien guardada. La recuerda en los salones de sociedad, digna de conversar con "Delfina Gay, la Condesa de Merlín o la espiritual Mme. Orfila." "Aquella joven sentimental y reflexiva, de negros y radiantes ojos, de voz melódica como la de la Rachel." [...] En el drama, en la comedia, en la tragedia de corte griego, la isla de Cuba había carecido de artistas que, habiendo nacido en su suelo, fuesen verdaderamente inspirados. Eloísa era una revelación." Escribe que "fue coronada por la Desdémona amorosa y calumniada del genio de las pasiones. Pocas veces tuvo Shakespeare, en esta Antilla, intérprete tan elevado". Trabajó con Teodora Lamadrid "y más tarde figuraba en los teatros de México como primera actriz, siempre muy aplaudida y subvencionada para representar composiciones de autores mexicanos". [567] Silencio sobre su relación con Martí y sus empeños juveniles como cantora de la popular "Paloma", actriz bufa y de comedia. Siempre, aunque ya en 1890 Eloísa Agüero es *de* Valle como antes fue *de* Ossorio, la posteridad la llama por el apellido de su primer esposo.

El Teatro Cómico dedica otra portada a Luisa Martínez Casado. [568] Pero a su compañía se la juzga con severidad. Al fin, se escribe, fue aplaudido el señor León, primer actor, no una sino varias veces en *Marinos en tierra* y [Andrés] Bravo mereció aplausos también por primera vez. Sin embargo, no salió a escena a recibirlos como sí Celia Adams y la "ardiente morena" Lupe Martínez Casado, pero el público es "escaso". "No lo atrae ni el talento de Luisa, ni los ojos de Lupe Martínez ni la boca de Celia Adams y es lástima." [569] Celia, casada con Luis, hermano de Luisa, es una de las jóvenes integrantes de la familia Adams (Celia, Evangelina y Zoila) incorporadas a la compañía. Luisa es la figura central, ha recibido el cetro de su padre. Continúa casi ininterrumpidamente sus giras largas a México que se extienden hasta 1898 como una favorita. Allí tiene las mejores críticas y los más fieles amigos, entre ellos Juan de Dios Peza, que le escribe un monólogo. También, los juicios más afilados y feroces. El Implacable señala que suele "amanerar los tipos", *canta*, tiene un dejo especial y no ha aprendido suficientemente de italianos y franceses. Es "inteligente, joven, graciosa" pero "nunca ha der ser su

---

[567] Vázquez, Andrés Clemente. *En el ocaso. Reminiscencias americanas y europeas.* La Habana: Imprenta El Avisador Comercial, 1898.
[568] *El Teatro Cómico*. 23 de abril de 1893.
[569] *El Teatro Cómico*. 1893. p. 2.

cuerda la picardía francesa" y prefiere a Luisa Calderón ya que Burón trae otra actriz de moda en España. Respecto a la compañía,

> nadie con excepción de Luisa sabe allí lo que es arte. Luisa es una mujer de entendimiento, pero es más su pasionabilidad [sic], su intuición afectiva para comprender de un solo golpe los repliegues del alma humana" ¡Qué declamación la de Puga, qué cinismo escénico para hablar de corrido, para rezar, que no para recitar, los papeles! ¡Qué música tan tonta la del joven Martínez Casado! ¡Qué frialdad tan *caserita* de la señorita Adams! Y qué acento cubano el de todos. Se comen las eses, tergiversan las palabras y no hablan, *cantan* unos lánguidos danzones que merecen acompañamiento de guitarra". Pero Luisa "tiene un espíritu poderoso, y una maravillosa intuición escénica, que siente bien y hondo, y que a veces, arrebata con la ingenuidad con que expresa las pasiones". [570]

Luisa crea compañía propia en 1893 con Isaac Puga como actor y empresario, (se casan en 1891) y visita con sus hermanos muchos países de América. Pero no pierde el vínculo con México y realiza hasta 1897 su acostumbrada gira por la zona costera, que la lleva a Mérida, Campeche, Progreso, El Carmen, donde hay constancia no sólo de sus actuaciones, sino de los temporales que la dejan varada, los actores que como Letre mueren en el camino, las enfermedades que los azotan, las funciones de beneficencia, su puesta de autores locales, las bodas y el nacimiento de sus hijos y los de los actores de su elenco. Luisa tiene dos hijos bautizados en Veracruz. Su hermana Guadalupe se casa en Campeche en 1896. El mexicano periódico *El Tiempo* publica su poema al actor español Rafael Calvo. Escrito en Mérida –donde la compañía pasa muchas temporadas– no necesita presentación. Desea otra vida más perfecta "sin soñar un sueño que no acabe". La poesía y la admiración por sus compañeros de oficio la acompañaron siempre.

[570] *El Siglo Diez y Nueve*. abril 26 de 1893. p. 2.

Es verdad Rafael, que en la otra vida
Encontraste descanso perdurable
Y ese descanso, di ¿sirve a tu alma
mejor que este luchar fiero, incesante?
El valiente guerrero que sucumbe
sin conseguir sus nobles ideales
ni hacerlos imperar ¿cómo en su mente
puede dar a su espíritu insaciable
con el descanso eterno, dicha y calma?
¿Es acaso que anhelos terrenales
se disipan al soplo de la muerte?
Ven, por Dios, Rafael, y que yo alcance
revelación tan firme y luminosa
Que entre el ser y no ser mi duda aclare;
Yo quisiera otra vida más perfecta
O, sin soñar un sueño que no acabe. [571]

Es la primera y hasta hoy única con varios retratos, la mayoría publicados. Cambia de año en año no solo de peinado y vestidos, sino de expresión, vive con intensidad cada momento. Su iconografía refleja mejor que las reseñas o las críticas el destino de la actriz, el trueque, la magia de ser otra: el trayecto de la jovencita cándida e inteligente, recién llegada a Madrid, a la actriz madura y de rostro algo severo de sus cincuenta años. Dos caricaturas, varias portadas de revistas, un folleto de prensa, incontables entradas en las publicaciones mexicanas y abundantes referencias en la prensa española, cubana y latinoamericana, recorren su paso por España y América, bastantes, si se comparan con los dos o tres grabados conocidos de Adelita y casi ninguno de Eloísa. A sus méritos como actriz y empresaria junto a Puga, concede un lugar preferente a los compañeros de elenco. Una vez "Luisa fue llamada a escena quince veces, pero "como la esbelta palma a los retoños que la rodean, decía

[571] Luisa Martínez Casado. Mérida, 1889. *El Tiempo*, marzo 20 de 1889.

¡Todos, todos a escena. A todos nos llaman. Para todos es el triunfo!" [572] Su compañía fue escuela para sus hermanos y otros actores y actrices que alcanzan su propio lugar y destacan como individualidades.

Socorro Martínez Casado (1862-1897) «Socorrito» asiste desde pequeña a los dramas del Teatro Avellaneda, pero no demuestra afición al teatro mientras vive con su abuela materna en Trinidad. Su interés despierta en España cuando acompaña a Luisa. Mientras su hermana representa con Vico *La pasionaria*, en el Jovellanos, a ella la ovacionan en el saloncillo del teatro por su vis cómica al imitar a las artistas españolas. Contratada por Vico, actúa en Barcelona e integra el elenco de *Madrid viejo y Madrid nuevo*, espectáculo de variedades en el teatro de la Zarzuela dirigido por Francisco Arderíus, el general bufo añorado en La Habana. Imita a Elisa Mendoza Tenorio, Antonia Contreras y María Álvarez Tubau y canta en francés, italiano y gallego. Luis Alfonso en *La Época* escribe que la aplaudieron estrepitosamente. [573] Una cubana conoce de cerca la leyenda. Con María Tubau, en el Teatro Alhambra, interpreta *El diablo harto de carne*, parodia de *Vida alegre y muerte triste*, de Echegaray, es dama joven con Burón en 1888, primera actriz cómica y primera dama en la Compañía de Luisa. En la temporada de 1893, en México, destaca dentro del conjunto. *El Teatro Cómico* le dedica su portada. Su belleza y su gracia son muy admiradas. [574] Participa de las temporadas de 1887-88 y a partir de 1893, es reconocida por los personajes de la hija en *María Antonieta* y Silvia en *Virginia*. El 13 de julio de 1894 representa *La rencorosa*, de José Echegaray y *Chateau Margaux* para su beneficio en el Arbeu junto a Cecilia Delgado, intérprete de valses cantados. El 13 de julio de 1897 en La Habana y México se publica la noticia de su fallecimiento en Gibara el mes anterior.

Guadalupe Martínez Casado (Lupe), segunda dama de la compañía de Luisa, destaca en México por sus actuaciones y su belleza. Sobre ella

---

[572] *El Eco Social.* agosto 11 de 1894. p. 3.
[573] Alfonso, Luis. *La Época* . 14 de noviembre de 1886.
[574] *El Teatro Cómico*. 21 de mayo de 1893. p. 1.

se escriben algunas crónicas y recibe comentarios positivos a lo largo de su carrera. En la República se desempeña como característica. Continúa en escena cuando Luisa se ha retirado.

Manuel muestra habilidades para el canto y se inicia en la zarzuela. Actor de reparto, asume funciones de director en muchas de las giras de la compañía Martínez Casado hasta que con su esposa Celia Adams crea la suya propia. Celia empieza como dama joven con Luisa y su familia. A ocho meses de carrera y dos como segunda dama joven, se impone Evangelina Adams del Monte, por "la apacible mirada de sus ojos y la bondad de su corazón". En Puerto Rico el 27 de julio de 1892 trasciende su Emilia en *La cabaña de Tom*. Cuando se publica la portada mexicana (7 de mayo de 1893), ha sustituido a Carrión como segunda dama y sube los peldaños jerárquicos de las antiguas compañías. Sin embargo, tiene un temperamento frío y se le aconseja debiera incorporar algo del "fuego" de Luisa, la única escuela que ha conocido. Con el matrimonio de Manuel y Celia y de Evangelina y Andrés Bravo, se unen los Martínez Casado y las Adams. Andrés y Evangelina integran su compañía. Nunca antes o después cuatro actrices cubanas tienen portadas en una revista extranjera.

EVANGELINA ADAMS
(Segunda dama de la Compañía dramática de la Sra. Luisa Martínez Casado.)

SOCORRO MARTINEZ CASADO.

ELOISA AGÜERO

El Teatro Cómico

México, Domingo 23 de Abril de 1893.

Año III. — Primera serie núm. 5

Periódico de Teatros y toda clase de espectáculos

EN COMBINACION CON LA AGENCIA TEATRAL Y TAURINA DE MÉXICO.

Se publica los domingos.

PRECIOS DE SUSCRIPCION.

En México una Serie de 12 números, llevado á domicilio	$ ...
En los Estados, una Serie de 12 números, franco de porte	...
Para extranjero una Serie de 12 números, franco de porte	...
Número del día en México	...
Número del día en los Estados	...

PUNTOS DE SUSCRIPCION.

En la Administración é Imprenta del periódico, Calle de San Felipe de Jesús núm. 6, á todas las horas del día de 9 á 5 a. m. y 7 á 9 p. m.

DE VENTA en México, en la Administración, Teatros, &c.

"EL TEATRO CÓMICO" dirígese á los Estados por la Calle de San Felipe de Jesús núm. 6. Para todo lo relativo á la Agencia Teatral y Taurina dirigirse al Sr. Julio Bonilla, Oficina, Arco de San Agustín núm 9. Horas de despacho todos los días de 2 á 4 de la tarde.

El pago siempre adelantado.

FUNDADO EN 1890.

DIRECTOR PROPIETARIO.
PEDRO A. NAVARRETE.
Redacción y Administración
CALLE DE SAN FELIPE DE JESUS NUM. 6.
Apartado del Correo núm. 494.
DIRECTOR DE "LA AGENCIA TEATRAL Y TAURINA"
JULIO BONILLA
Despacho: Calle del Arco de San Agustín núm 9.
Administrador: LUIS A. RIVERA.

Registrado como artículo de segunda clase.

"El Teatro Cómico"

En el escaso tiempo teatral, más acreditado é imparcial y el único en su género, que ha podido sostenerse en México, —hale todo el año y cuestiona juicios críticos dramáticos y musicales, artículos doctrinales y humorísticos, poesía y noticia de todos los acontecimientos notables que acontezcan en los teatros de México, de los Estados y Extranjero.

La Agencia Teatral y Taurina, dará en sus noticias el movimiento artístico de América y Europa, pues cuenta al efecto con activos corresponsales en las principales Capitales de importancia.

Todas los dueños y empresarios de teatros como los artistas, encontrarán en este Agencia un medio de publicidad muy conveniente para sus intereses.

Para anuncios y comunicados en el periódico que serán á precios convencionales, dirigirse al Director D. D. Pedro A. Navarrete.

LUISA MARTINEZ CASADO.

La primera actriz cuyo retrato ilustra el presente número de *El Teatro Cómico*, nació en Cuba y se inició en la carrera de las tablas, representando algunos papeles de dama joven al lado de D. Celsono Guerra y de otros artistas y desempeñando después papeles de primera dama en los beneficios de Ellos y de Ricardo Zamacois.

En 79 pasó á Madrid, en cuyo Conservatorio recibió lecciones de la célebre Matilde Díez y obtuvo el primer premio en el año de 80.

Pos estudios no fueron una rémora para sus trabajos, y así, en el mismo año de 79, debutó en el Español, con un papel escrito para ella por D. José Echegaray.

En 82 figuró en el elenco del Teatro Apolo al lado de la Mendoza Tenorio, estrenando «Las Ermitanas de Cárcar». En 83 pasó al de Jovellanos, construido por Arderius y Vico, en cuyo coliseo desempeñó 58 veces consecutivas el papel de dama joven en «La Pastorcita».

El año siguiente recorrió Barcelona, Valencia, Albacete, Murcia, Almería y Cádiz, con la Mendoza Tenorio, desempeñando diversos papeles de primera dama.

Al finalizar 84, de regreso en Madrid, ingresó al teatro Español, con la Tubau, la Civera, Vico, Tamayo y Catalina; la temporada se prolongó hasta el año siguiente.

En 86 y 87 trabajó en diversas provincias de la Península, y en 88 se embarcó para la Habana y México, en donde permaneció hasta fines de 89.

Posteriormente ha trabajado en Granada, Córdoba, Badajoz Olmuco, Salamanca, Vigo, Pontevedra, Ferrol, Lugo, León y Zamora; hasta que á fines de 90, volvió á América, contratada para la Habana, Matanzas, Mérida y Caracas.

En 91 y 92 floreció en Cienfuegos, Remedios, Santa Puerto Príncipe, Gibara, y Manzanillo, al frente de la Compañía que la acompaña en la actualidad.

A principios del año corriente estuvo en Ponce y Mayagüez, embarcándose el 15 de Marzo para Veracruz, haciendo escala en la Habana.

En Veracruz ha dado nueve representaciones y dos en Orizaba, pasando luego á esta Capital, en la que debe haber hecho su debut, en la noche de ayer, sábado 22.

Durante su carrera Luisa ha estrenado diversas obras, entre las que recordamos *La Peste de Otranto*; *Vida Alegre* de Echegaray; *La Lengua* y *El Pretérito* de Gaspar;

LUISA MARTINEZ CASADO.

tiar acerca del mérito de la Martínez Casado. Pronto tendremos oportunidad de apreciar los progresos que haya obtenido durante los tres años que lleva de haberse ausentado de este suelo.

¡EL GRAN COLISEO!

El teatro cómico, en su época anterior, en ocupó diversas ocasiones en demostrar los desidencias de que adolece el primero de nuestros salones de espectáculos; y aunque parezca redundancia, se ve obligado á insistir hoy en esa materia, por mucho que desconfíen piense que sus palabras no tendrán eco alguno.

Ocurriéndole al que esto escribe haber pasado noches á las palcos segundos y terceros del gran teatro Nacional, y desde luego la llamó la atención, la luminosa cantidad de polvo de ladrillo que encerraba la atmósfera. En aquellos departamentos no atempera lo debido aseo, el agua sendoy á no dudar no hay suficiente masa y el aire, llenado pavimento, envejecido por el uso, después con el vaivén de la concurrencia, con polvilliscutil que molesta el pulmón y obscurece la vida.

Las paredes y los cielo rasos se encuentran en las mismas condiciones, es decir, sucios y polvosos. Para que la incuria ha necesario allí sus reales con detrimento de la comodidad, y como una protesta á los avances de la civilización. ¿Qué más? En el primer vestíbulo del grandioso edificio, se ve un techo descubierto y un armazón de madera que sostiene el piso superior; y tal exposición en el gran teatro del país equivaldría ver una cadena angorena, y deshaldada, en un individuo que vistiera el frac.

De tristeza comparar ese coliseo con algunos edificios de la Capital. Tenemos un Palacio de hierro, en cuya construcción se encuentra el refinamiento del gusto y del lujo. Hay un Palacio de esmalte, que guarda entre sus paredes tesoros en alhajas; y cuyos departamentos brillan por el aseo y la esplendidez. Sólo nuestro gran teatro permanece en el estado en que salió de las manos de D. Lorenzo de la Hidalga. Es decir, en el mismo estado, no; porque entonces lo flamante, lo nuevo y lo acabado venían á suministrar á la expresa con el material. Entonces, los señores podían escasar en los corredores de los palcos segundos y terceros, sin aficcionarse con el polvo del ladrillo.

Un amigo que nos acompañaba la noche

En 1877 Jacinto Valdés aparece con Candiani en una marquilla de tabaco según comenta *La Caricatura*. El 7 de mayo de 1878 el *Diario...* anuncia su poema "Vuelta a la patria" dedicado a su madre y al año siguiente aparecen varios con su firma. "Todo ha conspirado por diversas causas a sumirme en la ignorancia, jamás he divisado una sola luz en el horizonte" escribe sobre sus poemas amorosos y elegíacos, sus "himnos de la desesperación". [575] El 15 de octubre de 1880 es apresado y encarcelado por insultar a Felipe Rodríguez "por no dejarse explotar", estafas y otras pendencias, ciertas o exageradas, escritas por un policía con el fin tal vez de opacar el papel del cómico en la escena y la vida pública. Según un informante de Lydia Cabrera, su captor, el policía Trujillo y Monagas, mayombero jurado y abanekue, conocía los ambientes marginales que frecuentó el actor. [576] A su regreso de los Estados Unidos, donde vive parte de su exilio, Valdés no encauza su vida ni se registra aparición suya en el teatro. Muere en La Habana a los cincuenta y tres años, el 2 de abril de 1893. [577]

Florinda Camps, envejecida y enferma, fallece en Orizaba el 13 de abril de 1894. Su obituario más difundido es el que Olavarría y Ferrari toma de la prensa mexicana.

> Esta actriz cubana que, cuando la revolución de Yara, enarboló la bandera de la estrella solitaria en el Teatro Villanueva de la Habana, la que nos trajo Nin y Pons a México, y que después arrastró una vida de jacalón y miserias por ganar un mendrugo de pan, se prestó el sábado a desempeñar un papel en el teatro, en un sainete intitulado *El hambre hace toreros*. Al terminar la pieza, la sobrecogieron

---

[575] *Certamen poético celebrado en la ciudad de Matanzas*. Matanzas: Imprenta El Ferrocarril, 1879.
[576] Trujillo y Monagas, José. *Los criminales de Cuba*. Santa Cruz de Tenerife. Ediciones Idea, 2006. p. 148. Cf. Cabrera, Lydia. "La ceiba y la sociedad abakuá". *Orígenes* no. 25 (1950). pp. 16-47.
[577] Leal. Ob.cit. pp. 323-324.

unos calambres en su cuarto del escenario. Se llamó á un médico, y como a las dos de la mañana falleció entre horribles dolores. Descanse en paz la infortunada artista o mártir, como decía Torroella. [578]

Hay otro más agresivo publicado en *La Patria*.

Esta desventurada y antes aplaudida actriz, ha muerto. Fue, por decirlo así, asesinada en las tablas. Hacía tiempo que no representaba y se estaba muriendo de hambre. Entonces suplicó a la compañía de Luisa Casado que la admitiera, cuando el público *ilustrado*, no dejó de cecearla y hostilizarla y la pobre actriz cayó víctima de un ataque cerebral, como ¡herida de un rayo! ¿Qué horrible drama se desarrollaba en su corazón? [579]

No trasciende cual es su papel en la compañía de Luisa si es que trabajó allí por "caridad". *El Correo Español* especula que no muere en Puebla sino en la capital de México. Uno de los más trágicos finales de una actriz cubana. Si Luisa visita la tumba de Ana Suárez Peraza, segunda esposa de Pildaín, en uno de sus viajes a la isla, nadie sabe ni ha buscado las cenizas de Florinda Camps. [580]

Delgado estremece a la profesión con su deceso el 26 de julio de 1896 de una súbita enfermedad. La prensa madrileña escribe que "tenía vocación y talento pero no llegó a realizar los pronósticos de sus admiradores y amigos". Dos días después su viuda expresa que cumplirá los compromisos con la gira de María Tubau a América. El testimonio más sentido que he encontrado lo escribe Manuel Moncloa:

---

[578] Olavarría y Ferrari, Enrique. *Reseña histórica del teatro en México*. Tomo IV. La Europea, 1895. p. 378.
[579] *La Patria*. 21 de abril de 1894.
[580] *Diario de la Marina*. 30 de septiembre de 1899.

Hace doce años que estuvo entre nosotros, de suerte que todo Lima lo recuerda, y lo recuerda con cariño; pues no podrá olvidarse que Paulino Delgado, llevando en el corazón la memoria de nuestro público, rechazó con altivez de caballero digno y honrado, y con grave perjuicio de sus intereses, la imposición que se le hiciera en una población de Chile, para que su compañía cantara el himno chileno, en función de gala con que se celebraba un día de luto para el Perú. Delgado llegó al Callao el 14 de diciembre de 1892 y se presentó en la escena de nuestro Principal con el drama *De mala raza*, revelándose, desde luego, actor de no escasos méritos: buena figura, voz argentina, porte elegante, ademanes cultos, dicción correcta, en fin, un artista simpático y de talento: eso era Paulino Delgado. En su trabajo, el público de Lima, que lo despidió llamándole diecisiete veces á escena, en medio de una nutrida salva de aplausos, no olvidará fácilmente al malogrado Paulino en *De mala raza*, *La carcajada*, *El octavo no mentir*, *La bofetada* y *Mar y cielo*.[581]

En La Habana, en septiembre, Juan Ducazcal, escribe un obituario con reparos, claroscuros y afirmaciones que hoy no tienen aclaración.

Primer actor, hijo de Cuba, muerto recientemente en Madrid. Ha muerto joven, admirado y querido, pese a la intención de los que hayan mostrado indiferencia al verle caer en el camino de la vida, que era para Delgado el camino de la gloria.
 Los grandes maestros de la dramática española le habían ungido con el óleo del arte. Calvo y Vico le tuvieron por discípulo y acaso le consideraron heredero de sus glorias. Profesaba el arte más por instinto y vocación que por estudio y cálculo, abandonándose a los

---

[581] Moncloa y Covarrubias, Manuel. *Diccionario teatral del Perú*. Lima: Badiola y Berrio, 1905. p. 58

Paulino Delgado

indóciles arranques de su fantasía, que así le llevaran al error como al triunfo, siendo todo corazón y fantasía. Sólo le faltó disciplina estética para ser una perfecta notabilidad.

Si no llegó a tanto por errores propios y contradicciones del destino, tenemos que lamentarlo cuantos vimos en él lo intrínseco de su valer artístico y sentimos el contacto fecundo de su corazón nobilísimo, vibrante de arte y de pasión generosa. [582]

Alejandrina Caro ultima la excursión a América de María Tubau y Ceferino Palencia, quienes debutan el 19 de diciembre de 1896 en La Habana con piezas de Scribe, Dumas y Dicenta, la gira trunca de Paulino. Zerep asiste a *La dama de las camelias* y escribe que "en los discreteos galantes, en las marrullerías de lenguaje, en los diálogos intencionados, de mucha vida y movimiento [...] la señora Tubau se ostenta superior. No es exagerada, es sobria; y diríase que acaso por detestar demasiado los tonos violentos, en las situaciones fogosas, de gran tensión dramática, no brilla de igual modo"; aunque la trucida en *Francillón* porque "bracea con harta frecuencia y tuerce demasiado la boca" [sic].[583] A pesar de que repara en su técnica, el fuerte de los críticos no es valorar los actores.

Hay otros estrenos.

Mefistófeles, de Ignacio Sarachaga, se estrena en el Irijoa el 21 de enero de 1896, —a partir de Gounod y Arrigo Boito—, una de las mejores piezas del último acto del bufo. La parodia al servicio de la acción se sirve de canciones como la habanera "Tú", de Sánchez de Fuentes y el danzón "El amolador de tijeras", que responden a la trama y no son gratuitas. Se canta la guaracha "El negro bueno", [584] la escena se ilumina «de rojo vivo con decoración alegórica», efectos infernales, hachones y luces de

---

[582] *El Fígaro*. 20 de diciembre de 1896. p. 401.
[583] Pérez Cabello, Rafael. (Zerep). ob.cit. p. 198.
[584] "Candela no se rebaja/a ningún negro valiente;/ en sacando la navaja, no hay nadie que se presente" y la escena de la "puñalada" con el estribillo cantado por el coro que después se acuñó como un lugar común del bufo. "¿Pero señor a qué hora lo hirieron?" Y el coro contesta: "Unos dicen que a la una, otros dicen que a las tres".

bengala, a fin de darle un aspecto fantástico. [585] La utilización de los medios teatrales –incluida la luz eléctrica—realza la espectacularidad y refuerza al actor como uno más dentro del conjunto, distante del diálogo catedrático o los simples juguetes, descarrilamientos y disparates. Protagonizada por los negritos Benito Simancas (Siebel) y Arturo Ramírez (Mefistófeles), este lo hace por primera vez sin maquillaje. Villoch recuerda a Carmita Ruiz y Raúl del Monte por su creación de "El amolador". El actor se mueve, baila y canta, es dueño del escenario, no solo declama, sino requiere de la *intención* que recuerda Lola María. Incorpora tipos y le aporta rasgos de su personalidad. Al morir Salas, se podría parafrasear al Conde Kostia, ¡se perdió el país! Arruinado, requerido de la ayuda del Irijoa para sobrevivir, estimado por su público, pero vituperado por la prensa, no es posible que la perspectiva de un borracho exprese tiempos de cambio e incertidumbre.

Se estrena *El brujo* (2 de agosto de 1896), de José R. Barreiro. La forma antifonal de la guaracha se concreta, los personajes de los bajos fondos delincuenciales son contestados por el coro, mientras una mulata desafiante y tenaz (Telesfora) se apodera de las riendas de la acción para salvar a su marido de la cárcel con un "Yo te salvaré o dejo de ser mulata", que recuerda el arresto y la determinación de las líricas *del bronce* de los años treinta. En la primera escena Ño José dialoga con el coro que responde ¡Qué barbaridad! La música de Marín Varona la salva como la de Rafael Palau a "Mefistófeles". Según Gonzalo Roig comienza el género lírico costumbrista. Con despliegue de recursos, Telesfora usa un cuerno cuyo sonido era el del cornetín de la orquesta y el brujo sale por un escotillón. Se repone en el Casino Americano el 19 de diciembre de 1899 con *El mundo al revés*, además de bailes y guarachas. Entrada a treinta centavos.

El sultán de Mayarí o El mono tiene rabia, de Vicente Pardo Suárez, "fantochada hecha de retazos", escribe Zerep con bochorno, sigue ese derrotero, pensada para la música y el baile, sin ilación ni concepto, en un

Sarachaga Ignacio. *Teatro*. La Habana: Letras Cubanas, 1990. p. 165.

África de fantasía. Un sultán en palanquín acompañado de su séquito de ministros y pajes, escucha la diatriba de la población contra su alcalde, se enamora de la negrita Celina y en eso lo muerde un mono sospechoso de rabia. Pretexto para bailar la caringa y el congo, hay una Duquesa del Tamalito y otra de la Cáscara Amarga, junto a una Archiduquesa de la papa suave, como salidas de *El minué*, de Torroella, erótica culinaria parecida a la de Millán y descalabro cómico reciclado de experiencias anteriores. Se estrena en Albisu el 25 de julio de 1896 con Benito Simancas, Raúl del Monte, Carmen Ruiz y Rosa Bea, entre otros, aparte de coros y comparsas. [586] Zerep ve representadas en Irijoa y Albisu "Al romper la molienda", de Ramón Barreiro, música de Rafael Palau; "Cuadros y paisajes", de Pardo, "El templo de Neptuno", "La mulata María", de Federico Villoch, música de Raimundo Valenzuela, "Un baile por fuera", de Ignacio Sarachaga; "A La Habana me voy", de Joaquín Robreño; "La ganzúa de Juan José", de José Morales, música de Marín Varona, "El brujo" de José R. Barreiro, música de Marín Varona y "La familia de don Cleto", de Olallo Díaz. Su libro contiene suficientes testimonios del mutis bufo, "cátedra permanente abierta al disparate", peñasco que había que quitar del camino, tanto que sus reseñas se agrupan bajo el título de «zarandajas bufas», género secundario, menudo y sin valor.

De 1896 es también *Los bufos de Thalía o los bufos de fin de siglo*, de Benjamín Sánchez Maldonado, puesta el 3 de noviembre, con música de Miguel Palau, desconcierto anti-literario, cómico-bufo-lírico-burlesco y mamarrachero, exploración del teatro dentro del teatro, constante de la escena popular. Severino quiere salvar a sus Bufos de Fin de Siglo de la decadencia con el drama *El lucumí* y se prepara para ensayarlo. También *La herencia de Canuto*, de Sánchez Maldonado con música de Antonio González. Una negrita insobornable, Nicolasa, prefiere "arró y frijoles

---

[586] Pardo Suárez, Vicente. *El sultán de Mayarí o el mono tiene rabia*. La Habana: Imprenta La República, 1896.

con Pepito que pollo con usté", dispuesta a una comida humilde con el hombre que le gusta, aunque le pronostican que:

Camaleón. Te llenarás de grasa en la cocina
y tan sólo boniato comerás;
lavando ropa vieja y en chancletas
y tal vez sin comer te acostarás.

Ramón Barreiro estrena *Los cheverones*: el solar se torna delincuencial con mulatas en bronca que se lanzan unas a otras improperios y frases obscenas como esta de Zacarías. ¡Por mi madre que tengo una pelota más grande que un bocoy de azúcar centrífuga!

El coro canta:
Y a cualquier paluchero
que le venga con tonás
le arrempuja sin reírse
seis o siete puñalás.

Federico Villoch estrena *Guau Guau o la toma de Haway* y *Regino ciclista*. Fallecido Miguel Salas (muere el 20 de junio de 1896), continuador de Candiani, según Zerep, a quien supera en la espontaneidad del gracejo, se pregunta, "¿cuál de sus *sectarios* podrá sustituirle, cual podrá ocupar dignamente su puesto? Simancas. Este es, en efecto, el que por su natural desenvoltura y su vis cómica –no siempre de buena cepa– se acerca más a su maestro".[587] Benito Simancas Fernández Trevejo es el popular Ño José de *El brujo*. También notable es Gonzalo Hernández, según Eduardo Robreño, actor genérico, conocido por la bufonada de posar como el apócrifo buzo español, supuesto autor del atentado al Maine cuando un periodista fabrica el incidente. En *A La Habana me voy*

[587] Zerep. ob.cit. p. 250.

es un guajiro, a juicio de Zerep "discreto, más vario y con mayor inteligencia cómica que Salas".

Se discute no sólo el talento del intérprete sino la "moralidad" del género pero a los espectadores no parece importarle. Interpreta el negrito Domingo en *Guamá*, último estreno de Villoch, basado en la novela *El peregrino*, de Cirilo Villaverde. [588] Los dos ocupan el lugar de Salas sin suplantarlo ya que el apellido Salas todavía llena los teatros. Las desavenencias entre ambos y otros intérpretes continúan en el periodo de Alhambra, vigente por más de treinta y cinco años. Comienzan años de tanteos y dificultades en medio de la competencia de los teatros de variedades. Llegan Roncoroni y Burón. Salas se atrinchera en Guanabacoa y viaja a Madrid sin pena ni gloria. Otras muchas compañías dejan su impronta.

María Tubau, enviada por la Corona en momentos difíciles, actúa con su esposo Ceferino Palencia. Se dice que almuerza con el general Weyler, artífice de la reconcentración, el episodio más sangriento de la colonia. El corresponsal de *El Liberal* en "El arte y la guerra" intenta explicar por qué La Habana se deleita con el teatro cuando los pueblos del interior ofrecen un panorama de ruina y de miseria, ya que "los elementos destructores del plomo, del fuego y del alma, parecen puestos en combinación para acabar con la isla. A donde se dirige la mirada se ven llamas. Y esas impresiones no se mitigan al llegar a la capital..."

Pero la escena —escribe— es un bálsamo de penas y olvido de aflicciones. Otro admirador de Tubau es Francisco Hermida, folletinista de *La Discusión*, que la entrevista a bordo de un trasatlántico rumbo a América del sur. Aunque la afición está retraída, los oficiales y funcionarios del gobierno militar constituyen la mayoría de su público. Trae el repertorio francés de moda y algunas obras españolas. El 7 de febrero de 1897 actúa en *Simulacro de incendio*, primera película filmada en la isla, en su breve visita a la Estación central de bomberos. Al año

---

[588] Villoch, Federico. "Compañeros teatrales" 18 de marzo de 1952. También recuerda a Gustavo Robreño, Ángel Clarens y Agustín Rodríguez.

siguiente, de vuelta a Cuba, con la devaluación de la moneda, pierde a sus actores, negados a trabajar por una miseria. Luisa Martínez Casado le ofrece ayuda.[589]

El veterano Joaquín Robreño abre el Cuba 5 de noviembre de 1898, en el local de la antigua Colla de Sant Mus, en Neptuno 60 esquina a Galiano y entusiasma a Susana Mellado, Blanca Vázquez, Santiago Lima, entre otros sobrevivientes de la guerra y el exilio y decora su teatro con los retratos de los jefes mambises. De acuerdo a las descripciones, sus textos teatrales rezuman un humor más corrosivo que el de sus hijos, (Gustavo y Francisco, fundadores del Alhambra). En *El alcalde de la Güira*, estrenada el 5 de enero 1899, parodia de *El alcalde de Estrasburgo*, según Leal, el alcalde, de acuerdo al desarrollo de la trama, cuelga un retrato de Weyler o de Maceo para el entusiasmo o abucheo del público. Escribe *Maridos y mujeres* (1899) y *A la Habana me voy*, según Zerep "una pieza agradable, con situaciones muy chistosas. Tiene el mérito de ser en cierto modo original, pues no se parece a las varias que se han estrenado en estos días. No está inficionada de ñañiguismo"...[590]

En enero de 1890 a Pablo Pildaín lo reciben cálidamente en el Terry de Cienfuegos, recién inaugurado, donde actúa con Amelia Calle de Benavides. El pintor Camilo Salaya y Miguel Valls, autor de un busto de Echegaray lo agasajan.[591] Tiene cuarenta y ocho años. En 1891 recorre casi todas las provincias del país con la energía de un aprendiz y el repertorio del gustado autor español. Entre 1895 y 1896 actúa en Orizaba. La Agencia Teatral de Inocente Arreola y Castro lo promueve a él y a Pilar, hija de Ana, en busca de algún contrato. Notas de prensa pobres y erráticas pero constantes dan cuenta de su bregar en medio de incontables dificultades. Se recuerda su voz cavernosa y su imponente presencia.

---

[589] Morote, Luis. "El arte y la guerra. La Tubau en La Habana". *El Liberal*. 2 de marzo de 1897.
[590] Pérez Cabello, Rafael. (Zerep). *En escena*. ob. cit. p. 191.
[591] *La España Artística* 146 15 de junio de 1891. p. 2.

Actores del periodo alhambresco

Los intérpretes del periodo alhambresco son populares, llenan los teatros, pero no son considerados por la crítica, a pesar de que el histrionismo fue la clave de su éxito. Su triunfo "... se debía a los intérpretes, a su inteligencia y dotes de improvisación", escribe el profesor Juan J. Remos. [592] La biografía del Alhambra –10 de noviembre de 1900–4 de febrero de 1935– es un universo inabarcable por el que transitan intérpretes que dejan huella y otros que apenas son coros y comparsas. Inaugurado el 13 de septiembre de 1890, ha sido antes gimnasio y salón de patinaje. La empresa de Narciso López abre al año siguiente con la compañía Mojardín, las zarzuelas *La colegiala* y *Niña Pancha* y un elenco en el que destacan Blanca Vázquez, Inés Velazco y Castillo, bajo la dirección de Regino López. Tres años después José Ros contrata a los hermanos José (Pirolo) y Regino López Falcó, junto a Gustavo Robreño, Manolo Areu, Carlos Sarzo, Raquel González y Petra Moncau que en 1897 pasan al Lara mientras el grupo de Generoso González cultiva el estilo de los bufos. Casino Americano se llama durante los años de la intervención norteamericana hasta que, localizado en el Coliseo de Consulado y Virtudes, es símbolo definitivo de una época. [593]

Otros teatros de variedades le ofrecen competencia, como Actualidades y Cervantes, abierto como Lara. En todos se crean no solo obras con música o piezas cuya música apoya el texto, sino espectáculos en los que domina la palabra-hablada-cantada-bailada y el protagonista es el comediante.

---

[592] Remos, Juan J. "El autor en su libro". En *Mis memorias*, de Sergio Acebal. pp. 5-8.
[593] Cf. Castellanos G., Gerardo. *Panorama histórico. Ensayo de cronología cubana. Desde 1492 hasta 1933*. La Habana: Úcar García, 1934.

"Admirable refugio del criollismo", escribe Alejo Carpentier, por la riqueza melódica de sus grandes compositores, Manuel Mauri, José Marín Varona, Rafael Palau y Jorge Anckermann.[594] Relevantes figuras intelectuales disfrutan alborozados sus ocurrencias, aprecian el desenfado de la representación y la relación única entre música y palabra y entre el actor y el gesto. Salvador Salazar se queja con ironía de que es el único lugar donde se lleva a los turistas. El guatemalteco Luis Cardoza y Aragón acompaña allí a Federico García Lorca.

> Teatro político, de sátira violenta y crudísima, con ademanes y movimientos del cuerpo sin ambages. Comentaban situaciones odiosas, estafas del gobierno con pérfido júbilo y sentimiento del grotesco. [...] Asistir al Alhambra era "desprestigiarse"; nadie respetable ponía los pies en el antro maravilloso. Su rudeza implicaba tupidas y nerviosas invectivas. La calidad de la pirotecnia vinculábase a la patanería del público activísimo en un intercambio de ocurrencias, de vociferaciones, de sandeces y pornografías sin decaimiento. Teatro total: el público delirante actuaba con los actores delirantes vueltos público delirante. [595]

El norteamericano Waldo Frank lo relaciona con "los teatros experimentales que conjugaban [...] lo grotesco y lo cómico a la manera de Crommelynck y Chiarelli." [596] Carpentier escribe: "prefiero cien mil veces una mala palabra de Otero, que el 'dadme el brazo, señora condesa', de los dramones europeos." Pero ninguna opinión es suficiente para legitimarlo, blanco de ataques y críticas corrosivas. Fenómeno vivo –sátira política y comentario de actualidad– como la

---

[594] Carpentier, Alejo. "Teatro político, teatro popular, teatro viviente". *Crónicas*, tomo II. La Habana: Editorial Arte y Literatura, 1978: pp. 484-489.
[595] Cardoza y Aragón, Luis. *El río. Novelas de caballería*. Colección Tierra Firme, Fondo de Cultura Económica, 1986.
[596] Citado por Enrique de la Osa en *En Cuba. Primer tiempo 1943-1946*. La Habana: Editorial de Ciencias Sociales, 1990. p. 181.

época convulsa en la que permanece abierto, sus textos abarcan diversos estilos y temáticas en la obra de prolíficos libretistas. Federico Villoch debuta con *La mulata María* (6 de mayo de 1896, música de Raimundo Valenzuela), escribe obras patrióticas como *Cuba en la guerra* (1918), temas clásicos, *La república griega* (1918), paralelo entre el mundo helénico y los desmanes de la república e incontables parodias, revistas de actualidad, sainetes y juguetes cómicos que se calculan en trescientos veinte.[597] Lo siguen los hermanos Gustavo y Francisco Robreño, hijos de Joaquín Robreño Armenta, autores de *Buffalo exposición* y de un éxito temprano, *Tin tan te comiste un pan*, conocida como *El velorio de Pachencho*, libreto de los Robreño con música de Manuel Mauri. Otros autores de la casa son Pozo, con *La Habana en camisa*, Olallo Díaz, Ramón Morales, Sancho Costi, Laureano Del Monte y Manolo Saladrigas. [598]

Además de escritor y periodista, Gustavo es un actor popular, especializado en caracterizar figuras públicas como Menocal, García Kohly, Pote, Fernando Freyre y Tita Ruffo, políticos, artistas y hombres célebres. Debuta el 24 de agosto de 1888, a los catorce años, con la compañía de zarzuelas de Justo Soret después de girar de niño con su padre. Al año de estar en Alhambra, viaja a España, vive seis años allí y regresa al elenco. Escribe más de ciento setenta zarzuelitas y revistas, entre ellas *Napoleón*, *El ciclón*, *La flor de Mantua* y *El año viejo en el Cobre*.[599]

---

[597] Entre éstas *El ferrocarril central* (1902), *Delirio de automóvil*, *La familia de Ponchinlluria*, *La carretera central* (1921), *Concursos de Charleston* (1927), *La cruz de San Fernando*, *El año viejo en la corte* (1918), *La escuela de la vida* , *La mosquita muerta*, *Almanaque del Alhambra* (1927), *El lobo o la segunda vuelta a Cuba en cuatro años*, *El peligro chino* (1924), *La revista sin hilos* (192...) *Por cortarse la melena*, *La super hembra*, *Aliados y alemanes (1914)*, *La isla de las cotorras*, *Los grandes de Cuba*, *Las bodas de plata*, *El patria en España*, *El gallo y el arado*, *La señorita Maupin*. Villoch rara vez escribe sobre sus obras en crónicas y artículos.
[598] Robreño, Gustavo. "Cuba a través del Alhambra". *Bohemia*. 39 noviembre de 1934. p. 10.
[599] Río Prado, Enrique. *La Venus de bronce. Una historia de la zarzuela cubana*. La Habana: Ediciones Alarcos, 2010. pp. 573-575.

En sus inicios sus primeros actores son José López Falcó, conocido como Pirolo y su hermano Regino. "El binomio Regino-Pirolo llegó a hacerse algo imprescindible en la existencia de su público habanero, que en su mitad masculina, diariamente acudía al teatro Alhambra y no tan solo a reír las gracias de los hermanos López sino las de su laboriosa compañía", escribe Gustavo. En 1889 junto al escenógrafo Miguel Arias, son la "trinidad" del Lara con dos estrenos semanales.

"Pirolo" inspira entre otras *Xuanón enamorado* (1899-1900), de Federico Villoch, juguete cómico escrito un año después del regreso de López de Asturias, cuando se repone de la enfermedad que lo fulmina. Nacido en Grado y tabaquero como Regino, compra con Villoch y el escenógrafo mallorquín Arias el local de Consulado. Enemistado con su hermano por el amor de Consuelo Novoa —otra primera figura— se separan mientras Pirolo se adueña del escenario y la popularidad. En 1898 "Cualquier Tío" le escribe un monólogo titulado *San Pirolo*.

En *Xuanón*... interpreta al comerciante de ese nombre (don Juan Cubielles) mientras la mulata Micaela y el rumbero Manengue le buscan novio a una viuda de veinticinco años, Enriqueta, indecisa sobre qué pretendiente aceptar. Su criada le aconseja que se case con uno "rico de verdad" aunque no sea médico ni *sportsman* ni abogado e intercede a favor del tímido y rudo Xuanón a quien enseñan a enamorar pues sus referencias amatorias son el almacén, las cuentas y las sardinas gallegas. Con números de canto y baile de la mulata y el negrito, alusiones sicalípticas y a la vida cotidiana, se habla de un plan de "desinfección" de las calles y del juez correccional Mr. Pitcher (personaje de *El castillo de Atarés*, de 1901) Raimundo Valenzuela, Manuel Sanguily, el Cucalambé y la tienda J. Vallés. El libreto —aprobado por la censura vigente todavía— tiene música de Manuel Mauri, la mitad de su gracia. Antes se ha adelantado al público:

Venga de ahí
sin dilación

suenen las cuerdas,
suene el danzón,
para que se vea la jiribilla
de este Xuanón.[600]

Continúan las obras seriadas a partir de un personaje. En 1902 hay una secuela de Xuanón con *Xuanón rumbero o la fiesta de Regla*. También con Palanqueta, personaje de *Perro huevero*.... y Pachencho, de *Tin tan te comiste un pan*, al que siguen *Pachencho capitalista*, el 16 de enero de 1902 y *Las bodas de Pachencho*, el 17 de febrero del mismo año. El 5 de enero de 1900 se repone *El rapaz en el Lara;* el 8, *Plaga de sobrinos, La noche de San Juan;* el 9, *Del Cotorro a La Habana, Los efectos del two step* y *Los cheverones*, de José Barreiro, música de Rafael Palau. *Edén Pirolo* (en un acto y tres cuadros), libreto de Villoch y música de Manuel Mauri, con Carmita Beltrán, Lola Vicens, La Torre, Sarzo y Ramadal y el 4 de diciembre *El castillo de Atarés, El padre jiribilla* y *Los efectos del frontón*. Estos programas aislados y tomados al azar explican por qué ha sido imposible un inventario de sus títulos, la mayoría no publicados, salvo como libretos a la venta en el teatro.

El bufo ha cambiado, el periodo alhambresco no es una réplica de Fernández, Salas o Arregui, aunque sobrevivan algunas de sus figuras y es una lástima que no existan suficientes reseñas de sus espectáculos. Salvador Salazar escribe que:

> El famoso "negrito catedrático" se transforma en un pícaro de solar, un asiduo y aprovechado estudiante de la Universidad que se hace dentista o abogado mientras el gallego usa trajes de irreprochable elegancia y camisas de seda, es socio de Centros Regionales que honran y embellecen la ciudad, va a conferencias, se ilustra y se casa

---

[600] *Teatro de la emigración asturiana en Cuba. Aproximación lingüística y literaria a la Biblioteca «Francisco de Paula Coronado»*. Alfredo I. Álvarez y Virginia Gil Amate, ed. Oviedo: Universidad de Oviedo, Oviedo, 1997.

por la iglesia para formar respetables hogares cubanos; y la mulata es maestra de escuela, profesora, profesional y una persona decente.[601]

Buffalo exposición de Olallo Díaz, con música de Anckermann, estrenada el 23 de julio de 1901, trata de la participación de las empresas cubanas en la exposición norteamericana, con decorados alusivos a los productos expuestos: Crusellas, los chocolates Gambay y el pavo real Guerrero. El Alhambra tiene un cartel cambiante. El programa varía en cada una de las tandas, a las 7, a las 8 y a las 9 y en la prensa casi no se habla de los actores. Además de los intérpretes citados, Teurbe Tolón menciona a Fernando Becerra, Ramón Dovo, Rodríguez Laverón, Ramón Ramos, María Valverde, E. Castillo, Arturo Feliú, Pepe Palomera, Pancho Bas, Julito Díaz, Mariano Fernández y Pepe del Campo. Pero las enumeraciones son incompletas y es imposible documentar a todos los intérpretes.

Pirolo y Regino actúan juntos en el Lara en obras de actualidad y parodias de los artistas de moda. *Fregolimanía*, sobre el transformista Leopoldo Frégoli y *Pirolonofroffff* —libreto de los Robreño— sobre el hipnotizador Onofroff. Regino conviene con Pirolo en buscar una «novedad» para las noches de Lara, decide imitar a Frégoli y estira su apellido con varias efes. De acuerdo a una crónica de Enrique Fontanills.[602]

> tramada así la parodia, lo imita en su vestir, sus actitudes, sus palabras y sus modales para realizar las mismas experiencias pero valiéndose de «palas» regadas por el teatro... De frac, con el mechón de pelo caído sobre la frente, y hablando con voz velada, no le faltaba más que estatura para concebir una ilusión completa. La [Inés] Velasco grita cuando ve caer al suelo a un hipnotizado, mientras le salen al paso dos fingidos *yankees* que solicitan adivine

---

[601] Salazar, Salvador."El teatro cubano". *Las bellas artes en Cuba. Evolución de la cultura cubana.* vol. XVIII. José Manuel Carbonell y Rivero, ed. La Habana: Imprenta El siglo XX, 1928 : 53-77 p. 69.
[602] *Diario de la Marina.* 15 de marzo de 1900.

sus pensamientos. Pirolo se detiene, lo piensa bien y exclama: "¡Señores, no es posible adivinar lo que piensan los americanos!"

Hay una tempestad de aplausos. La lectura de Alhambra sobrepasa sus libretos, y situaciones como esta revelan una complicidad que no está en el diálogo escrito. Más allá de fechas y datos válidos para la arqueología del teatro, la historia de la representación se define por hechos intangibles, espontáneos, que son la esencia de lo alhambresco. Otros estrenos del Lara son *El doctor Gómez* y *El sexto mandamiento* (sept. 18 de 1899) y en diciembre *El ferrocarril central* de Federico Villoch, las coplas de Chavivari, llamadas de actualidad, cantadas por Consuelo Novoa, así como *Flores y perlas*, de Franco del Todo y Calderilla, ¿seudónimo? con escenografía de Miguel Arias.

Mariano de Aramburo y Machado en *La Vida Literaria* afirma que abunda y no está en falta el género chico, "tan independiente de los poderes oficiales como asimilado por las costumbres y el gusto teatral en Cuba". [603] Un género que no se impuso, sino se arraigó y se adaptó espontáneo a los sentimientos del país. Y compara a los López Silvas, Lucios, Arniches y Vegas con los Saladrigas, Villochs, Tamayos, Sarachagas y Morales, que llenan los teatros Lara y Cuba. Allá, en España, este teatro era por «secciones» y en La Habana, por «tandas» y llama al Albisu, el Apolo de La Habana. En Madrid podrían figurar sin abochornarse *La mulata María*, de Villoch, *A Guanabacoa la bella*, de Manolo Saladrigas y *El paso de la malanga*, de Ramón Morales y compara, quizás por primera vez, a los hermanos Quintero con los Robreño.

La búsqueda de simetrías entre la creación propia y la peninsular responde a una idea que ha calado hondo. Enrique José Varona contesta a Luisa Martínez Casado en 1902 que éramos incapaces de producir un teatro propio. Cuando la actriz clama por recursos para establecer una

---

[603] Aramburo, Mariano. "Guaracha" Tomado de *Impresiones y juicios*. Prólogo de Rafael Montero. La Habana: La Propaganda Literaria, 1901. pp. 117-123. En *La Vida Literaria* no. 7 del 18 de febrero de 1899. p. 5.

academia de actuación, Varona contesta con el artículo "El arte libre", un jarro de agua fría a sus aspiraciones. Rafael Montoro y Ricardo Dolz la apoyan en *El Fígaro* pero el respetado escritor, profesor y filósofo no cree que la América posea literatura propia, tampoco un teatro, mientras la actriz piensa que para ayudar al florecimiento del drama original, hay que fomentar la afición a los espectáculos escénicos y formar a los actores. Varona duda que las antiguas colonias de España han producido una literatura, ni que su «originalidad» llegue al teatro. ¿No es Alhambra un teatro propio? ¿No existe en 1900 una dramaturgia?

Aramburo retrata de forma única la actuación de Pirolo en un artículo ilustrado por un auto-barba o variante decimonónica del *selfie*.

> Tampoco falta nuestro Manolo Rodríguez. Ese es Pirolo, como se llama popularmente; José López [Falcó], según reza su nombre oficial. El simpático y aplaudido actor [...] es según la frase consabida, una institución. Naturalísimo en el decir como en el gesto, artista verdadero en la expresión, en el acento y en la mímica, viste los tipos y retrata los personajes con irreprochable fidelidad. Si le vieran allá haciendo de asturiano aplatanado que lleva *veinticincu añus* de isla de Cuba y que para sacarlo de aquí es *precisu* arrancársela, de seguro que reirían sus cosas, porque Pirolo tiene cosas, no lo duden ustedes, y esto ya es mucho.

Pero Pirolo enferma, el 5 de enero de 1900 se reanuda *El rapaz en el Lara*, suspendido por ese motivo, hasta que muere el 5 de abril de 1902. Regino López Falcó ocupa su lugar para una fama indiscutida y una carrera prolongada. Nacido en 1860 en Asturias, trabaja como tabaquero en su juventud y es vice-director de la Sociedad de Declamación de los Dependientes del Comercio. Ya en Alhambra hace una creación de *Papaíto* de Villoch y del Cañita de *La casita criolla*, estrenada el 11 de julio de 1912, borracho consuetudinario parecido al de Salas, pero moderado, pues no es criticado con tanta violencia. En la dedicatoria de *Vino de papayina* (representada en Alhambra el 8 de junio de 1892), su autor, C. Sicto E. [Cándido Costi y Erro] escribe que no sabe si ha podido "crear un tipo que corresponda a su maestría artística. Por mucho que yo haya hecho, más ha de hacer en la ejecución, el inteligente actor que de todo sabe sacar partido y vividificar, en la escena, cadáveres literarios, en género difícil y espinoso". [604] Lo acompañan Inés Velasco, Adela López, Laura Deupí, Manuel Areu y Enrique Castillo. Uno de los escasos textos publicados con alusiones sicalípticas, procaces o francamente pornográficas a partir una bebida muy popular hecha de gandul. También estrena *Julia Suárez peinadora* (29 de julio de 1892).

Las alusiones sexuales fuertes y la picardía erótica abundan en *El hombre de la gallina*, de Chacón y Nuza, de 1892. Alfredo viene a pedir la mano de América mientras un desconocido, equivocado de casa, establece el *quid pro quo* sexual –rotura de la pata de la gallina– por la que debe testificar en los tribunales. *Los detallistas* de Olallo Díaz (1891) reúne erótica culinaria y sexo con la hiperbolización de los sabores de las viandas, como orgía gastronómica (Montes Huidobro). En el fondo profundizan en la naturaleza de los desposeídos, quienes magnifican y evocan sus carencias. Según Samuel Feijóo "En la república fue cuando el género se cubanizó por completo, con rico éxito, con público gozón para las simpáticas obras cargadas todas de picardía, ajiguaguao vivísimo con remache de pimienta roja. Los dicharachos se continuaron y la chistería rápida y caprina". [605]

Una crónica de Aniceto Valdivia, el temido Conde Kostia, el cronista más importante del siglo XIX o el más prolífico, reseña su actuación en *La revista loca,* a su regreso de España y Francia en 1925. Escribe que "parece debutar todos los días". "Despojado del albayalde y el lápiz de punta verde o negra, vestido de calle, su cara es fresca, joven, rosada, lisa, de candor virginal, como si acabaran de parirlo."

---

[604] C. Sicto. E. *Vino de papayina*. La Habana: Imprenta La Moderna, 1892.
[605] Feijjóo, Samuel. Ed. *Teatro bufo. Siete obras*. Universidad Central de Las Villas, 1961. p. 9.

Regino ha reaparecido con el monólogo de actualidad que llena un entreacto en *La revista loca*. Parecía un estreno porque el monólogo resultaba nuevo en labios y gestos del excelente actor. El personaje es extravagante: pero no vulgar. Y Regino lo elevó a cimas de originalidad. Su triunfo en esa creación tuvo líneas de apoteosis. Terminado su trabajo, me fue imposible acercarme a él. La masa de sus admiradores llenaba su cuarto y obstruía la entrada. Era tarde y yo tenía que venir a dar cuenta de la reaparición. Lo que resumo en una línea: sin precedentes. A tal punto, que después de oír el parlamento delicioso al ex-propietario de la Alhambra, me ha quedado una duda que me obsesiona con esta pregunta taladradora como un clavo: ¿De quién es el monólogo? ¿De Villoch o de Regino? Porque si aquél lo firma, éste lo crea. [606]

Actúa en el cine pero no se conservan sus películas, entre ellas *El tabaquero de Cuba o el capital y el trabajo*, dirigida por Enrique Díaz Quesada con Blanca Lora y Manolo Adams, estrenada el 7 de enero de 1918.[607] Sin embargo, es posible oír sus grabaciones con Adolfo Colombo: "Cuba tus hijos lloran"(1907); "El gobernador cazando"; "Amor gallego" (1915); "Pachín cantador"(1916) y "Gallegos son triunfos" (1935). En otro disco de la Víctor, Regino defiende las ventajas de ser «gallego» o dialoga con Blanca Becerra, Fefa, sobre "Los terminales". Es un fanático del juego y su mujer, aburrida, le ha "puesto una vela a San Juan". Ambos tienen muy buena voz y excelente dicción. Según los estudios de Cristóbal Díaz Ayala los artistas del Alhambra graban alrededor de 840 diálogos, la mayoría con música.[608]

---

[606] Conde Kostia. *Mi linterna mágica*. Selección de Arturo Alfonso Roselló. La Habana: Instituto de Cultura, 1957. p. 187-189.
[607] Rodríguez, Raúl. *El cine silente en Cuba*. La Habana: Editorial Letras Cubanas, 1992. Todas las referencias a las intervenciones en el cine son por este libro. p. 97.
[608] Díaz Ayala, Cristóbal. *¡Oh Cuba hermosa! El cancionero político social en Cuba hasta 1958*. Kindle Edition, 2012.

Otros gallegos populares son Fernando Mendoza, Pancho Bas, Adolfo Otero, Arnaldo Sevilla y Santiago Lima. Otero es uno de los clásicos, pareja del negrito, excelente improvisador. Además de la mulata, el gallego y el negrito, se incorporan al trío clásico del teatro bufo el chino, el guajiro, el bobo, una tipología. Sobrevive lozano el clásico número del *galleguíbiri-mancuntíbiri*, diálogo entre el negrito y el gallego, variación de un número de la norteamericana Follies de 1922 titulado "Mr. Gallaguer".

Kostia escribe sobre Santiago Lima en *La Habana al natural* (1901):

Toda la compañía toma parte en la obra. Todos bastante bien y en primera fila, Lima. Él sólo basta para llenar el teatro en que actúe, aunque no hable, aunque no cante, aunque no camine. Actor lleno de defectos que en él son gracias. Canta como si tuviera un hueso atravesado entre los dientes y ese hueso es el de un cómico indecible. Habla como si tuviera un "lipoma" en la garganta y ese "lipoma" es una esponja menos que se aprieta por sí misma chorreando sal y "ángel".

Lima no estudia un papel y cuando sale a escena se sabe todos los de la obra que se está representando. Su cráneo rudimentario es el asombro de la crítica moderna. En arte teatral está siempre llegando a Jaruco. Y llega a tiempo. Más a tiempo que Nuza, Borges y Colombo menos, que no acaba de llegar de Mérida.

Al lado de Lima podemos poner a Simancas quien con sus coplas anoche contrabalanceó casi al gran éxito de Lima.[609]

En la República siguen vigentes los "negritos" que actúan con Salas, los más populares, Gonzalo Hernández y Benito Simancas. El primero está en México en 1895 con Susana Mellado, Rosa Bea y Ramitos. Pero fracasa en Puebla en 1898: el público encuentra del peor gusto el viejo repertorio de *Los efectos del danzón* y *Caneca* y se molesta con las

---

[609] Conde Kostia. "La Habana al natural". *La Lucha*, 23 de julio de 1901.

obscenidades, pero así todo y con las obras "mutiladas", llega al teatro Orrín, después de los escándalos y recibe un beneficio con *De Cuba al paraíso*. En octubre realiza una gira al Orpheum Theatre de San Francisco y Nueva York. Alguna prensa le agradece la música ya que "todo no puede ser aticismos impecables. ¡Hay que dejar que el banjo castañetee en el alma el cascabeleo jacarandoso de la guajira, el *ritornello* enamorado de la guaracha y el voluptuoso cadereo de la habanera!" escribe *La Patria* de México. Al año siguiente, en Ciudad Juárez escribe la zarzuelita *La botellita o el hijo de Caneca* pero al menos el periodista del *Diario del Hogar*, cree que ha caído "víctima de sus abominables pasiones".

Simancas escribe con Luis le Riverend *Asesinato y alevosía o por matar al pato*, estrenada el 30 de enero de 1894. Benjamín Sánchez Maldonado *Simancas en Atarés*, con música de Marín Varona. Continúa en la preferencia de acuerdo a una encuesta del semanario *El Teatro Alegre* y se une con Arquímedes Pous en su Teatro Cubano, gracias a quien repone el 10 de marzo de 1924 el Ño José, de *El brujo*. [610]

Para esas fechas Pous tiene compañía independiente. Su excelencia histriónica, la música de Eliseo Grenet y la escenografía de Pepe Gomís, crean uno de los momentos de mayor esplendor de las variedades, con revistas de gran espectáculo y piezas de corte melodramático de su autoría como *Un tabaquero*. Su Teatro Cubano cubre una época. Duetos y pregones acompañado por Conchita Llauradó, María Pardo y Angelita Martínez, entre otras, con las que viaja por el interior de Cuba, Puerto Rico, México y los Estados Unidos. El insistente San Duarsedo, cronista cienfueguero, lo retrata así en *El negrito policía* de 1913.

> Arquímedes, a quien conozco y aprecio desde pequeño, se empeñó en ser un buen actor y lo ha conseguido. Su afición al teatro, su amor al estudio y su talento lo han convertido en un artista con personalidad, en un primer actor aplaudido y popular en La Habana.

---

[610] Río Prado, Enrique. *Arquímedes Pous, una vida para el teatro cubano*, en proceso editorial.

Lo mejor que hizo Arquímedes fue salir de Cienfuegos. Aquí seguiría siendo uno de tantos aficionados, dentro de su género es una verdadera notabilidad. Donde se puede apreciar lo mucho que vale Pous, es viéndolo hacer números de variedades.

Anoche en *El negrito policía* y en el baile con la Llauradó (una chiquita gentil y retrechera) entusiasmó al público de tal manera que éste no pudo menos que tributarle una estruendosa ovación. El nació para vivir entre las bambalinas, como otros nacen para aburrir a los demás con su eterna ridiculez e insoportable grosería. [611]

Río Prado lo aprecia así:

exhibió gran versatilidad al interpretar con la misma perfección todos los personajes típicos de la escena criolla: negritos, gallegos, galanes, bobos, borrachos... dotándolos de una personalidad propia cimentada en su inefable simpatía. Los despojó de estereotipos falsos y exageraciones caricaturescas al otorgarles una naturalidad hasta entonces poco vista en la escena vernácula.

Desgraciadamente muere en Puerto Rico antes de cumplir treinta y cinco años. Autor de la trilogía bufa *Pobre papá Montero*, *La resurrección de Papá Montero* y *El proceso de papá Montero,* escribe otras de fondo melodramático como *Del ambiente.*

Raúl del Monte se inicia en la compañía de Salas y trabaja con Hernández en sus bufos y en el Casino Americano hasta que crea su compañía. En 1903 con la "espiritual" Blanca Vázquez, su esposa, tiene mucho éxito en Veracruz con un cuadro de comedias de cuarenta y cinco figuras, que actúa en el centro de recreo de Manuel Noriega. Sus integrantes: Eloísa Trías, Maruja Jiménez, Pura Pérez, Dolores Moya,

---

[611] Sans, Eduardo. (San Duarsedo). *De las dos farsas.* [ ]Editorial Siglo XX, 1915. p. 49. Río Prado aclara que la pieza es de Eduardo Castro y fue estrenada tres años antes.

Hortensia Valerón, María Ramírez, Estelvina Gutiérrez, Rafael González, Adolfo Capitay, José Novoa, Francisco Becerra y Pablo Díaz.

José P. Rivera explica por qué Del Monte triunfa donde antes los bufos fracasan, un artículo discutible pero lleno de pormenores, que califica *El minué* de Torroella, como "tempestuoso torbellino". Los viejos bufos escribe "buscaban la ignorancia, la locuacidad mal traída y creyendo que imitando y repitiendo los diálogos de *negritines*, se alzaban a las esferas superiores, trepaban a lo más alto del ridículo". [612]

Ramón Espígul (1893-1952), rey del chiflido, trabaja con La Japonesita. Su gran triunfo es *El espiritista* de 1918 según Manuel Villabella que ha estudiado su quehacer como negrito. En 1930 estrena *El tabaquero o un negro en Sevilla* en el Apolo de Nueva York. Mariano Fernández, concejal en la República, se destaca en el tipo del bobo en *El bobo de Batabanó*, estrenada 17 de junio de 1909, como también Arturo Ramírez, joven del coro, sobrino de Salas, a quien crean el personaje de pantalones cortos y maruga en la boca.

Sergio Acebal (1889-1965) es el negrito más famoso. Comienza en el teatro en 1911, de acuerdo a sus *Memorias...* mientras trabaja en una botica. Muerto de sueño, después de clavetear un improvisado tablado, cuando lo despiertan, se traga una puntilla y para tranquilizarlo, le ofrecen un papel en *El puñal del Godo* de Zorrilla en el cuadro de comedias Thalia. [613] En su libro minimiza su aporte, intenta hacer literatura y no cuenta interioridades. Miembro de la sociedad de aficionados Vital Aza, (en 1928 graba "La leyenda del moro" del mismo autor), en el café del teatro Albisu (una "bolsa" de teatros), Gerardo Artecona lo invita a participar de un genero «especialísimo», dramones como *Los dos pilletes y El judío errante*, representados en el teatro Alaska, a la entrada de Palatino (escenario de la primera película cubana conservada, *El parque de Palatino*) y aunque hace un papel por debajo de sus aspiraciones, transforma el «gallego» y «relajea la obra», hasta que en *Maceo o el grito de independencia*, de

---

[612] Rivera, José P. "Los bufos cubanos". *Diario del Hogar*. noviembre 3 de 1903.
[613] Acebal, Sergio. *Mis memorias*. La Habana: Editorial La Milagrosa, 1955.

Eduardo Varela Zequeira, como nadie se quería pintar, interpreta el negrito.

Desde entonces hasta 1936 pasan por su cara "aproximadamente, previamente quemadas, todas las cortezas de un bosque de alcornoques". Trabaja en el cuadro bufo del Actualidades con Lolita Cervantes, María Pardo y Fernando Mendoza. En 1912 debuta en Alhambra en *Regino en la isla*, de Federico Villoch, con una pequeña compañía integrada por Armando Fernández, Blanca Vázquez, Pepe Palomera y una Iris de la que no recuerda el apellido, mientras el resto está de gira. Regino y Villoch lo ven actuar y lo contratan para sustituir como negrito a Raúl del Monte, a quien llama su antecesor –ya con compañía propia– junto a Arturo Feliú. Encarna el negrito vivaracho, decidor y rápido en sus reacciones. Según Rosendo Rosell, como es un actor culto, no hay quien diga como él las *revesinas* o juegos de palabras. [614]

En Payret interpreta, entre otras, *El país de las botellas*, *Cal y cocó*, *A la puerta del bohío*, *El cuerno de la abundancia* y *Los habitantes de la luna*, en la que debuta Luz Gil, belleza mexicana llegada a la isla un año antes y contratada por el Molino Rojo. Rosell consigna entre otras obras suyas, *Un ocho veintiuno* y *Flor de té*. En *Locura de amor* hace un dueto con la Petit Rostow, del cuadro del Actualidades. Empieza con requiebros amorosos, eleva el tono hasta que se convierte en insulto, cuando "el apasionado negrito, loco de amor, mata a su Dulcinea, y luego... la emprende a tiros contra el público". Como en *Los bufos de Thalía...* y tantas otras, un hecho gratuito interrumpe la calma y revierte la trama que deviene caótica. El efecto –narra Acebal– era sorprendente entre la concurrencia. "Fusila" un cuento de Blasco Ibáñez para *A la puerta del bohío* y escribe *El cañón de Ordóñez*, por el barítono de las zarzuelas del Martí.

La danza de los millones (1916), de Federico Villoch, con música de Jorge Anckermann es una de las más exitosas. El texto no sobrevive –sobre el *boom* económico por los altos precios del azúcar– pero justifica el

---

[614] Rosell, Rosendo. *Vida y milagros de la farándula de Cuba*. Miami: Ediciones Universal, 1990. pp. 46-49.

vestuario de preciosos ridículos de Eloísa Trías, Blanca Becerra, Sergio Acebal como negrito y Pancho Bas como gallego. Un telón pintado con las luminarias encendidas, revela el "paisajismo" de sus célebres escenógrafos-pintores, Arias, Pepe Gomís y Nono Noriega, capaces de crear una ilusión de realidad con lienzos y cartones, los últimos, sustitutos de Arias después de su muerte. [615]

Pionero del cine, filma *La hija del policía o El poder de los ñáñigos*, de Díaz Quesada, con Consuelo Álvarez, Mariano Fernández, Luisa Obregón, los hermanos Plaza y Eloísa Trías y *Acebal se saca el gordo* (1918-1919). No habla de ellas ni de su experiencia como actor pero sí incluye poesía y sonetos laudatorios al general Tabernilla y al alcalde Justo Luis del Pozo, que sufragan la edición de su libro, orgulloso de sus secciones en verso escritas para el *Diario de la Marina* ,"Casos y cosas" y "Picadillo criollo". En 1924 graba "Las orejas", uno de los cuentos de Casos.

Después del cierre del Alhambra (1935), escribe para la radio los episodios de Catuca y Don Jaime, interpretados con Pepe del Campo, actor de origen puertorriqueño, excelente contra-figura y protagonista de la cinta *Los apaches cubanos*. Pero lo más cercano a su histrionismo son sus grabaciones, algunas tempranas como "Acebal en las trincheras" con libreto suyo (con Sarzo, 1918), "Clase de rumba", "El comienzo de la carretera", "La leyenda del moro" y "Se componen paraguas", (con Adolfo Otero), "Esa es mi hembra" (Acebal, Trías y Otero) y "La repúblico [sic] de los frescos" (Acebal, Blanca Vázquez, Luz Gil y Robreño).

Jorge Mañach, a quien nadie tildaría de populista o propugnador del mal gusto, en "Del cubanismo en el teatro", cita al cómico cuando "con su cara embetunada para la farsa", le hablaba que el teatro bufo poseía "verdaderas joyitas de arte popular, sainetes tan buenos como los que podría haber en cualquier parte". Mañach pone en duda que "la burda farsa del negrito y el gallego, con sus complicaciones estereotipadas, sus

---

[615] Sorondo y Teurbe Tolón, Mario. *Treinta años de teatro*. La Habana: Tipografía Meylan, 1943.

tipos consabidos y sus bastas chocarrerías" pueda configurar el teatro nacional y se pregunta si "¿ha de ser el teatro plebeyo?" Está en juego si el carácter nacional radica en la ciudadanía de los autores o en la tipicidad de sus asuntos. Para Mañach el "carácter no está ni en el autor ni en el tema, sino en el espíritu de su obra, en ese que –con intenso sentido del vocablo– ha sido llamado "el estilo" de una producción. [616] Acebal contesta su columna: protesta contra la "enlevitada suposición", de que "con semejantes tipos no podrían expresarse ni el arte, en su verdadera acepción, ni las emociones del sentimiento". No deja de reconocer que muchas de las obras de nuestro teatro popular "no siempre lo enaltecen", pero rechaza toda gestión purificadora que aspire a eliminar completamente los plebeyismos típicos. "Si se escribiesen obras sin esos componentes; si en el diálogo de las mismas no existiesen ciertas frases puramente locales; si no hubiese, en fin, nada en ellas que reflejase nuestro carácter, nuestra psicología, dejarían de ser cubanas, aunque sus autores hubieran nacido en los mismísimos remates de Guane". Mañach aboga por un arte que se imponga gracias a su "riqueza, a su perfección formal y a la universalidad de su intención". Pero la polémica muestra –como pocas veces en la historia del teatro popular– un diálogo entre un cómico y un erudito. [617] Dos años después publica en *El País* su recuento de catorce años en Alhambra.

> Jamás gusté de las camisas chillonas, las corbatas enormes, los chaqués a cuadros y los sombreros estrambóticos, aquellos recursos que por sí solos atraen al auditorio. ¿Por qué? El actor que se dedica a caracterizar el tipo del negro debe captarlo fielmente ya que las escenas que se desarrollan en el teatro no son más que una copia de la vida real. Lo contrario sería ridiculizar una respetable clase digna

---

[616] Mañach, Jorge. "El cubanismo en el teatro" *Diario de la Marina*, 6 de marzo de 1923. Espinosa Domínguez, Carlos. ed. y compilación. *La aventura de perseguir la aventura. Gastón Baquero. Jorge Mañach.* Manuscrito en proceso editorial gracias a la gentileza de su autor.
[617] *Diario de la Marina*, 14 de marzo de 1923. En la misma compilación.

de respeto que después de todo, vive y se comporta como las demás. [618]

Es de anotar que el vestuario estrafalario tiene un largo recorrido desde Covarrubias. Pero no habla de su actuación. Una crónica de Aniceto Valdivia incluida en sus *Memorias,* suple ese vacío. Sin fecha, *El cañón de Ordóñez* se estrena en 1925.

> [...] Quien conoce los trabajos de Acebal no dudará un momento de esa afirmación. Sergio Acebal se emborracha de *quid pro quos* y de *boutades* y de cómicos localismos, como otros se embriagan de vino. Robreño hace reír a veces: Villoch, muchísimas; Acebal, continuadamente. Parece no buscar los chistes, rehuir los retruécanos, desdeñar las salidas de tono, pero parecen venir a él como un reproche tercamente cariñoso a su indolencia idiosincrática, a su *spensieratezza* esencial —como diría Pennino. Los chistes van a él como las abejas a la colmena, seguros de hallar miel cómica. Aristófanes se encogería de hombros, pero Fígaro aplaude celebrando en él a un moderno. Las anillas de la actualidad están siempre en sus manos para volteos que un volatinero de mucho talento ejecuta diariamente en Cosas y casos.
> Sin embargo, como todo escritor muy cómico, no es es su fuero interno, alegre. Una vez más este hilarante nos enseña que la tristeza está oculta en el fondo de todo placer. Es que la risa y la burla inspiran un estado de intranquilidad social o política donde el malestar obra y se acera. En los unos conduce a una misantropía amarga, en otros a una jocosidad quizás desgarradora. En ambos modos, una protesta. ¿Hay nada más desconsolador que Beaumarchais? Y sin embargo, oyéndole, la risa se posa en los labios. Pero esa risa trajo como residuo la Revolución más formidable que

---

[618] Acebal, Sergio. "Mis catorce años en Alhambra". *El País*. 5 de noviembre de 1925, p. 16.

han traído los tiempos. Yo no me fío mucho de los satíricos –como César tampoco se fiaba de los flacos. En todo buen escritor cómico hay un Timón de Atenas, después de la ingratitud ajena.

Pero me he perdido y vuelvo a Acebal. Hay en él mucho que admirar. Modesto, laborioso, muy inteligente, autor de obras todas aplaudidas y con razón: buen compañero, buen amigo –con la desgracia enorme de ser un observador prodigioso que como El Fígaro de que se hablaba hace un momento, "se ríe de todo por temor a tener que llorar de todo".[619]

Desgraciadamente, las actrices se conocen menos. Son divas, *vedette*s bellas y codiciadas, de amplio registro, pero de las que se habla con desprecio. Un manto de silencio las cubre, asociadas con el pecado y la inmoralidad. Gustavo Sánchez Galarraga en su conferencia "El arte teatral" (1916), condena las obras "que representan Raúl del Monte, doña Consuelo Novoa, Arquímedes Pous, etcétera." Y no vacila en llamar pornográficas a las que a diario suben al Molino Rojo y las que participan de ambos géneros, como las del Alhambra "...donde el arte se confunde con la más baja abyección". [620]

No he encontrado suficientes valoraciones o reseñas de los intérpretes, sino nombres y enumeraciones. Eloísa Trías e Inés Velasco vienen del bufo y se destacan cuando en México Florinda Camps se ha olvidado. La voz de Trías se escucha en "Las partes de avance", diálogo con Regino López grabado en 1916. Es liberal y discute con su marido el resultado de las elecciones hasta que ambos se acaloran y Regino le entra literalmente "a patadas", en indefinible mezcla de comicidad y denigración. Alicia Rico es aplaudida como gallega y otros personajes de carácter y llega a ser muy popular en la televisión. El 1ero de julio de 1907 debuta

---

[619] Valdivia, Aniceto (Conde Kostia). "Ante el retablo". En Acebal, Sergio. *Mis memorias*. pp. 102-104.
[620] Sánchez Galarraga, Gustavo. "El arte teatral en Cuba". *Cuba contemporánea* tomo X no. 3. (1916): 259-270.

Blanquita Becerra con Susana Mellado, Simancas y Lima en el Martí con *Lo que será* de Luis Pla con música de Mauri.

La mulata de rompe y raja o de rango, voluptuosa y sensual, es la poderosa atracción de un teatro destinado a los sentidos. Vestida de bata, chal de seda, pantuflas o chancletas, se mueve cadenciosa al compás del ritmo o canta con voz melodiosa. Recorre seductora todas las etapas del bufo y el periodo alhambresco. Es protagonista indiscutida o eje del conflicto desde *La mulata de rango* de José María Quintana, estrenada en el Albisu el 3 de octubre de 1885, melodrama social con carga de erotismo. Entre sus intérpretes, la mexicana Luz Gil, Petra Moncau, Susana Mellado, Lina Frutos, Blanca Vázquez (esposa de Raúl del Monte y primera figura de su conjunto), Pilar Jiménez, Margot Rodríguez, Inés María López (Chelito criolla), Blanca Becerra, Amalia Sorg y María Pardo.

Jiménez fue popular con "Napoleón, el merenguito". Consuelo Novoa es más bien, según Robreño, «damita». Esposa de Regino López y después de Marcelino Areán, se inicia con dieciocho años en los bufos de Gonzalo Hernández con el que viaja a México y California con la orquesta de Jorge Anckermann. En contraste con la parquedad de la prensa cubana, el *Diario del Hogar* de México reseña su arte como tiple, ya que en su beneficio se ejecutó "Consuelo", danzón escrito por Miguel Faílde para ella, *Los efectos del danzón*, de Joaquín Leoz con música de Enrique Guerrero y *La Mascotte*, donde canta "Caramelo" con mucho donaire y baila con Guerrero. "... en su género es toda una artista dotada de natural gracejo que tiene la gran calidad de hacerse aplaudir sin apelar a recursos de mala ley".[621] Por muchos años en Alhambra como primera figura, cotizada por su magnífica voz, es empresaria de carpas y actriz y tiple de varios teatros de la isla. Interpreta *La mulata María*, de Villoch y en las temporadas del Martí de los veinte es Dolores Santa Cruz en la puesta de *Cecilia Valdés*. Entre sus grabaciones, "A solas", New Jersey (1915), con Adolfo Colombo y "Amor y celos" (1917) acompañada por

---

[621] "En el beneficio de Consuelo Novoa". *Diario del Hogar*. 7 de julio de 1898.

Alberto Villalón en la guitarra. "Entró al Alhambra con dieciocho años, se casó con Regino, educó a sus tres hijos y junto a él amasó la fortuna que llegó a medio millón" escribe Meluzá Otero en su estremecedor retrato. [622]

Hortensia Valerón integra como cantante el Sexteto Boloña de Alfredo Boloña Jiménez con Manuel Menocal y Manuel Corona. Graba con Espígul para la Víctor *El triunfo de la conjunción*, rumba de la obra de igual título de 1909, donde exclama a toda voz ¡Caballeros, triunfó la conjunción!, junto a Pilar Jiménez y Gustavo Robreño.

Teatro de actores, estos completan con su gracia las insuficiencias del libreto o los enriquecen con aportes improvisados, las conocidas "morcillas" aplaudidas por el ingenio y sagacidad. Algunos son grandes bailadores. Otros, buenos cantantes o músicos. Una escena que se nutre de la actualidad y se dirige al aquí y el ahora de la sátira política, requiere que público e intérpretes establezcan un código común, más allá de los tres golpes para comenzar la función o las tres tandas.

Cuando Villoch recuerda, cincuenta años después, el *base-ball* en el Alhambra y a qué club pertenecían sus integrantes, casi todos sus metafóricos jonrones son para los actores: Gustavo Robreño en *Napoleón*, el *two base* de Luz Gil y Pepe del Campo en *El rico hacendado* o el de Blanquita Becerra en *El patria en España*. [623] Notable Amalia Sorg en la opereta *La señorita Maupin*, alborotaba a la audiencia con un gesto. Se agarraba los senos con las manos y los ofrecía al público, como repite en el documental *Cuentos del Alhambra* de Manuel Octavio Gómez.

Candita Quintana es otra grande del periodo. Caracteriza la mulatica *fisna*, que estudia en las academias y se empeña en la taquigrafía. Llega a

---

[622] Meluzá Otero, F. "Ayer y hoy. Consuelo Novoa". *Carteles*. 29 de mayo de 1949. pp. 28-31. Agradezco a Enrique Río Prado este hallazgo.
[623] Villoch, Federico. "Viejas postales descoloridas". "El base-ball en Alhambra". *Diario de la Marina*. 3 de febrero de 1947.

participar de montajes contemporáneos y es elogiada por Adolfo de Luis y Yuri Luibimov. [624]

Antonio Iraizoz entrevista a Inés Velasco en su "triunfante senectud". En su camerino, frente a un espejo falto de azogue, prepara sus muecas. Todavía está activa en Alhambra, recuerda *Buchito en Guanabacoa* y *El festín de la calandraca*. Iraizoz describe sus gritos y sus actuaciones, pero olvida referirse a sus manos.

> Ponedla en un solar, al contacto de la batea y del cajón de leche vacío; haced que se desmaye entre contorsiones grotescas, sin que nadie la aguante; obligadla en una apurada escena a que chille clamando por la intervención de un vigilante de policía y tendréis siempre un tipo acabado, perfecto, de esas viejas pendencieras del subsuelo social, de corpulencia esquelética, voz cascada y sentimentaloides cursis [sic]. [625]

Mario Sorondo recuerda a la abuela del Alhambra, no agraciada físicamente y en la miseria, como a sus setenta y ocho años Consuelo Novoa habita un cuarto sin baño, retirada de un puesto de conserje. [626] El destino del artista popular desde Covarrubias.

---

[624] Boudet, Rosa Ileana. "Candita Quintana: soy una artista silvestre". *Revista Cuba Internacional* 2 (1970): 28-35.
[625] Iraizoz, Antonio. "Las manos de Inés Velasco". *Sensaciones del momento (artículos de actualidad)*. La Habana: Imprenta El Siglo XX, 1919. pp. 14-18.
[626] Cf. Meluzá Otero. F. ob.cit.

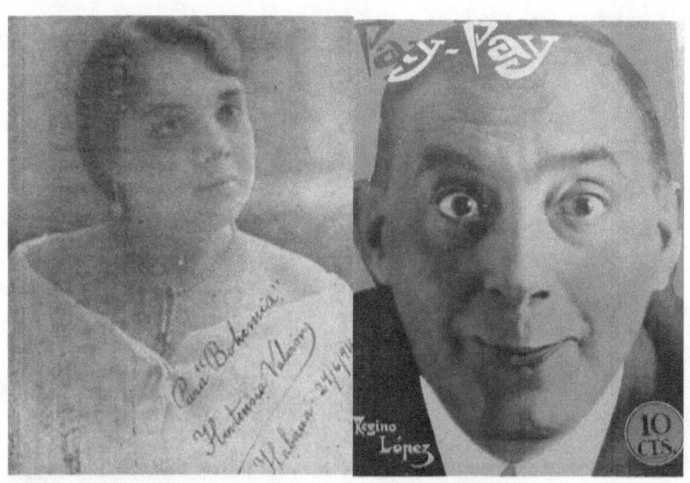

Hortensia Valerón, Regino López y Blanca Vázquez

Benito Simancas en un grupo no identificado. Cortesía de Enrique Río Prado.

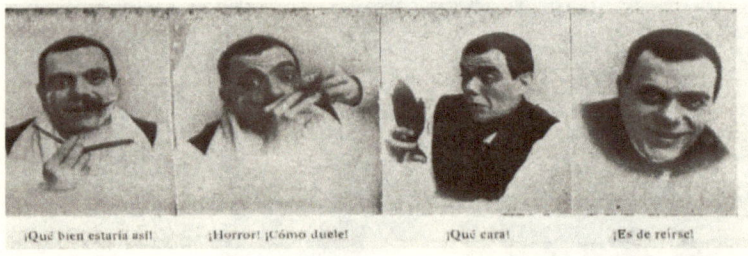

José López Falcó en el auto-barba publicado en *La Vida Literaria* de Madrid (1899).

Gustavo Robreño Puente, actor y escritor.

Sergio Acebal. "Mis catorce años en Alhambra", *El País*, 5 de noviembre 1925. Cortesía de Carlos Espinosa Domínguez.

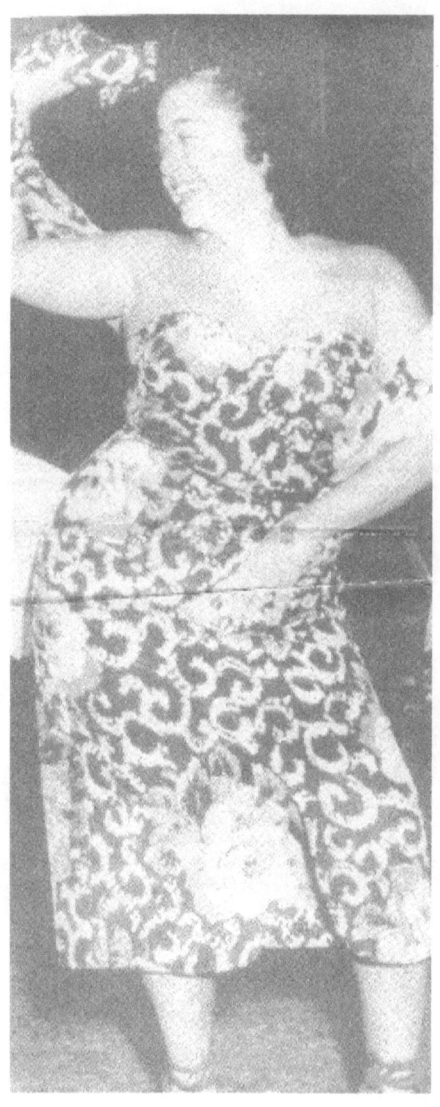

A Candita Quintana le decían "candelita"
por un personaje de Sánchez Galarraga

Blanca Becerra y Regino López

Celia Adams y su esposo Manuel Martínez Casado crean la compañía Les Comediens

Eloísa Agüero, Enriqueta Sierra, Pablo Pildaín y Evangelina Adams.

Luisa Martínez Casado en 1901. Cortesía del centro Yolanda Perdiguer del Teatro Terry de Cienfuegos.

A partir de 1900

Ramiro Cabrera recuerda "los teatros de ayer" en operación nostálgica. Era niño y asistía con su padre a Torrecillas y Cervantes, teatro para hombres solos de la época, nada en comparación con las formas libres del Alhambra, porque allí lo picante se reducía, según cuenta, a bailes al final de cada acto en los que las coristas, cubiertas hasta los muslos, bailaban el cancán con contorsiones más groseras que inmorales. Le otorga "mérito literario" al Torrecillas y cree que hay obras de vuelos afrancesados como la de Sarachaga, "despojada de palabrería burda y grosera". Las comparsas de guaracheros tocaban en los entreactos. Había un telón que daba miedo en el Tacón y los palcos se designaban con los nombres de las familias linajudas. La costumbre, cuenta, desapareció con Sieni y los noveles empresarios como el "rudo" e "impropio" Bracale. Las funciones empezaban muy tarde, había que esperar los carros de caballos del Cerro y Jesús del Monte y el telón no se alzaba hasta que se ocuparan todos los asientos o llegara el capitán general. De golpe, su relato salta en el tiempo. Los cómicos vigilan por un orificio abierto en el telón, a la altura del observador, suenan las campanadas y la función da comienzo. La historia del teatro se reescribe. De los coches tirados por caballos a la realidad cruda: la mayoría de esos teatros no existen en 1919. Torrecillas es una fábrica de tabacos, Cervantes cedió el terreno a un hotel y el Tacón pertenece al Centro Gallego. [627]

Imposible recorrer con amplitud las primeras décadas de la vida republicana ni siquiera a manera de esbozo: las producciones se han multiplicado con las visitas de las compañías llamadas de "repertorio" de las que Burón fue un adelantado. Los actores hacen el circuito Madrid-La Habana-México y otros lugares de América. Luisa Martínez Casado y

---

[627] Cabrera, Ramiro. "Los teatros de ayer". *Social* Vol. IV no. 10 octubre 1919. pp. 18, 65, 67, 69.

Evangelina Adams conquistan esas plazas como el fallecido Paulino. Aves de paso, traen o llevan los melodramas de moda o representan la comedia moderna y los estilos europeos. En agosto de 1900 se presenta penosamente la compañía de actores mestizos de Edicta Delgado, que en Cárdenas y Matanzas ha representado *El gran galeoto*, de Echegaray, con José Fernando Aretuche, único de piel oscura. "El resto son pardos". Es todo lo que se dice. *Amor con amor se paga* se estrena el 26 de abril de 1900 en una velada del Liceo de La Habana en el Teatro Martí, interpretada por Luis Alejandro Baralt y su esposa Blanca Zacharie, primer estreno de José Martí en la isla, pero al día siguiente solo se comenta *Gigantes y cabezudos* en el Albisu, templo de la zarzuela.

Sarachaga satiriza la intervención norteamericana en *La Padovani en Guanabacoa* a partir del éxito de Adelina Padovani-Ferrán en 1899. Reforma *Esta noche sí* y la convierte en una batalla entre la ópera y el *two step*. Estrenada el 3 de abril de 1900, se anuncia como "la función de la pluma que más ha hecho reír en el periodismo cubano porque reúne "lo ameno, lo jocoso y lo alegre" junto a *El caimán reformado*, de Eugenio de Santa Cruz. En la obra Victorino dice:

> Ya verá usted mañana la crónica de Fontanilles, diciendo que en nuestra fiesta estaba toda la *jilif* de Guanabacoa con la bella".[628]

El cronista social importa más que el crítico de teatro. En *¡Arriba con el himno!* (1900), Sarachaga combina el estilo «alhambresco» de contagiosa música, oropel y alegría, con la desilusión de esos años. Despide una época y una forma de hacer engarza con otra, que domina la escena por treinta y cinco años. En el texto los poderes se traspasan, la bandera española se arría del Morro y la insignia norteamericana sube en lugar del pabellón nacional. El norteamericano Handkerchief y el cubano Luis presencian el acto en el que desfilan como en un caleidoscopio o un mal sueño personajes «irrepresentables», calles, periódicos, teatros y partidos

---

[628] Sarachaga, Ignacio. Ob. cit. p. 177.

políticos. Las calles están muy contentas porque han sido remozadas mientras el barrio del Pilar necesita alumbrado y San Isidro es el «de la maldad, sucio y choteado». Llega Tacón, el decano, muy operático, seguido del Albisu, el Payret y el circo Pubillones, todos con sus demandas y sus historias. Luis conduce al visitante al concurrido Parque Central donde el pedestal de Isabel II está vacío. Zapote, bodeguero español, pronuncia un discurso absurdista:

> [..] Señores, los detallistas son hombres que no quieren detallar detalladamente, porque hay detalles largos de talle, y que cualquiera estalla al verles la talla». [629]

Pancho – el gallego aplatanado– se niega a «evacuar». Vestido con su jipijapa, alaba el clima, las mujeres cubanas y el danzón. Pero el norteamericano, ávido de conocer los bailes y la diversión, se suma a la batalla contra el *two-step*. Los insultos son mutuos. El *two-step*, tieso como una estaca, es un horror que a nuestro patriotismo hiere, «los que lo bailan parece que van dando puntapiés». Al final, Handkerchief prueba y aprueba el danzón por su delicioso «meneamiento» como el público lo ha arropado en las piezas de Salas. Sin embargo, todas no son carcajadas. Aparece la otra cara de la moneda: el cesante y el reconcentrado y, sobre todo, el «buscador» del desenlace de la comedia política. Y suena el cañonazo, la bandera cubana ondea en el Morro y hay luces de bengala. Apoteosis final. Tiene cinco cuadros y veinticuatro números musicales. Pero no la vio representada. Sarachaga muere el 21 de noviembre de 1900. No hay constancia de ninguna representación.

El 2 de febrero de 1901 se inaugura el llamado telón de intermedios en Albisu con *A Guanabacoa la bella,* de Manolo Saladrigas. Se espera a Roncoroni con *El Tenorio*, uno de los actores más simpáticos que pisado la isla con su repertorio de *Fedora, Tosca, Los dos pilletes y Miguel Strogoff.* La

---

[629] Sarachaga. Ob. cit. pp. 200-201.

Poupée viene en la compañía de Tomba y llega la soprano Frida Ricci el 22 de febrero de 1901.

En 1902 los arcos de triunfo, las iluminaciones y procesiones cívicas se extienden por todo el país para celebrar la independencia: la bandera cubana ondea en el Morro después de siglos de dominación española. En su "Crónica de Nueva York" Eulogio Horta recuerda que la última moda de calzado *fashionable* es el tacón *cubano*, que casi no se levanta del piso, y la primera en usarlo, la actriz Virginia Earl. [630] Dorothy Stanhope, corresponsal del *New York Times* en La Habana, se asombra del dinero invertido en fuegos de artificio, cohetes y globos para un mitin político o cualquier otra una actividad. Comprende cómo gusta el placer a la ciudad, encariñada con su teatro, lleno, sobre todo, los meses de invierno y representado todavía por el antiguo Tacón. Todavía se prefiere la ópera. [631] Triunfan el italiano Leopoldo Frégoli y la soprano Rosalía (Chalía) Díaz Herrera, que populariza zapatos de las peleterías Pons con su nombre, de la misma forma que el dulce gazañiga sobrevivió a la fama de Marietta.

El debate está servido sobre si es mejor la compañía española de María Guerrero y Fernando Díaz de Mendoza o la italiana de Teresa Mariani. Guerrero hace en enero de 1902 *Lo positivo* y *Juana la loca*, mientras Teresina, *Zazá, Fedora, Madame San Gene, La dama de las camelias*, un abono de seis funciones rápidamente cubierto por las «familias distinguidas». Mariani asiste a ver *Los huérfanos de la patria*, prueba los helados del establecimiento París, pasea por el Louvre y se retrata en *El Fígaro* con su perrito Ohé. Según Laura García de Pardo Bazán, es superior aunque tiene todo en contra, incluido el idioma, pues caracteriza "lo actual, lo moderno y lo prosaico". El 16 de enero de 1902 ocupa la primera página del diario. Reinan por unos días, una en el Tacón y la

---

[630] Horta, Eulogio. "Crónicas de Nueva York". *Cuba y América* no. 24. 29 de junio de 1902. pp. 115-116.
[631] Stanhope, Dorothy. "Many Amusement of Gay Cubans". *The New York Times*. 2 de noviembre 1902.

otra, en el Martí, a pesar de que *Zazá*, según Horta, que la ve actuar en Nueva York, escandaliza a un público gazmoño y mentecato. [632]

La redacción de *La República Cubana* y los cronistas promueven una función en honor de Pildaín en el Albisu con música de José [Pepito] Mauri, baladas asturianas y una cántiga de Curros Enríquez. Luisa y Pildaín actúan juntos en *Pasión de Cristo*, de José Julián Cavero, de más de doce horas de duración, con los siete pasos en forma de cuadros, desde la salida del templo al descenso de la cruz. La entusiasta Lucy France Pierce la comenta –los retratos de Luisa adornan las bisuterías y las bomboneras– Pildaín es Cristo, Pilar Laurel, Poncio Pilatos y Luisa, María, secundados por un elenco de cincuenta actores, doce de ellos principales.[633]

Fallece Antonio Vico en 1902, una leyenda, aunque casi no actuó en la isla. Luisa se ocupa de su entierro y el posterior envío de su cadáver a España, que deviene un acto de fraternidad entre cubanos y españoles. [634] En 1903 Luisa actúa en Gibara y Pildaín tiene muy poco público. Las funciones dominicales de Pablo en el Payret asombran por sus bajos precios, que *Cuba y América* califica de "arrestos gallardos de artista". [635]

Con alborozo, ansiedad e incertidumbre el país deja atrás sus viejos repertorios e instala la comedia "galante" con tramas más bien obsoletas. Jesús Castellanos en "El respetable público" revela el por qué de la fascinación por el drama efectista. La república reedita en democracia una aristocracia venida a menos de modales antiguos y gustos exquisitos. Sánchez Galarraga simboliza esa sensibilidad y Ramón Sánchez Varona no se queda atrás. "El género predilecto es *el drama de levita*; mejor aún, el drama sensacional y folletinesco, punto intermedio prodigioso en la división suprema trazada por el vulgo, entre la tragedia orlada en sangre y

---

[632] Horta, Eulogio. "Crónica Nueva York." *Cuba y América*. 9 de febrero de 1902. Año VI. No. 8 p. 113.
[633] France Pierce, Lucy. "The Passion Play in Havana". *The Green Book Album*. VIII. June 10 no. 6. pp. 1190-1193.
[634] Cf. Boudet, Rosa Ileana. *Luisa Martínez Casado en el paraíso*.ob.cit.
[635] "Notas y noticias" *Cuba y América* no. 18, agosto 39 e 1903. V XII p. 250.

la comedia de costumbres". ⁶³⁶ Dos obras de esos años se burlan del drama frívolo. Max Henríquez Ureña en *La combinación diplomática* (1914), hace volar tinteros por los aires, «combinaciones» para lograr un puesto en el senado sobre la base de triquiñuelas e intrigas y José Antonio Ramos en *Flirt* (1923) se ríe del hombre recto seducido por una *massa-girl*, y las disputas por un cargo.

Puga, empresario esposo de la Martínez Casado, intenta girar a los Estados Unidos con *La cabaña del Tío Tom* pero no lo logra, aunque se representa en Puerto Rico, donde como en Venezuela y Colombia, tienen exitosas temporadas y algunos desastres. A Luisa le quedan años de carrera con intensas giras por América. Estrena, entre otros *El proceso de Dreyfus*, de Federico Villoch, el dramaturgo más popular del Alhambra, quien la describe con "su voz lenta y cantarina de cubana indolente y lánguida". Cuando busca apoyo para abrir una cátedra de declamación, los intelectuales se lo niegan, el primero Enrique José Varona. *La guabinita*, cuyo texto sobrevive, con música de Manuel Mauri, parodia del *Chez Maxim* de Feydeau, se estrena el 30 de diciembre de 1904 en el Alhambra, una de las más de quince escritas por Joaquín Robreño, cuyo legado como actor y gestor ha sido oscurecido por la fama de sus hijos. ⁶³⁷

En noviembre de 1904 Pildaín interpreta el Tenorio mientras Elvira Rojas y Francisco Soto *El burlador de Sevilla*. *La vida en sueño*, de Calderón, sube en el Nacional y se efectúa una función organizada por Máximo Gómez para recaudar fondos para un monumento a Antonio Maceo. Ese año, con motivo de un periódico extraordinario publicado para su beneficio, Manuel S. Pichardo recuerda la biografía de Pildaín. A los quince años escribe una oda a Calderón "que empezó a darle nombradía, la de ser uno de los jovencitos más audaces de su pueblo". "La primera vez que lo vi en escena, narra Pichardo, en *La vida es sueño*, joven y brioso,

---

⁶³⁶ *Cuba y América*. no. 11 diciembre 13 de 1903. Año VII. V. XIII pp. 365-367.
⁶³⁷ Cf. Río Prado, Enrique. *La Venus de bronce. Una historia de la zarzuela cubana.* p. 576. Cf. Robreño, Eduardo. ed.*Teatro Alhambra. Antología.* "La guabinita". La Habana: Editorial Letras Cubanas, 1979. 373-446.

encarnaba al inmortal Segismundo. Admiró más al "actor cubano digno de mejor fortuna". Pichardo se declara su aplaudidor constante. [638]

En octubre de 1904 se representa en Albisu *Los pícaros celos*, de Arniches y en el Payret la compañía de Galé, «superior a la de Adams y hermana gemela de Burón», escribe Castellanos quien se lamenta de la resurrección de los bufos en el Martí.

> Los Bufos se han levantado con olor a cementerio. Es lo probable que vuelvan de nuevo a la tumba. Están fuera de foco y han de asfixiarse en esta atmósfera de nueva creación y para ellos enrarecida. Susana Mellado, Simancas, todos buenas personas, pero pasadas de moda. ¿Porqué no se suicidan a dúo o emigran para Cayo Hueso? [639]

El actor negro Paulino Acosta, evocado en 1919 en una sesión de la cámara de representantes por el entusiasta Lucilo de la Peña, peregrina de teatro en teatro e interpreta *Otelo* en el Payret, con la compañía de Galé. A juicio de Castellanos, es el más legítimo, "ajustadísimo" al tipo soñado por Shakespeare, sobre todo en función de color... acento y olor ... ya que es un actor de muchísimo talento como ya quisieran para sí muchos dentro del eminente cartel." Una referencia con esta triste coda. "Para su desgracia, no puede pasar de interpretar á Otelo, al menos para presentarse al gran público. Es el mismo caso del barítono jorobado del cuento, que no podía cantar más que Rigoletto. [...] La Black Patti necesitaba su *pendant* y ya lo tenemos en esta simple mosca caída en la leche de la empresa de Galé". [640] Desde el trágico Lacoste, los críticos son peyorativos con los *negritines* o con la molesta mosca en la compañía de

---

[638] *El Fígaro*. 16 de septiembre de 1904. p. 511.
[639] Castellanos, Jesús. "Humos Habanos". *Cuba y América*. no.1. Vol. XVIII. pp. 9-10.
[640] Castellanos, Jesús. "Humos habanos". *Cuba y América* no. 3 Año VIII. 16 de octubre de 1904. V. XVIII. pp. 8-9.

blancos. El actor de piel negra es discriminado en la colonia y un ausente en la república.

No gustó la *Hedda Gabler* de Italia Vitaliani. "No es de extrañar: el drama ibseniano rompe las tradiciones; no electriza con afectismos [sic], no emociona con gritos ni espavientos, y por contera, exige cierto esfuerzo mental para comprenderlo" escribe Fructidor, seudónimo de Adrián González del Valle, sorprendido no de la reacción del público, sino de la crítica. [641] Italia moría todas las noches con un veneno distinto y a los espectadores debían darles un pañuelo en cada función junto con el billete de entrada. Debe ser la puesta a la que José Antonio Ramos se refiere cuando dice que fue "reída" en La Habana. Al año siguiente llega Virginia Reiter para emular su éxito de 1888. Galé y el empresario Anastasio Saaverio en el Payret imitan a Burón con el medio peso.

> La Habana, más por deseo de hacer rodar su dinero que por dilettantismo, satisfecha de poder permitirse un lujo, llenaría hoy fácilmente un teatro a cualquiera figura del arte por modesta y deslucida que fuese. Y como la percepción de nuestro público es tan especial que en el caso de escatimar, se queda con lo mediano y aparatoso, este sería el momento más propicio para que los Novelli, los Zacconi, todos esos grandes a quienes en otra ocasión, negaríaseles el agua y el fuego, hagan su zafra. [642]

La compañía de Gabrielle Réjane representa en francés entre otras *La Petite Marquise* y *Zazá* durante siete noches para muy poco público, ya que "hablaba el francés demasiado aprisa para alcanzarla con los diccionarios", "traía el estigma de la cabeza blanca de Dumeny" y "sufrió

---

[641] Fructidor. *Cuba y América* no. 9. Notas teatrales. 27 de noviembre de 1904. Año 8 V. XVIII. p. 10
[642] Castellanos, Jesús. "Humos habanos". *Cuba y América* no. 17. 22 de enero de 1905. p. 9.

la condena de nuestro desdén tropical". ItaliaVitaliani y Carlos Duse exclamaron solos *Hamle*t en Albisu.[643]

Mientras Paulino tiene el destello de brillantez y la juventud que lo hace triunfar en pocos años, Pildaín, que comienza en los sesenta junto con Dolores Cabrera y Eloísa Agüero, se impone en la república con una mezcla de piedad y admiración. El suyo ha sido un bregar en el tiempo: la comprensión y el afecto le llegan en el ocaso de su carrera. Eloísa, con un recorrido similar, pero con largos periodos de ausencia, está en México, concentrada en su aula de declamación, y no recibe nunca la admiración o el cariño de sus compañeros de profesión que ni siquiera conocen su drama íntimo. Se ha pensado injustamente que no tenía nada que ver con la isla. Su paisano, en cambio, no abandona las tablas, aunque ha perdido en el camino a Dolores y a Ana, de las que ni siquiera he encontrado una imagen. En 1905 dirige *Los triunfadores*, de Justo de Lara y el 13 de mayo de 1906 interpreta *María o la hija de un jornalero y El zapatero y el rey* en el Nacional y en marzo de 1907 se reseña que trabaja en el Payret con el general Enrique Collazo en su debut como actor en *Los hombres de bien*.

Se discute si la compañía de Francisco Fuentes (con Antonia Arévalo) es mejor que la conocida de Enrique Thuillier, porque trae *La cizaña* y *El abuelito,* la comedia moderna de Galdós. Rosa Fuertes escenifica *La trapera*. Esperanza Pastor dice que "no sabe donde acaba la picaresca y empieza lo sicalíptico" y abandona el Martí para actuar en Santiago de Cuba, después de enviar una carta a *Comedias y comediantes* en la que aclara que mantiene a raya la picaresca y no es sicalíptica, como si se tratase de una enfermedad. Pero la *sicalipsis* está en La Habana y no sólo en Alhambra "para hombres solos" que como me dijo Eduardo Robreño, vio todo el mundo. Con modificaciones menores y morcillas moderadas, la Alhambra de Regino gira a los recintos decentes como Payret. El sexo y el doble sentido son una constante. Pero el tono procaz reside muchas veces en la gestualidad del actor y sus movimientos. La reconstrucción del galleguíbiri macuntíbiri de *La bella del Alhambra*, de

---

[643] Castellanos, Jesús. "Humos habanos". 2 de abril de 1905. V. XIX no. 1 p. 18.

Enrique Pineda Banet, muestra al actor en diálogo con la música y el cuerpo y no solo con las palabras. Ese teatro libre y emancipador podía haberse fundido con la dramaturgia de la primera generación republicana, cotos separados de difícil conciliación.

Luisa Martínez Casado es pionera de la propaganda comercial. En 1906 anuncia la Ozomulsión, recomienda el alimento-medicina basado en el aceite de hígado de bacalao. La revista española *El Arte del Teatro* le dedica a un reportaje, uno de los más extensos dedicados a una actriz cubana. Actúan La Machaquito, Rosa Fuertes con *La trapera*, Esperanza Iris, Tina di Lorenzo con *La locandiera* y Matilde Mauri. El teatro se dice moribundo por la competencia del cinematógrafo. Pildaín estrena *Baltasar*, de Gertrudis Gómez de Avellaneda, que un cronista extranjero, en larga y respetuosa reseña, califica de "evento teatral". [644] Y al año siguiente, Fructidor señala que a pesar de que no se llenan sus funciones dominicales, se espera apoyo para su beneficio:

> Un actor veterano; cubano, caballeroso y excelente persona. Ya el lector habrá adivinado que me refiero a don Pablo Pildaín. Don Pablo, como en tono cariñoso se le llama generalmente, es de aquellos pocos actores que, poseyendo méritos personales y una brillante hoja de servicios artísticos, saben ser llanos en su trato, modestos en sus aspiraciones y absolutamente despojados de esa petulante vanidad que tanto prima entre la gente de teatro.
> Don Pablo, con no ser ya un joven, es de aquellos pocos actores que creen que a todas horas se puede aprender. Yo le he visto con cuánta religiosidad asistía a las noches de Novelli y con cuánta emoción observaba el superior trabajo del actor incomparable. Y siempre que

---

[644] Noa, Frederic M. "A Theatrical Event in Havana". *Poet Lore*. V. 17 (1906): 118-138.

a la Habana viene un buen actor, el corazón de don Pablo se viste de fiesta y se prepara a gozar y admirar.[645]

El 15 de agosto de 1907 María Conesa (La Gatita Blanca) está en Albisu y en julio Luisa coexiste con ella mientras hace con Burón *La loca de la casa* en el Nacional. Estrena *Resurrección,* inspirada en Tolstoi, con Adams y Altarriba. En su libro *Bronces y rosas*, el modernista Eulogio Horta, dedica su monólogo "Indecisión" a Evangelina Adams, localizado en un salón *boudoir* y "Promesas", a Luisa Martínez Casado, que transcurre en una sala decentemente amueblada. Las palabras espejeantes se lanzan como burbujas para la actriz joven y las sosegadas y maternales, para la madura. [646] La niña que en 1893 encuentran fría y a la que había que contagiar el "fuego" de Luisa, conquista los escenarios americanos como intentaron otras antes y después.

Aurelia Castillo traduce *La hija de Iorio* de D'Annunzio. Imprenta de Fernández, 1907.

En 1908 el catalán Emilio Borrás actúa, entre otras, en *Juan José,* y *Rafles,* elenco en el que debuta Bernardo Jambrina, que recita para los públicos hispanoamericanos el Nocturno y la Marcha Triunfal de Rubén Darío y es coprotagonista en la compañía de Evangelina Adams. El 15 de julio se estrena *La Nautilus en La Habana* y hay un Tenorio feminista en el Albisu.

El debut de la Japonesita en Güines echa leña al fuego. Según escribe un cronista en "Las inmoralidades del teatro", el "relajo de tercera tanda" ofende a las familias y una firma que antes defendió la sicalipsis, se insulta con una rumba. Se cuestionan cuáles son los límites del término de moda, importado de España, inventado por un editor para anunciar una nueva publicación, *Las mujeres galantes*. Tina di Lorenzo se despide en febrero de 1908 con *La locandiera*.

---

[645] Fructidor. seud. Adrián del Valle. "Teatros". *Cuba y América* no. 4 Año XI (1907): 62.
[646] Horta, Eulogio. *Bronces y rosas*. La Habana: Imprenta del Avisador Comercial, 1908.

Aunque la sicalipsis nutre el repertorio del Lara, Alhambra y las variedades, el debut de la bella Chelito, Consuelo Portela, desata los furores. Se la reconoce "portadora de lujo, finura, picaresca y desenvoltura, pero bailó la Farruca "con movimientos destemplados" y un traje transparente, cantó tres cuplés con impudor y usó un traje directorio de exagerado escote. El cronista hubiese preferido que en el pórtico del Payret hubiera un letrero que en grandes letras dijera "Solo para hombres". "No la censuraríamos por tener poca voz o incolora porque a una cupletista de a veinte centavos entrada y luneta no puede exigírsele lo que a una ex diva de cuatro pesos por concierto". "Pero no estando ese letrero, tratándose de un teatro abierto a las familias, debemos lamentar y lamentamos que el impudor llegue a los últimos límites, a los que nunca debieran traspasarse por empresas que se respeten y respeten al público femenino.[647] Nacida en Placetas en 1893, la Portela deja una estela de espectáculos –de la "Chelito en el seborucal" a la "Chelito-manía"– que Rine Leal califica de "¡Toda una dramaturgia de la sicalipsis!" con el famoso número en el que se busca una pulga debajo de su mantón, a pesar de que años después reniega que se buscara esos bichos.[648]

Raúl del Monte and Co. estrena el 29 de julio de 1909 con Aida Pía Bolena *La bella Mariana o el desnudo cadavérico* de Benjamín Sánchez Maldonado y en Alhambra *La Habana en el infierno*, *La isla y el desnudo* y *Sodoma y Gomorra*. El cronista escribe eufemismos para evadir palabras fuertes. Cuando San Duarsedo comenta la actuación de Pepita Pubill habla de sus "picos de paloma" y no de sus senos.

El 16 de febrero de 1909 muere de pulmonía en Colima Leopoldo Burón. El 21 se comentan las groserías, procacidades y desvergüenzas de la fina e inteligente Amalia Molina.

---

[647] *Diario de la Marina*. "Impresiones teatrales. La Chelito". 16 de febrero de 1909.
[648] Leal, Rine. "De cuando la sicalipsis reinó en nuestra escena". Revista *Letras Cubanas* 20 (1994). pp. 204-206.

El 20 de mayo de 1910 abre sus puertas el Teatro Nacional, antes Tacón, con obras de la Avellaneda y José Martí. Luisa Martínez Casado encabeza el elenco de la Sociedad de Fomento. Pero "ni la frívola clase alta habanera, ni el pueblo desorientado, ni el gobierno imprevisor dieron cabida a la idea" escribe Arrom. "Los resultados fueron amargos", escribe Leal.

Concurrencia escasa, poco apoyo de la prensa, pues las familias elegantes no acudían al teatro, desdén de los poderosos, sonrisitas paternalistas de los «inteligentes». Todos los próceres devolvieron con absoluta unanimidad los billetes del abono aludiendo a un luto familiar, o al calor, al viaje de vacaciones a los Estados Unidos o a la residencia en el campo.[649]

Ni siquiera el apoyo de la mejor actriz del XIX garantiza público para la temporada. Pero a pesar de que la Sociedad de Fomento se disuelve y José Antonio Ramos, lastimado porque no eligieron una obra suya para el proyecto, lanza un exabrupto propio de su inmadurez y acusa a Luisa de anti-cubana furiosa, dos años más tarde, en casa de Lucilo de la Peña, nace una temporada mediante un abono de tres pesos en el Politeama habanero. Se representan desde *Errores del corazón*, de la Avellaneda, hasta *La historia de Adán*, de Sánchez Galarraga. Enriqueta Sierra está al frente. Nacida en Santa Clara en 1885, hija del actor y pintor-escenógrafo Antonio Sierra, debuta a los tres años en una opereta de Luis Robillot y figura en la compañía de Luisa. *Comedia*, al servicio de la temporada en 1914, habla de ella, "la preferida, la delicadamente artista, la deliciosamente femenil, que ha luchado por el teatro cubano sin desfallecimiento ni desilusiones." Ha tenido que vencer "la aspereza del desagradecimiento" y abre en el Politeama un teatro sin público donde se estrenan obras de autores cubanos. Desde luego no todos apoyaron

---

[649] Leal, Rine. *Dos dramaturgos de la neocolonia. F. Domenech y Jaime Mayol.* La Habana: Editorial Pueblo y Educación, 1987. p.13.

Comedia ni esos esfuerzos. Como a Eloísa, se la reconoce como Sierra de Irigoyen.

Cuando los hombres de letras escriben sobre las actrices lo hacen temerosos y con recato, como Enrique José Varona en la revista *Renacimiento,* texto destinado al álbum de una actriz.

> ... los verdaderos actores saben que el ápice de su arte consiste en estudiar y penetrar lo natural para hacerlo sensible con naturalidad, a la vista y el corazón de los espectadores. ¿Es española, cubana? por el hechizo de sus gestos, ademanes y actitudes, por su virtud de transformarse, me ha dejado ver los personajes que personifica, tanto en su exterior como en su vida interna y me los ha hecho amables.

De la misma manera que "El arte libre" —respuesta a Martínez Casado sobre por qué no se debe invertir un centavo en una escuela de actores— Varona se limita, está cohibido y nos deja el misterio sobre quién será la actriz española y cubana, destinataria de su texto. Muertos José Martí y Julián del Casal, queda un conde Kostia que ama a los actores, pero la mayoría no sabe qué decir sobre estos ni cómo juzgarlos.[650]

Después del fracaso de la Sociedad de Fomento, Luisa construye un teatro en Cienfuegos dedicado a las variedades, el teatro dramático y la zarzuela que por suscripción popular lleva su nombre. El Luisa abre con la actuación de Esperanza Iris, aclamada en La Habana como emperatriz de la opereta. Pero a la muerte de su esposo en 1914, se recluye en Cienfuegos y no actúa ni interviene en la vida pública. Martica Ruilópez, autora de *Los Martínez Casado,* me ha confiado que Luisa no es tan reclusa y organiza reuniones sociales en Cienfuegos y sirve de anfitriona a las compañías de gira en la ciudad. También que contrariada porque sus

---

[650] Varona, Enrique José. "En el álbum de una actriz, inédito". *Renacimiento* V. II, no. II (octubre 1915) pp.92-93.

hijos la obligan a retirarse, en un momento de cólera, prende fuego a la mayoría de sus programas y documentos, lo que explica la relativa pobreza de sus fondos a pesar de que son los mayores y mejor conservados de una intérprete cubana del siglo XIX, hoy custodiados en el Teatro Terry de Cienfuegos y el Museo Provincial de esa ciudad.[651]

En noviembre de 1915 la compañía de Alejandro Garrido padre inaugura el Campoamor. José Soriano Biosca actúa en el Teatro de la Comedia en Ánimas y Zulueta. En el Martí, gustan las operetas traídas por Miguel Gutiérrez y el *vaudeville* francés. *Amalia Sorg y la pay pay* es un escándalo en el Alhambra. A María Conesa le ponen veinte pesos de multa por cantar cuplés inmorales. Pous está en El Iris con *Las mulatas de Bambay*. En 1916 Villoch y Federico reciben dinero para la propaganda reeleccionista de Menocal y se abre la llave al desnudo, los chistes obscenos, el desenfreno soez ya que todo era lícito. El primero de julio Celia Adams y Manuel interpretan *Fedora*. El 21, Prudencia Griffel y Manolo Palacios *La malquerida*. Manuel Martínez Casado y su esposa Celia Adams giran por muchas localidades de la isla con la compañía "melodramática" Les Comediens. El 28 de octubre de 1916 muere Joaquín Robreño.

En *De las dos farsas*, San Duarsedo, registra el paso de algunas de las figuras por los teatros de Cienfuegos. Concha Catalá (1898), Sapho, (1904) La bella Carmela (1908) Fernando Altarriba (1908), Paco Fuentes (1908), Enrique Borrás (1909-1913), la bailarina exótica María Sola (1908), Enma Calvé (1909), María Guerrero (1909), Pepita Pupill (1909), Pepito Arriola (1910), Esperanza Iris (1910), Alyna Lyna (1910), Gerardo de Nieva (1911), Carmen Catalá (1911), Conchita Valiéry (1913,) Josefina Boca (1913), Angelita Torrijos, (*cocotte*, la Trapera aragonesa), Miss Ana Dottie King, Raquel Sanz (1916) y muchas otras. entre 1917 y 1920 Eduardo Marquina y las compañías de María Guerrero, Linares Rivas y Emilio Thuillier.

---

[651] Mensajes electrónicos intercambiados el 4 de marzo de 2011.

Aunque Eloísa Agüero se desvanece en el olvido, un solitario suelto del periódico mexicano *Pueblo* consigna que en 1918 inaugura una Academia gratuita de Declamación para obreros en la Escuela Superior Alzate. [652]

Pildaín, distraído, muere en 1919 al cruzar una calle, arrollado por un automóvil. Ramón A. Catalá, de la Academia de Artes y Letras, cuya secretaría lo emplea anciano, le tributa un homenaje como a un miembro de número más. "Actor notable que en su tiempo alcanzó merecido renombre y supo honrar la escena cubana durante largos años de lucha tenaz por la gloria, que al cabo le fue adversa". Su cerebro divagaba, escribe, su formidable inteligencia se había rendido al paso de los años y los sinsabores." [653] Estaba casado con la actriz matancera Julia Viñals. Rivero Muñiz escribe:

> uno de los actores más aplaudidos en los teatros de Cuba durante la segunda mitad del siglo XIX. Gustaba de encarnar los personajes creados por la Avellaneda y Luaces, sin olvidar a Calderón de la Barca entre los antiguos y a don José Echegaray entre los de su época. Recitaba al estilo de la vieja escuela y su figura, alta y fornida, impresionaba al auditorio. Tuvimos oportunidad de verlo actuar en el ocaso de su vida. Murió pobre y olvidado.[654]

Social recuerda la muerte de Ermette Novelli pero la de Pildaín se extravía en un parte policial. José Manuel Poveda en *El Fígaro*, aunque no aporta un dato biográfico, retrata el final del "viejo y glorioso actor cubano, tan aplaudido en otras épocas por nuestros grandes públicos" pero "un borroso recuerdo, casi perdido en la distancia. Debió sentirse

---

[652] "Academia de Declamación para Obreros". *Pueblo* 18-06-1918.
[653] Catalá, Ramón A. "Memoria de los trabajos realizados por la Academia durante el año 1918-19." *Anales de la Academia Nacional de Artes y Letras*. Tomo V (enero-junio 1920). pp. 61-62.
[654] Rivero Muñiz, José. *Bibliografía del teatro cubano*. La Habana: Publicaciones de la Biblioteca Nacional, 1957. p. 86.

solo y completamente olvidado. Ya no podía encarnar los protagonistas de sus obras predilectas, ya aquel mismo teatro suyo que en un tiempo conmovió a los hombres hasta el delirio y a las mujeres hasta las lágrimas, estaba muerto para siempre. El viejo actor, cubierto de viejos laureles, no podía subir a un escenario moderno". [655] Unos años antes el poeta escribió "Parágrafos" en los que se preguntaba con desesperación e impaciencia ¿Qué hacemos con el drama nacional? La bufonada está en su apogeo y los bufos "no pueden trasponer las fronteras".[656]

El 10 de agosto de 1920 muere Adela Robreño cuya última presencia pública fue su beneficio de 1891 en Puerto Rico.

Los escándalos de San Rafael, de Federico Villoch (1926) es sicalipsis descarnada. La acción se desarrolla en Galiano y San Rafael, la esquina del pecado, y aparece Carlota, la del desproporcionado trasero en la rumba de Villalón. Hay sátiros, senos exuberantes y piernas alabastrinas aunque se asegura en Alhambra "los besos teatrales se daban de una manera púdica, nunca en la boca, y siempre con la mano del viejo galán puesta en la no fresca mejilla de la dama para que entre la cara de ella y los labios de él mediase por lo menos media pulgada de pudor".[657]

En 1925, después de penosa enfermedad, muere Luisa. Se apaga con lentitud a pesar de que meses antes disfruta en el Payret del arte y la *toilette* de Mimi Aguglia. El Conde Kostia la despide en "Artista y santa", publicado en *La Lucha*, obituario sentido y meditado. Sus palabras son válidas para todos los intérpretes, antes y después de ella:

El actor, cuando desaparece, no deja nada. Es como un pintor que trazara con su pincel empapado en agua rasgos sobre su blanca tela.

---

[655] Poveda, José Manuel. mayo 1919. *El Fígaro*. p. 483.
[656] Poveda, José Manuel. "Parágrafos". *Orígenes* no. 16 (1947). pp. 8-12.
[657] Suárez Solís, Rafael. "Federico Villoch: El último comediógrafo cubano". *Carteles* 47. noviembre 21 (1954) p. 41.

El escritor deja libros, el músico sonatas, el arquitecto palacios o iglesias, el orador sus discursos impresos, el actor, ni siquiera el eco de su voz. Porque el fonógrafo es la hoja seca de un árbol caído.

Ninguna tarja o memorial recuerda a un actor o actriz del siglo XIX, ni se ha nombrado una calle, localidad o centro cultural, excepto el Luisa, construido por Martínez Casado en Cienfuegos, activo como cine, y el busto de Arquímedes Pous, remozado y colocado en el teatro Terry, dedicado al famoso negrito de vida corta. Ninguna plaza recuerda a los tantos intérpretes mencionados en estas páginas. No hay casi memorias sobre Pildaín, Agüero, Paulino, Trías, Moncau o Salas.

Desde 1961 Covarrubias se llama una de las salas del Teatro Nacional de Cuba.

Índice

Preámbulo	6
Un príncipe disfrazado en el jardín	12
La actriz Vallecillo y el poeta Zequeira	25
La compañía de Prieto	33
Covarrubias: un aparte	39
Heredia entre Hermosilla, Sabatini, Rosal y Garay	45
La aventura de los Robreño	68
El drama romántico	73
Otra cara del romanticismo	92
Ciclón en el Principal	97
García Luna, Cañete, Argente y Mata	119
Aficionados, Liceo y sociedades de recreo	136
Acto final de Covarrubias	143
Adela Robreño en el Paraíso de Regla	150
Las dos Matildes o el entusiasmo de La Habana	169
¿Ópera o verso?	185
El trágico Lacoste	196
La Avellaneda coronada	203
Imágenes	221
Un estreno de Luaces	231
Eloísa Agüero y Serrano: actriz y cantora	239
Actores bufos	258
Los bufos al exilio. ¡Viva Florinda Camps!	298
1870-1875	304
Eloísa y Pepe en México 1875	316
Se disuelven los Robreño y nace una actriz	327
Un Pablo de apellido Pildaín	341
Luisa y Paulino en Madrid	346
Segunda vuelta del bufo	355
Luisa, Paulino y Pablo	380
Hacia el Alhambra	391
Los noventa	396
Actores del periodo alhambresco	417
A partir de 1900	447

Ilustraciones.

Grabados de *El Moro Muza* encontrados en los fondos digitales de Cuban Heritage Collection. Universidad de Miami. pp. 225, 230, 256-57, 297, 315 y 467. También la portada.

Las imágenes de las páginas 404-406 son portadas de la revista mexicana *El Teatro Cómico* de la Hemeroteca Nacional Digital de México.

La litografía de Adela Robreño y otras de los intérpretes a lo largo del texto han sido tomadas de *El Fígaro, Liceo de La Habana, La Habana Elegante y Social.* Biblioteca Nacional de Cuba e Internet Archive.

El grabado de la p. 221 es tomado del *Diario de la Marina* como sus muchas referencias. Digital Library of the Caribbean de FIU (Florida International University).

Las caricaturas de la p. 296 son de *Entreacto* de Madrid de la Hemeroteca Digital de España. El retrato de Matilde Díez de la p. 229 de la Biblioteca digital Hispánica así como los cromos de la p. 379 pertenecen a las Habilitaciones, figuras y retratos de hombres de la American Lithographic Co. (1890 y 1940) de la Biblioteca Nacional de España. Los presumo actores por las tantas menciones a estos en las marquillas y habilitaciones pero no están identificados.

www.ingramcontent.com/pod-product-compliance
Lightning Source LLC
Chambersburg PA
CBHW030233240426
43663CB00035B/138